*Price and Value*

# 价格与价值

## 股票市场估值指标导论

*A Guide to Equity Market Valuation Metrics*

乔治·卡尔霍恩　著
（George Calhoun）

益　智　译
益岱珺　校译

上海财经大学出版社

图书在版编目（CIP）数据

价格与价值：股票市场估值指标导论 /（美）乔治·卡尔霍恩（George Calhoun）著；益智译. -- 上海：上海财经大学出版社，2025. 4. -- ISBN 978-7-5642-4565-8

Ⅰ. F830.91

中国国家版本馆 CIP 数据核字第 20252LP531 号

图字：09-2025-0200 号

First published in English under the title
*Price and Value*：*A Guide to Equity Market Valuation Metrics*
by George Calhoun，edition：1
Copyright © George Calhoun，2020
This edition has been translated and published under licence from APress Media，LLC，part of Springer Nature.
Through Beijing Tongzhou Culture Co. Ltd.
APress Media，LLC，part of Springer Nature takes no responsibility and shall not be made liable for the accuracy of the translation.
All Rights Reserved.

CHINESE SIMPLIFIED language edition published by SHANGHAI UNIVERSITY OF FINANCE AND ECONOMICS PRESS，copyright © 2025.

2025 年中文版专有出版权属上海财经大学出版社
**版权所有　翻版必究**

□ 责任编辑　李成军
□ 封面设计　贺加贝

**价格与价值**
股票市场估值指标导论

乔治·卡尔霍恩　著
（George Calhoun）
益　智　译
益岱珺　校译

上海财经大学出版社出版发行
（上海市中山北一路 369 号　邮编 200083）
网　　址：http：//www. sufep. com
电子邮箱：webmaster@sufep. com
全国新华书店经销
上海锦佳印刷有限公司印刷装订
2025 年 4 月第 1 版　2025 年 4 月第 1 次印刷

787mm×1092mm　1/16　20 印张（插页：2）　297 千字
定价：118.00 元

# 译者序
## 制度、价格与价值

在翻译本书的同时，我同时在编写一本适合高年级本科生和硕士研究生学习的教材——《上市公司信息披露及其治理》。之所以没有强调是给财经类学生编的，是因为我认为这本教材可以给所有的投资者对于上市公司的价格与价值判断的基础——信息披露制度——提供比较深刻的认知印记。在即将付梓之际，"杭州六小龙"横空出世，其中DeepSeek通用大模型、云深处机器狗和群核科技空间智能的创始人都毕业于浙江大学，宇树科技人形机器人、游戏科学《黑神话·悟空》、强脑科技脑机接口都在杭州创业发展。笔者也是17岁进入浙大，虽然赴上海深造工作十余年，但后来还是回到杭州行走，希望能够发扬"求是创新"的文化基因，通过对非ST股票退市过程中信息披露及其治理的深入分析，推动对相关信息披露违法复合体采取严刑峻法以及其他无辜中长期投资者的高效足额赔付典型案例落地。

对于获取传统价值判断基础的财务信息，几十年前某国家领导人在视察刚刚成立的国家会计学院时曾题词"不做假账"；我在过去的两年中面向硕士、博士研究生新开设"信息披露及其治理"交叉创新课程，把信息披露的内涵拓展到创新与科技信息，交易信息以及各种利益相关信息等，还关注到了信息披露的权力与边界，涉猎经济、金融、管理、法律、社会、政治、心理、媒体、文化以及科学等领域，发现信息披露领域如果要题词就是"说话算数"，唯其如此价值的判断才有可能趋向正确。大家读到这里，应该自然明白我对于价格与价值关系的观点：三个字，"水很深"，尽管本书作者乔治洋洋洒洒几十万字，还引用了古今中外的名人名言做背书。

乔治算是一位努力在投资领域理论与实践相结合的学以致用者。他有30多年科技行业经验，在多家上市公司担任高管和董事会成员，还与斯普林格合作编辑量化金融和数据科学图书系列。

本书充满着证券分析的经典金句，但阅读这本书有两个层次：一是可以成为运用各种财务估值指标和量化模型的老练的分析师或者指点江山的股评家；二是在这套成熟完整的指标体系之上理解市场的复杂性，以如履薄冰的心态揣摩市场及个股的走势，建构一个不可知论的框架。大部分投资者常常会问自己两个问题："接下来会发生什么，涨还是跌"和"它价值几何"。人类的天性会使我们将注意力更多集中在第一个问题上，但你根本无法确切回答这个问题；人们更应该问的是"它价值几何"。如果以"接下来会发生什么"来做投资决策，投资者会进退维谷，因为你需要始终预判"别人的预判"。市场变化频繁，与几十年前编写且至今仍然有效的数理化学科教科书——在很大程度上，数理化的"定律"是不变的——不同，一本声称可以解释金融市场行为的教科书几乎在墨迹未干之前就将基本过时。比过时更糟糕的是，它可能是错误的、误导的，甚至是危险的。金融的所谓"定律"一直在被改写，而且没有任何预兆。传统且被广泛教育的估值方法——计算"账面价值"的财务会计和估算"净现值"的贴现现金流 DCF 模型——都存在严重缺陷。实际上，所有股市的预测模型在某种程度上都是骗人的。

估值就是发现价值的过程，如果用老旧的翻译软件翻译，《价格与价值》(Price and Value) 的书名会被翻译成"价格与估值"（DeepSeek 主张用笔者的译法），显然风马牛不相及了。翻译其实是精读，一字一句地仔细阅读基础上的译者再创作，这是 AI 翻译不可企及的。估值的逻辑就是寻找低价的高价值股票，价格永远不等于价值，才能出现买卖行为。本书的闪光点在于作者在中规中矩地介绍了各种传统估值方法后，指出了一系列估值异象：如高市盈率或者亏损的股票价格会持续上涨，直到这些股票扭亏为盈或者利润大幅收高，但市盈率会大幅下降，从而使得看到高利润低市盈率再买入的投资者收益不高甚至下降。他举了个例子，1982年，汤姆·彼得斯（Tom Peters）和罗伯特·沃特曼（Robert Waterman）出版了当时的畅销书《追求卓越》（In Search of Excellence），其中列出了36家"美国经营最好的公司"——这些公司是根据资产增长、资本回报率等可靠的硬财务指标筛选出的。几年后一名对这些"优秀"公司的实际股市表现进行检验的分析师出于好奇也决定筛选出完全相反的公司——她称之为"寻找灾难"——并使用相同的基本指标来筛选S&P 500指数中最差的公司，在先前基本面的基础上，将"优秀"公司与"不优秀"公司进行比较，呈现出优秀与低劣业务表现的鲜明对比，但这些公司股票的表现呈现出相反的模式，"灾难"型股票的价格几乎翻了三倍，远远超过了彼得斯和沃特曼评选的所谓"最佳经营公司"。股票市场回报作为市盈率和其他乘数的函数的反向模式是金融市场的普遍特征。大家可以在书中看到一个术语"到期重置"。它指出了增长与市盈率乘数之间复杂而不一致的关系。2024年8月6日我国股市当年首只10倍股正丹股份（300641）发布2024年半年报（从2024年2月7日最低每股2.81元涨到6月13日最高每股36.63元），公司实现归母净利润2.86亿元，同比增长1 015.51%；扣非净利润2.84亿元，同比增长1 096.88%，但业绩发布后，正丹股份股价连跌三天，跌幅达到26%，8月9日最低每股21.8元，这完美表演了"到期重置"。

马克思主义经济学早就告诉我们价值决定价格，价格围绕价值上下波动。这是一个外在的宏观现象，内在的微观机理则是由于市场并不类似于一个具有不变行为模式的物理系统，其中的行为模式可以被发现并设定为因果"定律"。市场是一个复杂的社会技术系统，一个学习系统——有思维、会推理和情绪化的市场参与者（投资者、交易者、公司经理、监管者）的行为总和创造了市场价格。这些活跃的市场参与者对经验做出反应并从中学习，改变他们的策略和行为，以响应经营业务结果，实际上也响应市场信号本身。市场发生了变化，它用自己的价格信号与自己互动——这种现象即为"反身性"或者"人的不确定性原则"。对此，我们可以再加上一个之前估值过程中没有明确提到的因素：技术变革。今天的金融行业正在经历一个加速和颠覆性的技术变革时期。不断演进的技术常常带来新的机会，减少旧的机会，并常常放大"顺周期"或积极的反馈过程，从而创建出价格与价值之间的超调/欠调（调整不到位）模式。无论如何，形成这一切的机制仍然是投机性的，但如今很明显，金融市场包含了一连串的预期、预测和想象中的情景，而我们称之为"价格"的看似简单、单一的指标就是这些虚构幻境的总和。

"反身性"或者"人心难测"的具象化形式很多，但集影响的重大性与大众认知忽视程度的反差于一身的就是高大上的"制度"及其衍生的"规则"，因为某些制度规则的制定就是某些掌权者的随心所欲。2024年的巴黎奥运会里面充满了游戏规则，为了打压我国乒乓球遥遥领先的优势，国际乒联从球的大小、材质、手势、计分制度等各方面修改了无数次比赛规则，举重项目被减少，女子拳击居然让男人（变性人）来参加，使得我国的女子拳击世锦赛冠军屈居亚军，后来居上的游泳项目被美国操纵的反兴奋剂机构双标式针对打压，虽然我国运动员素质高，但这些不可预测的人为制度规定还是迟滞了我国夺金的势头。2025年2月3日韩国棋院针对在第29届LG杯世界围棋棋王战决赛中引发争议的"提子保管规定"等盘外规则做出变更决定，取消"累计犯规将直接判负"的相关规定。此前韩国棋院方面的规定为：如果提子没有放在棋盒盖内，首次将判罚两目，再犯将直接判负。柯洁在今年1月举行的围棋棋王决赛因对规则不满退赛，导致韩国棋手卞相壹在0：1告负的情况下，拿到了冠军。电影《飞驰人生》中有句话评论得恰如其分："我是尊重规则，但规则得公平啊！"韩国棋院悬崖勒马，及时废止了与竞技实力无关的荒诞规则，却依然没有取消成绩重赛。金融市场特别是股票市场里面制度对投资标的价值的影响更加明显。

2025年春节刚过，中央金融办、证监会、财政部、人力资源和社会保障部、中国人民银行、金融监管总局联合印发《关于推动中长期资金入市工作的实施方案》，旨在"稳住股市、打通中长期资金入市卡点堵点"，而股市最大的堵点就是中长期投资者的保护问题。如果金融消费者的保护特别是非ST股票退市股东的保护可以参照网购消费者的高效超额赔偿，各种类型的中长期资金势必会积极踊跃入市。非ST公司退市的危害要远远高于一般的财务造假、内幕交易、非法减持等单一信息披露违法行为，因为后者即使情节恶劣，也不至于导致上市公司都退市。但是，非ST股票退市属于信息披露违法复合体，包含了上述违法行为，并且已经实现对中长期投资者的精神和财富的双重损害，急需高效足额补偿。非ST股票退市规则对我国股票市场长期投资价值的侵蚀与毁灭是制度、价格与价值三者关系的现实生动而残酷的体现。

自2024年5月起笔者开始在"非ST股票退市规则及退市投资者保护领域"持续发表学术评论和政策建言，指出当前"非ST一元退市"规则（即股价连续20个交易日低于1元即退市）存在结构性缺陷（大量ST公司迟迟应退未退，非ST公司却遭遇20个交易日一元闪电退市）；缺乏预警机制（非ST股票未经过风险警示程序，投资者在买入时无法通过系统提示感知退市风险，导致中小投资者因"信息不对称"而蒙受损失）；与ST退市预警制度矛盾（ST股票因风险警示拥有至少两年的缓冲期，而非ST股票仅因短期股价波动即退市，违背了"信息披露公平性"原则）；磁吸效应加剧波动［非ST股票跌破1元后，因10%的涨跌幅大于主板ST股票的5%涨跌幅限制，股价超速下跌（类似熔断制度下的磁吸效应），导致投资者交易权被快速剥夺，典型案例如中银绒业退市时股价从1.02元暴跌至0.17元］等。目前笔者追求在非ST股票退市规则与投资者保护制度的研究兼具理论深度与实践价值，通过在权威纸质融媒体（如《金融投资报》《中国新闻周刊》《上海证券报》等）以及浙江大学公共政策研究院公众号"启真阁"持续发表评论和访谈，并通过政策建言试图影响监管改革方向。这不仅揭示了现行规则的缺陷，还提出系统性解决方案，以体现学术研究与政策实践的紧密结合。

作为多年的股票市场研究和学习者，很多人经常会问我可以买什么股票，多年前我会很自负而又天真烂漫地告诉别人一串代码，即授人以鱼，而如今我更加倾向于分享一些思路，即授人以渔。除了多研究本人翻译的系列股票市场经典著作之外，告诉大家一个好消息，笔者2025年前收获了中华人民共和国国家版权局颁发的作品登记证书，名称分别是"6125ing理论"（国作登字-2024-A-00360577）和"非ST股票退市"（国作登字-2024-A-00360578），未来我国股市振兴的底层逻辑就隐藏在这两个概念之中。

益 智

浙江财经大学金融学教授、博士生导师

浙江大学公共政策研究院研究员

2025年2月15日于杭州桐庐富春山居图实景地

衡量一样东西的价格与衡量其价值……是两个不同的任务。

——《经济学家》杂志（2019）

价格与价值……总是存在脱节的地方。

——《福布斯》杂志（2018）

价格（代价）是你所付出的，价值是你所得到的。

——沃伦·巴菲特（2008）

如今人们只知道万物的价格，却对其价值一无所知。

——奥斯卡·王尔德（Oscar Wilde，1890）

# 致 谢

这部作品是多年集体讨论的产物，在许多方面，我只是一个誊抄员。我感谢史蒂文斯理工学院（Stevens Institute of Technology）的朋友和同事，他们在许多方面对我的思考做出了贡献，包括哈尔顿·卡沙纳（Khaldoun Khashanah）、赫尔曼·克里默（Germán Creamer）、乔纳森·考夫曼（Jonathan Kaufman）、斯特凡诺·博尼尼（Stefano Bonini）、哈米德·古杜西（Hamed Ghoddusi）、汤姆·隆农（Tom Lonon）、苏曼·班纳吉（Suman Banerjee）、帕佩·恩迪亚耶（Pape Ndiaye）、德拉戈斯·博兹多格（Dragos Bozdog）、崔振宇（Zhenyu Cui）、马吉德·西曼（Majeed Simaan）、安·墨菲（Ann Murphy）、迈克尔·祖尔·穆赫伦（Michael zur Muehlen）、理查德·安德森（Richard Anderson）、保罗·罗迈耶（Paul Rohmeyer）、泰德·斯托尔（Ted Stohr）、朱塞佩·阿坦涅塞（Giuseppe Ateniese）、泰德·拉普什（Ted Lappas）、高拉夫·萨尼斯（Gaurav Sabnis）、冯迈（Feng Mai）、奇胡恩·李（Chihoon Lee）、伊莱恩·亨利（Elaine Henry）、鲁派克·查特吉（Rupak Chatterjee）、史蒂夫·杨（Steve Yang）、杰夫·尼克森（Jeff Nickerson）、马诺斯·哈特扎克斯（Manos Hatzakis）、埃莱尼·古古尼（Eleni Gousgounis）、达米·卡泽姆（Dami Kazeem）、伊丽莎白·阿沃索巴（Elizabeth Awosogba）、

妮可·马兰楚克（Nicole Malantchouk）、米歇尔·克莉莉（Michelle Crilly）、丽莎·卡瓦诺（Lisa Cavanaugh）、苏珊·帕夫切克（Susan Pavelchek）、郑兴（Zheng Xing）和布兰登·格里芬（Brandon Griffin）。

当然，我也非常感谢我的学生。教学是认知的一种积极方式，努力将事实和理论提炼成一种适合课堂讲课的形式最终会拓展一个人的思维。

我要特别感谢肖恩·汉伦（Sean Hanlon），他是一位慷慨的朋友，帮助史蒂文斯走上了这个领域的前沿；致敬格雷戈里·普拉斯塔索斯（Gregory Prastacos），一位有远见的院长，他将学校引向了正确的方向，并善意地容忍了我的特殊癖好；我还要感谢约努特·弗洛雷斯库（Ionut Florescu），我总是可以依靠他创造性的激励来帮助我们前进。

写书也需要耐心，这是一份相当孤独的活儿，写作是一个最终把知识和经验的碎片制作成为一本书的奇妙过程。这既是一种快乐，也是一种折磨——感谢她帮助我渡过难关及所有支持，我每天都要感谢我的搭档维吉尼亚（Virginia）。

# 前　言

每年秋天，在我的量化金融入门课程中，我都会从基本指标开始，这些指标（市盈率及其变体）是考察股票估值是否正确的起点。这个话题在教学上很有成效，结合了结构上看似简单的东西——只有比率却没有复杂的数学——和在解释过程中耐人寻味的困难，以及大量违反直觉和发人深省的应用过程。

学生们很快意识到这些指标并不总是能够给出明确的答案，但又的确引出了有趣的问题。韩国股票的市盈率通常低于美国股票，也就是说，它们比美国股票更便宜，或者更被低估。为什么呢？摩根士丹利的交易价格高于高盛。为什么呢？为什么好市多一美元的收益创造的股票市值比沃尔玛一美元的收益多50%？为什么百事可乐的股票定价通常比可口可乐便宜？我们应该如何看待亚马逊过高的市盈率（十倍于市场平均水平）[1]？像这样的问题播下了更多课程的种子，凸显了金融市场的复杂性。

几年后，当学生们完成了他们的学业，准备进入金融部门工作，学会了更多的数学和计算机科学技能，并修完所有与量化金融相关的各种课程时，不知何故，我们似乎又绕回到同一个起点：估值问题及市场对其的看

---

[1] 本书中所有用现在时态表述的事实都发生在2018年年中到2019年年中。

法。学生的词汇量扩大了；他们现在会谈到"因素模型"和"聪明贝塔(β)"；他们习惯于谈论"动量"和"均值回归"；他们运用投资组合优化技术来平衡"风险和回报"；他们知道如何仔细观察"市场微观结构"来分析"流动性"和"波动性"；他们学会了如何用复杂的衍生品对冲不同类型的市场风险。但是在这些先进的概念和技术背后，最基本的谜团依然存在：市场如何为其交易的资产确定正确的价格？如何给一个复杂而动态的商业企业定价？这总会在某个时候让我们回到最基本的估值指标体系。

市盈率之类的比率是金融从业者最常使用的估值工具。对于投资者来说，这些比率将公司的基本业绩（如销售额、利润）与股价联系起来，以快速判断被潜在低估或高估的公司。金融分析师使用它们来校准和验证基于计算未来现金流贴现（DCFs）的更为"复杂"的模型，或者帮助定价兼并收购行为，或者描述不同的市场状态（例如，用于检测"泡沫"）。但许多市场专业人士认为，使用这些比率仅仅是一种捷径——甚至某种程度上是一种"欺骗"，就企业估值而言，这并不完全是"真相"。商学院的教育强化了这一观点，DCF模型在投资学中的每一门金融课程中都有教学安排，在重要的教科书中均有详细阐述；如果有的话，估值比率会占用一两章的篇幅。有时，市盈率指标似乎太直观自洽而不需要正式的引导。

这个课题需要系统的解决方案。像市盈率这类简单比率的神秘与效力源于其不可协调的本质，就像在苹果和橙子之间做一个直接而明确的比较。该比率的上下两半基于不同的概念性框架且来源迥异：分子来自市场，反映了市场的情绪，其独特的"天气状况"，以及所谓的群众智慧；分母则是对剩余现金流的客观衡量，根据标准化的会计准则梳理和调整，与市场无关。这种混合信号既模糊又不稳定（即统计学家所说的"非稳定性"）。也就是说，市盈率的重要性——其暂时"正确"的解释力——会随着时间和公司的不同而变化，尽管这并没有削弱它的实用性，但是用户确实要小心地处理这个问题，警惕其复杂性，并且谨慎地处理结果。

这本书旨在阐明如何使用市场比率进行企业估值，评估它们包含信息的数量和质量，并强调它们所提出的问题。我试图采用一种一致性的批判性视角——这是其他课程中经常缺失的。许多投资顾问将他们所选择的公式称之为"最佳方案"，却没有任何比较评估，例如，在过去几年里，人们对所谓的"周期调整"过的指标兴趣激增，这些指标包含了某些变量的长期平均值，这便有了一个看似合理的逻辑依据：有人建议可以通过对整个商业周期进行平均，或者通过平滑短期收益波动来提高估值的准确性。但是这个逻辑成立吗？这是个悬而未决的问题。与他们意图替代的传统版本相比，很少有人对经周期调整指标的绩效进行严格评估，而经过比较后，其结果也往往无法支持周期性版本具有更高精度的说法[1]（我们将在后面的章节中详细研究这个问题）。

## 三角测量方法的力量

短语"把苹果和橘子混在一起"意味着对被认为不可通约或量纲不同的实体进行不恰当的比较。但是，用截然不同的测量方法评估一个难题的有用性，已经被一些硬科学认为是"对有缺陷的想法的一种实质性保护"。

> 三角测量……是多种方法的战略运用，以解决某一单个问题。每种方法都有自己不相关的假设、优点和缺点。[2]

请注意，这一想法是如何通过寻求明确的方法组合去相关，来利用多样化的逻辑——这是金融的核心。一位著名的经济学家在对计量经济学研究的综合评论中指出了这一点：

> 多样化在研究策略上是好的，就像在大多数其他事情上一样……

---

[1] 例如，Jim Masturzo, "CAPE Fatigue," *Research Affiliates White Paper*, June 2017。
[2] Marcus Munafò and George Davey Smith, "Repeating Experiments is Not Enough," *Nature*, Vol. 553 (January 25, 2018), pp. 399-401.

成功而务实的实证工作［不受方法论的］束缚。对许多不同类型的数据进行研究……一个有说服力的模式会从总体中显现出来。[1]

三角测量方法已被应用于环境科学、细胞生物学、医学和气候学等领域，这些领域提出了涉及难以驾驭的数据集的多维研究问题，这些数据集具有复杂且有时难以捉摸的统计特性。例如，这一评估来自对流行病学领域研究方法的批判性调查：

病因学流行病学——了解是什么导致人群中不同程度的疾病——是流行病学的核心。然而，关于因果关系在什么情况下可以被检验或假设，存在着相当多的争议……［三角测量法］是通过整合几种不同方法的结果来强化因果推断的实践，其中每种方法都有不同的（并被认为在很大程度上不相关的）潜在偏差的关键来源。[2]

金融市场还会产生巨大的、嘈杂的、异质性的数据集（价格、订单、交易等），提取有用的信号可能会很棘手。潜在的因果变量通常是混杂的、难以分离的。基于市场比率的苹果和橙子比较法提供了应对这种复杂性和解开"价格与价值之谜"的最佳方法之一。

金融领域呈现出高等数学和超数学"现金价值"思维的奇怪混合，融合了教授、场内交易者和相关各种人的不同建议。在抽象的确定性和混乱的市场结果的相反两极之间运行，学者和从业者可能会发现自己有时会感到不知所措和迷茫。当然，市场先生总是在你面前肯定或否定你的宠物理论，这两种方式似乎都是进步。但第二天、下一个季度或下一毫秒，规则将会改变，不一致性将再次盛行——直到修正后的模型推出（为下一次的屠杀而准备）。这也是它成为一个有趣的行业的原因之一。

---

[1] Lawrence Summers, "The Scientific Illusion in Empirical Macroeconomics," *Scandinavian Journal of Economics*, Vol. 93, No. 2 (1991), pp. 129-148.
[2] Debbie Lawlor, Kate Tilling, and George Davey Smith, "Triangulation in Aetiological Epidemiology," *International Journal of Epidemiology*, Vol. 45, No. 6 (December 2016), pp. 1866-1886.

我告诉学生，市场变化频繁，也许会比过去更频繁。我告诉他们，这意味着，与几十年前编写的教科书仍然有效的物理学不同——在很大程度上，物理学的"定律"是不变的——一本声称解释金融市场行为的书几乎在墨迹未干之前就将基本过时。比过时更糟糕的是，它可能是错误的、误导的，甚至是危险的。金融的"定律"一直在被改写，没有任何预兆。

尽管如此，学生对教育过程中结构的需求是可以理解的，这迫使我思考如何以一种能够在下一次市场低迷或货币委员会（央行）最新政策声明中幸存下来的方式教授这些材料。这一思想过程，在过去十年中不断演化，导致了这本书的出现。

乔治·卡尔霍恩

2019 年于罗马

# 目 录

**引言** ·········································································· 1
  企业估值：目标、挑战与方法 ············································· 1
  企业估值的挑战 ······························································ 4
  企业估值的三种方法 ························································· 5
  使用市场指标的挑战 ························································· 8

**第一章　福特美元：神秘的乘数** ········································ 9
  市盈率作为衡量一家公司"昂贵"程度的标准 ························ 12
  市盈率作为未来股价的预测指标 ········································ 13
  市盈率作为未来回报的预测指标 ········································ 16
  神秘的乘数 ···································································· 20

**第二章　价值三角** ························································ 22
  会计估值："账面价值"的局限性 ······································ 23
  财务模型的缺点 ······························································ 27
  基于市场的估值指标的利弊 ··············································· 31
  内在价值的三角测量：估值比率的使用 ······························ 36

总结 ......... 39

## 第三章　估价比率 ......... 40

静态市盈率 ......... 41

动态市盈率 ......... 43

动态市盈率与静态市盈率的比较 ......... 45

价格—营业收入比率 ......... 48

股息 ......... 54

市销率（P/S） ......... 59

基于现金流的指标 ......... 65

市净率（P/B） ......... 72

托宾 Q ......... 74

资产回报率 ......... 76

分母调整：经周期调整的市盈率（CAPE$_1$） ......... 78

分子的调整：经现金调整后的市盈率（CAPE$_2$） ......... 94

PEG 比率的业绩表现怎么样？ ......... 100

综合市盈率 ......... 101

总结 ......... 104

## 第四章　解读：作为因变量的市盈率 ......... 107

市盈率真正衡量的是什么？ ......... 108

公司层面的驱动因素 ......... 110

行业级别和市场级别的驱动因素 ......... 161

总结 ......... 187

## 第五章　应用：作为自变量的市盈率 ......... 190

利用乘数预测股价 ......... 191

扫描筛选"价值" ......... 194

指数的构建 · · · · · · · · · · · · · · · · · · · · · · · · · · · · · · · · · · · · · · · · · · · · · · · · · · · · · · · · 216

　　因子模型和"聪明贝塔" · · · · · · · · · · · · · · · · · · · · · · · · · · · · · · · · · · · · · 217

　　评估公司的交易 · · · · · · · · · · · · · · · · · · · · · · · · · · · · · · · · · · · · · · · · · · · · · · · 221

　　市场制度的诊断 · · · · · · · · · · · · · · · · · · · · · · · · · · · · · · · · · · · · · · · · · · · · · · · 226

　　总结 · · · · · · · · · · · · · · · · · · · · · · · · · · · · · · · · · · · · · · · · · · · · · · · · · · · · · · · · · · · · · · · · 237

## 第六章　评价和资质 · · · · · · · · · · · · · · · · · · · · · · · · · · · · · · · · · · · · · · · · · · · · · · · 238

　　当今（2019年）的最佳指标：市盈率 · · · · · · · · · · · · · · · · · · · 238

　　定义的变化 · · · · · · · · · · · · · · · · · · · · · · · · · · · · · · · · · · · · · · · · · · · · · · · · · · · · · · 245

　　市净率的问题 · · · · · · · · · · · · · · · · · · · · · · · · · · · · · · · · · · · · · · · · · · · · · · · · · · · 265

　　资产回报率（ROA）：一幅不完整的画面 · · · · · · · · · · · · · · · · 268

　　结语：金融中的不确定性原则 · · · · · · · · · · · · · · · · · · · · · · · · · · · · · · · 270

## 附录　对折现现金流（DCF）估值方法的批判性检验 · · · · · · · 279

　　账面价值的终结 · · · · · · · · · · · · · · · · · · · · · · · · · · · · · · · · · · · · · · · · · · · · · · · 279

　　折现现金流建模：批判性评估 · · · · · · · · · · · · · · · · · · · · · · · · · · · · · · 282

## 编后记 · · · · · · · · · · · · · · · · · · · · · · · · · · · · · · · · · · · · · · · · · · · · · · · · · · · · · · · · · · · · · · · · · · · · 294

## 译后记 · · · · · · · · · · · · · · · · · · · · · · · · · · · · · · · · · · · · · · · · · · · · · · · · · · · · · · · · · · · · · · · · · · · · 297

# 引　言

## 企业估值:目标、挑战与方法

企业估值是金融的核心。它提出了一些棘手的问题:

● 如何为活跃、持续开展的业务设定公平而准确的价格。

● 如何根据相似的公司或整个市场的估值来确定基准价格。

● 如何能够不仅算出公司当前收益和资产的价值,还能够预测其未来发展前景(增长或下降)。

● 在竞争激烈的市场经济中,如何反映公司运营环境的活力及其带来的惊喜、机遇和干扰的所有可能性。

● 如何在事情发生太大变化之前,在数据变得过时之前,快速完成这一切……

这可能是一项灾难性的任务。估值错误会扼杀交易,输掉法庭诉讼,毁掉职业生涯,摧毁市场,颠覆政府。2008年的金融危机是由大量错误估值资产的突然灾难性重估引发的,这导致巨型金融机构——贝尔斯登、房利美、房地美、美联银行、美林证券、美国国际集团、雷曼兄弟等公司——的倒闭。综观全球经济，错误估值导致的"差异"是以万亿美元为单位来衡量的。

估值也可以是金融领域较为平静的日常事务的核心——分析投资、买卖房地产、承保保险、为企业收购定价以及编制财务报表。准确的估值是银行业务的核心，也激活了资本市场，它对于审计、信用评级、套期保值和风险管理至关重要。金融创新，从指数构建和ETF基金设计到抵押贷款、信用卡债务和学生贷款的证券化，都依赖于此。

在金融行业，没有一个重要的决策不需要完善的估值方法。

然而，传统且广泛教育的估值方法——计算"账面价值"的财务会计和估算"净现值"的贴现现金流模型——存在严重缺陷，我们后面将会看到这一点。

这本书侧重于一种不同的方法，它使用从金融市场提取的数据来构建价值指标，这些指标可以应用于单个公司、行业或整个市场。这些指标有一个共同的结构：它们建立在将公司股票的市场价格与一些基本业绩指标（销售额、收益、现金流等）联系起来的比率的基础上。经典的例子是市盈率——市盈率"乘数"。这个基本概念有许多变化，包括分子和分母的替换或调整。

"乘数"在今天的金融界无处不在。在专业股票分析师中，它们是压倒性的估值工具选择（见图0-1）。[1]

这种工具的流行是有充分理由的。市场比率比其他估值方法更准确、更容易使用，也更通用。即使使用了其他技术方法，市场比率也经常被用作比较检验点。它们揭示了与投资决策、企业业务交易、商业模式和企业战略评估相关的广泛问题，甚至是与商业周期、金融体系健康、政府监管影响、货币政策、技术创新效果以及不同国际经济制度比较相关的广泛经济问题——几乎任何与经济价值创造（或破坏）相关的问题。

它们也是最具可操作性的价值指标。因为它们包含了当前的市场价格，所以它们产生的估值与实际交易可以执行的价格点直接相关。

---

[1] Paul Asquith, Michael B. Mikhail, and Andrea S. Au, "Information Content of Equity Analyst Reports," *Journal of Financial Economics*, Vol. 75, No. 2 (February 2005), pp. 245-282. Andreas Schreiner, "Equity Valuation Using Multiples: An Empirical Investigation," Doctoral Dissertation, University of St. Gallen Graduate School of Business Administration, 2007.

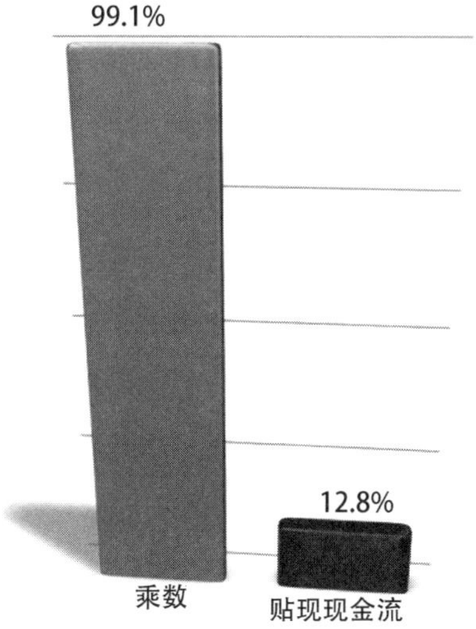

资料来源：Asquith et al(2005)。

图0-1 分析师更喜欢用市盈率作为估值标准

但是这些比率经常被专门使用，作为经验法则，被视为建议性的，但不是决定性的，或者被认为是一种"菜鸟使用的工具"而被抛弃[1]，甚至被认为是对理性推理的"违背或滥用"。[2] 它们抑或可能被不加批判地使用；在可供选择的不同比率中，从业者通常都有他们各自的最爱，很少能找到某种比较分析来证明选择特定的替代比率是合理的。[3] 学术文献则（像往常一样）充满着自相矛盾的发现，平心而论，没有人确切知道市盈率意味着什么。高市盈率是好还是坏？（我们今天是买还是卖？）其意义在很大程度上取决于应用场景。

这些指标也有某种"黑箱"性质。它们对新信息反应迅速。但我们并不总是确定市场是如何计算的。市盈率是一个微妙的"因变量"——一个敏感的信号，可以根据公司情况的变化迅速且似乎精确地调整——但并不总是清楚它在发出什么信号，是哪个"自变量"在驱动它。这些比率看起来既透

[1] A. Damodaran, *On Valuation*, Wiley (2006), p. 235.
[2] Stephen Penman, *Accounting for Value*, Columbia (2011), p. 23.
[3] 一个例外是美国银行/美林证券的萨维塔·萨布拉曼尼亚（Savita Subramanian）等人，例如，见他们的报告："What do oil and high beta stocks have in common?" *Equity and Quant Strategy Report*, April 15, 2015.

明又模糊晦涩。

如何穿越上述迷雾是本书的动机。鉴于这些比率的普遍使用，特别是在金融行业的投资端，该主题需要系统评估。哪些指标最有效？是什么在驱动它们？它们究竟是什么意思？阐明这些问题是我们的目标。我没有进行过（非常）原创性的研究；我打算调查涉及这些指标的已发表研究和实践经验的要点。希望我们至少能建立一些有用的指导方针，澄清我们所知道的、不知道的和我们一知半解的（还有很多这样的东西）。

## 企业估值的挑战

评估一项单个资产——一辆卡车、一块土地、一箱波尔多葡萄酒——非常简单，我们可以关注最近涉及类似资产的交易。房屋、二手车、古董、艺术品等都是通过参照"可比物"来评估、定价和挂牌出售的。[1]

评估一项正在进行的业务是另一回事。它不仅是静态的资产集合，而且是一个动态的社会技术系统，一个"持续经营的企业"不断产生新的价值量（会计师称之为"销售额"和"收益"）并创造或获取新的资产。估值过程必须考虑今天手头的价值，以及一个月、一年或十年后即将到手的价值——这当然笼罩在不确定性之中。企业估值必须以某种方式考虑到所有的鸡（影响因素），包括孵化的和未孵化的（已知的和未知的）。

对于大公司来说，很少有类似性质的交易，在时间上足够接近，可以进行有意义的价格基准测试。事实上，现代经济体系的本质是大多数公司都是专业化的。它们通过差异化寻求竞争优势。它们开发差异化的产品、品牌、技术、商业模式和竞争战略。"可比"方法很难应用。

以可口可乐公司和百事可乐公司为例。我们认为它们是一对，是主要的竞争对手，几乎是双胞胎，正面竞争。实际上，它们的业务相当不同。可口可乐几乎所有的收入都来自销售饮料（果汁、软饮料、茶、咖啡、水、运动饮料）。而百事可乐一半以上的收入来自食品，尤其是零食（菲多利是百事可

---

[1] 另一种选择是简单地使用原始购买价格——"历史成本"，可能会打折。但是如果过了很长时间，这将达不到目的。

乐最大、最赚钱的业务部门)——这是一种不同的商业模式。[1] 同时,可口可乐只有20%的销售额来自北美,而百事可乐近60%的收入来自美国市场。这两家公司实际上并不十分匹配。任何试图通过比较可口可乐与百事可乐的业务来评估其价值的努力都需要大量棘手的调整。

许多重要的商业决策都需要企业估值。三个紧急应用场景呼之欲出:

(1) 投资决策,是否收购代表部分企业基础价值的股票——可口可乐或百事可乐是目前更好的投资吗?

(2) 收购、兼并及与其他公司战略性交易的定价决策,涉及整个运营业务的所有权转移——如果百事可乐剥离其零食部门(因为它一直面临压力),合适的价格是多少?

(3) 信贷决策。对于考虑贷款的银行或考虑购买公司债券的投资者或被要求对这些债券进行评级的信用评级机构来说,有必要对公司的经营业务进行估值——可口可乐是否具有更好的信用? 在当前的经济环境下,它能承受比百事可乐更高的债务水平吗?

## 企业估值的三种方法[2]

有三种专业认可的方法来解决这些问题:

(1) 财务会计,生成一个称为账面价值的衡量标准。

(2) 财务建模技术,依赖于贴现现金流(DCFs)的概念,从债券定价领域借用,计算公司当前和预计未来现金流的净现值。

(3) 市场乘数,利用金融市场产生的价格信号形成估值比率。

我们将在接下来的章节中研究这三种方法,但首先要明确的是,市场比率优于其他方法,主要是基于构成它们的市场价格的及时性、可观察性和具

---

[1] 事实上,百事可乐经常与卡夫亨氏(Kraft Heinz)、雀巢和凯洛格(Kellogg)等食品公司归为一类,参见:John Tell, "Big Food is Going to Get Even Bigger," *Fortune*, March 15, 2017.

[2] 这三种方法被美国注册会计师协会(AICPA)认可为出于会计目的推导"公允价值"的方法。AICPA Task Force, *Valuation of Portfolio Company Investments of Venture Capital and Private Equity Funds and Other Investment Companies*, Draft (May 15, 2018), Chapter 5.

象性。[1]

另外,还有如下五个原因:

第一,原始数据质量。[2] 市场指标利用金融市场连续生成和更新的高质量数据。市场价格是所有数据类型中最简单、最容易获得、最客观、受不确定性影响最小、最难操纵的(其他类似质量的数据类型是股息)。其他估值方法中使用的所有其他数据类型都有一些不确定性。[3] 它们可能包含大量有争议的假设、不稳定的定义以及方法偏差或操纵。

第二,更广泛的适用性。企业估值经常需要对市场更多的部门进行分析。我们可能希望将我们投资的价值与市场基准比较。或者,我们可能希望将美国市场的估值与中国市场的估值比较,或者检测股市是否正在进入"泡沫"领域。市场指标支持这种分析,其他方法则会有问题。例如,考虑一个简单的问题,即一家公司在其行业内的竞争力如何,是领头羊还是小跟班? 它是希望之星还是坠落的流星? 这些当然反映了它的真正价值,这个问题会很快被市场指标所阐明。对于一个可能包含数十家公司的行业来说,很难进行与DCF建模相同的快速比较,更难针对新消息或竞争格局变化的影响对其进行更新(而市场指标会不断更新)。使用DCF模型来研究更广阔市场(比如标准普尔500指数)的估值趋势是不可行的。DCF通常用于时间点估值;即使以有效的方式跟踪估值随时间的变化也是不合适的,对

---

[1] 美国注册会计师协会认识到这一点,在定义"公允价值"时优先考虑市场数据:"[a]活跃市场中的报价提供了公允价值的最可靠证据,并应在任何可用的情况下不经调整地用于衡量公允价值……"活跃市场被定义为"[a]资产或负债交易发生的频率和数量足以持续提供定价信息的市场。"[AICPA Task Force, *Valuation of Portfolio Company Investments of Venture Capital and Private Equity Funds and Other Investment Companies*, Draft (May 15, 2018), Chapter 2, paragraph 2.20.] 此外:"公允价值层级对活跃市场中相同资产或负债的报价(未经调整)给予最高优先级,对不可观察的输入给予最低优先级。[它]要求估值技术最大限度地使用相关的可观察输入,并最大限度地减少不可观察输入的使用。因此,即使在特定资产的市场被视为不活跃的情况下,在确定公允价值时仍需要考虑该市场的相关价格或投入。仅默认基于不可观察输入的模型值是不合适的。"(第2.21段)。关于使用特定市场比率(乘数)的讨论,另见美国注册会计师协会(AICPA)文件第5章。

[2] 这里的"质量"一词并不意味着数据能够提供的信息的质量。正如我们将讨论的那样,市场信号可能是模糊的、难以解释。"原始数据质量"指的是数据的可靠性,作为其声称衡量的标准。基于不同技术的两种秤(例如,机械弹簧秤和电子应变秤)在原始数据质量上可能有很大差异,一种比另一种给出更多的可变读数。证券交易所的报价简单明了,没有隐藏的假设或调整。相比之下,利润表中的"收益"数字包含了许多假设,其中一些不一定明确,与公司的实际利润水平有着复杂得多的关系。这一限定条件甚至更适用于现金流预测和DCF建模中使用的其他变量的未来值。

[3] 这甚至适用于"收益"这样的会计类别。见第六章。

于一家公司来说,它太艰巨了,充满了多种不确定性。账面价值还存在着系统性缺陷,限制了其在跨行业或全市场比较中的应用。[1]

第三,定价错误的检验。市场指标通常可以通过各种简单的测试来识别投资者明显感兴趣的可能的错误定价(见第五章)。就其本身而言,DCF模型无法检测出高估或低估。DCF不提供基准;它仅仅给了我们一个数据点——"公司的净现值约为 X",只有通过与相应的市值进行交叉核对,才能对可能的错误定价有所了解,账面价值也是如此。

第四,准确性。市场指标在严格应用时比公认会计原则(GAAP)[2]或现金流贴现模型更能准确估计企业价值(EV)。在设计之初公认会计原则(GAAP)的数据就是不完整的、陈旧的。DCF模型则更加充满了不确定性,对输入值的微小变化过于敏感(其中大多数是基于假设而不是硬数据)。[3] 我们可能无法直接观察到一家公司的"真实价值"。但是我们可以使用市场价值来构建度量标准、比率,对该价值进行三角测量、绑定,并给出这个隐藏变量的合理估计。

第五,市场价格是可操作的。市场价格将总是接近交易在那一刻实际执行的价格[4](基于会计的"账面价值"和基于现金流量衍生的"净现值"数字不一定符合这一测试)。市场价格具有这种内在的现实性;它定义了什么是可能的。这是投资者为了今天买卖股票而必须愿意接受的估值。在涉及上市公司的交易中,市场价格的变化将迅速表明可能的价值点,使交易得以通过("账面价值"和"净现值"可以作为决策的输入变量;市场价格——如果可以买到——决定是接受还是离开[5])。

---

[1] 这些问题在附录中有更详细的论述。
[2] 公认会计原则,即官方认可的财务报告。
[3] 关于公认会计原则和现金流量表方法的缺点,见第二章。
[4] 美国注册会计师协会称之为"测量日期",公允价值计量的目的是"估计在当前市场条件下,市场参与者之间在计量日出售资产或转移负债的有序交易的价格"。因此,公允价值计量考虑的是计量日(而非未来某个时间点)的市场状况、计量日已知或可知的信息,旨在代表资产或负债的当前价值,而非未来某个时间点的资产或负债的潜在价值。[AICPA Task Force, *Valuation of Portfolio Company Investments of Venture Capital and Private Equity Funds and Other Investment Companies*, Draft (May 15, 2018), Chapter 2, paragraph 2.14.]
[5] 显然,市场价格不能直接用于私人交易。但在大多数情况下,这笔交易仍参考可比的公开市场估值。

## 使用市场指标的挑战

市场比率的易于计算和使用有时会导致对如何处理它们的粗心大意。令人惊讶的是，几乎没有对影响这些比率的各种替代方案和参数进行系统分析。甚至连显而易见的问题——比如基于历史收益的市盈率在预测各种结果方面是否比基于预测收益的市盈率更好或更差，以及在什么条件下更好或更差——都没有得到彻底研究。因此，市场比率通常难以解释，因此有时难以应用。"乘数"没有标准制定机构，也没有用于比较适用于不同问题的不同版本的公开方法。[1] 不同用户可能会以不同方式构建"相同"的比率，却不一定要明确说明。收入是根据通货膨胀还是季节性调整的？市盈率的分母是包括所有已发行的股票还是只包括部分股票？对未来收益的预测来自哪里？缺乏方法控制是当今基于市场价值方法的一个弱点。即使是简单的市盈率——我们将在下一章中看到——的解释也可能难以捉摸。

因此，这本书的目标是对一系列重要的问题和研究结果进行排序，这些问题和研究结果涉及将市场比率应用于一系列估值目标，尤其是那些与投资决策相关的目标。对于具体的问题（例如静态市盈率还是动态市盈率更准确），答案往往仍然不清楚。但是，通过建立一个框架，仍然可以取得进展，该框架有望确保提出适当的问题，并使未来的研究工作更加重点突出。

---

[1] GAAP会计和DCF建模有这个优势。计算"账面价值"的过程由会计行业的标准机构监管，即在美国颁布《公认会计原则》的财务会计准则委员会和制定世界其他大部分地区使用的《国际财务报告准则》的国际会计准则委员会。DCF模型——尽管有缺点——在方法上也是透明的。它们的假设和技术——无论多么牵强——都被清楚地表述出来了。

# 第一章　福特美元：神秘的乘数

假设你想与一个可靠的交易对手签订一份金融合约，在未来的若干年里，每年12月31日收到1美元的现金付款。让我们假设交易对手是一家大型公司，比如福特汽车公司，该公司经营着一项成功的持续性业务，能够产生可靠的现金流。

你希望为这笔年金预付多少钱？

为这种金融工具设定一个公平的价格很简单。只需将每年1美元的付款流投射到未来，直到您的合约结束为止，并使用贴现因子将每个未来付款贴现回其"现值"，以反映未来美元相对于当前手头美元的较低价值。未来越远，折扣越大。然后将折扣付款的现金流加起来。这样我们便获得了净现值（NPV），它应该等于你获得这份合约必须支付的价格。

唯一棘手的部分是决定贴现率，原则上贴现率应反映福特作为交易对手的风险或福特的资本成本，或许还应考虑其他因素（预期通货膨胀率？）。就本例而言，我们可以将贴现率设置为"无风险利率"〔为最高质量的政府债务（如美国国债）支付的利率〕加上一些溢价，以反映福特作为一家面临多种商业风险的私营公司的地位。如果我们假设贴现率为8%，那么明年1美元付款的现值约为92美分。随着时间跨度的延长，折扣效应会加剧。以8%折现的1美元无限支付流的现值最终渐近收敛到非常有限的12.5美元。在更短的时期内，现值和公允价格会更低。10年的年金流价值约6.7美元。

但是让我们把问题弄得更混乱一点。现在假设合约赋予你对福特1美元收益的某种索取权。然而，根据这一新安排，福特无需每年支付全部金额。公司可能会真诚地决定保留一部分"你的"美元，对企业进行再投资（当然要考虑到你的利益），发展公司，这样，以后他们一年可能会付给你1美元以上。随着派息率的增长，也许你一年能拿到2美元或更多。[1]

现在还假设合约是可转让的——你可以在任何时候，以你可能协商的任何价格，将这笔年金卖给你选择的任何人。这就在年度现金支付的基础上，给你的计算增加了一个所谓的终值。

这样的合约你要付多少钱？

这是一个比较难的问题。有很多不确定性——福特今年实际上会以现金支付你的1美元索取权中的多少？他们会保留多少？明年和后年会有多少？他们将如何处理保留的部分？如果他们将其再投资于业务，这些再投资会有多成功？公司会增长多少？你的准年金什么时候到期，到期增加多少价值？明年或五年后经济衰退的风险有多大？〔这是一个重要的问题，因为我们知道汽车行业对商业周期相当敏感，也许会有关税和贸易战、劳工问

---

〔1〕 有趣的是，金融理论认为索取权的价值不取决于现金是否支付。这就是大约50年前米勒（Miller）和莫迪利安尼（Modigliani）提出的著名的（也许是虚假的）"红利不相关定理"。"价值不取决于现金支付。价值确实是基于投资生命周期内的预期现金流，但支付的时机并不重要；价值与公司是否在短期内支付股息或仅在公司清算时支付的股息无关。"〔Stephen Penman, *Accounting for Value*, Columbia Press (2011), p. 38.〕

题、新的外国竞争,或者新的颠覆性技术(例如电动汽车)],这些因素会对福特的业绩产生什么影响?

简而言之,你未来的现金流很难预测。你不能再指望每年收到一定的美元。你不能确定未来的现金支付是否会增加(减少)或增加多少。还有一个问题是,如果你把合约卖给别人,你在未来某一天可能会期望的终值是多少。这也是不确定的。最后,还有贴现率因素,这是一个适用于所有这些不确定的未来支付之上的不确定性。

要考虑和计算的有很多,如果你倾向于建模,那么建模将是一件令人生畏的事情。我们可能会认为我们得到的任何答案都是非常近似和不确定的。但事实上,这个问题已经有了一个精确的量化答案。为了获得这份合约,你现在可以支付一个精确的、可执行的价格。2018 年 5 月 4 日,这份合约的成本正好是 5.89 美元。只要比一杯拿铁咖啡的价格稍微贵一点,你就可以购买一份每年 1 美元的永久收益权。[1]

正如你刚刚意识到的,这份相关的合约当然就是一股福特的普通股票。在 2018 年 5 月 4 日,你会为那一股股票支付 11.20 美元。福特前一年的收益为每股 1.90 美元。所以,算一算,福特每一美元的收益显然是 5.89 美元(以股价计算)。请记住,只要你持有,股票所有权不仅能让你获得今年收益的索取权,还能让你获得持续的收益现金流。

你刚刚计算的就是基本估值指标,即市盈率($P/E$):

$$市盈率 = \frac{每股价格}{每股收益} = \frac{11.20}{1.90} = 5.89$$

市盈率告诉你福特美元的价格,这是你的准年金,是对福特收入流中 1 美元的要求。2018 年 5 月 4 日的价格是 5.89 美元。这个数字把前面提到的所有不确定性捆绑在一个价格点上。它不是抽象的。这不是不确定的。这是一个任何人都可以当场接受的实盘。想一想这有多不寻常。股票市场能够瞬间

---

[1] 福特目前以现金支付 60% 的索取权,作为其普通股股息。其余部分用于再投资。5 年前,福特每股仅支付 40 美分;所以派息增长了 50%。其他公司在增加股息支付方面更为成功。强生公司(JNJ)在过去的 20 年里,其红利增加了 10 倍。这些例子有助于说明将 1 美元收益的"索取权"视为有效和有价值主张的理由,即使在当前期间没有支付完全的美元红利。

将所有这些不确定性,所有福特可能的未来,处理成一个单一的硬数字。

## 市盈率作为衡量一家公司"昂贵"程度的标准

因此,在2018年5月4日,1美元的福特收益索取权将花费你5.89美元。这是笔好交易吗?

嗯,1美元的通用汽车收益索取权将花费6.71美元(即通用汽车的市盈率为6.71)。1美元的丰田收益索取权将花费8.66美元。1美元的克莱斯勒汽车收益索取权定价为8.54美元。至少在汽车领域,福特看起来是最好的报价。

其他行业呢?1美元的苹果收益索取权定价为18.60美元。1美元的星巴克咖啡收益索取权售价为18.91美元。1美元的玉米片(即凯洛格玉米片)收益索取权的售价为15.23美元。

1美元的高盛收益索取权定价为25.97美元(但1美元的摩根士丹利收益索取权仅为16.55美元——如果你想要一家顶级投资银行作为交易对手,这是一笔更好的交易)。

然后是脸书,最近市场的宠儿。如果你想要1美元的脸书收益索取权,将要花费32.40美元——是1美元的福特收益索取权价格的五倍半(见图1-1)。

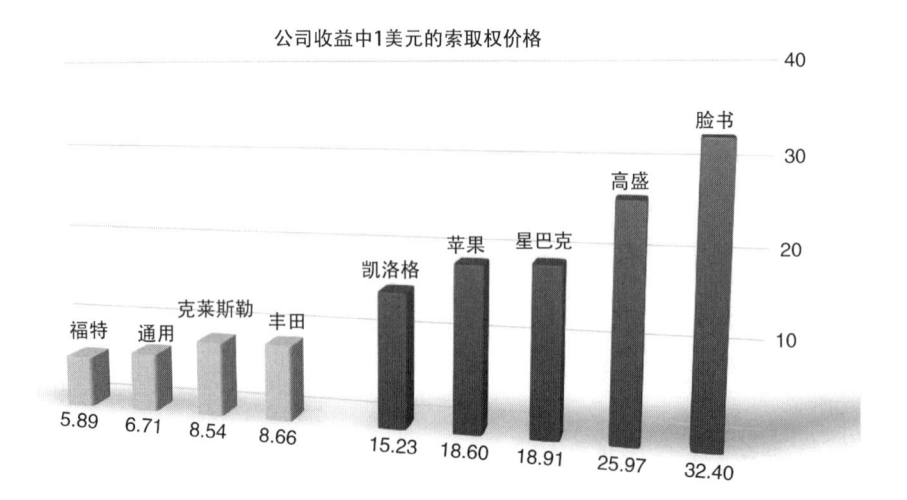

公司收益中1美元的索取权价格

|  |  |
|---|---|
| 福特 | 5.89 |
| 通用 | 6.71 |
| 克莱斯勒 | 8.54 |
| 丰田 | 8.66 |
| 凯洛格 | 15.23 |
| 苹果 | 18.60 |
| 星巴克 | 18.91 |
| 高盛 | 25.97 |
| 脸书 | 32.40 |

图1-1 各公司1美元索取权的价格

关于亚马逊,我们能说些什么呢?在2018年5月4日,1美元的亚马逊收益索取权将花费254美元又76美分。它是如此昂贵,以至于被排除在图表之外,因为它会扭曲图形视角。

所以,福特看起来很划算。但是为什么呢?毕竟,年金流中的美元,以及所有这些公司赚取的美元,都是同一种货币的单位,完全可以互换。大概你从福特公司得到的1美元现金和从脸书得到的1美元现金具有完全相同的购买力。当然,这些公司不必用现金支付。那么,对福特收益的索取权比对脸书收益的索取权更不确定吗?福特每年以现金形式向股东支付实际收益的三分之二到四分之三。脸书从未支付过一毛钱的收入。因此,对福特收益的索取权质量似乎更高。那么,你为什么要多付五倍半的钱来获得脸书股票呢?用市场的话说,福特便宜,脸书贵。如果你想以最好的价格获得那份年金,就买福特股票。

## 市盈率作为未来股价的预测指标

或许部分如此。还有福特股票的终值——如果你决定在未来某个时候出售福特股票,而不是持有收益索取权,你会得到的价格。现在让我们假设计划将福特的股票持有一年,然后将其出售。今天(2018年5月4日——您的"成本基准")的价格是11.20美元。如果这一价格在未来一年上涨15%,达到13美元左右,然后你卖掉它,你的投资利润至少会翻倍(与年金或股息支付相比)。[1] 在购买一股福特普通股时,你不仅购买了对福特收益的索取权,还购买了对其未来股价的某种期权。很可能终值是你收益的大部分。因此,要判断福特股票5.89美元的价格是否划算,你还会想知道一年后该股的价格可能是多少。

回答这个问题的一个方法——事实上,华尔街回答这个问题的标准方法——是详细研究福特的业务,审查其财务报表,如果可能的话,采访其管理层,听取对其未来销售的预测,评估其利润率,检查竞争对手在做什

---

[1] 也就是说,你将从福特(在这个假想的例子中)那里获得1.90美元的现金支付——它的所有收益——加上出售你在市场上的股份获得的大约1.80美元的资本收益。

么……并对明年的每股收益(EPS——市盈率中的分母)做出估计。如果做了这些艰苦的工作后你得出结论,福特未来将会有出色的一年,明年每股收益将达 2.90 美元(去年每股收益是 1.90 美元)。显然,公司的价值会增加,这应该反映在股价上,股价也应该增加,但是会增加多少呢?

这里有一个粗略的答案:将每股收益额外的 1 美元乘以市盈率,以预测股价的预期收益。以这种方式应用,市盈率通常被称为乘数。[1] 在所有条件相同的情况下,如果你对福特明年收益的预测是正确的,福特普通股的价格应该增加大约 5.89 美元(每股收益增加 1.00 美元乘以 5.89),达到每股 17 美元左右——50%的回报。这听起来是个好消息。

但是如果福特股票有脸书股票的乘数呢?每股收益为 2.90 美元,福特的股票价格将接近每股 95 美元(见图 1-2)。

福特下一年额外1.00美元收益情况下的股价预测

假设每股收益增加1元

福特的股价
2018年5月4日
11.21

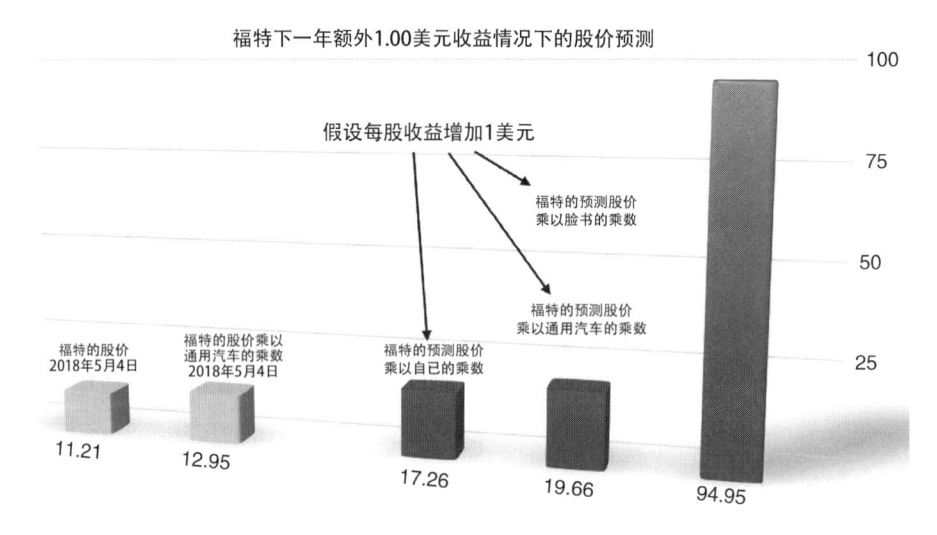

福特的股价乘以
通用汽车的乘数
2018年5月4日
12.95

福特的预测股价
乘以自己的乘数
17.26

福特的预测股价
乘以通用汽车的乘数
19.66

福特的预测股价
乘以脸书的乘数
94.95

图 1-2 市盈率对股价预测的影响(单位:美元)

当然,福特不是脸书。但即使福特只有通用汽车的乘数,其明年的股价也将上涨 15%(即使收益没有增加)。如果它有丰田的乘数,它今天的价值将是每股 16.71 美元——几乎相当于明年令人印象深刻且具有挑战性的

---

[1] 当然,乘数(市盈率)本身可能会发生变化。分析师可能希望调整乘数,以考虑形势的其他预期变化——比如,可能以某种方式限制业务增长前景的新法规。但总的原则是:市盈率被视为一个指标,可以让我们将未来的基本业绩——销售、盈利等方面的变化——与未来的股价联系起来。它首先是一个预测工具。

50%收益的回报。

现在的关键问题似乎是：为什么福特收益的美元价值低于通用汽车或丰田？这些都是相似的公司，有相似的产品，相似的客户，相似的广阔商业前景。市盈率的标准解释之一是，较高的市盈率与更快的增长相关，通常与卓越的业绩相关。然而，对福特和通用汽车最近一个季度（2018年一季度）的比较表明，福特的表现比通用汽车要好（见表1-1）。

表1-1　　　　　　　　　　　福特和通用汽车

|  | 福特 | 通用汽车 |
| --- | --- | --- |
| 收入（2018年一季度）（10亿美元） | 41.95 | 36.10 |
| 毛利率（%） | 9.2 | 8.0 |
| 净利率（%） | 4.1 | 2.8 |
| 年收入增长率（%） | 7.2 | −3.1 |
| 年收益增长率（%） | 9.0 | −60.0 |
| 股权回报率（%） | 4.7 | 3.0 |

福特的收入更高，利润更高，增长更快。它的业务似乎在各方面都更健康。福特支付的现金股息比率（65%）高于通用汽车（52%）。福特赚取和支付的美元现金价值与通用汽车赚取和支付的美元现金价值相同。那么，为什么福特的收益流会折价出售呢？答案还不清楚。

还要考虑乘数与公司战略前景的关系。股东价值由一个非常简单的等式驱动：

$$每股收益（盈利）\times 市盈率（乘数）=股价$$

因此，如果福特希望今年将其股价提高15%——这对其股东来说是一个不错的回报，它有两个选择。一方面，它可以增加收益。它可以增加投资，设计更好的汽车，销售更多的汽车，利润更高，每股收益可能会增加15%。在所有条件相同的情况下，股价应该会上涨。另一方面，公司可以采取措施以某种方式增加乘数。如果福特能想出如何改变市场对其收益现金流的看法，说服市场以看待通用汽车收益的方式来看待其收益，即使收益没有增加,股价也会上涨,但是我们还不清楚如何做到这一点。分析师或许知道如何对公司的基本业务建模,预测销售额和收益,以及如何使用(固定的)乘数预测未来的股价。更难理解的是,要改变乘数,要改变市场对每股福特的估值,或者如何将其提高到与通用汽车持平,可能会需要什么。

这似乎不公平。以股东价值衡量,福特辛辛苦苦赚取每一美元净利润而获得的信任,比通用汽车或任何一家同行都要少。福特股票的未来价值将因这一点而受损,除非"乘数"变得更好。

## 市盈率作为未来回报的预测指标

让我们现在提出一个不同的问题,而不是未来的股价会是多少?但是,如果我们今天购买一股福特股票,我们能期望得到什么样的投资回报呢?

在这里,我们进入了市场的一个谜团:市盈率和回报之间的反比关系。

为了观察这一现象,我们将时钟拨回到某个适当遥远的起点(比如 20 年前),并将股票市场(比如标准普尔 500 指数)分成 10 组,按照分析开始日期的市盈率排序。也就是说,按市盈率排名的最低 10% 的股票被放在第一组中,下一个更高的 10% 放在第二组中,以此类推。然后我们把时钟往前拨 10 年(见图 1-3)。

结果令人惊讶,也理应如此。[2] 乘数"最差"的股票表现明显优于其他股票。我们所说的"最差"是指远低于市场平均市盈率。为什么说"最差"?因为一般来说,低市盈率是公司失宠、有问题、业务表现不佳的信号。股票打折通常是有原因的。这可能是因为商业模式有缺陷,竞争激烈、有会计造假丑闻,或者只是一连串糟糕的季度。经营良好的公司——拥有优秀的管理层、成功的产品、高利润率和不断扩大的市场——拥有光明的未来,通常具有更高的乘数。人们会认为,投资这些成功的公司将比投资市场上的"瘦狗"这样的公司获得更多的回报。

---

〔1〕 改编自 Burton G. Malkiel, "The Efficient Market Hypothesis and its Critics," *Journal of Economic Perspectives*, Vol. 17, No. 1, Winter 2003, pp. 59-82。

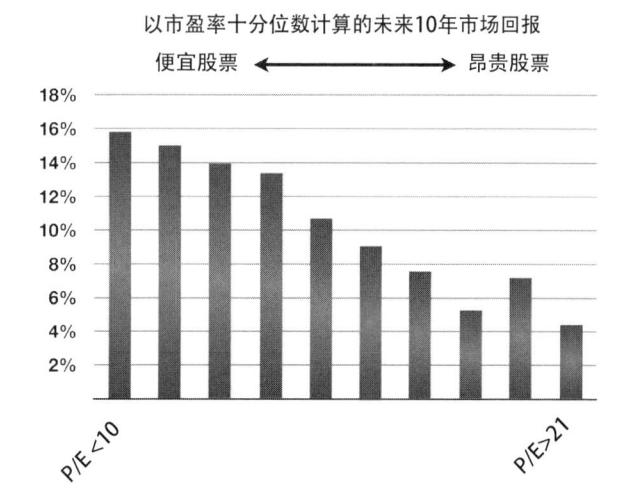

以市盈率十分位数计算的未来10年市场回报

便宜股票 ←――――――→ 昂贵股票

资料来源：资料来源：改编自 Malkiel(2003)。

**图 1-3　市盈率乘以十分位数**[1]

事情不是这样的。表现不佳、有问题、产品力不足、面临法律诉讼、管理团队能力不足和令人头疼的监管、在竞争激烈的市场中挣扎的公司，其股票平均表现将超过发展顺风顺水的公司，这是市场众多复杂的"异象"之一。

几十年来，这种模式在数百项研究中一再得到证实。图 1-4 中的图表是由旧金山联邦储备银行绘制的，它将市盈率（10 年期间的平均值）与这些股票未来 10 年的回报率联系起来。[2] 下降的趋势是不可阻挡的。如果这种模式成立，市盈率为 30 的脸书型股票在未来 20 年的平均回报率约为 0%，而市盈率为 5 或 6 的福特型股票在未来 20 年的平均回报率为 5%、10%或 12%。

1982 年，汤姆·彼得斯（Tom Peters）和罗伯特·沃特曼（Robert Waterman）出版了当时的畅销书《追求卓越》（*In Search of Excellence*），其中列出了 36 家"美国经营最好的公司"——这些公司是根据资产增长、资本回报率等可靠的硬财务指标筛选出的。几年后，一名对这些"优秀"公司的

---

[1] Burton G. Malkiel, "The Efficient Market Hypothesis and its Critics," *Journal of Economic Perspectives*, Vol. 17, No. 1, Winter 2003, pp. 59-82.

[2] 这个数据显然部分来源于 Robert J. Shiller, *Irrational Exuberance*, 2nd Edition, 2006。

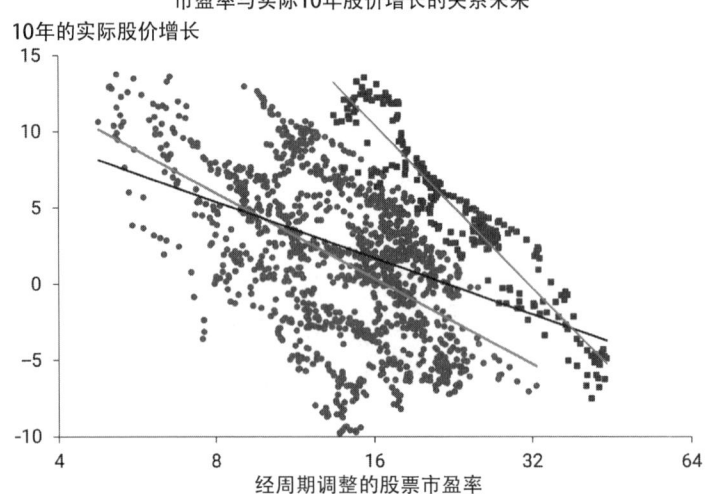

市盈率与实际10年股价增长的关系未来

注：圆点和趋势线反映了截至 1996 年 12 月的数据；方框和趋势线反映了后期数据；黑线反映所描述的所有数据的趋势。

**图 1-4　市盈率与 10 年期回报率**[1]

实际股市表现进行检验的分析师也决定，"出于好奇"，筛选出完全相反的公司——她称之为"寻找灾难"——并使用相同的基本指标来选择 S&P 500 指数中最差的公司。[2] 在先前基本面的基础上，将"优秀"公司与"不优秀"公司进行比较，呈现出优秀与低劣业务表现的鲜明对比（见图 1-5）。

但这些公司股票的表现却呈现出相反的模式："灾难"股票的价值几乎翻了三倍，远远超过了彼得斯和沃特曼评选的所谓"最佳运营公司"[3]（见图 1-6）。

这不是一个奇怪的结果。正如我们将在本书后面看到的（第五章），股票市场回报作为市盈率和其他乘数的函数的反向指标是金融市场的普遍特征。

---

[1] 经旧金山联邦储备银行许可转载，Federal Reserve Bank of San Francisco, "Valuation Ratiosfor Households and Businesses," FRBSF Economic Letter 2018-01, January 8, 2018, www.frbsf. org/economicresearch/publications/economic-letter/2018/january/valuation-ratiosfor-households-and- businesses. 本文表达的观点不一定反映旧金山联邦储备银行管理层或美联储体系董事会的观点。

[2] Michelle Clayman, "In Search of Excellence: The Investor's Viewpoint," *Financial Analysts Journal*, May-June 1987, pp. 54-63.

[3] 这些"灾难"股票以每年 12.4% 的惊人速度超过了标准普尔 500 指数平均水平。事实上，它们拥有与"优秀"公司相同的"β"（衡量市场"风险"或波动性的指标）。

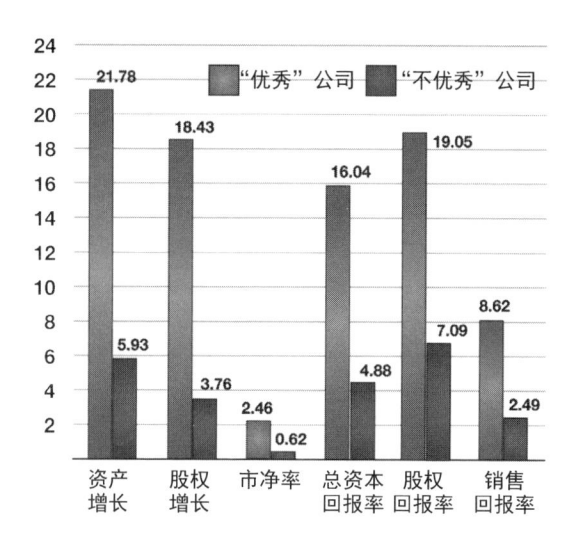

资料来源：改编自 Clayman(1987)。

图 1-5 "优秀"和"不优秀"公司的基本业绩比较[1]

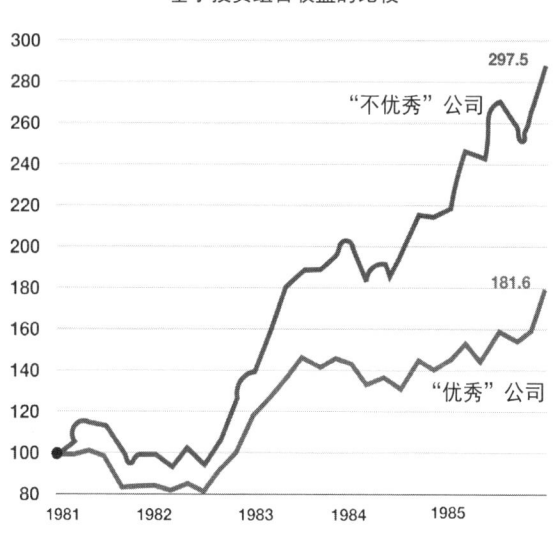

基于投资组合收益的比较

资料来源：改编自 Clayman(1987)。

图 1-6 "优秀"和"不优秀"公司的市场回报比较[2]

---

[1] 改编自 Michelle Clayman,"In Search of Excellence: The Investor's Viewpoint," *Financial Analysts Journal*, May-June 1987, pp. 54-63。

[2] 改编自 Michelle Clayman,"In Search of Excellence: The Investor's Viewpoint," *Financial Analysts Journal*, May-June 1987, pp. 54-63。

## 神秘的乘数

市盈率混合了一系列不同的信号集合,具有非常不同的实际含义。它似乎同时指向了几个方向,因为它拥有一种内在不一致的结构,将清醒的会计核算与股市的动物精神混合在一起。[1]

这使得解释变得困难,股票的高市盈率比低市盈率好,还是相反?低成本的福特美元(福特股票收益的索取权)看起来像是简单的年金追寻者的便宜货(低市盈率战胜高市盈率),但如果我们使用乘数来预测福特股票的未来价格(投资的"终值"),我们会发现资本利得追寻者将遭受慢性折扣;福特股票会令人费解地落后于同行(高市盈率战胜低市盈率)。但话又说回来,我们看到过去其他拥有类似福特市盈率的公司的表现往往优于高市盈率(低市盈率战胜高市盈率)。

这显然是自相矛盾的。经理人努力为股东创造价值,打造能够支持高市盈率的公司,但当公司的市盈率高时,这意味着股东可能会蒙受损失。成功的公司往往比不太成功的公司拥有更高的市盈率——但"卓越"的代价往往是股价停滞和投资者失望。在困境中挣扎的公司,其盈利的市盈率通常很低;因此,低市盈率似乎是一个明显的危险信号。然而,多年来,所谓的"价值投资者"一直利用较低的市盈率筛选发现这些看似前景不具吸引力的公司,其回报率往往会超过市场平均水平——尽管经典金融理论认为,他们不可能做到这一点。

然而,尽管受到挑战、挑战别人同时自相矛盾,乘数仍然是当今在使用的证券分析方法的核心。为什么如此不稳定、模棱两可、难以解释的指标会受到欢迎?

答案就在序言中简要描述的三角测量概念中。用不同的方法观察事物——实际上,就是对一个现象从两个或两个以上在哲学上完全分离的观

---

[1] 这就好像一个统计学家要对他的数据进行仔细的回归分析,然后添加一个因素来反映他在那个特定时刻的情绪。没有人会想到做这样的事情,但从某种意义上说,这正是市盈率所体现的:硬事实和原始情绪的结合。

点进行三角测度分析——已经在许多主题复杂而嘈杂的领域（就像金融市场一样）获得认可。

在企业估值方面，市盈率被理解为三角测量的一个最佳例子——使用两种不同且被认为不兼容的估值技术测量企业的"真实价值"。下一章将进一步阐述这一观点。

# 第二章 价值三角

截至2018年,福特汽车公司在几十个国家有业务,在五大洲拥有约75家工厂和数万名经销商。它雇用了超过166 000名员工来设计、生产和向数百万客户销售几百种不同的产品和服务,产生了源源不断的现金流、利润和股息,并为创新和再投资提供了燃料,使未来的现金流得以持续并有望增

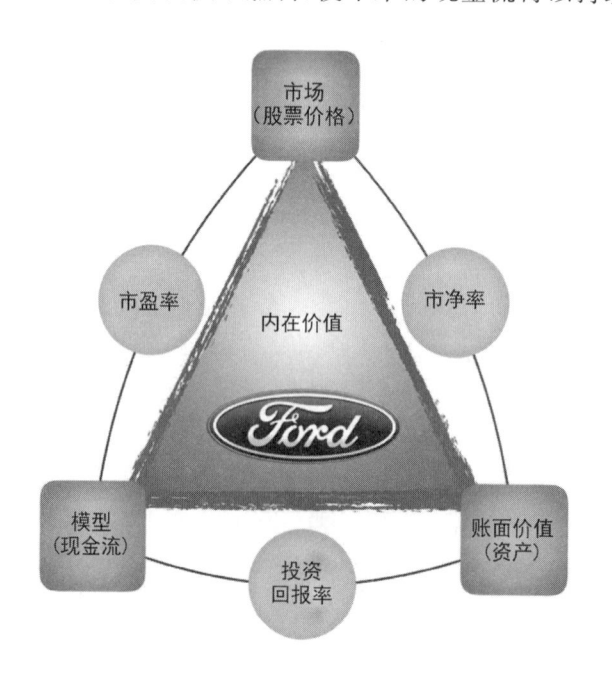

长。该公司不断地购买、销售、投资、剥离和配置各种资产,以多种货币在世界各地的许多商业和金融监管系统下交易。它的命运不断变化,这取决于它的战略决策(以及竞争对手的选择)和经济环境的变化(监管趋势、商业周期、信贷条件等)。福特的价值不仅仅是当下各种因素的函数,还包含了对公司未来业绩和环境状态的广泛预期。那么,我们应该如何计算福特公司业务的价值呢?

我们可以从三个"快照"开始,这些快照捕捉到了福特公司价值的不同方面,通常被称为账面、模型和市场:

账面:从资产负债表中提取的福特目前拥有的资产(和抵消的负债)清单,我们从中得出公司的"账面价值"。

模型:以利润表作为福特持续运营的简化模型,将收入流、费用流、收益流和现金流联系起来——可以开发出复杂的财务模型来预测和评估未来的收益表现。

市场:福特股票的市场价格,由投资者、交易者和做市商不断设定和重置,代表市场对公司价值的当前评估。

每种方法都存在重要缺陷。

## 会计估值:"账面价值"的局限性

会计是在前工业时代发展起来的,它本身不是一种估值技术,而是一种跟踪商业交易的方法(簿记功能)。随着大型上市公司的出现并开始要求向股东、债权人和税务当局提供正式的财务报告,出于管理目的,会计师们扩展了他们的方法,试图以标准化和可验证的格式捕捉公司资产和负债的价值,现代资产负债表由此产生。因此,今天,众所周知,"资产减去负债"等于账面价值(也称为净资产或权益)。在很长一段时间里,这个简单的公式足以评估一家企业的价值。

然而现在却不再是了,如今的公共会计面临危机,因为它没有识别真正创造现代公司大部分收益并推动其股价升值的关键资产。这一点通过比较账面价值和市场价值(市值,即公司已发行股票的价值,其权益价值)变得很清楚。原则上,两者都旨在衡量同一件事——除了负债以后的公司业务的净剩余价值。两者通常都带有相同的标签——"权益",尽管它们的来源非常不同。事实上,直到1985年左右,账面价值和市场价值的比例基本一致:整个经济的市场价值与账面价值的比率(称为"市净率",P/B)约为1∶1。[1](市值通常会略高,但这通常会被解释为投资者"动物精神"或过度乐观的症状——会计师依靠他们严谨的方法来控制这些情绪。)

然而,从20世纪80年代中期开始,这两项度量开始出现分歧。市净率从接近平价攀升至高达7∶1,在过去30年的大部分时间里一直在2.5∶1(见图2-1)[2]。单个公司的市净率通常要高得多。苹果的市净率是7.3∶1[3],脸书的市净率是6.8∶1。芯片制造商英伟达的市净率是19.5∶1。亚马逊的市净率是27.5∶1。这种现象并不仅限于科技公司。可

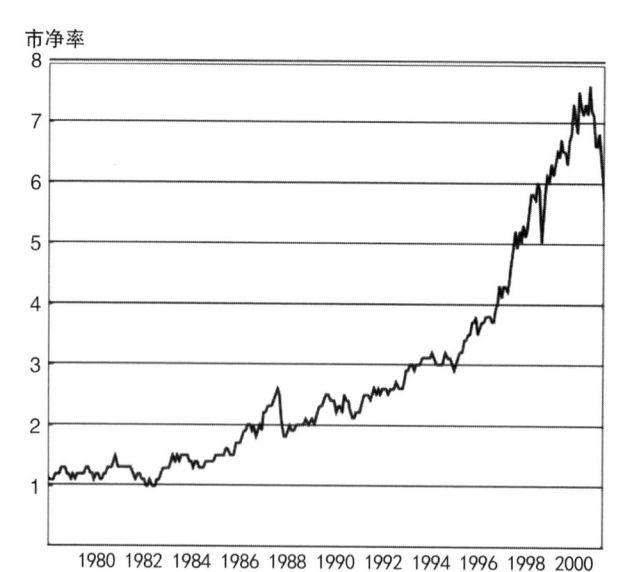

资料来源:改编自Lev(2001)。

图2-1 1997—2001年标准普尔500指数平均市净率[4]

---

〔1〕 出于某种原因,许多学者更喜欢使用倒排形式:账面/价格比率(B/P)。请记住,在任何比率的本质上,高P/B将对应于低B/P,否则度量标准是相同的。这种混乱是否有其他目的……

〔2〕 Baruch Lev, *Intangibles: Management, Measurement, and Reporting* (Washington, D. C.: Brookings, 2001).

〔3〕 截至2018年年中的所有数字。

〔4〕 改编自Baruch Lev, *Intangibles: Management, Measurement, and Reporting* (Washington, D. C.: Brookings, 2001)。

口可乐的市净率为10.5∶1。百事可乐更高——12.7∶1。凯洛格的市净率是9.4∶1。星巴克是14.0∶1。万豪酒店是13.3∶1。

原因很简单：这些公司的关键价值创造资产从资产负债表中消失了。可口可乐最重要的资产是其品牌——经常被品牌评估专家列为世界上最有价值的知识产权资产之一，却没有得到会计师的认可。英伟达的业务是基于其专有技术——多年来在R&D上大量投资的结果，所有这些投资都被"费用化"，作为"成本"摊销，就好像它类似于支付电费一样——因此没有作为长期、有价值和创造价值的资产记录在资产负债表上。脸书的主要资产是它从订户那里收集的数据，它通过向广告商出售有针对性的产品信息来赚钱。这些价值驱动因素都没有出现在公司的财务报表中。

会计师有时会回避这个问题，称这些资产为"无形"资产，暗示它们并不重要。[1] 无形资产一度只是问题的一小部分。Ocean Tomo（一家知识产权估值专业公司）的一项分析报告称，1975年，标准普尔500指数中所有公司的价值，只有17%来自无形资产（见图2-2）。但到了2015年，无形资产占市值的84%。[2] 这意味着金融市场赋予美国经济的价值是会计师在资产负债表上赋予传统硬资产价值的5倍。

资产组合从主要是有形资产向主要是无形资产的转变反映了美国经济的一个大趋势，现代商业模式越来越多地基于可货币化数据、品牌资产、客户资产和知识产权等资产——这些资产产生每一美元的收入和收益需要更少的资本。

账面价值还有其他问题。资产负债表数字几乎总是过时的。这是故意的，公认会计原则（GAAP）要求根据资产的历史成本——为获得资产而支付的可验证价格——估值。这有两个含义，首先，通过内部投资开发而

---

[1] "无形资产"这一类别有时确实会出现在资产负债表上，通常是在一家公司购买了它们之后，并且可以具体说明购买成本。但绝大多数"无形资产"根本看不见，也不会出现在财务报表中。例如，2018年，可口可乐在其资产负债表上列出了几类无形资产：商标（67亿美元）、商誉（94亿美元）和"其他无形资产"（3.68亿美元）——总计约160亿美元的已识别无形资产。但可口可乐的市值约为1800亿美元，而账面价值仅为170亿美元。价值超过1500亿美元的东西下落不明。

[2] *Intangible Asset Market Value Study*, Ocean Tomo, 2017. *"IAMV is determined by subtracting a company's net tangible asset value from its market cap to determine its net intangible asset value."*

**标准普尔500指数成份股市值**

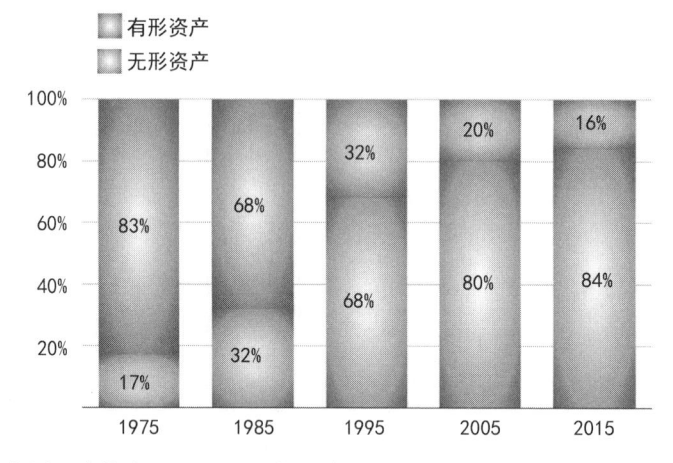

■ 有形资产
■ 无形资产

| 年份 | 有形资产 | 无形资产 |
|---|---|---|
| 1975 | 83% | 17% |
| 1985 | 68% | 32% |
| 1995 | 32% | 68% |
| 2005 | 20% | 80% |
| 2015 | 16% | 84% |

资料来源：改编自Ocean Tomo (2017)。

图 2-2　有形资产与无形资产："账面价值"的演变[1]

非收购的资产——如可口可乐的品牌资产或英伟达的技术——不能"按成本"（根据公认会计原则）估值，因为没有为它们支付可审计的价格，因此会计人员无法将其确认为资产；其次，资产价值确实会随着时间而变化，随着资产真实价值的上升或下降，与历史成本挂钩的资产负债表数字变得过时。[2]

资产负债表的误差和结构上的不准确性使账面价值成为企业估值的一个糟糕选择。[3] 当我们寻找价值的镜头如此模糊，以至于我们看不到公司超过三分之一或十分之一的资产时，它就不再有价值了。[4]

---

[1] 改编自 *Intangible Asset Market Value Study*，Ocean Tomo，2017。

[2] 美国注册会计师协会（American Institute of Certificate Public Accountants）在评估企业公允价值的指南草案中承认了这个问题："历史报告基础，如成本，不能提供不同投资的有意义的可比性。"[AICPA Task Force, *Valuation of Portfolio Company Investments of Venture Capital and Private Equity Funds and Other Investment Companies*, Draft (May 15, 2018), paragraph 2.07.]

[3] 使用账面价值作为企业价值的衡量标准还有其他问题。许多标准的资产负债表资产类别可以说不是真正意义上的资产，而是更像负债。库存就是一个很好的例子；库存过剩被广泛视为危险信号。在某些情况下，甚至现金也可能成为负债而非资产。关于现金调整的市盈率的讨论见第三章。

[4] 可以提出一个论点，即账面价值在评估金融部门的公司时仍然有用，因为它们的大部分资产是金融资产（例如现金、可交易证券、信誉良好的贷款），其价值很容易转换成现值美元。在标准普尔500指数所有行业中，金融行业的市盈率最低，截至本文撰写之时（2018年5月），约为1.68。

# 财务模型的缺点

财务建模通常被视为现代金融的核心支柱。Excel 等电子表格软件促进了模型的构建,而这些模型的构建和使用曾经非常耗时。借鉴债券定价方法中的估值概念,并利用标准收益表得出的数据,以及对关键变量未来价值的许多假设和估计,已成为许多目的估值的标准方法。

本质上,所有的财务模型都是基于估算未来现金流的概念。这种方法的第一个应用是股息贴现模型(DDM),它声称公司的价值"简单地"是其预期未来股息的贴现总和。DDM 可以追溯到几十年前约翰·伯尔·威廉姆斯(John Burr Williams)和后来的米隆·戈登(Myron Gordon)的工作,他们提出将 DDM 作为当时在从业者中流行的更具投机性和"心理性"的市场定价解释的替代方案[1],股息流被视为无限的系列现金支付,类似于债务工具的利息支付,从而借鉴了标准的债券定价概念(增加了一个考虑股息增长的因素)。[2]

后来,DDM 框架被扩展到考虑公司或其股票的"终值"(可能代表某个时间段结束时股票的销售价格,或者超出某个预测期的所有未来股息支付的总和,或者可能是清算收益),开发出所谓的"多期"模型是为了动态地描述未来的增长轨迹,例如,早期快速增长期之后可能是缓慢增长期或稳态无增长期。随着时间的推移,模型变得更加复杂,贴现因子被分成不同的组成部分,需要估算"资本成本",假设各种"风险溢价"。

如今,企业估值中最常用的财务建模方法基于贴现现金流法(DCF)。

---

[1] John Burr Williams, *The Theory of Investment Value*. Harvard University Press, 1938. 约翰·梅纳德·凯恩斯(John Maynard Keynes)可能最能代表这种对立的观点,他是行为经济学家,认为"动物精神"发挥了很大的、也许是决定性的作用,而不是像威廉姆斯所说的那样,对回报进行正式计算。(J. M. Keynes, *The General Theory of Employment*, London, 1938.)

[2] 唯一重要的细微差别是,股息本身是否足够,或者净利润预测是否也应该纳入估值范围。戈登(Gordon, 1959)是这样说的:"关于投资者购买普通股时支付的费用,有三种可能的假设,即他购买的是(1)股息和收益,(2)股息和(3)收益。可能有人会说,最常见的情况是他在未来某个日期买入的价格,但如果未来价格将与该日期的预期股息和/或收益相关,我们就不需要超出所述的三个假设。"[M. J. Gordon,"Dividends, Earnings, and Stock Prices," *The Review of Economics and Statistics*, Vol. 41, No. 2 (May 1959), pp. 99-105.]当然,正统观点——体现在米勒-莫迪利安尼(Miller-Modigliani)的"红利无关性"命题中——意味着戈登的第一个假设是正确的。

DCF 没有预测未来的股息，而是预测收益和正负现金流。DCF 用于资本预算、为公司收购提供建议以及评估潜在的股权投资。它吸引了一些人，因为它似乎以一种合乎逻辑的方式描绘了价值（而不仅仅是接受"动物精神"的不透明决策）。复杂的算术给人一种似乎精确的印象。

这往往是一个错误的印象。我将在这里总结应用于企业估值的 DCF 类型财务建模的一些固有困难和缺点，并请读者参考附录以获得更详细的解释。

DCF 建模过程经历两个阶段——预测和贴现——为未实现的未来收益赋值。重要的是要记住，这两个阶段都涉及假设量的构建，而不是真实量的测量。这是 DCF 方程的标准形式，最简单的是：

$$企业价值 = \sum_{t=0}^{n} \frac{FCF_t}{(1+r)^t} + 终值$$

其中，FCF 代表"自由现金流"——这不是一个标准的公认会计原则数字，不同的分析师或公司可能会依据自身的理解和需求采用。$t$ 是 FCF 未来预测的年份计数器，从现在到 $n$ 年之间重复计算并求和（$n$ 通常为 5~15）。$r$ 代表所谓的贴现率，用于将每个未来现金流估计值调整回其"现值"（基于从今天起一年内支付的 1 美元价值低于今天支付的 1 美元的一般原则）。终值是 $n$ 年后所有预计现金流的剩余总和，持续到无限。

这些都不是硬的数字，它们不是数据。它们是基于多种假设的预测和构建，结构复杂。构建 DCF 模型是一项艰巨的任务；每个组成部分（例如自由现金流预测）都需要自己的子模型。有许多定义上的微妙之处（例如，贴现因子的计算可能涉及估计未来债券收益率、通货膨胀率、公司资本成本和其他复杂变量）。

因此，DCF 之类的财务模型使用的数据质量相当脆弱。如上所述，"账面价值"可能有问题，但至少会计师是在试图处理可核实（可审计）的硬数字。他们将"已知的未知数"隔离开来，避免做出过多或过于笼统的假设。相比之下，DCF 方法包含了关于计算中几乎所有关键要素大胆的假设，单个变量就可能非常复杂且不透明。（例如，什么是真正的通货膨胀率平减指数？或是"股权风险溢价"?)DCF构建过程中嵌入了相当多的"未知的未知数"。

DCF模型也相当精致,这些计算对基本假设的微小变化非常敏感。复杂性加剧了不确定性,不同分析师的判断,可能会产生截然不同的结果,即所谓失之毫厘,谬以千里。DCF方法就是陷入了那些谨慎而正直的分析师所指出的"巨大的假设偏差"。[1]

考虑一个例子(见表2-1),显示了德国化工公司巴斯夫的预计未来现金流及其贴现值。这些估计是由投资银行瑞士信贷做出的。该模型涵盖一个五年预测(2008—2013年)加上一个基于假设五年后"永久增长率"为1.5%的终值。

表2-1　　　　　　　　　　巴斯夫DCF的估计值

| 时期 | 2008E | 2009E | 2010E | 2011E | 2012E | 2013E | 终值 |
|---|---|---|---|---|---|---|---|
| 预计的自由现金流(FCFF) | 4 284 | 4 405 | 4 866 | 5 409 | 6 148 | 6 212 | — |
| 净现值(NPV) | 3 930 | 3 708 | 3 758 | 3 832 | 3 996 | 3 704 | 44 923 |
| 终值(EV) | 67 850 | | | | | | |

一个关键变量是贴现率,在这种情况下定义为"加权平均资本"(WACC),这涉及复杂的计算。聚焦于该数据的灵敏度分析给出了如图2-3所示的结果。

请注意,基本情况下的DCF估值(瑞士信贷计算时假设WACC=9%)几乎比巴斯夫当时的市值高50%。还要注意结果对输入假设的极端敏感性。贴现因子每变动50个基点,公司估值就会发生800~1 000个基点的变化,即投入可变性与产出可变性的比例为1∶20,在这种情况下,WACC每增加半个百分点,企业价值就会出现50亿~100亿欧元的差异。放在WACC发生如此小的转变的可能性的背景下,我们引用了另一项研究[3],

---

[1] Florian Steiger, "The Validity of Company Valuation Using Discounted Cash Flow Methods,"European Business School, 2008.

[2] 数据来自Florian Steiger, "The Validity of Company Valuation Using Discounted CashFlow Methods," European Business School, 2008。

结果对WACC假设很敏感

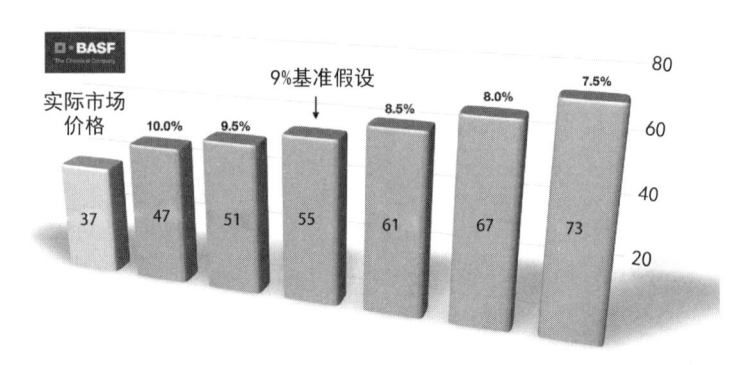

资料来源:Steiger(2008)。

图 2-3　DCF——"巨大的假设偏差"(单位：10 亿欧元)[1]

该研究发现,专业股票分析师(像那些预测巴斯夫收益的瑞士信贷人员)在估计股票资本成本时表现出一致的偏见。WACC 的平均误差幅度为 280 个基点。如果这种程度的偏差适用于这里,最终估值的潜在误差接近 100%。

还有一个重要的实际问题：即使使用现代软件,DCF 建模也是一个漫长的过程。即使是对单个公司进行彻底的 DCF 分析也需要付出巨大的精力。使用 DCF 筛选大部分市场或需要频繁更新的应用程序是不可行的。对于没有市场价格的内部资本项目或小规模资产定价,财务模型可能是唯一的选择。对福特汽车公司这样复杂的企业进行评估是另一回事。当应用于企业估值时,财务模型要求积极简化对未来事件和世界状态的假设。

除了方法问题之外,DCF 作为估值工具的表现通常不佳,巴斯夫的案例就说明了这一点,因为它的模型结果和市场价格之间存在很大差异。在许多情况下,DCF 不会产生可操作的估值——"交易"通常在非常不同的价格点完成。然而,详细批判 DCF 模型并不是我们的主要目的。读者可以参考附录,了解更多关于贴现现金流对企业估值不足的技术讨论。只要观察一下就足够了,一种基于对未来 5 年、10 年或更长时间内的未来现金流的

---

[1] Stephanie Larocque, "Analysts' earnings forecast errors and cost of equity capital estimates," *Review of Accounting Studies*, Vol. 18 (2013), pp. 135-166.

不确定和有偏见的预测的方法,加上如此敏感的贴现率,以至于微小的变化可能产生截然不同的结果,在有更好的方法可用时,不能被视为准确评估经营业务的坚实基础。[1]

## 基于市场的估值指标的利弊

知道价值就理解了市场。

查尔斯·道(Charles Dow,1920)[2]

不存在可以用来理解股票价值的公理。

罗伯特·希勒(Robert Shiller,1984)[3]

最明显和最容易获得的价值衡量标准是什么:公司股价?如果一项资产的价值是某人愿意为之付出的,那么福特的股价不就能告诉我们福特的真正价值了吗?

看情况。我们是否接受市场价格(即市值,或公司股权的市场价值)作为企业价值的有效衡量标准,取决于我们采用哪种金融市场理论观点。

学院派金融经济学家的主流观点仍然被所谓的有效市场假说(EMH)所主导。根据这种有争议的想法,我们只需要公司股票的当前市场价格——它忠实地反映了所有关于公司当前和未来前景的可用信息,并且它准确地,或者尽可能准确地评估公司。随着事件的演变,它可能不是未来价值的完美预测者,但它不能被改进,因为根据定义,如果关于未来的更好信

---

[1] 当然,出于某些目的,DCF方法可能是"最不糟糕"的答案。如果没有好的基于市场的可比数据或类似交易可供参考,对没有公共市场的私人资产进行估值可能会使用DCF建模。某些类型的资产——例如,为稳定社区的长期租户提供固定租赁协议的租赁物业——可能更适合DCF。但对于一家充满活力的上市公司来说,在一个竞争激烈的市场中,在典型的多变的经济和监管环境中,DCF方法是行不通的。市场价格是估值分析的一个优越起点。值得注意的是,财务会计准则委员会——会计正统的守护者——已经认识到这一原则:"活跃市场中的报价提供了公允价值的最可靠证据,应在任何可能的情况下不加调整地用于衡量公允价值。"[FASB 820, *Fair Value Measurement* (May 2011), paragraph 820-10-35-41.]

[2] Charles Henry Dow, Scientific Stock Speculation, The Magazine of Wall Street (1920), p. 37.

[3] Robert Shiller, "Stock Prices and Social Dynamics," *Brooking Papers on Economic Activity*, Vol. 1984, No. 2 (1984), pp. 457–510.

息变得可用,市场将非常迅速地吸收和传播它,价格将相应地调整。其信徒向我们保证,没有人能"打败市场"。

EMH曾经有非常大的影响力,这是所谓"被动投资"策略的理论基础,即运用指数基金简单地追踪市场,而不试图挑选赢家(这需要EMH告诉我们信息优势是不可能实现的),其潜台词是金融市场在不断寻求均衡,股票价格是一种建立均衡点的机制。总而言之,根据EMH的说法,价格反映了公司的全部公允价值,或者至少是最好的近似值(以每股为基础),不存在(明显的、持续的)错误定价的股票。任何错误定价都是微小的、不可利用的、没有意义的——只是"噪音"——而且转瞬即逝。[1]

很明显,市场并不是这样运行的,有很多种形式的持续错误定价因素会影响各种各样股票——学者们最初将其称为"异常"(后来被重新命名为"因子")——确实存在可验证展示的方法能够利用这些异常来"战胜市场"(尽管这并不总是容易的,而且技术分析并不总是奏效)。如今很少有业内人士接受EMH了,在"行为经济学"或"行为金融学"的加持下,学术界内部对EMH的挑战也越来越大,与理性的、寻求均衡的和无与伦比的市场不同,行为理论分支将金融市场视为由具有现实的人类认知与心理特征和局限性的代理人(投资者)主导的市场,他们表现出持续的"非理性"偏见,因此他们的决策容易出现系统性错误。结果(在这种观点下)是一个充满错误定价资产的市场,在这个市场上,战胜市场策略的机会比比皆是。

这意味着市场设定的价格不一定能准确反映真实价值,市场信号的模糊性可以用几个现实的股票例子来说明。

## 迪士尼与网飞

2018年春天,金融媒体的一个热门报道集中关注了网飞突然飙升的市值,几乎超过了强大的华特·迪士尼公司的市值(见图2-4)。

---

[1] 有效市场假说在其修订版中承认,市场中存在某种程度的"噪声",这导致在小时间尺度上价格持续小幅波动。一些修正主义者也承认,EMH可以允许在适应新信息方面有很小的滞后,以便在保持寻求平衡效率的整体背景下,可以出现小的、暂时的错误定价。

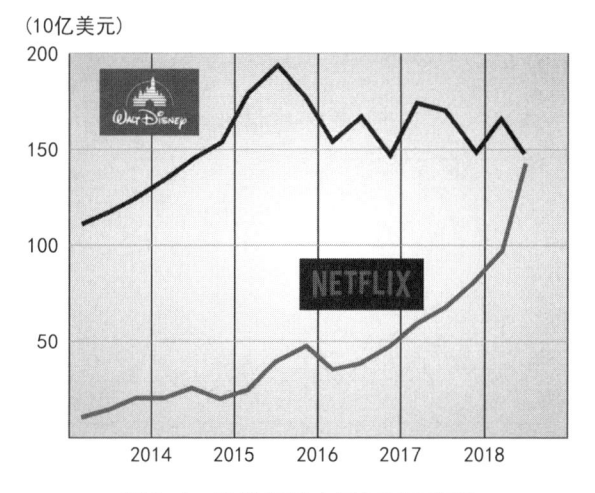

图 2-4　2018 年迪士尼与网飞市值

迪士尼是一家规模更大、利润更高的公司,拥有长期的成功历史、更加多元化的商业模式和极其强劲的财务指标(见表 2-2)。迪士尼的净利润率是市场平均水平的两倍,与苹果和谷歌相当。它的每个客户的收入流比网飞强得多(就其订阅服务而言,这是最直接可比的业务领域)。它的信用评级比"垃圾"级别高 5 级,而网飞比它低 4 级。迪士尼预计将在 2018 年创造 100 亿美元的现金流,而网飞的现金流为 31 亿美元。随着 2018 年第一季度的结束,迪士尼在这一时期的电影业务取得了两项巨大的爆炸性成功:《黑豹》(Black Panther,全球票房 13 亿美元)和《复仇者联盟:无限战争》(Avengers: The Infinity War,18 亿美元)。每部电影的净利润都超过了网飞 2017 年全年的收入。迪士尼的历史记录非常好:在过去的七年中,有六年其电影在全球获得了最高票房。[1] 在某些方面网飞的确是一个令人兴奋的新商业模式,但它真的像迪士尼这样成熟的媒体巨头一样值钱吗?市场说"是的",但我们有权持怀疑态度,或许是迪士尼在某些方面有很大的缺陷?一些分析师这样认为:"股票估值表明,投资者认为迪士尼已经无可救药地落后于网飞。[2]"谁知道呢?关键是单靠价格无法回答这些问题。迪

---

[1] Aaron Black, "Walt Disney Has Good Reasons to Remain in Fox Chase," *The Wall Street Journal*, June 21, 2018.

[2] Jack Hough, "This Picture Could Still Have a Happy Ending," *Barron's*, April 30, 2018.

士尼或网飞的价格极有可能是"错误的"(定价错误,不符合真实的企业价值),但我们无法确定是哪一个。

表 2-2　　　　　　　　迪士尼与网飞财务指标

| 2018 年一季度 | 迪士尼 | 网飞 |
| --- | --- | --- |
| 市值(10 亿美元) | 153.1 | 144.8 |
| 收入(10 亿美元) | 55.7 | 12.7 |
| 自由现金流(2018 年,10 亿美元) | 10.0 | −3.1 |
| 毛利率 | 44.6% | 31.3% |
| 净利率 | 19.6% | 5.3% |
| 季度收益增长率(年比) | 78.4% | 62.8% |
| 收入/订阅收入 | 28/月 | 11/月 |

## 福特与特斯拉

2017 年的另一个重大商业事件是,电动汽车初创公司特斯拉的市值超过了"德高望重"的福特汽车公司。这是一个更惊人的对比(见表 2-3)。

表 2-3　　　　　　　　福特与特斯拉财务指标

| 2018 年 | 福特 | 特斯拉 |
| --- | --- | --- |
| 市值(10 亿美元) | 45.4 | 46.9 |
| 收入(10 亿美元) | 159.6 | 12.4 |
| 自由现金流(2017 年,10 亿美元) | 11.1 | −4.4 |
| 净利润率 | 4.9% | −18.8% |
| 销售车辆(台) | 6 600 000 | 103 000 |
| 市值/销售车辆(同比) | −7 000 | −460 000 |

这里有定价错误吗?如果是,被低估的是福特吗?还是特斯拉被高估了?仅从价格来看,我们无法确定。估值"专家"不同意;有人说:"可能需要 10 年时间才有可能对特斯拉进行适当估值。"[1]

---

[1] Matthew DeBord, "It's Become Almost Impossible to Figure Out What Tesla is Actually Worth," *Business Insider*, August 19, 2017.

市场信号可以以特殊的方式表现出来。[1] 我们仅从"价格"一项就能得出的唯一试探性结论是,市场似乎在用两种不同的标准评估这两家公司。这意味着无论如何,经典意义上的有效市场假说在这里都是不正确的。孤立地看,市场价格作为企业价值的衡量标准并不总是可靠的,很可能有对像网飞和特斯拉这样的创新公司的溢价估值的解释,或者对像福特和迪士尼这样的老牌公司所忍受的折扣的解释。但要发现它们,我们需要的不仅仅是简单的股价指标。

账面价值、财务模型和市场估值——每个视角都提供了企业价值的快照,但没有一个视角给出完整而准确的图景。本章中的参数汇总如表2-4所示。

表2-4　　　　　　　　账面价值、财务模型和市场估值概述

| 估值方法 | 企业估值时的不足之处 |
| --- | --- |
| 账面价值 | ● 不完整的资产会计<br>● 许多创造价值的关键资产未被确认<br>● 过时的数据。资产价值作为历史成本估价<br>● 一些资产带有类似负债的特征<br>● 杠杆的使用增加对账面价值的影响是不一致的 |
| 折现现金流 | ● 需要对未来很长时间的收益进行预测<br>● 预测中固有的乐观偏差<br>● 需要复杂的假设来创建贴现系数<br>● 在加权平均资本成本计算中使用不可靠的CAPM模型<br>● 往往以终值为主导<br>● 结果对假设的微小变化很敏感<br>● 构建费时,不适合许多用途<br>● 容易操纵结果 |
| 市场价值 | ● 对极端估值的解释不明确<br>● 价格波动会掩盖价值信号<br>● 不同的公司对不同的价值驱动因素做出反应<br>● 价格信号往往是模糊的 |

---

[1] 例如,2018年5月20日(周日),特斯拉首席执行官埃隆·马斯克(在推特上)宣布,即将推出的旗舰车型Model 3——该公司的关键大众市场产品——将被推迟,甚至可能被取消。他表示,实际上试图生产低价的Model 3特斯拉可能会导致该公司"亏损和死亡"——这是一位首席执行官不同寻常的可怕评估,促使《华尔街日报》问:"特斯拉正在放弃大众市场吗?"尽管如此,特斯拉股价在接下来的周一上午还是上涨了5%。马斯克的悲观情绪是否突然创造了数十亿美元的股东价值?

内在价值——"真正的"企业价值是不可观察的。我们对它的了解总是间接的和不确定的。没有一个单一的视角能够可靠地解决这个问题。相比之下,我们能做的是利用这些快照——账面价值、现金流、市场价格——从三个方面衡量对福特正在开展的业务的未知真实价值,并对固有的不确定性设定一些界限。

## 内在价值的三角测量:估值比率的使用

本章开头的图表描述了我们所说的价值三角。三角形的三个顶点代表了对企业价值的三个单一聚焦视角——孤立地看,没有一个观点能提供完整而准确的图景。

为了应对这些缺陷,金融业通常采用比较的方法,基于简单的比率,如市盈率、市净率和净资产收益率,以三角形的边为代表。比方说,通过比较市场对价值(价格)和基本经营业绩(收益)的看法,我们希望获得仅靠价格和收益都无法提供的洞察力。

这些比较的理论依据并不总是明确的。以市盈率为例,金融市场是一个复杂的系统,其功能是一个很有争议的话题。坦白地说,市场先生如何得出福特股票的价格仍然是个谜,它是情绪、硬信息、谣言、预期、市场天气、恐惧和贪婪的混合体,所有这些都在一台复杂的超级计算机(实际上是一个由几十个交易平台组成的网络)中盘旋,最终产生一个单一的价格。[1] 另外,最佳收益(E)——对公司一年远期收益的估计——的数字也是影响或可能影响公司未来一年业绩的大量已知和部分已知因素的混合体。用一个谜来阐明另一个谜是很棘手的。明年1美元的收益和1美元的市值到底有什么关系,这是一个相当深奥的问题(正如第一章中的谜题所暗示的那样)。然而,有理由认为比率的使用优于任何单一聚焦的方法。

---

[1] 最近,这个价格甚至获得了一个名字——NBBO(全国最佳投标和报价)——和强大的法律意义。事实上,如今交易所网络的复杂性允许在不同平台上同时存在多个价格(在一个小范围内),这使得市场监管变得相当复杂。此外,交易网络还会产生其他信号,如交易量、买卖价差、订单类型(例如,限价订单与市价订单)和订单簿深度,这些信号有一些应用,但通常不会影响企业价值本身。

有三个比率的"家族",由价值三角形的三条边表示:比较市场价值和账面价值的比率(市净率),比较经营业绩和账面价值的比率(资产回报率),以及比较市场价值和经营业绩的比率(市盈率及其衍生指标)。市盈率无疑是最受欢迎的,但各自都有某种优势。

## 市 净 率

至少在风格上,市净率是保守的选择。学术文献也倾向于支持它,特别是对所谓的"价值投资"的分析——寻找被严重低估的公司[1],在其"正常"的状态下,我们假设市净率应该适当地等于1(或接近于1)。[2] 然而,从前面的讨论中可以清楚地看出运用账面价值时面临的困难,作为市净率的分母,其固有的缺陷不可避免地会损害该比率的准确性。正如我们所看到的,今天的市净率经常与1相差很大,它很难预测盈利能力(营业利润或净利润)或净资产收益率。

尽管如此,市净率仍有一些有限的用途。可以说,它可以消极地被用来识别拥有大量重要无形资产的公司。可口可乐市净率为10的事实提醒我们寻找缺失的"暗物质"——资产负债表上没有出现的无形资产(就可口可乐而言,主要是品牌资产)。市净率对于具有相似商业模式和会计政策的同行业公司之间的比较也很有用,同行业市净率的差异可以突出商业模式之间的差异。许多学者采用的一个相关衡量指标——托宾Q——不是基于公司资产的历史成本,而是基于其重置价值,从概念上说,这有助于缓解过时的"依据成本"的资产负债表价值的问题(尽管这比传统的账面价值更难构建)。我们将在下一章更详细地研究这两个比率。

---

[1] Algy Hall, "Taking Price-to-Book Ratio to Book," *Investors Chronicle* (*Financial Times*), May 25, 2018:"市净率在许多价值投资者心中有着非常特殊的地位。事实上,这一比率被'价值投资之父'本杰明·格雷厄姆称为价值经典。在他1949年的价值投资圣经《聪明的投资者》中,他建议该比率不仅可以用来识别潜在的高回报,还可以用来衡量投资的'安全边际'。除了市盈率作为识别价值的关键比率的地位之外,低市盈率和长期投资回报改善之间的关系的证据也出现在学者尤金·法玛(Eugene Fama)和肯尼斯·弗伦奇(Kenneth French)开发的具有巨大影响力的三因素模型中。"

[2] Alexander Nezlobin, Madhav V. Rajan and Stefan Reichelstein, "Structural properties of the priceto-earnings and price-to-book ratios," *Review of Accounting Studies*, Vol. 21 (2016), pp. 438-472:"教科书经常将等于1的市盈率视为'正常',尽管人们普遍认为,预期的未来盈利能力和对现有资产的保守估值都倾向于将这一比率推高至1以上。"

## 资产回报率

资产回报率(净资产收益率,ROA)应该是企业估值的最佳选择,它类似于投资回报率(ROI)和股本回报率(ROE)等概念,而这两个概念是投资分析和资本预算的基石。[1] 从概念上讲,一家公司产生销售和收益的效率是其拥有的每1美元资产的函数,这应该是衡量其战略适应性的一个关键指标。如前所述,对资产效率的关注最近变得更加重要。整个经济正在从基于大型固定投资(如工厂、设备、房地产)的资产密集型商业模式转向基于品牌、设计、客户忠诚度和技术等无形特许资产的精益模式。美国经济的总体 ROA 可能正在上升。像福特这样的公司,仍然致力于固定资产的大量资本支出,拥有 1%～2% 的净资产收益率。脸书的净资产收益率则是 17%。重要的是,与市盈率或市盈率相比,净资产收益率似乎与盈利能力的相关性更好。[2]

遗憾的是,资产回报率和市净率一样,被分母中使用账面价值带来的问题所牵累,尤其是关键特许资产被排除在外。分子的正确选择也存在问题——净利润还是营业收入(在杠杆效应之前)更合适。杠杆率上升还会影响资产回报率的准确性,并使跨时间和跨行业的比较变得更加困难。最后,资产回报率缺乏价格术语的即时性,完全依赖于每季度更新一次的会计数据。然而,不管出于什么原因,资产回报率指标应该得到更多的关注。

## 市 盈 率

市盈率是"估值实践的支柱"[3],这有几个原因。

分子和分母都是其目标数量高度可靠的度量。根据定义,"价格"等于市场的估值(每股)。"收益"是指实际净收益[4],在公认会计原则程序的范

---

[1] 不同之处——我认为是优势——在于,ROA 与生产性资产的融资方式无关,无论是通过外部投资还是留存收益、债务或股权。它衡量的是企业的运营价值,而不是作为股东投入资本的函数返还给股东的价值。

[2] 参见第四章中的示例。

[3] Efthimios G. Demirakos, Norman C. Strong and Martin Walker, "What Valuation Models Do Analysts Use?" *Accounting Horizons*, Vol. 18, No. 4 (2004) pp. 221-240.

[4] 这是跟踪市盈率。动态市盈率使用的是对明年收益的预测。见第三章。

围内（与资产负债表相比，损益表的缺陷要小得多），没有时滞（或者说没有太大的时滞——分子没有时滞，分母不超过 90 天）。价格和收益都是可审计的，并且相当可靠。[1] 市盈率及其许多变体将是本书剩余部分的主要焦点。

## 总　　结

估值既困难且又不确定。然而，它对于几乎任何涉及企业资产收购或剥离的决策、任何投资于公共或私人公司的决策，以及大多数延长或验证信贷的决策都至关重要。仅仅依靠单一视角——账面价值、财务模型或市场价值——的传统估值方法是不够的。公认会计原则已经无法跟踪许多现代商业模式中许多关键的创造价值的资产，像折现现金流分析这样的财务建模技术既无法应对预测和所需假设产生的巨大不确定性，也无法应对模型输出对输入中微小且经济上不显著的差异的极端敏感性。尽管股票市场在整个交易日内即时公布其对上市公司的估值，但其判断可能是不持续和异质的——交易股票的单点价格隐含了太多不同的估值标准，无法以原始形式使用它们。

依靠对企业价值的准确理解来谋生的专业人士所采用的策略基础是相对使用多种估值方法。估值比率的使用已经成为金融行业的标准做法，并被许多学术文献所采用。下一章将概述这些比较指标。

---

[1] 尽管我们排除了收益分母中的"欺诈"——美国市场上是一个非常罕见的问题，我们仍然留下了一系列定义上的不确定性，其中一些可能很重要。我们将在第六章中考虑这些。

# 第三章 估价比率

企业估值常用的市场比率包括如下内容(见表 3-1)。

表 3-1　　　　　　　　企业估值常用的市场比率

| 估值比率 | 主要特征 |
| --- | --- |
| 跟踪市盈率 | ● 使用前一年的收益——审计过的已实现数字;<br>● 数字向后看 |
| 动态市盈率 | ● 使用分析师的 1 年预测收益——估计数字 |
| 每股价格/<br>经营性利润 | ● 使用营业收益计算每股收益;<br>● 避免因杠杆和"特别费用"造成的扭曲;<br>● 更适合在不同时期比较;<br>● 避免因税收效应造成的扭曲影响 |
| 每股价格/股息<br>(股息收益率) | ● 股息历来被认为是衡量股东价值的最具体指标 |
| 每股价格/销售额 | ● 适用于"销量驱动型"业务(如零售)的公司;<br>● 对没有盈利的公司很有用;<br>● 用于板块内比较 |
| 每股价格/现金流 | ● 与"现金为王"的论点一致;<br>● 许多定义现金流的选项——息税折旧摊销前收益(EBITDA),自由现金流最受欢迎;<br>● 避免本期非现金费用造成的扭曲 |

续表

| 估值比率 | 主要特征 |
| --- | --- |
| 每股价格/账面价值 | ● 有助于识别资产负债表中的"缺口"(未入账资产);<br>● 通常用于金融部门的公司 |
| 托宾 Q 理论 | ● 基于资产的"重置价值",难以构建;<br>● 偶尔被学者使用 |
| 净资产收益率(ROA) | ● 非市场基础——用于评估资产使用效率,与盈利能力紧密相关 |
| 经周期调整的市盈率 | ● 对多年期间的收益分母进行平均;<br>● 平滑收益以减轻短期波动;<br>● 据说可以抵消商业周期的影响 |
| 现金流调整的市盈率 | ● 消除"非生产性"现金持有的额外效应 |
| PEG 比率 | ● 将盈利增长纳入指标 |

## 静态市盈率

静态市盈率是最原始的市场估值指标:[1]

$$静态市盈率 = \frac{每股价格}{每股收益}$$

价格(P)指公司股票的当前市场价格。[2]

每股收益是公司前一年报告的"收益"与公司发行的"股票"总数的比率。

收益的默认定义是净收益,即利润表的最下面底线的数据,每季度报

---

[1] 市盈率实际上并不总是首选。在 19 世纪和 20 世纪,股息收益率是首选指标。"在美国,19 世纪和 20 世纪初的债券发行比股票发行多 3 倍。股市主要由铁路股组成,到 1900 年,公用事业股和后来的工业股才变得更加重要。在这种情况下,股息收益率是决定股票价格便宜还是昂贵的首选方法就不足为奇了,因为股息收益率可以直接与债券收益率比较。"随着 20 世纪 20 年代股市的繁荣,市盈率开始流行,因为它开始补充并取代股息,成为股东回报的主要组成部分。参见 Nilesh Soman,"Retracing the History of the Price to Earnings Ratio", January 7, 2014. www.moneycontrol.com/news/business/personal-finance/retracing history-rice-to-earnings-ratio-1185979.html。

[2] 这对于本章中讨论的几乎所有形式的倍数都是正确的。价格永远是当前价格,而不是预测。偏离这一原则的情况很少。一个例外是现金调整损益。

告。它也可以被称为公认会计原则收益[1]或报告收益[2]。

每股的默认定义是基于已发行普通股的数量，即公司已经发行并且目前在投资者手中的股票。如果公司在上一年发行了新股或回购了现有股票，这可能涉及加权平均股票数量的计算。[3] 每股收益不包括库藏股（公司自己账户中持有的未来可能发行的股票）。

> 细微差别：每股收益的计算可能会调整为"优先股股息"的收益数字，以报告"普通股股东可获得的收益"。很少有公司发行优先股，整体市场规模很小，一般不到股票市值的1％。[4] 股份数量的计算也可能会被调整，以反映"完全被稀释的股份数量"——即在未来行使股票期权或可转换债务工具时发行的股份。在大多数情况下，这种差异似乎并不显著。[5]

静态市盈率是所有乘数中最"客观"的（股息收益率除外）。"价格"是基于最近的市场交易。"收益"基于已实现和报告的结果。除了公认会计原则的规定可能比较保守之外，市盈率理所当然地不受预测、假设或各种各样的估计影响。[6]

这种对硬数字的强调被其倡导者认为是静态市盈率的优势，其弱点则是向后看（类似于看着后视镜向前开车。——译者注）。大多数估值应用会采用前瞻性的观点，投资者买的是未来，而不是过去。我们投资福特是因为我们希望它能带来未来的回报，而不是因为它去年做得有多好，去年业绩的

---

[1] 公认会计原则是美国编制财务报表的会计标准。
[2] David Blitzer, Robert Friedman, and Howard Silverblatt, "Measures of Corporate Earnings," *Standard & Poor's*, May 14, 2002.
[3] 在计算每股收益时，股票数量有许多细微差别。我们将在第六章回顾其中的一些。
[4] 截至2009年2月27日，S&P美国优先股指数有72个成分股（约占标准普尔500指数的14％）。优先股的总市值约为1000亿美元——约占整个股票市场价值的1％（Standard Poor's, Preferred Stock Primer, March 25, 2009）。金融危机之后，优先股进一步失宠。到2018年，这一比例已经下降到不到1％（Janney Investment Group, Investment Themes: Preferred Securities, September, 2018）——不可以完全忽略，但几乎如此。
[5] 授予大量员工期权的科技公司可能会在反映未行使期权的稀释计算方面表现出显著的效果。但也许不是。例如，脸书的"基本每股收益"和"稀释每股收益"之间的差异不到1％（2018年），尽管员工期权的使用很自由。网飞也显示了不到1％的差异（2018年）。
[6] 在计算净收益时，可能会有一些小的假设或估计，例如坏账准备（客户未能支付）、可能的保修费用或产品退货。

有用性主要是作为明年业绩的预测指标,所以静态市盈率只能提供一个间接的指示。

同样真实的是,股价本身具有"向前倾斜"的特性。也就是说,尽管我们在市盈率乘数中使用当前价格,但通常假设该价格包含了对未来几个季度公司业绩和经济状况的隐含预测。如果该比率将这种固有的未来"价格"与固有的过去"收益"结合起来,它可能会被视为缺乏一致性。

## 动态市盈率

$$动态市盈率 = \frac{每股价格}{预期每股收益}$$

这里,分子也是当前价格(尤其需要注意不是对未来价格的预测)。但分母是对未来一年每股收益的预测,这是由"精选的"分析师小组编制的收益估计得出的,这些分析师通常是金融行业的专业人士,他们跟踪公司,模拟公司的业绩,并公布他们对公司下一年每股收益的估计。[1]

引入任何预测都会增加不确定性。我们已经看到多年预测的累积不确定性如何破坏贴现现金流方法。为了控制这一点,动态市盈率通常侧重于一年的盈利预测。诚然,分析师 3 年预测的准确性一直被认为是有偏差的——大多数时候过于乐观。但正如图表所示,分析师的估计往往从高水平开始,然后回落以符合现实。与实际情况相差一年,预测相当准确,正如大多数趋势线的平右尾所示(见图 3-1)。[2]

2012 年的一项学术研究证实,分析师的预测比随机游走时间序列模型(随机游走时间序列模型是对过去趋势的不明智推断的替代——静态市盈率的隐含观点)产生的简单预测更准确。但这只适用于 12 个月的预测。随

---

[1] "出于估值目的,分析师共识是确定未来每股收益的首选方法。分析师共识代表所有股票研究分析师的平均水平(或"共识"),这些分析师跟踪一只股票,并向 IBES 提交他们对彭博或另一个数据集的估计。"(一个典型的定义来自公司金融研究所,https://corporatefinanceinstitute.com/about-cfi.)

[2] James Mackintosh,"Hope Springs but Profit Pitfalls Lurk," *The Wall Street Journal*, January 6, 2017.

着时间的延长,分析师的业绩优势稳步下降。较长期的预测显示,相对于不了解情况的预测,没有可持续的优势。[1]

标准普尔500指数每股预期经营收益

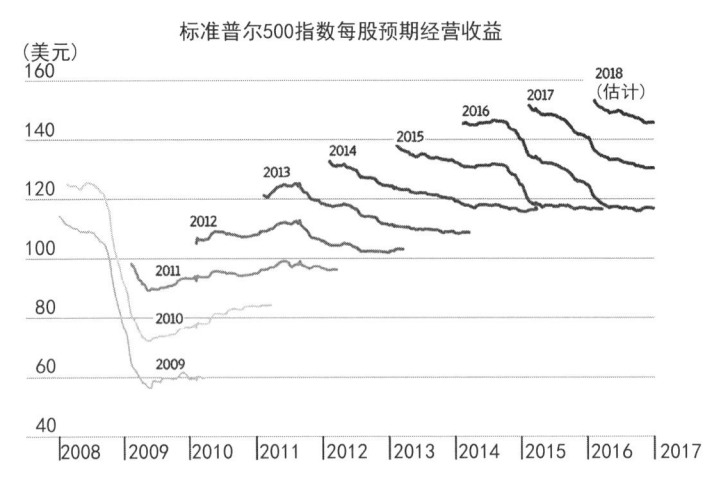

图 3-1　一段时间内的预期收益调整[2]

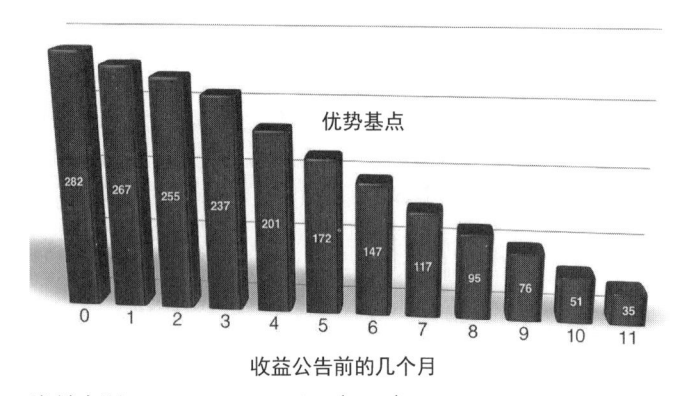

优势基点

282　267　255　237　201　172　147　117　95　76　51　35
0　1　2　3　4　5　6　7　8　9　10　11

收益公告前的几个月

资料来源:Bradshaw et al. (2012)。

图 3-2　与"随机漫步"时间序列预测相比,分析师预测的精度更高[3]

---

[1] Mark T. Bradshaw, Michael S. Drake, James N. Myers, and Linda A. Myers, "A re-examination of analysts' superiority over time-series forecasts of annual earnings," *Review of Accounting Studies*, Vol. 17 (2012), pp. 944-968. 然而,与金融市场学术文献中的许多"发现"一样,其他研究指向相反的方向。刘等人在 2002 年发现,"远期收益表现最好,如果预测期限延长(1年、2年、3年的每股收益预测),业绩会有所改善。"[Jing Liu, Doron Nissim, and Jacob Thomas, "Equity Valuation Using Multiples," *Journal of Accounting Research*, Vol. 40, No. 1 (March 2002), pp. 135-172.]

[2] James Mackintosh, "Hope Springs but Profit Pitfalls Lurk," *The Wall Street Journal*, January 6, 2017. 经《华尔街日报》许可复制。

[3] 基于 Mark T. Bradshaw, Michael S. Drake, James N. Myers, and Linda A. Myers, "A re-examination of analysts' superiority over time-series forecasts of annual earnings," *Review of Accounting Studies*, Vol. 17 (2012), pp. 944-968。

# 动态市盈率与静态市盈率的比较

哪个更好？在相当大的程度上，选择是风格的问题。乐观或"看涨"的投资者可能更喜欢远期乘数，因为它面向未来。更多规避风险的投资者喜欢跟踪每股收益的客观性和可审计性，并接受其局限性，或许还有额外的保守程度，倾向于避免对尚未实现的业绩有太多的不确定性。

需要注意的是，一般来说，对于盈利预期增长的公司，动态市盈率会低于静态市盈率，两者分子相同，均为当前价格。如果下一年的收益预计会增加，那么提高分母将会降低比率的价值。此外，由于预测通常比实际收益波动性小，动态市盈率的趋势也将趋于平稳。预测收益一般也侧重于公司的基本运营，而不是试图预测一次性事件，可能因此波动性较小。

倾向于静态市盈率的理由通常是基于对分析师偏见的担忧。华尔街股票分析师最近开展的一项关于盈利预测研究得出结论：

> 预测普遍存在明显的乐观向上偏差……可以通过基于已实现收益而不是有偏差的收益预测来估计价值，从而避免偏差。[1]

但过于严格的偏见避免政策本身就可能存在偏见。的确，预测已经显示出某种程度的偏差；然而，有证据表明，作为未来业绩的预测指标，动态市盈率优于静态市盈率[2]（见第五章）。看来，与对前一年趋势的简单推断相比，分析师确实增加了未来1年甚至更长时间的预测价值。基于这个原因，

---

[1] Peter Easton and Gregory Sommers,"Effect of Analysts' Optimism on Estimates of the Expected Rate of Return Implied by Earnings Forecasts," *Journal of Accounting Research*, Vol. 45, No. 5, December 2017, p. 1013.

[2] Jing Liu, Doron Nissim, and Jacob Thomas, "Equity Valuation Using Multiples," *Journal of Accounting Research*, Vol. 40, No. 1 (March 2002), pp. 135–172. John Authers, "Number Crunchers Are Socially Desirable," *Financial Times*, July 11, 2017.《金融时报》的文章还引用了 also Jing Liu, Doron Nissim, and Jacob Thomas, "Is Cash Flow King in Valuations?" *Financial Analysts Journal*, Vol. 63, No. 2 (March/April 2007) pp. 56-68. 但就关于动态市盈率优于静态市盈率的评论而言，这篇文章似乎主要基于刘等人早些时候在2002年发表的文章（即最早被引用的那篇）。

以及对未来的聚焦更符合实际的事实，从投资的角度来看，动态市盈率在实践中正在获得优势。[1] 美国注册会计师协会在其《企业估值手册草案》中指出，"估值是前瞻性的"：

> 乘数……基本上代表了市场参与者对未来现金流、增长和风险的预期……如果可用，远期乘数可能会提供更多相关信息，尤其是对于高增长业务。[2]

美联储克里夫兰分行分析师的一项评估得出结论：

> 由于动态市盈率使用的是对未来收益的预测，因此它的优势是看预期收益，而不是当前收益，当前收益可能高也可能低，因为一次性因素不能反映公司的前景。另外，一家公司的动态市盈率可能会被乐观的收益预期人为压低，尤其是在繁荣时期。[3]

这种"紧缩"效应在其他地方也已被注意到，并经常被解读为即将到来的积极市场趋势的指标（如前面所引用的研究所示，即使是"乐观的"收益估计在1年预测中也有一定的有效性）。[4]

## 相对市盈率（Relative PE）

一篇关于低市盈率异常的早期论文（将在第五章中讨论）提出了一种消

---

[1] 根据美国银行/美林的一项研究，在个人投资者中，动态市盈率比静态市盈率高出2倍以上。最近的另一项研究显示，专业人士使用的动态市盈率与静态市盈率相比具有6比1的优势。(Jerald Pinto, Thomas Robinson, and John Stowe, "Equity Valuation: A Survey of Professional Practice," CFA Institute, September 7, 2015.)

[2] AICPA Task Force, *Valuation of Portfolio Company Investments of Venture Capital and Private Equity Funds and Other Investment Companies*, Draft (May 15, 2018), paragraphs 5.22 and 5.38.

[3] Joseph G. Haubrich, Sara Millington, and Brendan Costello, "Comparing Price-to-Earnings Ratios: The S&P 500 Forward P/E and the CAPE," *Economic Trends*; The Federal Reserve Bank of Cleveland, August 10, 2014.

[4] "动态市盈率……高于雷曼危机后最糟糕时期的水平，但除此之外，它们还像几十年来一样便宜……预测利润……看起来很乐观……乐观的预测可能会人为将动态市盈率压低。"(John Authers, "Optimists Say This is the Time to Buy Equities," *Financial Times*, July 10, 2011.) 我们可能会注意到，后雷曼危机的余波（2008年末或2009年年初）将是几十年来入市的最佳时机，甚至在2011年7月进入的投资者也将从那时起获得超过100%的收益。因此，"异常低"的动态市盈率似乎确实很好地预测了未来回报的繁荣。

除"行业偏差"修正方法的——为了对冲一些行业的平均市盈率高于或低于其他行业的事实。[1] 例如,从2013年到2018年,医疗保健行业的平均市盈率比金融行业的平均市盈率高出70%以上。[2] 为了抵消这种"行业效应",研究人员计算了每个公司相对于其所在行业所有公司平均市盈率的市盈率。对于某些应用,这种所谓的相对市盈率似乎是一种合理的调整,然而它没有被广泛采用。

## 标准化市盈率

"标准化市盈率"(Normalized PE)这一说法也变得流行起来。然而,它被用于两种截然不同的意义。

更正确的用法是将其定义为价格除以"标准化每股收益"——其中标准化意味着消除"季节性、收入和费用的影响,这些影响是不寻常的或一次性的……非经常性费用或收益"。这是美国注册会计师协会认可的评估私人投资的方法。[3] 从这个意义上说,标准化市盈率类似于价格/营业收入,具有平滑季节性影响的附加特征。[4]

"标准化市盈率"有时也被用来(不恰当地)指市盈率,其中分母收益是前10年的平均值,这仅仅是周期调整后市盈率的一个版本——只是它不根据通货膨胀调整收益。

## 优化市盈率?

这两种形式的经典市盈率是迄今为止最受欢迎的估值指标。[5] 但事实上,它只能"解释"股价的部分变化(可能还不到一半),事实上,它似乎有

---

[1] David Goodman and John Peavy, "Industry Relative Price-Earnings Ratios as Indicators of Investment Returns," *Financial Analysts Journal* (July/August 1983) pp. 60-66.

[2] 参见第四章第三节。

[3] AICPA Task Force, *Valuation of Portfolio Company Investments of Venture Capital and Private Equity Funds and Other Investment Companies*, Draft (May 15, 2018), paragraph 5.34.

[4] 这是常见的用法。例如,见 Savita Subramanian, "US Equity Strategy Year Ahead: 2017," *Bank of America/Merrill Lynch*, 2017。

[5] 它被用于90%或更多的专业分析师报告。另据报道,80%的个人投资者使用市盈率倍数。(Maggie Fitzgerald, "Everyone Still Relies on Stock's P/E Ratio …" *CNBC*, June 2019, citing a *BofA Merrill Lynch* study.)

时会对相反的影响做出反应，并且通常会以神秘的方式起作用，再加上它如此简单和老派的状态，都在不断激励分析师寻找让它变得更有效的方法。

以下的替代方案是优化市盈率的尝试——要么修改分母，要么修改分子(后者用得少一些)。综上所述，在这一点上，这些创新似乎都无法取代简单的市盈率乘数的首选地位。尽管如此，其中一些关于企业价值的补充观点可能会增加估值分析的准确性或说服力。

## 价格—营业收入比率

一些分析师建议用营业收入(代替净收益)作为市盈率乘数的分母：

$$\frac{每股价格}{每股营业收入}$$

其他人却对这一举动表示担忧：

> 国际商用机器公司(IBM)正与其科技同行一道，竞相杀入会计行业抄底。该公司公布的数据显示，如果使用非公认会计原则的"营业"收入，其过去10个季度会发生怎样的变化？[1]

但这真的是一场"抄底的竞赛"吗？难道我们真的应该怀疑IBM那些严谨的管理层试图贬低他们自己的财务报告吗？把它称为"不符合美国公认会计原则"准确吗？[2]

营业收入的概念是基于一个合理的想法。以下是标准普尔的定义：

> 这一衡量标准聚焦于公司的主要业务收益，目标是使这些数据在不同时期具有可比性。营业收入通常被认为是"已报告"的收入，其中一些费用被冲销，以排除公司费用或一次性费用。[3]

---

[1] *The Wall Street Journal*, September 1, 2010.
[2] Ibid.
[3] David Blitzer, Robert Friedman, and Howard Silverblatt, "Measures of Corporate Earnings," *Standard & Poor's*, May 14, 2002.

这一点经常被忽略：运用营业收入通过消除不定期发生的事件所产生的费用(或收益)，方便了公司在不同时期业绩的比较。原则上，这将提高用于估值目的的收益指标的质量。

营业收入的定义还提出"扣除公司……费用"——由业务经营所在公司上层建筑产生的费用，例如用于为企业融资的资本结构(债务或股权)的选择或公司的税务状况。

因此，营业收入通常不包括：

(1) 债务融资利息：这一费用与资本结构、公司为自己融资的方式有关，而与经营业务本身的盈利能力无关(遵循从净收益中排除股息这一由资本结构决定的另一项"费用"的相同逻辑)。

(2) 税费：这类费用因国家而异，随着税法的变化，以及特别信贷、"免税期"、减税和补贴而变化，与公司的经营模式关系不大。[1]

(3) "额外"项目：也称为"一次性"或"非经常性"项目，可以说是超出正常持续业务框架的费用或收益。[2]

最后一类引起了人们对使用营业收入的担忧，特别是所谓的"一次性费用"或"减记"，这些费用通常是由战略重组或非常事件引起的。[3] 以这种方式处理非经常性费用并非不合逻辑，通过将它们从收益计算中移除，营业

---

[1] 例如，鼓励将国外收入汇回国内的"免税期"，这可能会造成税收支出激增，压低收入，提高静态市盈率，这与一家公司成功制造和销售其产品几乎没有关系；2004年，美国跨国公司的免税期允许他们以5.25%的税率将外国利润汇回美国，而不是现有的35%的公司税率。根据这项法律，企业为美国经济带来了3 620亿美元的收入。

[2] 术语一直在变化。财务会计准则委员会(FASB)最近从会计词汇中删除了术语"非常项目"。[FASB *Accounting Standards Update No. 2015-01*, "Income Statement — Extraordinary and Unusual Items (Subtopic 225-20) — Simplifying Income Statement Presentation by Eliminating the Concept of Extraordinary Items," January 2015.]

[3] 例如，2017年，美国最大的炼油公司瓦莱罗(Valero)因哈维飓风对其墨西哥湾沿岸炼油业务的影响而停工并失去业务。在其财务报表中，它选择将这些成本中的一部分作为"其他费用"从营业收入中分离出来。然而，这些一次性费用在计算净收益时作为减项计入。这可能会暂时压低净收益，并提高静态市盈率。市盈率指标可能会避免这种"虚假"波动。此类费用包括工厂关闭——当福特因停止生产某一特定车型而永久关闭一家工厂时，它必须注销一直保留在资产负债表上的该工厂的剩余价值。如果它完全退出一个主要业务领域，以账面价值损失出售或完全停止运营，可能会产生这样的费用。其他例子可能包括意外的自然或人为灾害——洪水、火灾、罢工、战争——造成的损失，以及可能与针对该公司提起的诉讼相关的重大不利财务判决或和解。总的想法是，这些事件是"不规则的"或"不寻常的"或"非经常性的"——因此在评估当前正在进行的业务时应将其搁置。[确定哪些费用可以考虑或必须考虑的规则，因为非经常性或非常性费用都很详细。解析"非常""不寻常""不规则""非重复性"等不断变化的术语不在我们的范围之内。适用于费用(和收益)或跟踪哪些费用允许或需要特殊的会计处理，这可能会将它们踢出"营业收入"计算过程。]

收入的支持者认为它更真实地呈现了一家公司的实际业绩(它们当然仍然包含在净收益中)。

营业收入通常高于净收益。因此,基于营业收入的市盈率通常低于标准的静态市盈率。[2] 如图3-3所示,两者之间的"差距"有扩大的趋势——在商业周期的某些阶段变得特别显著。[3] 在最近的衰退中,这一差距相当大,在2009年的衰退中达到近24%(见图3-3)。

差异较大的公司往往表现不佳。由于在决定将哪些费用归类为"非经常费用"时所涉及的可变性和判断,营业收入的定义在实践中变得模糊不清。

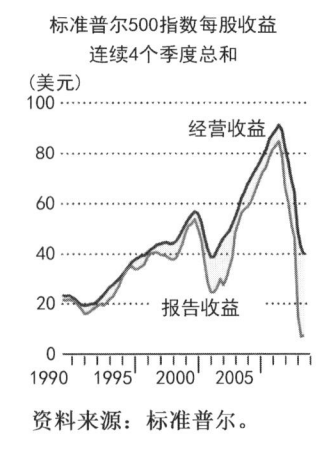

图3-3 公认会计原则收益与营业收入[1]

资料来源:标准普尔。

## 预计收益(Pro Forma Earnings)

营业收入的概念映入了更为广泛的非公认会计原则的收益公式中,公司试图(凭良心说,在许多其他情况下,也许不是)通过展示其"真实"收入的另一种观点来更好地描述业绩表现。不同的公司以不同的方式构建预计收益,这些指标不属于公认会计原则范围,但只要与公认会计原则收益确认方法一致,就是允许的(在限制范围内)。

使用预计收益的理由差异很大,许多科技公司提供的收入数字不包括基于股票的薪酬成本。[4] 脸书就是一个很好的例子[5](如图3-4所示)。

公司可能会提供预计收益以补充标准公认会计准则报告的原因有很

---

[1] Mark Gongloff, "Investors, It Pays to Mind the GAAP Gaps," *The Wall Street Journal*, September 18, 2009. 经《华尔街日报》许可复制。

[2] 尽管并非总是如此——有时会有非凡的收益,比如当一项资产以远高于其账面价值的价格出售时。

[3] Gretchen Morgenson, "What? They Never Heard of WorldCom?" *The New York Times*, March 21, 2005; Mark Gongloff, "Investors, It Pays to Mind the GAAP Gaps," *The Wall Street Journal*, September 18, 2009.

[4] 个人评论:从我自己在科技行业的经验来看,我一般认为,将科技公司(和其他公司)授予员工的激励性股票期权视为与现金薪酬相同,会严重误导"费用"的性质。

[5] Miriam Gottfried, "Blowing the Froth off of Big Tech Earnings," *The Wall Street Journal*, May 20, 2015.

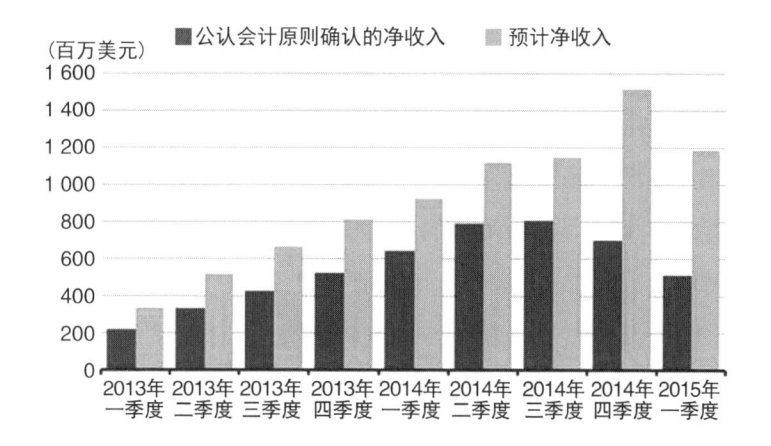

图 3-4　脸书的报告净收入与预计净收入(2013 年至 2015 年一季度)[1]

多。一些能源公司认为,油价的大幅波动(由全球能源市场的事件驱动,而不是由公司运营驱动)影响了其资产价值,并产生了按公认会计原则确认收益的费用,应该消除这种费用,以更好地反映其实际业绩表现。伯克希尔·哈撒韦公司辩称,对其部分收购资产的会计处理造成了对收益的"不真实"费用,其实是向投资者掩盖了真实情况。这里有必要引用沃伦·巴菲特 2015 年写给股东的信:

> 11 亿美元的摊销费用已经作为支出扣除,我们认为其中大约 20% 是"真实的",其余的则不是。由于我们进行了多次收购,伯克希尔曾经不存在的"非真实"费用变得非常瞩目,随着我们收购更多的公司,不真实的摊销费用可能会进一步攀升。[2]

在巴菲特的例子中,我们可以认为他的推理或许是正确的,即使他并没有完全解释。在某些情况下,使用非公认会计原则的预计数据可能更令人生疑。

---

[1] Miriam Gottfried, "Blowing the Froth off of Big Tech Earnings," *The Wall Street Journal*, May 20 2015. 经《华尔街日报》许可复制。

[2] Luke Kawa, "Warren Buffett's [2015] Shareholder Letter, Annotated," *Bloomberg Online*, February 27, 2016.

大多数按公认会计原则确认的收益为负的公司有正的按非公认会计原则确认的收益,这表明业绩差的公司更有可能向上调整收入。[1]

无论如何,在整个市场上,"公认会计原则差距"近年来有所扩大(见图 3-5)。2015 年,S&P 预计收益比公认会计原则收益高出 25%。[2] 此外,有证据表明,与公认会计原则收益相比,投资者越来越喜欢预计收益,并发现它们传达了更多的信息。[3] 还有证据表明,一些非公认会计原则指标比公认会计原则数字更能预测未来业绩和价值。[4]

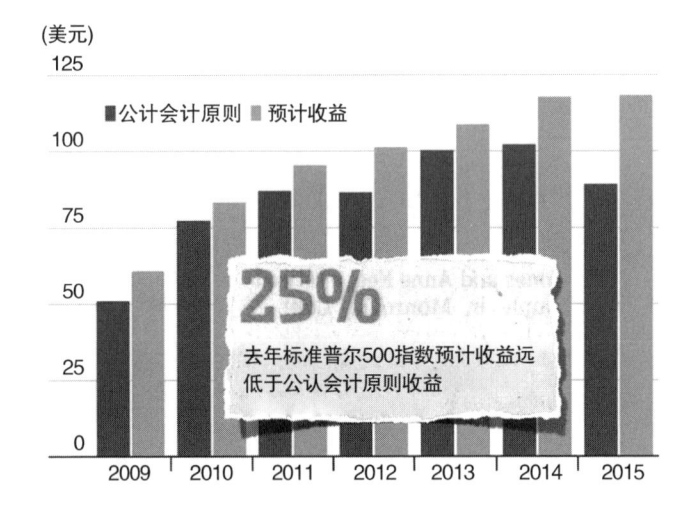

资料来源:S&P Dow Jones Indices; FactSet。

图 3-5 标准普尔 500 指数在公认会计原则下的
每股收益与预计收益(2009—2015 年)[5]

---

[1] Mark Fahey, "Mind the GAAP: Buffett warns of deceptive earnings," *CNBC Online*, March 1, 2016.

[2] Justin Lahart, "S&P 500 Earnings: Far Worse Than Advertised," *The Wall Street Journal*, February 24, 2016.

[3] Dirk Black, Ervin Black, Theodore Christensen, and William Heninger, "Has the Regulation of Pro Forma Reporting in the US Changed Investors' Perceptions of Pro Forma Earnings Disclosures?" *Journal of Business Finance & Accounting*, Vol. 39, No. 7 (September/October 2012), pp. 876-904. Susan Albring, Maria Cabán-Garcia, and Jacqueline Reck, "The Value Relevance of a non-GAAP Performance Metric to the Capital Markets," *Review of Accounting and Finance*, Vol. 9, No. 3 (2010) pp. 264-284.

[4] Elmar Venter, David Emanuel, and Steven Cahan, "The Value Relevance of Mandatory Non-GAAP Earnings," *ABACUS*, Vol. 50, No. 1 (2014) pp. 1-24. 阿尔布林等(Albring et al.)认为:"非公认会计原则指标与股票市值和回报显著相关,而且比公认会计原则指标更具价值相关性。

[5] Justin Lahart, "S&P 500 Earnings: Far Worse Than Advertised," *The Wall Street Journal*, February 24, 2016. 经《华尔街日报》许可复制。

在某种程度上，预计收益数据被认为是一个足够好甚至更好的衡量标准，它们可能出现在收益乘数的分母中，然而，缺乏标准化和与非公认会计原则指标相关的通用定义混乱限制了这一进程。在某些情况下，预计收益曾经被滥用，从而引致投资者的普遍怀疑。标准普尔给出了一个典型含有嘲讽意味的评论：

> 起初"预计"一词的使用意味着对重大变化的特殊分析，如合并，其中，调整是为"假设"审查设计的，在这种情况下，预计收益非常有用。然而，在"假设"审查中要考虑的具体项目必须明确，在最近的一些案例中，"假设"变成了"公司似乎不需要支付适当的费用"，在某些最极端的情形下，预计收益被戏称为 EBBS，即"坏账前盈利"。[1]

## 核心收益 (Core Earnings)

标准普尔通过引入自己的专有度量指标——核心收益，力图澄清这种情况。[2] 其描述如下：

> 核心收益源自公告的收益，然后进行一系列的调整。"已公告"是指公认会计原则定义的收益，有三个例外——非经常项目、会计变更的累积效应和非连续性业务，所有这些都是被公认会计原则定义的。
>
> 核心收益关注公司的持续运营业务，它们应包括与这些业务相关的所有收入和成本，不包括其他部分业务产生的收入或成本，如套期保值业务产生的未实现收益或损失。反映持续运营的项目包括员工薪酬、材料和供应支出以及生产中使用的资本设备折旧。与运营无关的项目包括诉讼和解、与合并或收购相关的费用以及与融资相关的成本。这些收入或费用很重要，或许意义重大，但它们不能代表公司的核心业务。[3]

---

[1] David Blitzer, Robert Friedman, and Howard Silverblatt, "Measures of Corporate Earnings," *Standard & Poor's*, May 14, 2002.

[2] Henny Sender, "S&P to Change its Methodology for Calculating Operating Profit," *The Wall Street Journal*, May 13, 2002. 其他财经信息提供商也提出了类似的建议。

[3] David Blitzer, Robert Friedman, and Howard Silverblatt, "Measures of Corporate Earnings," *Standard & Poor's*, May 14, 2002.

对营业收入进行更严格和标准化定义的理念受到了学术界和商界许多人的广泛欢迎,《纽约时报》称之为 2002 年的"年度最佳创意"之一。[1] 在一定程度上,作为业绩和价值的预测因素进行研究的核心收益似乎在某些方面优于公认会计原则收益。《管理会计季刊》2014 年发表的一篇文章得出结论,"核心收益始终比公认会计原则收益传达更多的信息性且更具价值相关性"。[2]

然而,20 年过去了,却很少发现核心收益在金融行业得到应用。这一概念没有获得市场认可。但它指出了一个公认的需要,即更好、更统一的营业收入定义(以及公认会计原则收益的缺点)。

总之,营业收入、预计收益和其他类似的衡量标准缺乏一致性的定义,这甚至会导致有经验的分析师混淆和混合来自不同类别的数据。[3] 关于营业收入一直较高,预计收益更高的普遍观察似乎成立,但定义导致的问题使得很难使用这一指标在不同时期比较不同的公司和行业。

## 股　　息

股息是"最终的现金流"[4]——不受预测、假设、解释或会计手段等影响:

$$\frac{每股价格}{每股股息} \quad 或 \quad \frac{每股股息}{每股价格}$$

---

[1] Dahlia Robinson, Mark Dawkins, Babajide Wintoki, and Michael Dugan, "Has S&P's Core Earnings Lived Up to its Expectations? Assessing the Usefulness of Core Earnings Relative to GAAP Earnings," University of Georgia Working Paper, September 5, 2008: http://media.terry.uga.edu/documents/accounting/dawkinspaper.pdf.

[2] Matthew M. Wieland, Mark C. Dawkins, and Michael T. Dugan, "The Value Relevance of S&P's Core Earnings vs. GAAP Earnings," *Management Accounting Quarterly*, Vol. 15, No. 4 (Summer 2014), pp. 18-26; Matthew M. Wieland, Mark C. Dawkins, and Michael T. Dugan, "The Differential Value Relevance of S&P's Core Earnings Versus GAAP Earnings: The Role of Stock Option Expense," *Journal of Business Finance & Accounting*, Vol. 40, No. 1/2 (January/February 2013), pp. 55-81.

[3] 例如,杰里米·西格尔(Jeremy Siegel)会让我们接受"非公认会计原则收益、预计收益和持续经营收益都是指经营收益"——这是对语言的粗心使用。摘自"The Shiller CAPE Ratio: A New Look," *Financial Analysts Journal*, Vol. 72, No. 3 (2016) pp. 41-50。

[4] Peter Suozzo, Stephen Cooper, Gillian Sutherland, and Zhen Deng, "Valuation Multiples: A Primer," *UBS Warburg Global Equity Research*, November 2001.

在早期，投资者将股息视为价值的真正基础，这在今天仍然经常如此。

这一比率的力量来自这样一个事实，即与收益不同，股息不能通过会计手法"操纵"，要么用现金申报和支付，要么没有。[1]

经典的股息贴现模型（DDM）将股票的市场价格等同于其所有未来股息贴现回现值的总和。这个公式的一些版本在许多教科书中仍然可以找到。

股息无疑是价值的主要驱动力，股息支付者的股价表现会优于市场其他参与者。[2] 从1972年到2012年，股息在大多数国家的股票市场总回报中所占的比例最大，远远超过市盈率的扩张。[3] 在美国，从1940年到2006年，标准普尔500指数64%的年化回报来自股息再投资。[4] 基于股息收益率筛选的投资策略在很大程度上战胜了市场[5]，使用股息作为加权因子的指数基金在某些时期战胜了市值加权的同行。[6]

## 股息比率：重要性和趋势

股息比率以两种逻辑上等价的形式呈现：价格—股息比（市息率，P/D）和股息—价格比（股息收益率）。

不同于市盈率只衡量收益的"索取权"（没有股东将直接受益的确定性），市息率及其倒数"股息收益率"精确衡量获得公司1美元现金的成本。[7]

低市息率（相当于高股息收益率）意味着公司的股息美元"便宜"，就像

---

[1] "Why the Price Dividend Ratio is Better than the PE Ratio," *Seeking Alpha*, October 13, 2008.

[2] Spencer Jakab, "Idea of a Dividend Bubble Has Some Pop," *The Wall Street Journal*, June 8, 2012; "Veni Divi Vici," *Financial Times*, March 30, 2010.

[3] Andrew Lapthorne, "Global Quality Income Index," *Société Générale Cross Asset Research*, May 24, 2012.

[4] Shirley A. Lazo, "Dividend Savant?" *Barron's*, August 21, 2006.

[5] Scott Cendrowski, "Dividends for the Long Run," *Fortune*, November 23, 2009: "自1972年以来，增加或开始支付股息的公司的年回报率为9.5%，远远超过了标准普尔500指数6.8%的回报率。"

[6] 例如，在最近牛市的早期阶段，由智慧树公司（强调股息）提供的基本面加权指数基金家族的表现优于市值加权市场平均水平（尽管在其他时期，它们的表现不佳）（"Get Your Coupon," *Financial Times*, January 14, 2012）。

[7] 例如，众所周知的"陶氏狗"公式是基于股息收益率。该策略包括购买股息率最高的10家道琼斯工业平均指数成分股公司，利用高股息率筛选出价格偏低的股票。Elizabeth O'Brien, "History Says These Dogs are Usually Barking Up the Right Tree," *The Wall Street Journal*, August 13, 2012.

低市盈率告诉我们"索取"公司美元收益便宜一样。由于平均而言,股息构成了股票所有权回报的主要部分,使资本收益相形见绌,人们会预计,便宜的市息率股票将表现得更好——平均而言,它们通常表现更好。低市息率(高收益率)被认为是一个强的"价值"信号,许多价值投资者的策略包含了基于股息的比率(见图3-6)。股息收益率倾向于反映市盈率[1],低市盈率和高股息收益率都指向被低估的公司,并与强劲的未来回报相关联[2](见图3-7)。

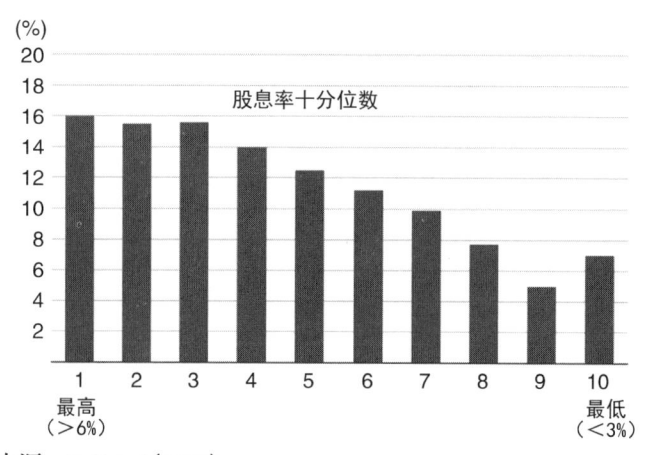

资料来源:Malkiel(2003)。

图3-6 以另类初始股息收益率买入的股票的
未来10年收益率(1926—2001年)[3]

国际比较研究表明,一些市场股息支付不足可能与市盈率太低以及市场估值普遍较低有关。韩国公司的股息支付比世界其他地方的公司低得多,《经济学人》杂志总结道:"低股息被认为是导致'韩国折扣'的部分原因:韩国公司的估值相对较低。"[5](见图3-8)。

---

〔1〕 图表来源:克雷斯特蒙特研究公司(Crestmont Research)。
〔2〕 Burton G. Malkiel, "The Efficient Market Hypothesis and its Critics," *Journal of Economic Perspectives*, Vol. 17, No. 1, Winter 2003, pp. 59-82.
〔3〕 改编自:Burton G. Malkiel, "The Efficient Market Hypothesis and its Critics," *Journal of Economic Perspectives*, Vol. 17, No. 1, Winter 2003, pp. 59-82。
〔4〕 经克雷斯特蒙特研究公司许可复制。

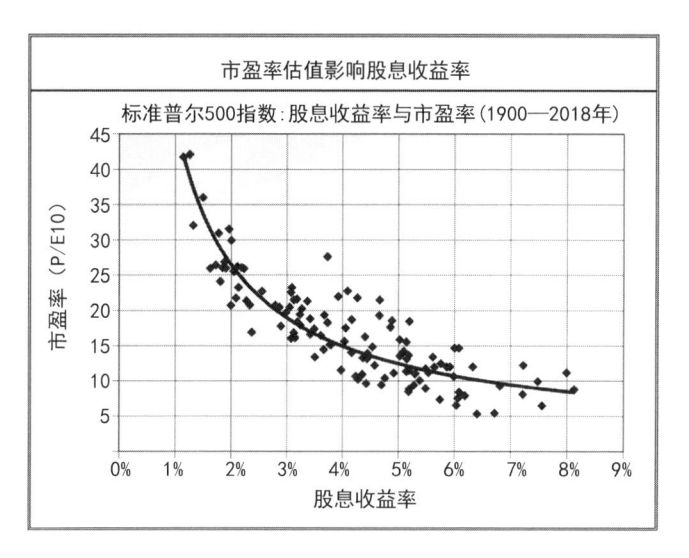

图 3-7 股息率和市盈率[1]

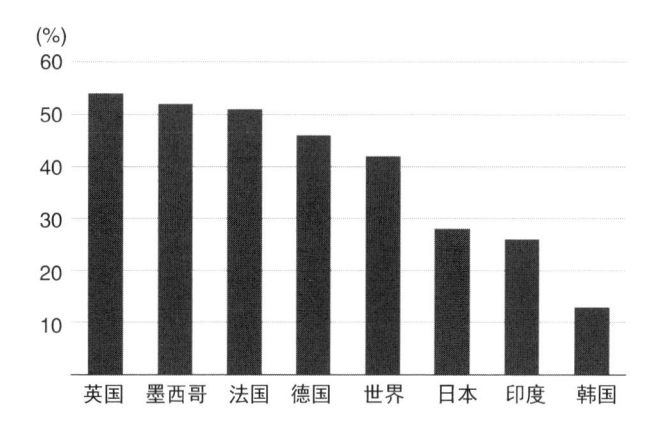

资料来源:《经济学人》(2014)。

图 3-8 股息占净利润比例[2]

美国公司的派息趋势也一直在下降。[3] 长期来看,股息收益率从 20 世纪 80 年代的平均 4% 下降到今天的不到 2%。[4] 这种下降部分是由于

---

[1] "A Tempting Target," *The Economist*, September 27, 2014.
[2] 改编自"A Tempting Target," *The Economist*, September 27, 2014。
[3] John Authers, "Hordes of Hoarders," *Financial Times*, January 30, 2012.
[4] Morgan Housel, "How To Boost Income in an Era of Low Stock Dividends," *The Wall Street Journal*, October 4, 2014.

股票回购越来越受欢迎,这将是我们在后面的章节中讨论的话题。

目前还不清楚应该如何解读股息信号。从对未来收益的不同预期可以看出不同公司之间的市盈率差异。股息贴现模型(DDM)认为,股价对整个股息现金流估值,因此未来股息的更大不确定性可能导致每股股息美元的市场价格降低(从而导致更高的收益率),但是股息的波动性要比收益小得多。[1] 同样,股息美元的价值也可能会大致相等,现金就是现金。然而,今天购买1美元的美国电话电报公司股息大约需要16美元,而强生公司则大约需要36美元。这两家公司都被认为是"股息贵族",有着几十年来不断增加股息支付的可靠记录,因此没有明显的理由根据未来的不确定性来区分它们。美国电话电报公司来自标准普尔的信用评级为BBB+(代表潜在的未来可能的股息风险);强生公司被评为AAA级。但是美国电话电报公司的评级反映了该公司管理层采取更多杠杆的战略决策,与强生公司的消费品和制药业务相比,该公司拥有类似公用事业的商业模式和更稳定的现金流,可以说与股息降低风险无关。[2]

这凸显了以股息为基础的比率作为估值指标的模糊性。现金分红是一回事,股息收益率——手头现金的价格(市值)——是另外一回事。股息的绝对值是回报的一个非常重要的驱动因素:罗伯特·席勒的一项经典研究表明,长期来看,股息支付与市场价格变化的相关性为90%。[3]

随着时间的推移,实际总股价与实际总股息高度相关。标准普尔综合股价指数与1926年至1983年间对应的年度实际股息序列之间的简单相关系数为0.91……我们经常认为无法解释的股市走势,很多都可以追溯到股息的变动。

但同一项研究发现,股息与市场价格的比率只"解释"了整个市场在此期间股票回报的6%,股息收益率高可能预示着良好的投资前景,但矛盾的

---

[1] 在罗伯特·席勒(Robert Shiller)1981年的一项开创性研究中,发现价格波动比股息波动大5到13倍。["Do Stock Prices Move Too Much to be Justified by Subsequent Changes in Dividends?" *The American Economic Review*, Vol. 71, No. 3 (June 1981), pp. 421-436.]

[2] S&P经理人员表示,较低的信用评级确实反映了"违约风险"。但考虑到美国电话电报公司的历史和商业模式,很难相信这一评估。美国电话电报公司可以轻松重组其资产负债表,这可能会降低股东回报,但它似乎不太可能面临任何无法采取措施减轻的真正违约风险。

[3] Robert Shiller, "Stock Prices and Social Dynamics," *Brookings Papers on Economic Activity*, Vol. 1984, No. 2 (1984), pp. 457-510.

是，它似乎没有很好地跟踪更广阔市场的价值创造，尤其是在更短（但更现实）的投资期限内。《华尔街日报》注意到：

> 自1941年以来，标准普尔500指数股息率与标准普尔500指数表现之间的五年滚动相关性平均为负0.1。[1]

先锋基金的另一项涵盖1926—2011年期间的研究发现，相对于10年前的股票回报，静态市盈率的预测能力是股息收益率的两倍以上。[2]

## 市销率（P/S）

市销率（P/S）——分母基于损益表顶行的收入数字——似乎是一个有吸引力的估值指标。

$$市销率 = \frac{每股价格}{每股销售额}$$

收入通常被认为较少受到引致收益计算的复杂性和争议的影响。[3] 销售额被认为比收益的波动更小。公司"通过柜台"收到的一美元销售额有一定的具体性，能够让人回想起最初的业务交易特征，那时后台办公室的会计师还没有用他们的办法调节处理数字，折旧、免税期或注销减记这样的调整都没有。

但这种看似优越的"收入"完整一体性却是虚幻的，"美元销售额"不是一个简单的概念，从一个行业到另一个行业，或者对于同一行业中不同的公司，或者从一个时期到另一个时期并不总是意味着相同的事情，有折扣、回扣、保修准备金、坏账、产品退货、不可兑现的礼品卡、销售佣金和某些种类的税。所有这些冲销和调整造成了总销售额和净销售额之间的差异（其中

---

[1] Ben Eisen, "Dividends Are What Matter Now," *The Wall Street Journal*, August 25, 2016.

[2] Joseph Davis, Roger Aliaga-Díaz, and Charles Thomas, "Forecasting Stock Returns: What Signals Matter, and What Do They Say Now?" *Vanguard Research*, October 2012. 有跟踪记录的股息的 $R^2$ 值约为1年10%，10年18%。因此，解释力相当弱。

[3] A. J. Senchack and Hojn D. Martin, "The Relative Performance of the PSR and PER Investment Strategies," *Financial Analysts Journal* (March/April 1987), pp. 46-56.

净销售额是市销率的分母),同时还存在与多年合同相关的收入确认问题。那些管辖软件收入确认的复杂规则可能会扭曲交易的经济事实(至少在某些人看来),例如苹果公司在 2009 年的年报称,其实际获得的美元收入比他们被允许报告的收入高 17%,因为根据要求需要在八个财报季度内分摊一部分 iPhone 的销售价格。(这个问题后来导致会计准则的改变[1]。)

收入确认是一个诡计多端的棘手领域,对与收入会计相关的复杂性、漏洞和不当行为的全面讨论可能会占满整本书。收入确认政策最近的一个变化(2018 年)迫使大多数标准普尔 500 指数成分股重新定义其会计程序。[2] 这种调整显然会影响市销率指标,而且对整个市场的影响可能不一致。

除了定义上的变化,操纵行为的可能性也给市销率指标带来了问题。在 2005 年《华尔街日报》的一篇文章中,据报道前一年对上市公司提起的集体诉讼中有一半以上与收入确认中的违规行为有关。[3] 此外,"收入确认仍然持续成为财务报告重述"的最主要原因之一。[4]

那么,市销率什么时候用合适呢?

有时市销率会被用于与主要竞争对手的直接比较,在这种情况下一些外部因素就可能会扭曲真实图景。例如,在 2014 年的类比中,苹果的估值是年销售额的 2.5 倍,而三星的估值仅为其年销售额的 50%。[5] 苹果 5∶1 的市销率优势远远高于其市盈率的差异(近年来,苹果与三星的市盈率比值在 1.2~2 倍波动)。三星的销售额甚至比其收益更被低估,这一事实为估值工作提出了一个有趣的问题。这种差异很可能与两个母国市场的估值差异有关——韩国企业的市盈率远低于美国企业,部分原因是韩国的财务报告不太可靠(导致投资者对报告的收入和收益数据的

---

[1] Martin Peers, "Investors Should Focus on Apple's Core," *The Wall Street Journal*, September 24, 2009; Michael Rapoport, Yukare Iwatani Kane, and Ben Worthen, "U.S. Accounting to Aid Tech Firms,"*The Wall Street Journal*, September 24, 2009.

[2] "一些公司预计新规将加速收入确认进程,而另一些公司则表示,尽管其基础业务保持不变,但它们何时可以将收入记录为盈利的时间将被推迟。"(Tatyana Shumsky, "Updated Accounting Rules Reverberate," *The Wall Street Journal*, June 13, 2018. )

[3] Gene Colter, "Bull Market for Securities Lawsuits," *The Wall Street Journal*, March 30, 2005.

[4] Herb Greenberg, "A Shift to 'Sell-In' Accounting Could Be a Clue to Brewing Trouble," *The Wall Street Journal*, June 18, 2006.

[5] Andrew Bary, "Samsung Rising," *Barron's*, October 13, 2014。

信心降低)。[1] 这也可能表明三星的"收入质量"从根本上低于苹果。(例如,三星手机的复购率较低,显示出较低的客户忠诚度。)

当公司的商业模式与最大化销售量、销售额和"周转率"以及销售相同或几乎相同的产品、低利润率联系在一起时,市销率也很有用——经典零售商通常就是这样。一个洋葱,或者一罐蛋黄酱,无论是放在克罗格、沃尔玛还是全食超市的货架上,本质上都是一样的产品。"蛋黄酱收入"每一美元价值的差异,指向的是底层商业模式的差异,这使得更成功的公司能够产生更高的企业价值。通过将杂货与一般消费品相结合(而克罗格只销售杂货),沃尔玛每美元的销售额是克罗格的两倍多。反过来,全食超市每一美元的销售额通常是沃尔玛的两倍多(是克罗格每一美元销售额的五倍半)。全食模式利用品牌资产和产品质量,可能还有更高的客户忠诚度来提高利润率。市销率似乎区分了这些差异[2](见图3-9)。

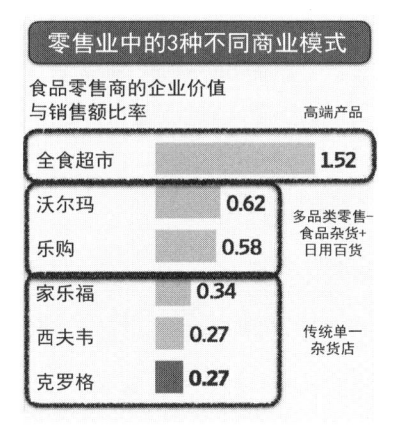

**零售业中的3种不同商业模式**

食品零售商的企业价值与销售额比率

| | | |
|---|---|---|
| 全食超市 | 1.52 | 高端产品 |
| 沃尔玛 | 0.62 | 多品类零售-食品杂货+日用百货 |
| 乐购 | 0.58 | |
| 家乐福 | 0.34 | 传统单一杂货店 |
| 西夫韦 | 0.27 | |
| 克罗格 | 0.27 | |

资料来源:FactSet。

图3-9 食品零售商的企业价值与销售额比率[3]

---

[1] 在比较研究中,韩国在财务报告质量方面被评为接近国际最低水平——参见Jennifer Martínez-Ferrero, "Consequences of Financial Reporting Quality on Corporate Performance. Evidence at the International Level," *Estudios de Economia*, Vol. 41, No. 1 (June 2014), pp. 49-88. 另见T. H. Choi and Jinhan Pae, "Business Ethics and Financial Reporting Quality: Evidence from Korea," *Journal of Business Ethics*, Vol. 103 (2011), pp. 403-427。作者认识到韩国在财务报告质量方面的不足,并就采用国际财务报告准则发表了评论,该准则在解释"收入确认"原则方面比公认会计原则具有更大的灵活性,作者指出:"国际财务报告准则是一种基于原则的会计制度,要求管理人员对会计准则作出正确的判断和解释,财务报告质量将比以往更加取决于韩国公司如何应用和解释国际财务报告准则。"

[2] Spencer Jakab, "Cleaning Up in Aisle Five with Kroger," *The Wall Street Journal*, September 12, 2013. 当然,全食现在是亚马逊的子公司。

[3] Spencer Jakab, "Cleaning Up in Aisle Five with Kroger," *The Wall Street Journal*, September 12, 2013. 经《华尔街日报》许可复制。

有时候市销率会指出重要的战略或结构差异。例如，2018年5月，家得宝和沃尔玛的市盈率相同(分别为25.66和25.65)。但家得宝的市销率比沃尔玛高出四倍(2.14∶0.50)，反映出其更强的客户忠诚度和更强的定价能力，市销率指标更符合市场表现(见图3-10)。

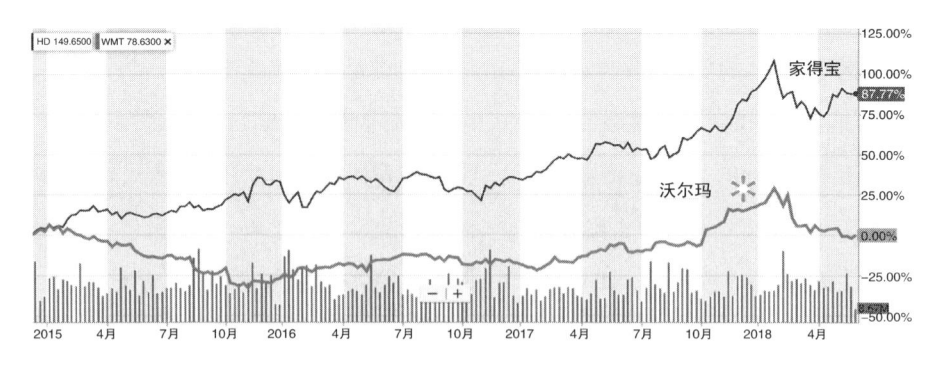

图 3-10　2015—2018年家得宝与沃尔玛的股价表现

如今零售业的两大巨头是沃尔玛(按收入计算是美国最大的公司)和亚马逊(按市值计算是美国第二大公司)，它们陷入了一场争夺消费者市场主导地位的历史性竞赛。它们的利润率几乎相同——分别为1.97%和2.04%，这是一个批量业务。沃尔玛2017年的销售额是亚马逊的2.5倍，所以通过简单的计算，它的收入是亚马逊的2.5倍。但是亚马逊的市盈率(超过260)太高了，无法告诉我们太多，而市销率的比较则信息量巨大(见图3-11)。

资料来源：FactSet。

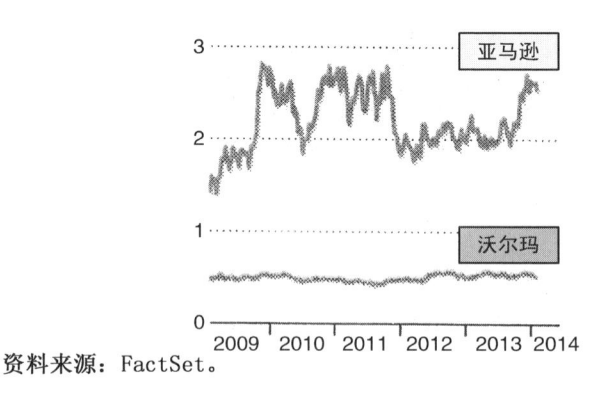

图 3-11　亚马逊与沃尔玛的市销率比较[1]

---

[1]　Spencer Jakab, "Amazon's Growth Story Continues to Sell," *The Wall Street Journal*, January 30, 2014. 经《华尔街日报》许可复制。

亚马逊每一美元的销售额要高出沃尔玛4～7倍。在此期间,亚马逊的市销率也波动了100%以上,而沃尔玛的每美元销售额稳定在50美分,每个季度都是这样。市场显然对沃尔玛的商业模式有很好的把握,但对如何评估亚马逊的销售额仍不确定。[1]

当进行同一个行业内的比较时,市销率有时可能比市盈率更有用,尤其是当一些公司亏损和/或进行不寻常的减记,从而压低净收益时。一个例子是2018年的能源部门,这个部门分为三个子行业:上游(石油和天然气的勘探和生产),下游(石油和天然气的提炼和营销)以及石油和天然气的集成商(公司上下游通吃——包括像埃克森这样的"超级巨头")。这三种商业模式有很大的不同,尽管它们都与相同的潜在经济驱动因素(如原油价格、汽油消耗量等)相关联,一个有用的价值衡量标准应该能揭示这些差异。

收益乘数(静态市盈率)的比较并不能很好地揭示问题(见图3-12)。

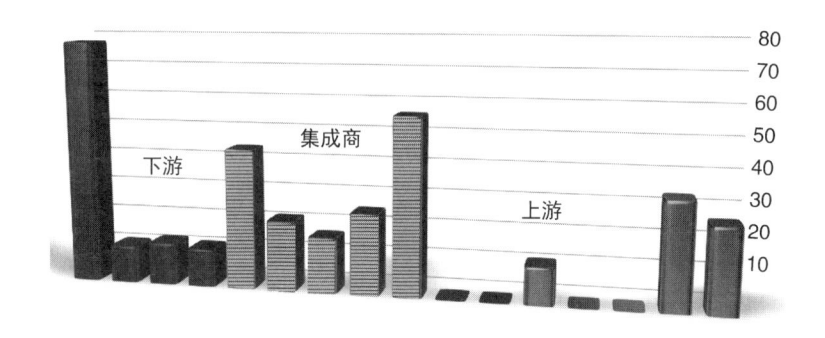

图3-12 能源部门的市盈率

这里没有什么有意义的模式。下游公司的市盈率最高,上游公司的市盈率排名第二和第四高;但有一半的上游玩家报告亏损(即没有市盈率)。市盈率并不能为这些公司的估值提供特别有用的视角。

市销率指标则更连贯,它揭示了三个子行业价值驱动关系的一个重要区别(见图3-13)。

---

[1] 亚马逊已经在非常多样化的领域发展,从零售到云计算再到娱乐。这是解释市盈率信号与沃尔玛等竞争对手相比的一个混淆因素。

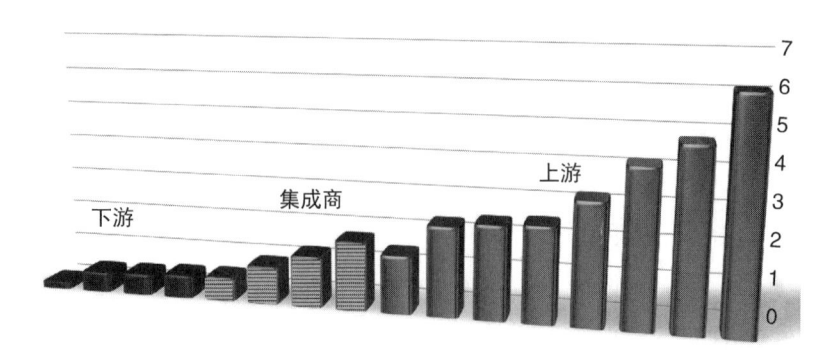

图 3-13　能源部门的市销率

尽管如此,市销率却很少被使用,也没有对其太多的研究。为什么不呢? 对这一指标的少量研究结果喜忧参半,一个研究团队发现其表现与市盈率一样好,至少在中国台湾股市是如此。[1] 一项对芬兰股票市场的研究发现,市盈率乘数会根据市场错误定价迅速调整,而市销率的反应则要慢得多。[2] 一项对美国股票市场的早期研究(1987)得出结论,市销率指标作为价值股的投资决策相对于市盈率是处于劣势的:

> 无论是从绝对值还是从风险调整的角度来看,低市盈率(PER)股票都比低市销率(PSR)股票要占据主导地位,市盈率策略似乎能更好地区分潜在的赢家和输家。此外,低市盈率股票的相对表现在不同时期似乎比低市销率股票更加具有一致性;在 68% 的季度研究中,低市盈率投资组合产生的回报高于低市销率投资组合。[3]

最后,一项更新的关于全系列市场指标的研究发现,市销率在准确性方面排名倒数第一,远远落后于远期和历史的市盈率、现金流乘数,甚至市净

---

[1] Peter Chou and Tung Liao, "The relative performance of the PER and PSR filters with stochastic dominance: evidence from the Taiwan Stock Exchange," *Applied Financial Economics*, Vol. 6 (1996), pp. 119-127.

[2] Eero Patari and Timo Leivo, "Persistence in Relative Valuation Difference between Value and Glamour Stocks: The Finnish Experience," *Banking and Finance Letters*, Vol. 2, No. 3, pp. 319-324.

[3] A. J. Senchack and Hojn D. Martin, "The Relative Performance of the PSR and PER Investment Strategies," *Financial Analysts Journal* (March/April 1987), pp. 46-56.

率。"在由历史数据得出的驱动因素中,销售额的业绩表现最差。"[1]

看来这个消息已经被业界吸收了,在一项对 103 名股票分析师涵盖美国主要公司的报告进行的研究中,仅在一个案例中,市销率被用作股票推荐的基础(而在 76 个案例中引用了市盈率[2])。

简而言之,市销率并不受欢迎,或许这是理所应当的。

## 基于现金流的指标

如果"销售额"没有看起来那么坚实,那么"现金"呢?

分析师、基金经理和投资者对现金流指标的运用越来越感兴趣。"现金"似乎应该比单纯的"收益"更具有确定性,许多投资者从来都不太相信权责发生制会计,"现金是事实,利润是观点"。[3] 也许有可能构建一个以现金流为分母的更有用的估值指标,然而,现金流有许多不同的定义,其中大多数偏离公认会计原则。

### 息税折旧摊销前利润(EBITDA)和企业价值/息税折旧摊销前利润(EV/EBITDA)

出于估值目的,现金流的一个流行衡量标准是息税折旧摊销前利润(EBITDA)——它从净收益(公认会计原则的底线)开始,并将其标题中提到的四个账户加在一起:利息和税收——被认为与业务的运营方面无关(如前面讨论价格与营业收入之比时所提到的),以及折旧和摊销——从往年投资或收购中结转的两个重要费用类别,与本期的现金流出不对应。

息税折旧摊销前利润(EBITDA)经常被用作一个比率的分母,这个比率被称为企业价值/息税折旧摊销前利润。它已成为仅次于市盈率的第二

---

[1] Jing Liu, Doron Nissim, and Jacob Thomas, "Equity Valuation Using Multiples," *Journal of Accounting Research*, Vol. 40, No. 1 (March 2002), pp. 135-172.

[2] Mark Bradshaw, "The Use of Target Prices to Justify Sell-Side Analysts' Stock Recommendations," *Accounting Horizons*, Vol. 16, No. 1 (March 2002), pp. 27-41.

[3] Alfred Rappaport, *Creating Shareholder Value: A Guide for Managers and Investors*, Revised and Updated (New York: Free Press, 1997), p. 15.

大估值乘数：[1]

$$\frac{每股企业价值}{每股息税折旧摊销前利润}$$

分子每股企业价值本身就是一个复合结构，它是公司股权的价值（市值）和公司债务的总和，减去手头现金（被认为是对债务的抵消），通常需要进一步调整。[2] 基本的原则是，企业价值代表收购方获得对公司产生的100%现金流的完全索取权的成本，包括收益、股息和对债权人（银行贷款、债券持有人）的支出[3]，或者更简单地说，它是在无债务状态下收购公司的价格：

$$\frac{每股（市值＋总债务－现金）}{每股息税折旧摊销前利润}$$

这个定义本身包含着某些怪诞之处。首先，一家拥有大量现金余额、没有太多债务的公司，其企业价值低于市值。2018年6月1日，谷歌的市值为7 740亿美元，但由于持有1 000亿美元的现金和仅30亿美元的债务，其企业价值（经其他调整后）要低得多，约为6 500亿美元，这与支持兼并收购分析的估值相关，因为公司的现金可以有效地用于部分收购，从而降低潜在买家的成本。作为企业价值/息税折旧摊销前利润（EV/EBITDA）中的一项估值指标，现金余额在某种意义上被视为独立于主营业务，并从其价值中扣除（这种现金持有量的调整在精神上类似于本章下文所述的现金调整后市盈率）。

---

[1] 息税折旧摊销前利润（EBITDA）是一项相对较新且有些争议的创新："息税折旧摊销前利润（EBITDA）在20世纪90年代的网络时代开始流行。那时，许多初创科技公司、电信公司和其他脆弱的初创公司无法产生利润，需要除公认会计原则收益之外的另一个指标来向投资者传达积极的信息。"[Stanley Block, "Methods of Valuation: Myths vs. Reality," *The Journal of Investing* (Winter 2010), pp. 7-14.]

[2] 优先股、养老金负债等可能会有额外的调整。企业价值不是一个标准化的指标（它是非公认会计原则指标）；它并不总是以同样的方式构建。

[3] 通过与简单的房地产交易类比，企业价值在概念上相当于杠杆房产的购买价格——购买一栋房子，向卖方支付其股权主张，并偿还卖方的抵押贷款。[我一直有点困惑，为什么分子包括公司债务的价值，分母（息税折旧摊销前利润）不包括偿还债务的款项。企业价值/息税折旧摊销前利润（EV/EBITDA）的使用已经变得相当普遍，但在这方面和其他方面似乎还没有得到审视，这是金融领域激增的另一个"公认的想法"。]

当然，这也意味着一家负债累累的公司的企业价值将远远高于其市场价格，福特的市值为 460 亿美元，但其企业价值为 1 750 亿美元。

在这种情况下，企业价值是有用的，甚至是必要的。如果一家公司有非常大的现金余额（和很少的债务）或很大的债务负担（和正常的现金余额），企业价值可能比单独的市值（价格）更能反映企业的价值。在这种情况下，企业价值/息税折旧摊销前利润（EV/EBITDA）指标可能比市盈率有优势，尽管这个问题还没有得到系统的研究。

## 自 由 现 金 流

一个越来越受欢迎的估值指标是价格—自由现金流比率（P/FCF，也就是 EV/FCF）：

$$\frac{每股价格}{每股（经营现金流-资本性支出）}$$

"自由现金流"（FCF）的概念是基于这样一种想法，即并非公司的所有正现金流都可供自由支配使用，其中的一部分必须再投资于公司，以确保未来的现金流继续如预期的那样。剩余部分——必需的再投资所剩下的——才是自由现金流。这是公司管理层可以支配的现金，用于支付股息、股票回购、增长型投资、收购和新的冒险。

自由现金流作为衡量业绩的核心指标的理念已经受到公司管理层的欢迎，公司用各种形式计算这种指标越来越普遍[1]，其中最简单的公式——取决于商业模式——通常是从经营现金流中减去资本支出。[2]

FCF 也越来越受到分析师和投资者的欢迎，一家投资公司呼吁道："要脱离羊群——就考虑自由现金流。"[3]现在标准普尔 500 指数中有基于

---

[1] 对于这类指标，有各种不同的标签和不同的定义，例如，"排除某些项目的自由现金流"（Pepsico, 2017）、"经营活动提供的净现金减去资本支出"（Kellogg, 2017）、"管理经营现金流"（许多公司）。

[2] 没有标准的公式。公司通常会开发特殊的指标，他们相信这些指标会更好地代表他们业绩的某些方面。例如，联合租赁公司（United Rentals）——在向客户租赁重型机械的业务中——使用"调整后的息税折旧摊销前利润"，他们定义如下："调整后的息税折旧摊销前利润代表息税折旧摊销前利润加上合并相关成本、重组费用、净股票补偿费用和收购车队公允价值增值的影响之和。"

[3] www.paceretfs.com。

FCF 的指数，还有交易所交易基金(ETF)允许散户投资者押注 FCF 指标。这似乎是即将到来的潮流。

一些关于收益(包括非现金应计项目)和市场价值之间关系的会计研究则认为，与现金流(不包括应计项目)和市场价值之间的关系相比，权责发生制会计更优越：

> 权责发生制会计准则规定收益增加股东价值，但现金流与股权估值无关，股票市场根据这个规则给股票定价。对收益的定价是正向的，但是，如果给定收益，一个企业的自由现金流——经营现金流减去现金投资——增加 1 美元，平均而言，与该企业市值大约减少 1 美元相关，但与该企业股权所主张的市值变化无关。[1]

这项研究发现，1 美元的资本性支出(Capex)会带来 1.30 美元的企业价值回报，而 1 美元的"自由现金流"会导致"略高于 1 美元"的企业价值下降。

自由现金流与企业价值的关系在概念上是模糊的，高的 FCF 可能是业务健康的标志，有资源可用于战略计划和/或向股东分配现金。公司普遍都发布 FCF 指标报告(2017 年 88％的美国上市公司在其财务报表中报告了某种形式的自由现金流[2])的行为表明，FCF 通常被视为一个积极的、有效信息丰富的和创造价值的因素。

另外，高的 FCF 也可能是投资不足的结果，这可能反映出缺乏增长机会和前景停滞，或者资源从持续性业务转移(例如通过过度且昂贵的股票回购)。[3] 这两种解释都会对企业价值产生负面影响。如果自由现金流等同于被允许闲置的"闲置现金"(就像未分配的股息一样)，那么负面的累积现金价值证据将支持这一观点。

---

[1] Stephen H. Penman and Nir Yehuda, "The Pricing of Earnings and Cash Flows and an Affirmation of Accrual Accounting," *Review of Accounting Studies*, Vol. 14 (2009), pp. 453-479.

[2] Alexandra Scaggs, "Financial Reporting Relativism is Running Deep as Lines Become Blurred," *Financial Times*, May 5, 2018.

[3] 如西尔斯百货。Gretchen Morgenson, Michael Barbaro, and Geraldine Fabrikant, "Saving Sears Doesn't Look Easy Anymore," *The New York Times*, January 27, 2008.

## 现金流指标是否改善了基于收益的乘数？

关于企业价值/息税折旧摊销前利润（EV/EBITDA），使用企业价值（包括公司债务）而不是市值（仅基于股价，有时在比较中被称为股权价值）是否会提高指标的效果？息税折旧摊销前利润的效果是否优于收益？这些都是经验实证问题。

早期的评估并不乐观，2002年的一项综合研究发现企业价值（EV）指标被认为不如股权价值：

> 使用企业价值，而不是股权价值……会降低[投资]的绩效……[1]

同一项研究亦得出结论：

> 以各种形式定义的现金流指标的表现不佳。

现金流乘数用了一段时间才流行起来。2004年的一项针对英国大型公司的主要投资银行的104份分析师报告的研究发现，没有一家投资银行使用价格—现金流比率来估值。[2] 一项对103份美国公司报告的类似研究发现，只有15%提到使用现金流指标。[3]

关于自由现金流，之前引用的2009年研究发现，FCF没有"解释"企业价值的变化（而公认会计原则却有所解释）：

> 价格平减自由现金流和营业收入没有高度的相关性，这表明它们的信息含量（如果有）有很大不同。虽然收益和营业收入与同期股价变化正相关……但自由现金流与这些价格变化几乎为零或负相关。[4]

但现在就下结论可能还为时过早，FCF是一个不断演进、流动的概念，

---

[1] Jing Liu, Doron Nissim, and Jacob Thomas, "Equity Valuation Using Multiples," *Journal of Accounting Research*, Vol. 40, No. 1 (March 2002), pp. 135-172.

[2] Efthimios G. Demirakos, Norman C. Strong and Martin Walker, "What Valuation Models Do Analysts Use?" *Accounting Horizons*, Vol. 18, No. 4 (2004), pp 221-240.

[3] Mark T. Bradshaw, "The Use of Target Prices to Justify Sell-Side Analysts' Stock Recommendations," *Accounting Horizons*, Vol. 16, No. 1 (March 2002), pp. 27-41.

[4] Stephen H. Penman and Nir Yehuda, "The Pricing of Earnings and Cash Flows and an Affirmation of Accrual Accounting," *Review of Accounting Studies*, Vol. 14 (2009), pp. 453-479.

不同市场制度下的经验仍在不断积累。最近的调查（2015）显示了基于息税折旧摊销前利润指标的大幅应用——至少是补充了传统的市盈率乘数[1]，但这一趋势是否反映了现金流指标准确性的提高尚不清楚。[2]

2017年据报道，基于FCF的乘数可能比传统指标表现更好：

> 早在2000年，美国上市公司每给股东分红1美元，就要花2美元用于资本支出，但目前这已经降到了1美元，市场对1美元分红的估值高于再投资的1美元。[注：这与十年前彭曼和耶胡达（Penman and Yehuda）的研究相矛盾。]
>
> 使用FCF收益率（即某种形式的P/FCF）来挑选股票比价格/收益或股息收益率等其他更传统的估值指标要成功得多。[3]

瑞银2001年的一项研究以电信业为例，论证了自由现金流指标优于息税折旧摊销前利润（见图3-14）。

> 当考虑乘数与增长率时，瑞银倾向于使用企业价值与经营自由现金流的比值，而不是企业价值/息税折旧摊销前利润（EV/EBITDA），因为他们认为随着时间的推移，这种关系变得更加重要，在预测未来业绩方面更加有用。[4]

现金流的增长率"解释"了约72%的EV/FCF乘数，解释了约7%的EV/EBITDA。

在另一项最近的分析中，如图3-15所示，基于FCF的指标显示了最高的年化收益率（在28年间，见Y轴）和最低的"错误判断"百分比（12个月的负收益率，见X轴）。[5]

---

[1] Jerald Pinto, Thomas Robinson, and John Stowe, "Equity Valuation: A Survey of Professional Practice," CFA Institute, September 7, 2015.

[2] 请注意，该研究还表明价格/账面价值和价格/销售额的使用频率很高，这两者近年来都被证明相当无效。这可能是调查参与者"打勾"的迹象，而不是实际使用价值的体现。

[3] Robert Buckland, "Trend for Payout Over Capex Shows No Signs of Reversing," *Financial Times*, August 30, 2017.

[4] Peter Suozzo et al., *Valuation Multiples: A Primer*, UBS Warburg Global Equity Research, November 2001, p. 22.

[5] Pacer ETFs — www.paceretfs.com — *The Pacer Perspective*, January 2017.

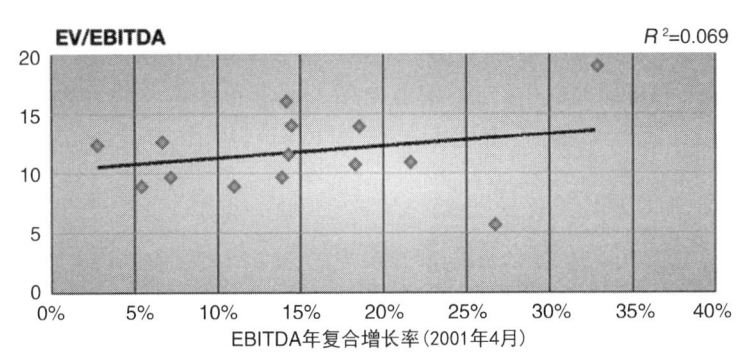

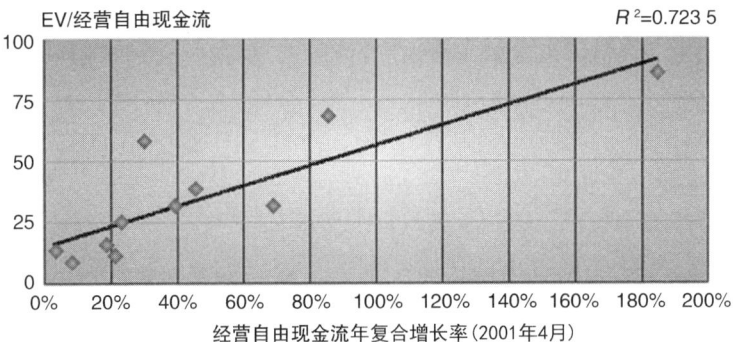

图 3-14 息税折旧摊销前利润与经营自由现金流[1]

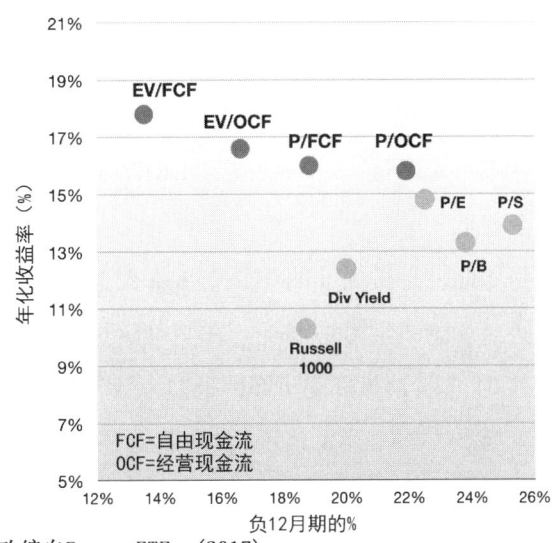

资料来源：改编自Pacer ETFs (2017)。

图 3-15 关于回报率与12个月负收益出现频率的各种乘数比较[2]

---

[1] 改编自 Peter Suozzo et al., *Valuation Multiples: A Primer*, UBS Warburg Global Equity Research, November 2001, p. 22。

[2] 改编自 Pacer ETFs — www.paceretfs.com — *The Pacer Perspective*, January 2017。

总之，自由现金流的估值方法，即将 FCF 的某些版本与价格或企业价值结合在一个新的乘数中，似乎很有希望。标准化的定义将有助于明晰这一前景。

## 市净率（P/B）

市净率（P/B）经常被用作"价值"的筛选工具——作为识别股票被低估的一种方式。它是学术文献中所谓"价值因素"最初定义的基础——对严格的有效市场假说的第一次重大调整：[1]

$$\frac{每股价格}{每股账面价值}$$

然而，依赖账面价值来构建这一指标是有问题的。它的支持者认为这是一个保守的选择，但它是"保守的"，主要是因为会计准则将资产负债表价值与历史成本联系在一起——从设计的初心而言，历史成本通常早已经过时了。[2] 更为严重的是，账面价值忽略了随着经济演进过程中变得越来越重要的主要商业资产类别——如技术、品牌和可货币化数据等资产。因此，如今的市净率通常被认为是回溯市场回报最不成功的指标之一，是最少"与价值相关"的，这并不令人奇怪。一项研究得出的结论是"P/B 指标具有特殊意义似乎是一个神话"。[3]

情况并非总是如此。野村证券的约瑟夫·梅兹里奇（Joseph Mezrich）分析了过去几十年来市净率信号的演变。在 20 世纪 80 年代中期，市净率实际上是所研究的 21 个价值指标中市场回报的头号"驱动因素"（包括静态和动态市盈率、EV/EBITDA、PEG 比率、股息收益率等）。但是到了 2010

---

[1] Eugene Fama and Kenneth French, "The Cross-Section of Expected Stock Returns," *The Journal of Finance*, Vol. 47, No. 2 (June 1992), pp. 427-465.

[2] 资产价值只有在重大事件需要"减记"（从不"减记"）时才会发生变化——这种情况几乎总是姗姗来迟。

[3] Stanley Block, "Methods of Valuation: Myths vs Reality," *The Journal of Investing* (Winter 2010), pp. 7-14.

年,市净率却变成了最后一名。[1] 换句话说,市盈率从强买入信号变成了强卖出信号(见图3-16)。2015年的一篇文章引用了梅兹里奇的话,量化了这种效应的重要性:

> 基于账面价值的便宜股票[即市净率低的股票]开始追踪一家公司的违约概率,而基于收益的便宜股票[市盈率低]则与盈利能力紧密相连……迄今为止[到2015年]虽然基于账面价值的最便宜股票落后于最贵股票15个百分点,但基于收益的最便宜股票的表现却比最贵股票高出13.6个百分点。[2]

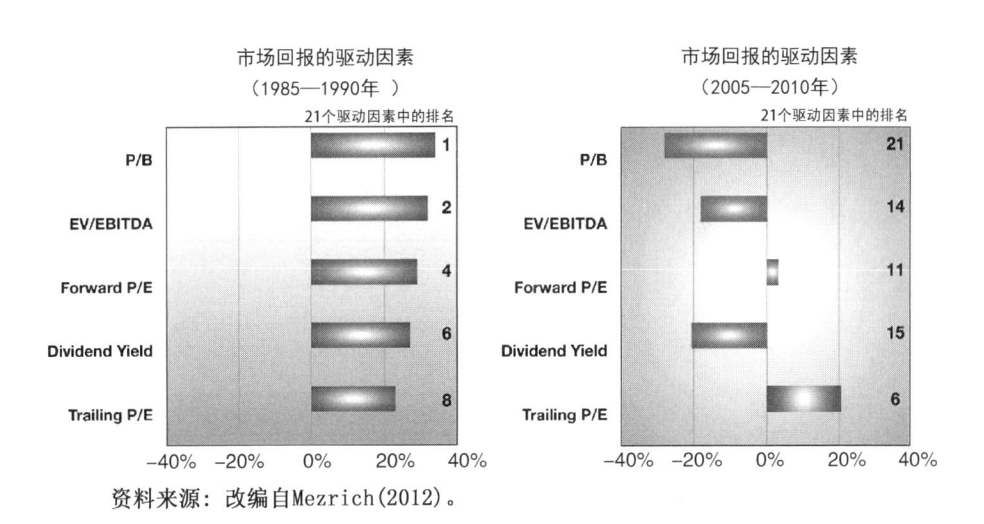

资料来源:改编自Mezrich(2012)。

图3-16 作为回报驱动因素的各种指标的比较[3]

这种价值相关性的丧失对应于账面价值和市场价值的背离。在20世纪80年代,这两个指标是同步的——整个市场的市净率大约为1∶1,但是到了世纪之交,市值已经跃升至账面价值的3~4倍。

另一项最近的研究认为,账面价值的主要驱动力是"留存收益"(未分配

---

[1] Joseph Mezrich, "Quantitative Strategy: Wisdom of crowds/Madness of crowds," *Nomura Research*, April 30, 2012.
[2] Ben Levisohn, "Have We Misplaced Value?" *Barron's*, December 7, 2015.
[3] 改编自Joseph Mezrich, "Quantitative Strategy: Wisdom of Crowds/Madness of Crowds," *Nomura Research*, April 30, 2012.

利润）——"公司历史上产生的累计总收益，减去累计股息分配"。[1] 但是，即使是这种被解释为价格/留存收益对市净率的修正，在最近几十年中，其占总账面价值的比例也有所下降，这可能是 P/B 指标作为价值筛选有效性降低的原因。[2]

一些学者仍然认为"市净率仍然是衡量价值的最佳标准"。[3] 这种观点可能反映了某种程度的智力惰性，因为证据很明显，P/B 指标已经失去了许多价值相关性。早在 1980 年，费希尔·布莱克就观察到：

> 无论是在整个股票市场还是随着时间的推移，账面价值—价格比率的可变性超过了收益—价格比率的可变性，这表明收益数字比账面价值数字更能衡量价值。[4]

在 2018 年写给伯克希尔·哈撒韦股东的信中，就连长期倡导保守会计原则的沃伦·巴菲特（Warren Buffett）也得出结论："账面价值已经越来越脱离经济现实。"[5]

# 托 宾 $Q$

这一指标受到一些学术界经济学家的青睐。在精神上，它建议纠正与构成账面价值的会计分录相关的陈旧资产价值问题，在分母中插入"重置或再生产成本：市场上新生产出的商品的价格"。[6] 换句话说，这是一种"按

---

[1] Ray Ball, Joseph Gerakos, Juhanio Linnainmaa and Valeri Nikolaev, "Earnings, Retained Earnings, and Book-to-market in the Cross Section of Expected Returns," Working Paper, September 5, 2018[Forthcoming in the *Journal of Financial Economics*].

[2] Mark Hulbert, "'Value' Stocks Aren't What They Used to Be," *The Wall Street Journal*, September 10, 2018. 在过去十年里，通过筛选低市盈率衍生的价值股在市场上表现不佳，扭转了长期表现优异的模式。

[3] Reshma Kapadia, "Are Value Stocks About to Grow?" *Barron's*, April 30, 2018.

[4] Fischer Black, "The Magic in Earnings: Economic Earnings versus Accounting Earnings," *Financial Analysts Journal* (November/December 1980), pp. 19-24.

[5] 沃伦·巴菲特 2018 年度致伯克希尔·哈撒韦股东的信。

[6] James Tobin and William C. Brainard, 1976. "Asset Markets and the Cost of Capital," *Cowles Foundation Discussion Papers 427*, Cowles Foundation for Research in Economics, Yale University.

市场计价"的方法：它旨在使用当前的市场价格，而不是历史成本来评估资产负债表上的资产。它是以其首创者、经济学家詹姆士·托宾（James Tobin）的名字命名的：

$$\frac{每股价格}{每股替换成本}$$

如果计算公司所有生产性资产的准确重置价值是可行的（事实并非如此），托宾 Q 至少可以缓解 P/B 指标（陈旧的资产负债表数据）的一个问题，但它依然没有解决不完整的问题——没有认识到品牌或技术等关键特许资产。事实上，这一指标的趋势显示出与账面价值相同的模式：由于经济转向"无形"资产，与市值的差异越来越大[1]（见图 3-17）。

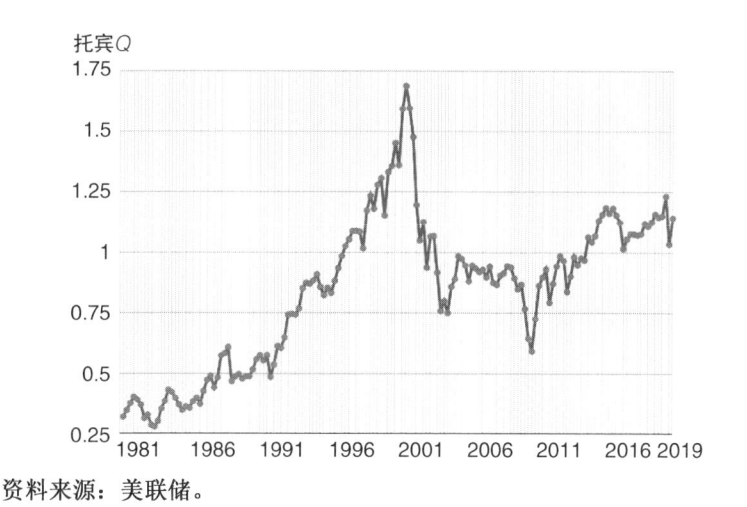

资料来源：美联储。

图 3-17 托宾 $Q$ 的问题——趋势[2]

托宾 $Q$ 很少被证券从业者使用，它并没有出现在梅兹里奇之前引用的 22 个与价值相关的指标中。目前还不清楚它能否投入实际使用，它似乎甚至没有成功地实现其主要的理论功能，即预测资本投资趋势。最近一项对公司投资趋势的全面研究指出"托宾 $Q$ 在实证解释总投资方面的失败"。[3]

---

[1] 2019 年圣路易斯美联储银行的数据（美联储经济数据）。有多种方法可以计算该指标，从而产生截然不同的值。然而，这里强调的总体趋势在笔者看到的所有版本中都很明显。

[2] 来自美联储的数据。

[3] Gustavo Grullon, John Hund, and James P. Weston, "Concentrating on q and Cash Flow," *Journal of Financial Intermediation*, Vol. 33 (2018), pp. 1-15.

# 资产回报率

资产回报率（ROA）不是市场指标；因此没有计算每股资产回报率的必要，它阐明了一个简单的问题：在给定的时期内，从公司的基础资产中产生了多少利润？公司使用投入的资本效率如何？它的重要性没有什么神秘之处（就像市盈率一样）。如果两个企业拥有相同的资产组合——比如说，相同的工厂——并且一个企业的利润是另一个企业的两倍，这应该会告诉我们一些关于其相对价值的非常具体的东西：

$$\frac{收益}{净资产}$$

ROA 是源于投资回报最初理念的相关指标家族的一部分，包括 ROIC（资本投资回报率）和 ROE（股本回报率、净资产收益率）。所有这些比率的重点是基本经营生产率——其盈利能力——而不是市场价值，尽管有一个普遍的假设，即盈利能力更高的业务应该转化为更高的股价。从某种程度上说，一个企业的价值是基于其业务运营的盈利能力，作为一个持续经营的企业（而不是其资产的静态价值），像 ROA 这样的衡量标准在理论上应该是评价企业估值的有用工具。

事实上，在梅兹里奇的分析中，净资产收益率（ROE，ROA 的近亲）在 2000 年后的 22 个价值指标中排名第一。

笔者已经为一小批相当多样化的美国知名上市公司绘制了几个市场估值指标的相互关系图。[1] 有趣的是，市盈率基本上与毛利率、营业利润率和净利润率等盈利能力指标无关（见图 3-18），市净率和市销率也好不到哪里去。

另外，ROA 对盈利能力有很强的预测性（见图 3-19）。

---

[1] 股票符号：消费行业——百事（PEP）、家乐氏（K）、康尼格拉食品（CFB）、通用磨坊（GIS）；汽车行业——福特（F）、通用（GM）、丰田（TM）；半导体——英特尔（INTC）、英伟达（NVDA）、高通（QCOM）；以及科技巨头——微软（MSFT）、苹果（AAPL）、谷歌、脸书（FB）、亚马逊（AMZN）。诚然这是一个非科学样本，但或许具有足够的多样性来揭示其中的利益关系。

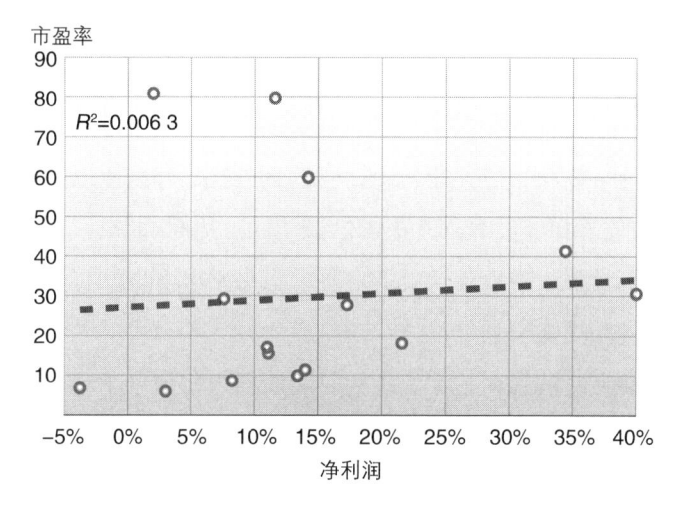

图 3-18 市盈率指标与盈利能力的关系

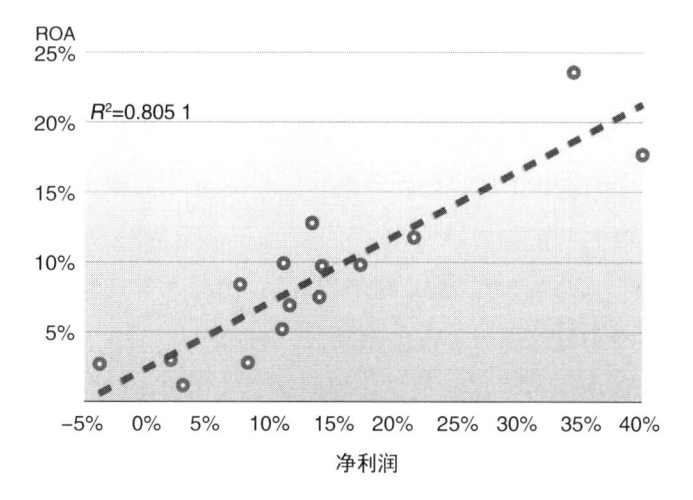

图 3-19 资产回报率与盈利能力的关系

奇怪的是,如此准确指示基本业务成功与否的指标与市盈率却并不相关,但它却引出了某些非常有趣的事情:如果业务成功与盈利能力有关,那么市盈率似乎并不是(当前)业务成功的真正信号。

那么,市盈率意味着什么信号?(这个问题是下一章的起点。)

然而,在试图回答这个问题之前,还有两种"调整后"的乘数形式,它们是近年来作为对基本市盈率的改进而提出的:$CAPE_1$ 和 $CAPE_2$。

## 分母调整：经周期调整的市盈率（CAPE[1]）

股票的价格波动是很大的，收入的波动也是很大的，所以市盈率受到双重影响，因为分子和分母都具有很大的波动性。然而，如果我们假设公司的内在价值并不是那么不稳定，它的变化更慢，不连续性更少，那么我们如何补偿指标的跳跃性呢？

一个显而易见的答案是在更长的时间周期内将信号平均化。波动性是一种影响许多科学分支中数据集的时域现象，更长期的观察窗口可以帮助消除噪声，有时还可以使潜在的信号更加清晰。早期的投资理论家认识到了这一点，并务实地主张在更多的年度期内计算指标。[1]

学术界最终发现了这个问题。20世纪80年代，经济学家罗伯特·席勒研究了股票价格"过度"波动的问题，发现实际上"过去一个世纪的股票价格波动指标似乎太高了——高了5～13倍，以至于无法归因于有关股息的新信息"。这是对股价的股息贴现理论的打击，也是对有效市场假说的早期破防。[2]（我们将在关于DCF模型问题的附录中对这篇论文有更多讨论。）在随后的一篇文章中，"长移动平均"收益的概念尝试性地被引入。[3] 后来，席勒将平均概念应用于市盈率乘数，确定了一个10年期的时间平均窗口，并进行通货膨胀率调整——经周期调整的市盈率（即CAPE）由此诞生。特别术语"经周期调整"指的是用10年窗口期，平准常规的商业周期（扩张/衰退/复苏）的影响。

近年来，CAPE受到了媒体的青睐，在过去的十年里，它已经变得"热门"——产生看起来像是整个市场价格高估的警示信号（CAPE经常被应用于整个市场），这提示了要谨慎分析市场趋势。

---

[1] 在他们1934年的经典《证券分析》中，本杰明·格雷厄姆和大卫·多德主张在分析一家公司的盈利能力时，采用长期视野，包括向前和向后。他们建议，7到10年的收益（历史的或预测的）应该是估值的假设时间尺度。

[2] Robert J. Shiller, "Do Stock Prices Move Too Much to be Justified by Subsequent Changes in Dividends?" *The American Economic Review*, Vol. 71, No. 3 (June 1981), pp. 421-436.

[3] John Y. Campbell and Robert J. Shiller, "Stock Prices, Earnings, and Expected Dividends," *The Journal of Finance*, Vol. 43, No. 3 (July 1988), pp. 661-676.

作为一种适应2008年金融危机前后市场极端波动的方式，CAPE似乎也特别有吸引力：

> 它的优势在于通过根据10年移动平均而不是1年的收益来评估股价，从而纠正了极端的好时光和坏时光。这平滑了房地产泡沫破裂之前的时期，当时异常强劲的收益让股票看起来价格合理，也平滑了衰退后的复苏，当时疲弱的收益让股票看起来很贵。[1]

**什么是CAPE，什么不是？**

CAPE的定义是当前市场价格和10年移动平均收益之间的比率：

$$\frac{每股价格}{每股10年移动平均收益}$$

分母是经过通货膨胀率调整的（这就是"实际收益"一词的含义）。平均原则用于平滑消除公司收益的短期波动（如果应用于公司层面）或商业周期的起伏（如果应用于整个市场）。

我们应该清楚这里提供的是什么：CAPE不是理论的产物；这是对经典（但依然神秘）的市场指标市盈率乘数的务实调整。正如PE1一样——在许多与CAPE的比较中标准市盈率被称为PE10——CAPE被理解为解决估值问题的经验法则，PE10可能会（也可能不会）比PE1表现更好，但它是基于一系列仍未充分研究的问题，包括以下问题：

（1）为什么选择10年作为平均窗口？为什么不是5年或者15年？CAPE作为窗口期长度的函数，窗口期对其性能有什么影响？就此而言，PE10比PE5或PE1要好多少？

（2）有时给出的答案是，10年抓住了整个"商业周期"[2]——我们知道的是这样吗？10年是商业周期的最佳窗口期吗？[3]

---

[1] Justin Lahart, "This Key Metric Rings a False Alarm," *The Wall Street Journal*, October 6, 2016.

[2] Oliver Bunn, Arne Staal, Ji Zhuang, Anthony Lazanas, Cenk Ural, and Robert Shiller, "Escaping from Overvalued Sectors: Sector Selection Based on the Cyclically Adjusted Price-Earnings (CAPE) Ratio," *The Journal of Portfolio Management* (Fall 2014), pp. 16-32.

[3] 最近，"商业周期"的规律性受到了质疑。"有真正的迹象表明，经济不再像过去那样受制于传统周期……商业周期本身包含在更长的周期中，经济学家称之为'金融周期'。……经济学家长期以来一直在努力区分这两种类型的周期。"（Jon Sindreu, "Recession Worry is Overblown for Now," *The Wall Street Journal*, June 8, 2019.）

（3）10年的窗口期是否像一些批评者认为的那样，有时捕捉了太多的商业周期？

（4）"商业周期"对于不同的公司或行业是否有不同的含义？（想想原油价格对能源板块的影响，收益率曲线对银行板块的影响，或者零售的季节性特征。）

这里存在一个潜在的问题是，所谓的商业周期是否表现出足够的规律性得以明确定义适当平均周期的长度。为什么我们首先要试图将商业周期均值化？（我们将在下面回答这个问题。）

更多的问题：

（1）CAPE的"正常水平"会随着时间推移而改变吗？（有证据表明它有——见下文。）如果是，需要什么样的校准？

（2）CAPE的重要性（即其预测力的方向和强度）是否会随着时间的推移而发生变化，类似于过去30年中P/B的影响（如前所述）？

（3）与基于两个变量（价格和收益）的市盈率不同，CAPE基于三个变量——包括通货膨胀率。将通货膨胀修正简单地视为调整是否合适，或者通货膨胀与估值之间是否存在更为根本的互动效应？

（4）CAPE对其复杂组成部分（如收益或通货膨胀）定义的各种变化有多敏感？

（5）CAPE对不断变化的市场机制有多敏感，例如，债券利率的长期下降，被央行货币政策（如量化宽松）放大？这对CAPE的水平和预测能力有什么影响？

（6）而且，从根本上说，CAPE真的增加了分析的价值吗？与PE1相比，它是否提高了预测能力？

## 批 评 与 评 论

### 会计政策的变迁

与CAPE有关的一个主要问题类似于PE1的问题：不断变化的会计准则影响了收益的定义。我们将在第六章中更广泛地考虑这个问题，但就CAPE而言，在已发表的评论中有几个突出的例子：

（1）FASB第142号准则：2001年对所谓商誉和其他无形资产的处理发生了变化。

（2）FASB第123R号准则：2004年对向员工发放的股票期权费用化规则的修订。

（3）按市值计价的公认会计原则在2008年金融危机后被广泛应用。

美国财务会计准则委员会（FASB）第142号准则的官方报告明确警告称："财报的收入可能比以前的标准更不稳定。"[1]据估计，这一变化的规模超过3 000亿美元。将员工期权费用化的问题（FASB 123）也引发了更多的争议，而且还在继续。[2]当公司账面上的不良资产的市值明显下降时，按市值计价会计可以强制对其进行减记，但不允许"注销"，除非资产被出售。[3]

就指标的准确性而言，所有这些会计变更都将在10年平均窗口内影响CAPE。这种会计变更的任何一方的CAPE值将彼此不一致。[4]

**少数公司导致的巨额亏损**

从本质上讲，CAPE捕捉并放大了灾难。2008年，几家金融公司经历了巨大的账面损失——按市值计算的不良资产减记，这使整个标普指数沦陷，杰里米·西格尔（Jeremy Siegel）将此称为标准普尔500指数公司收益的"总偏差"：

> 在2008年之前，席勒使用的历史财报盈利数据中，任何一个季度都没有亏损，包括20世纪30年代的大萧条。但2008年四季度的公认会计原则收益出现了232.5亿美元的亏损，这主要是由两家金融公

---

[1] *Statement of Financial Accounting Standards No. 142: Goodwill and Other Intangible Assets*, Financial Accounting Standards Board, June 2001, p. 5.

[2] Mary E. Barth, Ian D. Gow, and Daniel J. Taylor, "Why do pro forma and Street earnings not reflect changes in GAAP? Evidence from SFAS 123R," *Review of Accounting Studies*, Vol. 17 (2012), pp. 526–562.

[3] Jeremy Siegel, "Don't Put Faith in Cape Crusaders," *Financial Times*, August 19, 2013.

[4] Laurence Siegel, "CAPE Crusaders: The Shiller-Siegel Shootout at the Q Group Corral," *Advisor Perspectives*, February 18, 2014. www.advisorperspectives.com/articles/2014/02/18/cape-crusaders-the-shiller-siegel-shootout-at-the-q-group-corral.

司——美国国际集团和花旗集团——以及美国银行的巨额减记造成的,这两家公司总共亏损超过800亿美元。在财务会计准则(FAS)第115号、第142号和第144号发布之前,这些损失都不会记录在公认会计原则收益中。

美国国际集团当时占标准普尔500指数的权重不到0.2%,然而其630亿美元的亏损抵消了2008年四季度标准普尔500指数最赚钱的30家公司的总利润——这些公司的市值几乎占该指数的一半。标准普尔500指数报告收益的大幅下降是自金融危机以来CAPE比率一直远高于平均值的主要原因。

总的来说,2008年标准普尔500家指数成分公司的强制减记超过3 000多亿美元——据估计,"足以将CAPE提高一个百分点"。[1]一旦录得亏损,这些亏损就会在接下来的10年里,压低平均盈利,推高CAPE。

2018年之前发布的任何股票回报预测都将包括2008—2009年极低的收益,因而可能会向下倾斜。[2]

2008年对投资者来说无疑是糟糕的一年,但它是否仍应该与五年或十年后的估值评估相关?

## CAPE 的业绩表现

近年来,CAPE作为一种闪烁的红色预警灯获得了公众的关注,警告股市严重高估[3](见图3-20)。

问题在于,至少CAPE平均化过程覆盖了自2001年网络泡沫崩溃和随后的2008年金融危机,红灯一直在闪烁,由于10年平均覆盖了这些巨大的

---

[1] Laurence Siegel, "CAPE Crusaders: The Shiller-Siegel Shootout at the Q Group Corral," *Advisor Perspectives*, February 18, 2014. www.advisorperspectives.com/articles/2014/02/18/cape-crusaders-the-shiller-siegel-shootout-at-the-q-group-corral.
[2] Jeremy Siegel, "The Shiller CAPE: A New Look", *Financial Analysts Journal*, Vol. 72, No. 3 (2016), pp. 41-50.
[3] Alexandra Scaggs, "Nobelist's Valuation Measure Draws Questions," *The Wall Street Journal*, November 22, 2013.

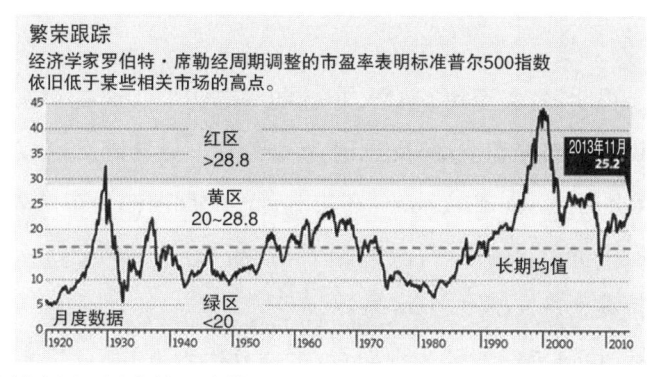

资料来源：罗伯特·席勒。

图3-20　经周期调整的市盈率(CAPE)[1]

灾难，拉低了分母中的10年移动平均收益，从而提高了CAPE，因此CAPE的未来预测一直是看跌的——但市场却反其道而行之，在2009年经济复苏开始后的十年里股市涨了三倍以上。在美林证券2013年的一项研究中，CAPE是15个市场估值指标中唯一一个高于长期平均水平的。截止到2015年的数据，CAPE仍然是一个异常值[2]（见图3-21）。

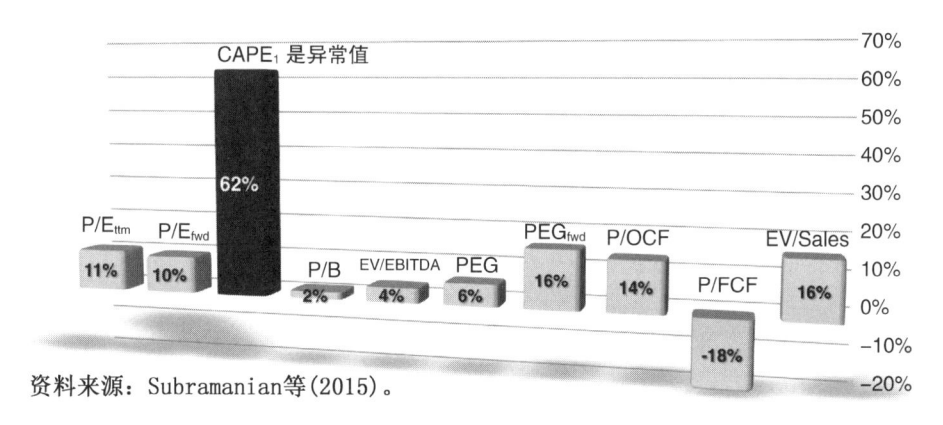

资料来源：Subramanian等(2015)。

图3-21　2015年2月标准普尔500指数的估值指标与
其长期平均值的比较(高于或低于的百分比值)

---

[1] Alexandra Scaggs, "Nobelist's Valuation Measure Draws Questions," *The Wall Street Journal*, November 22, 2013.

[2] Savita Subramanian et al, "What do oil and high beta stocks have in common?" *Equity and Quant Strategy Report*, Bank of America/Merrill Lynch, April 15, 2015.

在接下来的三年里,市场上涨了40%;并没有高估,CAPE红灯闪烁却给出了错误的信号。

事实上,很明显,甚至用CAPE指标的一名忠实拥趸的话来说,CAPE指标"在辨识市场波峰和波谷时相当不靠谱"。[1] 更具体而言,它不符合大多数市场专业人士感兴趣的标准:在相对合理的期限内对市场表现做出相对合理准确、可货币化的预测。"(CAPE)完全没有预测到2009—2014年的牛市(一直持续到本文撰写之日,即2019年)。"[2]

就揭示股市过去的业绩表现而言,统计分析告诉我们:"CAPE解释了随后10年实际股票回报变化的大约三分之一。"[3] 这在学术界被认为是令人印象深刻的,因为(从统计学意义上讲)股票回报极难"解释"。事实上,值得称赞的是,在先锋基金(Vanguard)的分析中,P/E10名列前茅,"解释"了1926年至2011年43%的股价变化,超过了38%解释力标准的P/E1。

然而,正如作者所评论的:

> 我们没有为收益找到一个明确的"赢家"或"最优"平滑机制,$R^2$ 统计的差异从0.38到0.43不等。我们的解释是,0.05的差异就已经不足以明确地拒绝一个模型(P/E1)而支持另一个模型(P/E10)。[4]

要清楚地陈述这个问题:CAPE实际上比传统的市盈率有很大提高吗?

答案似乎是:不尽然(见图3-22)。

---

[1] Rob Arnott, Vitaki Klesnik and Jim Masturzo, "CAPE Fear: Why CAPE Naysayers Are Wrong," *Research Affiliates*, January 2018.

[2] Laurence Siegel, "CAPE Crusaders: The Shiller-Siegel Shootout at the Q Group Corral," *Advisor Perspectives*, February 18, 2014. www.advisorperspectives.com/articles/2014/02/18/cape-crusaders-the-shiller-siegel-shootout-at-the-q-group-corral.

[3] Ibid.

[4] Joseph Davis, Roger Aliaga-Diaz, and Charles Thomas, "Forecasting Stock Returns: What Signals Matter, and What Do They Say Now?" *Vanguard Research*, October 2012. 有趣的是(考虑到这些研究相互印证的频率很低),洪崇理(Andrew Ang)和张晓燕(Xiaoyan Zhang)发现,1953年至2009年间,38%的收益增长率作为$P/E_{ttm}$的解释变量完全相同。[Andrew Ang and Xiaoyan Zhang, "Price-Earnings Ratios: Growth and Discount Rates," The Research Foundation of the CFA Institute (2011), pp. 130-142.]

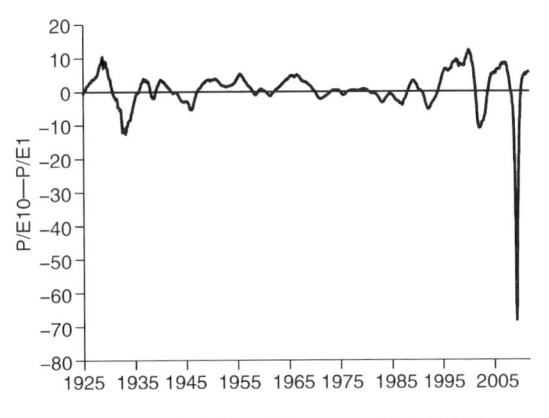

图 3-22　传统市盈率与 CAPE 的比较[1]

除了 2008 年危机期间的短暂差异（这可能是 $R^2$ 差异的主要原因），先锋基金的研究表明自 1925 年以来，传统的 1 年期静态市盈率和 10 年期平滑市盈率之间几乎没有持续的、可指导交易的差异。

此外，如果 1 年期和 10 年期市盈率如此相似，平均窗口期的长度会产生什么样的真正影响？这似乎也没多大关系（见图 3-23）。

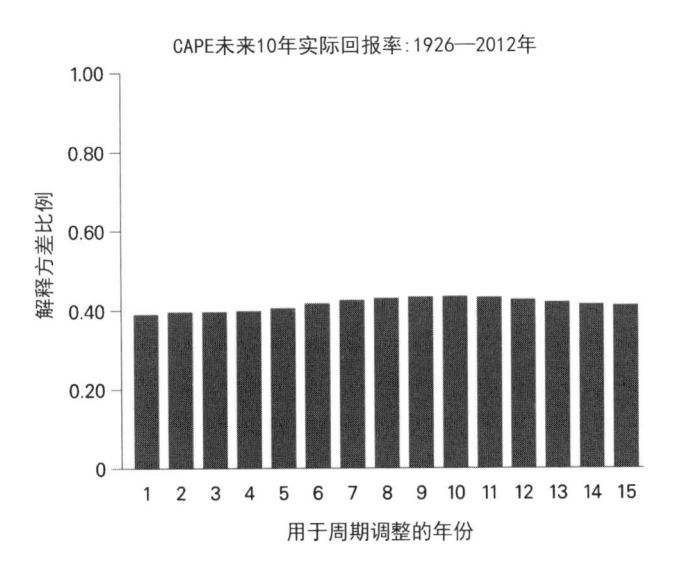

图 3-23　平均窗口期对 CAPE 预测精度的影响[2]

---

[1] Joseph Davis, Roger Aliaga-Díaz, and Charles Thomas, "Forecasting Stock Returns: What Signals Matter, and What Do They Say Now?" *Vanguard Research*, October 2012.

[2] Ibid.

在 10 年期间左右有一个轻微的上升,但这很重要吗?

值得重申的是,嵌入在市盈率指标(实际上是所有市场指标)中的叙述——包括过去 1 年业绩和 CAPE——是反向的:市盈率较低的公司(通常表现为市场情绪消极、业务面临严峻挑战的"瘦狗类"公司)的表现优于更成功、更受欢迎的高市盈率公司("明星类"公司)。这是先锋公司主导研究的向下倾斜的回归分析(见图 3-24)。

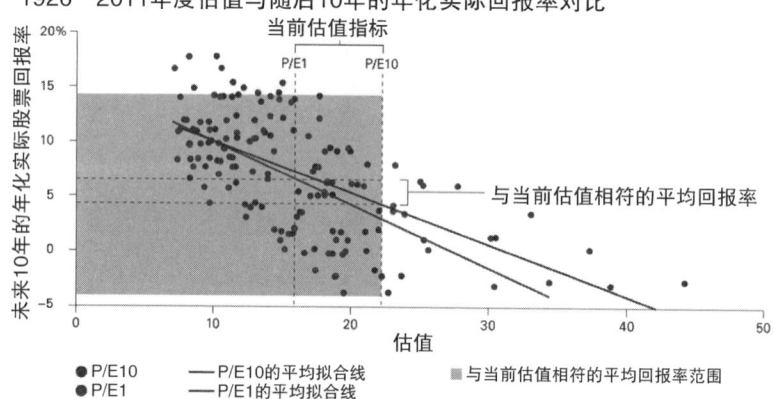

1926—2011年度估值与随后10年的年化实际回报率对比

注:本图展示了1925年至2001年每年12月的P/E10和P/E1,以及1935年至2011年每年12月结束的后续10年期美国股票年化实际回报率。有关数据的更多信息,请参阅附录。

资料来源:先锋集团基于附录中列出的数据进行的分析。

**图 3-24　年度估值与随后 10 年年化回报率的对比,市盈率与 CAPE[1] 的对比**

请注意 1 年期和 10 年期版本之间的细微差别。平滑对这种关系的性质似乎没有多大影响。

在最近的另一项研究中,CAPE 与基于股息收益率和收益增长的更经典的模型进行了比较。CAPE 在预测实际收益方面存在显著误差,在过去 40 年的大部分时间里都表现不佳(见图 3-25):

> 从 1920 年开始,每 10 年的实际回报率与预期回报率之差表明,在 10 年的时间跨度内,CAPE 每年与市场回报率之差通常超过 3%。例

---

[1] Joseph Davis, Roger Aliaga-Díaz, and Charles Thomas, "Forecasting Stock Returns: What Signals Matter, and What Do They Say Now?" *Vanguard Research*, October 2012.

如,20世纪70年代的值为－3.1%,表明使用CAPE预测20世纪70年代的收益时,未来10年的实际市场收益比单独使用CAPE预测的收益低3.1%,在收益增长(Yield-plus-Growth)模型中,收益(Yield)被定义为每个时期的股息收益率,增长(Growth)是长期增长率,即从该时期开始的每股趋势收益增长率。当将收益增长模型添加到每十年的CAPE结果中,我们会发现CAPE最初运行得很好,赢得了从20世纪20年代开始的连续50年,但在过去的40年里输掉了三个10年: 20世纪70年代、90年代和21世纪前10年。[1]

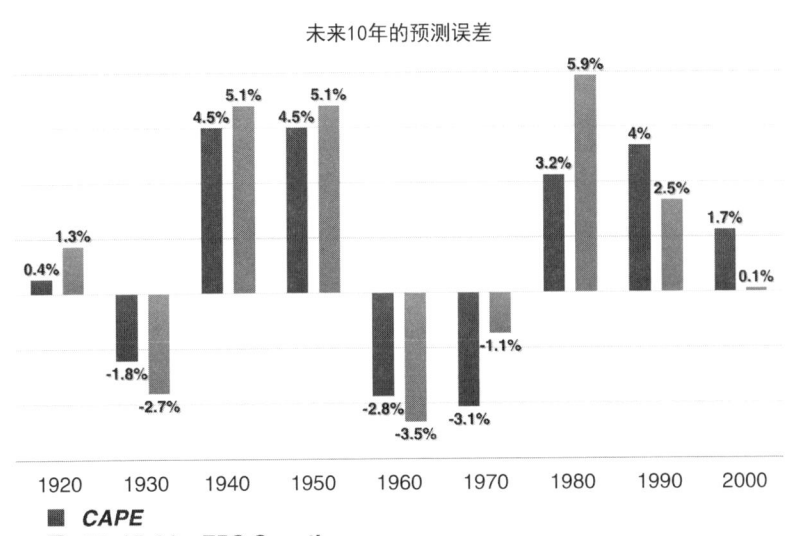

未来10年的预测误差

| 年代 | CAPE | Div Yield + EPS Growth |
|---|---|---|
| 1920 | 0.4% | 1.3% |
| 1930 | -1.8% | -2.7% |
| 1940 | 4.5% | 5.1% |
| 1950 | 4.5% | 5.1% |
| 1960 | -2.8% | -3.5% |
| 1970 | -3.1% | -1.1% |
| 1980 | 3.2% | 5.9% |
| 1990 | 4% | 2.5% |
| 2000 | 1.7% | 0.1% |

资料来源:改编自Masturzo(2017)。

图3-25 CAPE的预测误差[2]

CAPE实际上有偏差吗? 有些人会说有的,也许甚至会接受这种偏差:

CAPE提供了其试图测量的"真实"或潜在PE的过高估值,这是因为实际收益往往会随着时间的推移而增长,因此实际市盈率可能介于反映平均五年前收益数据的CAPE和当年的市盈率之间。

---

[1] Jim Masturzo,"CAPE Fatigue," *Research Affiliates White Paper*, June 2017.
[2] Ibid.

因此，由 CAPE 衡量的预期回报是对真实预期回报的一个较低的估计。这个估计值低的程度取决于收入增长的速度；如果快，那么很低；如果没那么快，就没那么低；如果收益一直在下降，那就高。

没关系。我喜欢低估值，这会鼓励谨慎的行为和适度的期望。我们已经看到了高估值对养老金计划和个人储蓄计划造成的损害。[1]

换句话说，在上升趋势中（如公司盈利增长或经济增长），平均值总是会拉低价值——平均值将低于序列中的最后一个价值。如果这个平均值被用作像 CAPE 这样的乘数的分母，这个比率将被推高——也许会比它应该的更高，这是应用于收益上升趋势的平均值的一个简单属性，它在很大程度上被 CAPE 的支持者忽略了。

CAPE 稳定吗？也就是说，从长期来看，它是否趋向于一个"正常"的平均值，这样我们就可以有合理的把握说它什么时候"高"，什么时候不是？我们能用 CAPE 来说市场是"贵"或是定价过高？

遗憾的是，即使撇开平均机制的问题不谈，这个指标似乎也存在结构不稳定性：

从 1926 年到 1990 年，平均 CAPE 的指标读数为 14.7 倍。然而，从 1990 年到现在（2015 年），平均读数为 25.6 倍，高出 74%。这表明股票已经被高估了 25 年以上。然而，这并没有得到业绩数据的证实。从 1926 年到 1990 年，标准普尔 500 指数的年化回报率为 10%，从 1991 年年初到 2015 年 11 月，该指数公布了 10% 的相同回报，尽管在整个时期内交易在较高的 CAPE 水平。[2]

---

[1] Laurence Siegel, "CAPMing the CAPE," https://larrysiegeldotorg.files.wordpress.com/2016/09/siegel_capming-the-cape_2016_09_08.pdf.

[2] "Beware the CAPE Crusaders," Renaissance Investment Management，December 2015. www.reninv.com/large-cap-growth.

自 1997 年以来，CAPE 的平均值为 27[1]（见图 3-26）。有几种可能的解释，当然，长期趋势是收紧公认会计原则收益的定义，减少分母，提高 CAPE。这是一个结构性的变化，我们不应该期待回到几十年前的"正常"水平。

**CAPE恐慌**

经周期调整的市盈率或CAPE高于历史平均水平。
CAPE是基于美国股市过去10年剔除通货膨胀因素后的平均收益得出的。

平均值：**16.6**
从1946年平均值到目前：**18.5**
从1981年平均值到目前：**21.8**
2015年4月：**26.96**

资料来源：罗伯特·席勒。

图 3-26　CAPE 指标的上升趋势[2]

这不仅仅是历史问题。如果信号不可靠，它就会削弱 CAPE 作为未来投资指南的价值。同一项研究分析了三种 CAPE 触发的投资组合策略，基于使用不同阈值的 CAPE 作为退出一个可能过热的市场的信号。结果不言自明（见图 3-27）。

## CAPE 指标：一个评估

最后，一个新的市场指标首先是通过它衡量、预测或解释股票市场行为的能力来判断优劣的，这里的结果好坏参半。

---

[1] Liam Pleven, "Stocks: Are They Too High?" *The Wall Street Journal*, May 16, 2015.
[2] Ibid.

年化收益

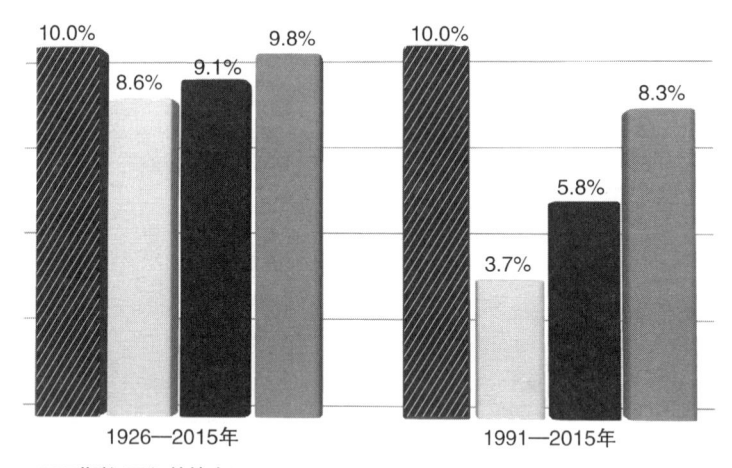

```
10.0%  8.6%  9.1%  9.8%    10.0%  3.7%  5.8%  8.3%
    1926—2015年                 1991—2015年
```

■ S&P指数(买入并持有)
■ CAPE>15，卖出套现
■ CAPE>20，卖出套现
■ CAPE>25，卖出套现

资料来源：改编自Renaissance Investment(2015)。

图 3-27　CAPE 作为卖出信号无效[1]

更深层次的问题是：平均化真的明晰了我们寻找的信号还是隐藏了它？它是产生信息还是毁灭信息？

这是统计学中的一个老问题。[2] 总有这样一个故事：一个人横渡一条平均深度为六英尺的小溪却溺亡了。漫长的商业周期肯定对企业内在估值有影响，这应该反映在股票市场价格上。但市场是前瞻性的，对于大多数目的来说，我们需要一个当前价格。CAPE 提供了一种价值衡量标准，但被 9 年前的旧闻冲淡了。有一段时间，由于 2008 年是极其糟糕的一年，CAPE 一直处于平均膨胀状态。它闪现了一个看跌信号，在历史上第二长的牛市中一直保持亮眼。它的支持者可能会告诉我们，"最终"这个信号将被证明是正确的。（这让我想到了停表的隐喻。有趣的是，席勒在向更多的受众首

---

[1] "Beware the CAPE Crusaders," Renaissance Investment Management, December 2015. www.reninv.com/large-cap-growth.

[2] 早在 1947 年，T. J. 库普曼斯(T. J. Koopmans)就反对在经济数据分析中进行平均的做法："平滑被发现浪费信息，并使数学处理复杂化，因为它混淆了连续扰动的影响，也模糊了外生变量的时间形状。"[摘自"Measurement without Theory," *The Review of Economic Statistics*, Vol. 29, No. 3 (August 1947), pp. 161-172.]

次提出CAPE想法时，他自己的预测是，根据他对该思路的解读，"股票市场预计将在未来十年下跌，总回报几乎为零……长期投资者应该在未来十年间远离市场。"他写于1996年。)[1]

推断一个平稳趋势相对容易，这是一个误导。真正的钱（"阿尔法"）是通过预见市场或公司股价的突破——不连续的向上或向下——而赚来的。一个有用的指标能够真正给出市场中主要价值相关事件的一些警告或预测。CAPE指标做不了，我相信这正是因为CAPE是一个平均值——平均值平滑掉了信号，当然也包括警告信号。[2]

如果我们将平均指标作为研究价值的可用工具之一，那么如何构造平均值的问题就变得至关重要。这个问题最重要的方面是取平均值的时间窗口的长度。十年是一个很长的窗口。当然，这在任何一家公司的历史上都是很长的一段时间。十年后，今天的大多数公司至少会更换一次领导团队，他们将开发出新产品和战略，他们可能会面临竞争形势的巨大变化。就整个市场而言，会计准则的不断演变以及随之而来的对"收益"定义的修改，是对长期平均衡量标准比较的系统性制约。那些认为CAPE或任何市场指标在比较过去几十年，甚至一个世纪或更长时间的商业和市场表现时都是有效的观点是不被支持的。

CAPE是不是"我曾经见过的最超卖、最夸张的指标"（用一位学术专家的话来说）?[3]下这个结论可能为时过早。当今市场指标中的时间常数通常是一年，取自会计框架。1年期估值没有什么"有机"可言[4]，不同的商

---

[1] Robert Shiller, "Price-Earnings Ratios as Forecasters of Returns: The Stock Market Outlook in 1996," Yale, The Cowles Foundation, July 1996. 事实上，十年后，市场已经翻了一番，标准普尔500指数从未低于席勒提出这一建议时的水平。很久之后的2013年，由于CAPE仍在暗示市场价格过高，席勒教授再次建议投资者减持。在接下来的五年里，市场上涨了50%以上——亚历山德拉·斯卡格斯（Alexandra Scaggs）在2013年11月22日《华尔街日报》的《诺贝尔奖获得者的估值标准引来了质疑》（Nobelist's Valuation Measure Draws Questions）中报道。

[2] 库普曼斯扩展了这一批判，他认为经济系统本身（和子系统，如个体商业企业）实际上是平均函数，平滑了"冲击"的影响，并将影响分散到更长的时间："商业周期分析是一项困难的任务，原因之一是经济系统本身是随机冲击的有效平滑剂。分析问题是去平滑而不是平滑的问题。"[摘自"Measurement without Theory," *The Review of Economic Statistics*, Vol. 29, No. 3（August 1947）, pp. 161-172。]

[3] 2016年10月6日，《华尔街日报》，贾斯廷·拉哈特（Justin Lahart）引用阿斯瓦特·达莫达兰（Aswath Damodaran）的话说，"这个关键指标敲响了警钟"。

[4] Keith Anderson and Chris Brooks, "The Long-Term Price-Earnings Ratio," *Journal of Business Finance & Accounting*, 33(7) and (8), (September/October 2006), pp. 1063-1086.

业模式跟踪不同的收益周期,因此调整收益定义的时间窗口的想法当然值得探讨。但这应该是系统性的,我们敢说是"科学的"——而不是临时性的。[1] 在这个过程中,我们应该密切关注不同行业和不同市场制度收益模式的真实变化,以及作为经济气候的其他方面(如货币政策、人口趋势,甚至政治选举周期)的函数。寄希望于某种"智能CAPE"最终会出现,这是不是太过分了?

当然这可能已经在工作进程中了,最近对CAPE概念的一些调整似乎指明了未来前进的方向。《华尔街日报》利用美国商务部(针对收入)和美联储(针对价格)提供的替代数据集开发了一个CAPE版本,由此得出的指标显示,CAPE的数值更合理(更低)。有趣的是,差异似乎主要在于减记的会计处理,这影响了CAPE的分母:

> 这两项指标几乎完美地相互跟踪了几十年,直到2008年,被要求遵守最新公认会计原则的银行和其他企业遭遇了巨额减记,导致收益减少。美国商务部的措施是将坏账支出、资产减记和贷款损失准备金视为资本损失,这会降低企业资产的价值,而不是削减收益。由于这两项指标都依赖于10年的收入,因此金融危机造成的差距一直存在。[2]

图3-28中的黑线显示了商务部的企业盈利数据——这是一个结构良好的没有按公认会计原则编制的标准化盈利指标,可能有助于挽救CAPE指标(见图3-28)。

这里显示了CAPE的另一个版本,它使用营业收入而不是公认会计原则(以避免纳入异常减记的问题),并将该系列仅追溯到1960年(见图3-29)。[3]

---

[1] Keith Anderson and Chris Brooks, "The Long-Term Price-Earnings Ratio," *Journal of Business Finance & Accounting*, 33(7) and (8), (September/October 2006), pp. 1063-1086. 安德森(Anderson)和布鲁克斯(Brooks)在2006年撰文评论这一领域研究的浅薄:"我们一直找不到任何以前的学术研究,证明对前几年收益的了解是否会提高市盈率预测个股未来回报的能力。格雷厄姆和多德建议使用至少五年的平均收益,最好是七到十年的平均收益,让分析师对公司的真实价值有更可靠的看法。然而,他们的猜想似乎没有经过任何学术研究的检验。"

[2] Justin Lahart, "This Key Metric Rings a False Alarm," *The Wall Street Journal*, October 6, 2016; Justin Lahart, "Taking Stock Market at Face Value," *The Wall Street Journal*, February 18, 2012.

[3] E. S. Browning, "Is the Market Overvalued?" *The Wall Street Journal*, April 9, 2011.

季度利润

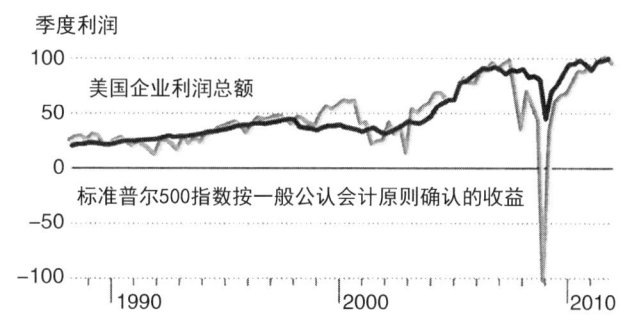

美国企业利润总额

标准普尔500指数按一般公认会计原则确认的收益

注：以2011年三季度为100进行指数化。商务部的总利润数据根据标准普尔500指数的股份数量变化进行了调整。
资料来源：标准普尔、商务部。

图 3-28　CAPE 指标的备选方案(1) [1]

耶鲁大学教授罗伯特·席勒基于过去10年的企业平均盈利开发了一种广受关注的指标（即股价—每股收益比率）。美国银行美林证券的股票策略师大卫·比安科（David Bianco）倾向于调整这些数据。据他计算，股票并不像用席勒教授的方法计算出来的那样昂贵。

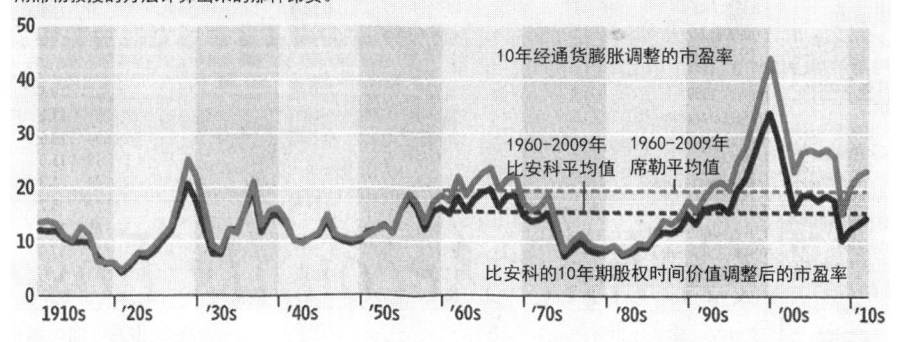

10年经通货膨胀调整的市盈率

1960-2009年比安科平均值　1960-2009年席勒平均值

比安科的10年期股权时间价值调整后的市盈率

注：数据截至2011年年初。
资料来源：罗伯特·席勒、美银美林。

图 3-29　CAPE 备选方案(2) [2]

罗杰·伊博森（Roger Ibbotson）和菲利普·斯特拉赫尔（Philip Straehl）提出了另一个"经周期调整"的指标 CATY，该指标以 CAPE 为模型基础，但他们没有将收益作为分母，而是使用了"总收益"[3]——"可分配现金流（即股息和回购）"。正如年度收益的波动性是 CAPE 在较长时期内

---

［1］ Justin Lahart, "Taking Stock Market at Face Value," *The Wall Street Journal*, February 18, 2012.
［2］ E. S. Browning, "Is the Market Overvalued?" The Wall Street Journal, April 9, 2011.
［3］ Philip U. Straehl and Roger G. Ibbotson, "The Long-Run Drivers of Stock Returns: Total Payouts and the Real Economy," *Financial Analysts Journal* (Q3 2017), pp. 32-52.

运用平均收益的动机一样，伊博森和斯特拉赫尔指出回购的波动性是平均这些现金流的动机。他们声称业绩表现略有改善。[1]

CAPE还有另一个版本是基于这样的观察，即货币政策和美联储及其公开市场委员会（FOMC）的举措已经成为推动市场的一个主要因素。据说，1985年至2016年，FOMC会议当天的市场反应占市场收益的25%或更多，推动市盈率大幅上升。由于这一短期因素被认为与基本面无关，因此可以从市场价格的时间序列中剔除这几天，从名义市盈率中减去这一因素。结果被称为MAPE，或经货币政策调整的市盈率。[2]

这些都是有趣的举措。然而纳入看似明显的调整——平均化、通货膨胀率调整——的挑战不应被低估。基本市盈率包含两个变量——"价格"和"收益"，这两个变量，尤其是"收益"，比它们最初出现时更复杂。CAPE又增加了两个变量，每个变量都是一个新的麻烦（蠕虫罐头）：用于将"名义值"转换为"实际值"的"通货膨胀"变量（这比通常认识到的问题要多得多）[3]以及构建平均值的整个框架[4]，这里有许多艰苦的工作要做。

## 分子的调整：经现金调整后的市盈率（CAPE₂）

市盈率乘数的分子也是拟议改进的主题，最有趣的一个建议是，对于持

---

[1] 它们显示，5年期CAPE的$R^2$回报率为11%，5年期CATY的$R^2$回报率为25%。

[2] http://thewallstreetchallenger.com/Index/valuation.html；www.advisorpers-pectives.com/commentaries/2016/03/23/the-stock-market-as-monetary-policy-junkie-quantifying-the-fed-s-impact-on-the-s-p-500.

[3] 劳伦斯·西格尔（Laurence Siegel）纠结于这个问题："为了有用，CAPE需要与资本资产定价模型（CAPM）相协调。具体来说，基于CAPE的预期股本回报率估计需要根据利率波动调整，即根据债券预期回报率的变化调整……"这是一条推理路线，它走得很远，也不稳定，因为资本资产定价模型现在已经完全不可信了。Laurence Siegel, CAPMing the CAPE, https://larrysiegeldotorg.files.wordpress.com/2016/09/siegel_capming-the-cape_2016_09_08.pdf.

[4] 邦恩（Bunn）等人将与CAPE中使用的平均值的设计相关的问题总结如下："坎贝尔和席勒（Campbell and Shiller, 1988）对周期调整的市盈率的最初定义是将最近的价格信息除以（经通货膨胀调整的）一年收益观测值的对数的算术平均值，从而计算出十年收益几何平均值。坎贝尔和席勒后来使用了一个简化的定义和（通货膨胀调整后）1年算术平均收益观察，这是我们依赖的概念版本。席勒[稍后]根据月度（通货膨胀调整后的）收益观察计算10年平均收益，其中每个数字捕捉过去12个月的收益信息。然而，这种计算方法低估了最近（以及不太重要的是，最遥远）的收益信息，而我们不愿意纳入这些信息。"简言之，即使定义平均值也不是一件简单的事情。Oliver Bunn, Arne Staal, Ji Zhuang, Anthony Lazanas, Cenk Ural, and Robert Shiller, "Escaping from Overvalued Sectors: Sector Selection Based on the Cyclically Adjusted Price-Earnings (CAPE) Ratio," *The Journal of Portfolio Management* (Fall 2014), pp. 16–32.

有大量现金余额的公司,从市场价格中剔除现金:

$$\frac{每股价格-每股现金}{收益-每股现金利息收入}$$

尽管违反直觉(事实证明"现金为王"的想法是对的),但这个想法简单而合理。

从20世纪90年代开始,美国公司(不包括金融公司)开始在资产负债表上积累创纪录的现金。从1990年到2012年,现金持有量的绝对值增长了6倍。[1] 现金增长到总资产的6%左右[2],相当于总市值的10%。[3](对于大公司来说,现金加上回购股票的数字在2006年已经达到了市值的20%。)[4]这个问题成为头条新闻,并开始引起市场分析师的关注。[5]

这是好消息吗?不完全是。2012年,英国《金融时报》在一篇副标题为"公司不断增加的现金储备正在惹恼股东并阻碍增长"的文章中称之为"1.7万亿美元的问题"[6],在当时盛行的超低利率环境下,《华尔街日报》观察到,"企业资产负债表上闲置的这么多现金几乎没有什么用处"。[7] 与此同时,许多现金充裕的公司的股价显示出低迷的迹象。一名分析师计算出,在整个股票市场现金储备使市盈率降低了1.4个百分点,并问道:

> 为什么要为一家本质上表现得像银行的公司支付股市乘数——而且是一家糟糕的银行?[8]

---

[1] Ben Casselman, "Cautious Companies Stockpile Cash," *The Wall Street Journal*, December 7, 2012; Jonathan Cheng, "Firms Weigh Options for those Piles of Cash," *The Wall Street Journal*, August 23, 2010.

[2] Justin Lahart, "U.S. Firms Build Up Record Cash Piles," *The Wall Street Journal*, June 11, 2010.

[3] David Reilly, "Companies Should Keep Their Cash Stashes," *The Wall Street Journal*, May 10, 2010.

[4] Ian McDonald, "Capital Pains: Big Cash Hoards," *The Wall Street Journal*, July 21, 2006.

[5] 对这种现金积累的原因的讨论不在这项研究的范围之内。但它们很可能与之前提到的商业模式转变有关——转向依赖固有的更高ROA和更高盈利水平的无形资产,减少对资本支出(企业过剩现金的传统消费者)的需求。

[6] John Authers, "Hordes of Hoarders," *Financial Times*, January 30, 2012.

[7] Kelly Evans, "Companies Like Bed Bath Need Capital Ideas," *The Wall Street Journal*, September 22, 2010.

[8] Roben Farzad, "When Cash Takes a Vacation," *Bloomberg/BusinessWeek*, July 12, 2010.

坏银行吗？苹果是最糟糕的"罪犯"，到2011年，其现金储备达到了660亿美元——所有这些现金的财务回报为0.75%。[1]

从这个角度看，考虑到2018年苹果和埃克森美孚的收入相同（分别为2 470亿美元和2 480亿美元）。但埃克森美孚盈利能力很强，资本支出庞大，流动性需求真实，资产负债表上的现金仅为40亿美元。而苹果——以无形资产为基础的轻资产商业模式——所持有的现金资产是埃克森美孚的22倍。每1美元现金所产生的收入差距是惊人的；按照这个标准，埃克森美孚的效率要高得多（参见图3-30）。

现金资产对公司经营业绩的影响是显著的（见图3-31）。2017年年底，苹果和埃克森美孚的总资产规模相近（分别为3 750亿美元和3 480亿美元），

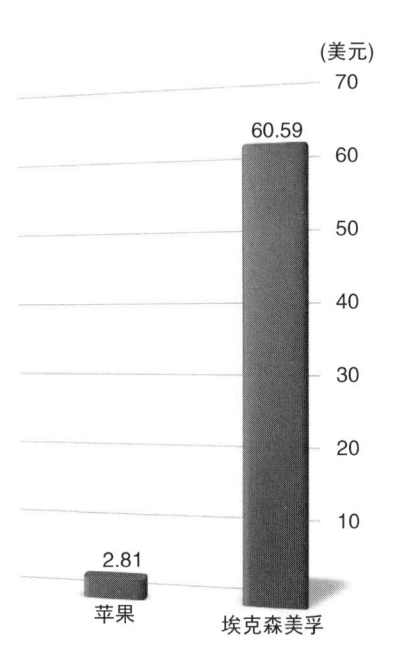

图3-30 苹果公司与埃克森美孚每1美元现金的收益

现金和类似现金的账户占苹果总资产的近20%，但占埃克森美孚总资产的不到1%。如果苹果能够以类似埃克森美孚的现金水平管理其业务，其资产回报率将从约11%提高到约14%（见图3-32）。应用本章前面提到的ROA和盈利能力之间的相关性，我们可能会看到公司的净利润率增加200个基点或更多。

$CAPE_2$是市盈率的一个版本，它针对现金持有过多的问题进行了调整。苹果是一家利润丰厚、非常成功的公司，它的所有收入基本上都是由其业务创造的，而其持有的大量现金的市场回报率不到1%。

苹果总市值＝苹果业务价值＋苹果现金价值

---

[1] Martin Peers, "Cash Returns: Where Apple Lags Rivals," *The Wall Street Journal*, May 23, 2011. 苹果的现金后来达到了2 000亿美元。尽管派发了丰厚的股息和大量现金回购股票，但截至撰写本书时，苹果手头仍有880亿美元现金。

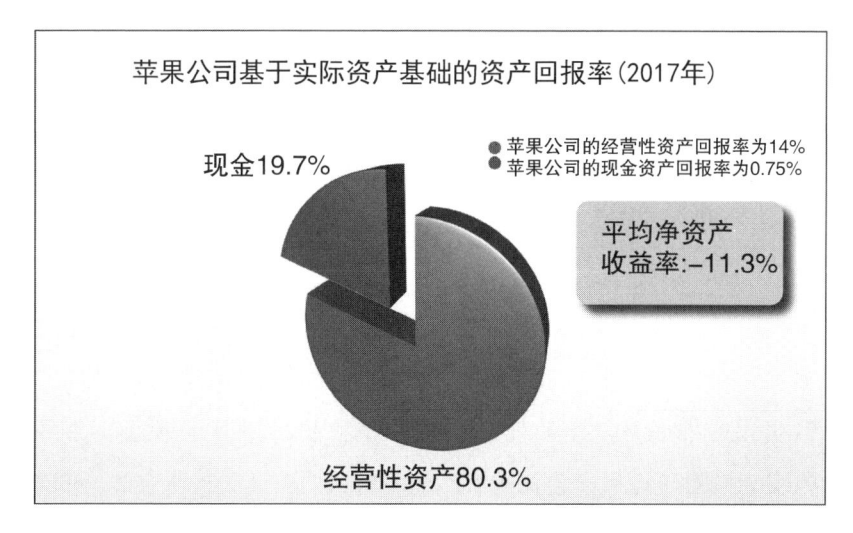

图 3-31 真实的苹果(2017 年)

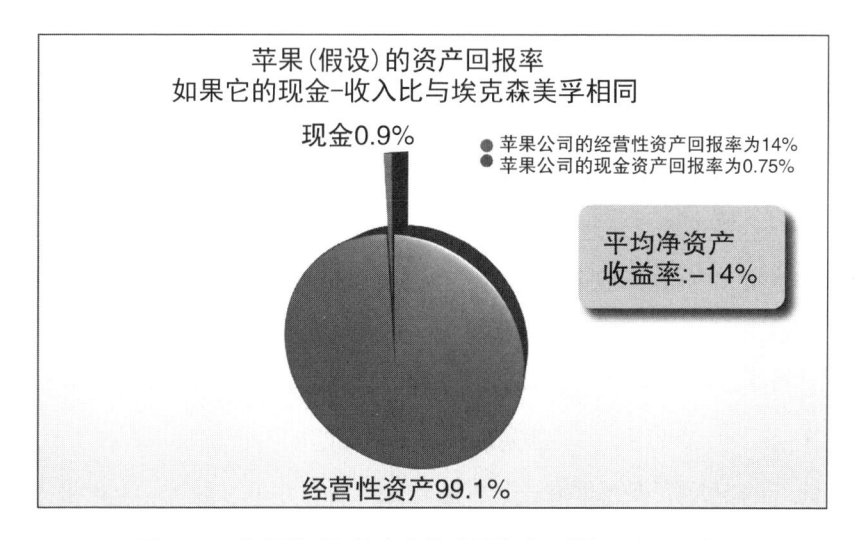

图 3-32 苹果似乎与埃克森美孚的资产配置相同(2017 年)

根据市场对苹果账户中每 1 美元现金的估值为 1 美元的市值的合理立场，CAPE$_2$ 剔除了公司市值中现金储备的价值，以更恰当地对运营业务本身进行估值。

2011 年，《巴伦周刊》(*Barron's*)使用苹果公司当时的财务状况进行了这种分析(见图 3-33)。[1]

---

[1] Andrew Bary, "Silicon Skinflints Still Skimp on Payouts," *Barron's*, March 21, 2011.

|       | 2011年预期 |||| 净现金 |||
| :---: | :---: | :---: | :---: | :---: | :---: | :---: |
| 公司 | 最近股价(美元) | 每股收益(美元) | 市盈率 | 剔除净现金后的市盈率(%) | 总额(十亿美元) | 每股(美元) | 占股价比例(%) |
| AAPL | 334.64 | 22.98 | 14.6 | 11.8 | 59.70 | 63.98 | 19 |

图 3-33　苹果经现金调整后的市盈率[1]

苹果持有的现金为每股 64 美元。按美元计算,这意味着苹果当时 334.64 美元的股价中,有 64 美元可以归因于其持有的现金。剩下的 270.64 美元的股价相当于公司的实际业务价值——几乎是所有 22.98 美元每股收益的来源。

$$\underset{(334.64 美元)}{苹果的每股市值} = \underset{(64 美元)}{苹果的每股现金} + \underset{(每股 270.64 美元)}{苹果的业务价值}$$

因此,该公司约 14.6 的市盈率(334.64 美元/22.98 美元)就变成了约 11.8(CAPE$_2$ 270.64 美元/22.98 美元)。这似乎完全合理,至少从另一个角度来看苹果的价值。这与 EV/EBITDA 一节中讨论的 EV 指标("企业价值")的逻辑相吻合,即收购苹果的成本需要用手头的净现金价值贴现,把现金从价格中剥离出来是另一种理解这个概念的方法。

近年来过度积累现金的问题与美国的科技行业有关,但这在海外可能是个更大的问题(参见图 3-34)。德国核心工业部门的现金积累一直在增长,被形容为"资本过剩",资产负债表上的现金储备"回报率非常低"。[2] 如果美国的企业现金水平很高(2014 年占 GDP 的 11%),那么在东亚更是如此——韩国的企业现金水平达到 GDP 的 34%,日本达到 GDP 的 44%![3]

为什么 CAPE$_2$ 没有更受欢迎?(学术界几乎从未对此进行过研究。)一个原因可能是,在美国,它的应用有效性似乎仅限于少数非常大的公司,主

---

[1] 改编自 Andrew Bary,"Silicon Skinflints Still Skimp on Payouts," *Barron's*, March 21, 2011.

[2] Chris Bryant, "Pressure Rises on German Groups as Cash Piles Grow," *Financial Times*, July 26, 2011.

[3] "Corporate Saving in Asia: A $2.5 Trillion Problem," *The Economist*, September 27, 2014.

```
50%  日本
40%
     韩国
30%
         德国
20%
              美国
10%
```
企业现金持有量占GDP的百分比

资料来源：改编自The Economist(2014)。

图 3-34　公司现金[1]

要是在科技行业。但这里显示的数据表明，任何对韩国和日本企业估值的认真分析，都应该充分考虑这个问题。

EV/EBITDA 对乘数的分子进行了非常类似的调整。大量净现金头寸（净债务）将导致企业价值相对于市值的下降，这可能会减少对 $CAPE_2$ 等新指标的需求。此外，美国企业积累现金的部分原因是，美国税法鼓励了这种在海外的积累。那里往往没有足够的再投资机会。[2] 穆迪(Moody's)等信用评级机构对辉瑞(Pfizer)和强生(Johnson & Johnson)等公司的现金余额打了比较大的折扣（最高可达 30%）。税收政策对公司价值的影响很难衡量。

《华尔街日报》提出了这样一个问题："现金总是具有流动性吗？""现金充裕的资产负债表真的像看上去那么强大吗？"[3] 显然不是。但是，对于持有过多现金的公司，其整体价值究竟会在多大程度上被低估，这个问题仍有待商榷。

---

[1] 节选自"Corporate Saving in Asia: A $2.5 Trillion Problem," *The Economist*, September 27, 2014。

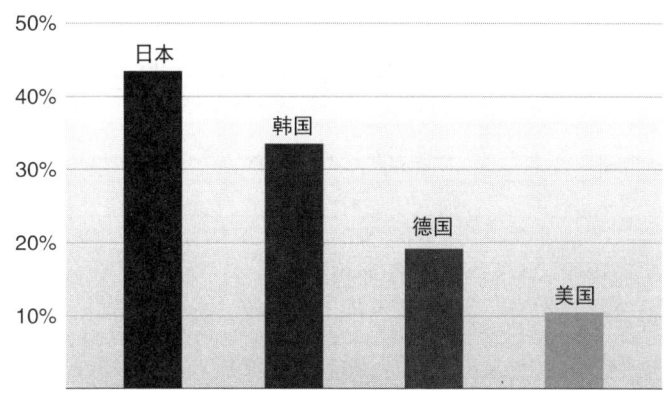

[2] 如果不支付高达 35% 的高额罚款，这些现金将不能带回美国用于发放股息、回购股票或投资。这条法律最近被修改了。但是，当它生效时，它可能降低了市场对这些被隔离的现金的感知价值。至少，这类现金需要为可能的最终纳税进行贴现。

[3] John Jannarone and Sara Silver, "Cash (Kept at Home) is King," *The Wall Street Journal*, January 14, 2009.

## PEG 比率的业绩表现怎么样？

一些分析师（大多是老一辈）最喜欢的是"市盈率/收益增长率"或市盈率，或 PEG 比率[1]：

$$\frac{市盈率}{每股收益年增长率}$$

它在估值指标中纳入市盈率乘数本身含义的标准解释性"理论"——市盈率反映或受收益增长率驱动（见第四章）。按照传统观点，盈利快速增长的公司市盈率会很高，这被称为"由来已久的众所周知的真理"。[2] 或者可能情况正好相反，"低增长企业应该比高增长企业拥有更高的 PEG 比率"。[3] 或者两者都有（见图 3-35）。[4] 当你的度量可以指向任何一个方向时，解释事情就很容易了。[5]

PEG 比率试图将"收益增长"直接纳入价值指标的计算。遗憾的是，这似乎不起作用。根据之前引用的先锋公司研究，3 年期和 10 年期收益增长率与未来回报完全不相关。盈利增长率的预测力为零。[6] 另一个将 PEG 与简单的市盈率比较的结果是没有任何好处："PEG 比率并不是市盈率的有效工具。"[7]

---

[1] Peter Easton, "PE Ratios, PEG Ratios, and Estimating the Implied Expected Rate of Return on Equity Capital," *The Accounting Review*, Vol. 79, No. 1 (January 2004), pp. 73-95. 该文为在更具理论性的框架内理解 PEG 比率提供了真诚的尝试。我不完全清楚这篇论文"证明了什么"结论："我开发并演示了一个程序，用于同时估计收益率的隐含市场预期和收益异常增长的长期变化的隐含市场预期。"除了证实投资者的典型心理将收益增长与股市收益联系起来之外，我不确定展示这些"预期"之间的相关性有什么价值。

[2] Jacques Schnabel, "Benchmarking the PEG Ratio," *The Journal of Wealth Management*, Winter 2009, pp. 89-94.

[3] Mark Trombley, "Understanding the PEG Ratio," *The Journal of Investing*, Spring 2008, pp. 22-25.

[4] Jacques Schnabel, "Benchmarking the PEG Ratio," *The Journal of Wealth Management*, Winter 2009, pp. 89-94.

[5] 学术界似乎已经得出这样的结论：PEG 是不可能实现的。关于 PEG 的发表研究很少；可获得的信息大多是流行媒体上的简短新闻"投资建议"。

[6] Joseph Davis, Roger Aliaga-Diaz, and Charles Thomas, "Forecasting Stock Returns: What Signals Matter, and What Do They Say Now?" *Vanguard Research*, October 2012. 事实上，与先锋集团的作者们引入的毫无意义的虚拟变量（年降雨量）相比，收益增长率对于未来真实股票回报的"解释"能力更弱。虚拟变量是对明显非因果关系的门槛进行基准测试的。

[7] Bharat Meher and Saurabh Sharma, "Is PEG Ratio a Better Tool for Valuing the Companies as Compared to P/E Ratio? (A Case Study on Selected Automobile Companies)," *International Journal of Banking and Risk*, Vol. 3, No. 2 (September 2015), pp. 48-52.

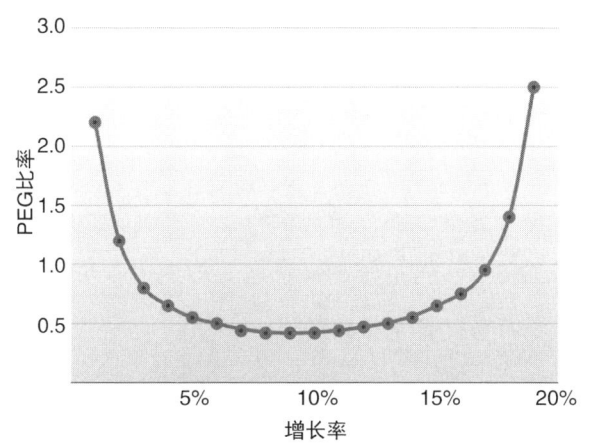

资料来源：改编自Schnabel(2009)。

图3-35 PEG是收益增长率的一个凸函数[1]

那么，为什么我们仍然不时地听到有关PEG的消息呢？这可能是因为传奇的股票投资者彼得·林奇(Peter Lynch)将其吹捧为自己的成功秘诀。他声称，"任何公司的市盈率，只要定价合理，就等于它的增长率。"也就是说，PEG＝1是潜在的买入机会。林奇在这方面做得很好。在这个行业中有许多灵感的来源，没有必要否认像他这样的记录。但即使得到了如此强有力的支持，PEG也从未真正在更广泛的行业中流行起来，从实证来看，我们也不应该期望它会。[2]

# 综合市盈率

最后，当基于行业或整个市场计算投资组合的市盈率时，它会受到定义这些投资组合的指数构成的影响。例如，新兴市场股票的市盈率受到了批

---

[1] 节选自Jacques Schnabel,"Benchmarking the PEG Ratio," *The Journal of Wealth Management*, Winter 2009, pp. 89-94。

[2] 布洛克(Block)分析了30家道指成分股公司的PEG比率(2009年12月)，并得出结论："作为华尔街的指导方针，市盈率高于其5年增长率(PEG＞1)的股票应接受特别观察，以确保它们没有被高估。这必须被视为一个神话；27只道指成分股的交易价格超过1英镑(事实上，所有道指成分股都有正收益，可以计算出挂钩汇率)，根据其他指标，很少有公司被认为估值过高。"[Stanley Block,"Methods of Valuation: Myths vs Reality," *The Journal of Investing* (Winter 2010), pp. 7-14.]

评,其依据是,相对于发达市场的市盈率,新兴市场股票最近明显"便宜"的估值可能是这两个市场指数构成差异的产物(见图3-36)。新兴市场指数往往偏向不受青睐的行业,乘数较低:

> 新兴市场有更多的银行和大宗商品生产商,它们的估值比更时尚发达的地区低得多。调整行业权重也要与发达市场相匹配,新兴市场指数的市盈率与富时世界指数相同。[1]

与发达国家的股票相比,新兴市场的股票指数看起来便宜,因为它们拥有更多不受欢迎的板块的股票。

新兴市场市盈率相对于发达市场的比例

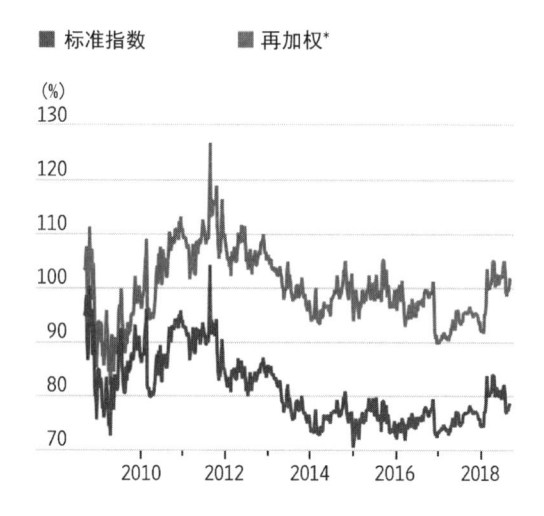

■ 标准指数　　■ 再加权*

*新兴行业重新加权,以匹配富时全球(FTSE World)的权重。
资料来源:FTSE Ryssell。

图3-36　调整广义市场指数中的行业权重[2]

这个例子揭示了我们看似简单的市盈率计算中"隐藏变量"的存在。市盈率的任何总集合都受该集合组成的影响,如果组成成分改变,市盈率也会

---

[1] James Mackintosh, "Emerging Markets Are No Bargains," *The Wall Street Journal*, September 4, 2018.
[2] Ibid.

改变。当行业成员的定义改变时，这会影响行业的市盈率乘数。2018年，两家头部的行业指数提供商——标准普尔和摩根士丹利资本国际——宣布计划改变其行业构成，这些都是彻底的改变。超过10%的标准普尔500指数公司正在被重新分类。[1] 美国共有大约225家公司正在被重新分类。在全球范围内，超过1 100家公司受到影响，包括中国（170家）、日本（140家）、加拿大（57家）、英国（51家）等。对标准普尔500指数修订后的"科技板块"的影响将使该板块的市盈率降低整整一个点，至17.7。[2]

这种效应也存在于像标准普尔500指数市盈率这样的金融时间序列中，它是指数构成变化的函数，也是上市公司商业模式和资本结构演变的函数。自20世纪70年代以来，美国经济出现了几个大趋势：例如，公司杠杆率的显著上升（反映在AAA级公司的实际消失）和向轻资产商业模式的转变（反映在市值和账面价值之间的差距越来越大）。相对而言，公司利润率普遍上升，资本支出下降，科技和金融等行业蓬勃发展。2018年，标准普尔500指数中科技行业的总体权重达到26%，是20世纪90年代中期相对权重的几倍。经济的这种质的演变扭曲了整个市场的市盈率乘数，因为高增长和通常高市盈率的公司超过或取代了低增长、低市盈率的公司。[3]

简而言之，今天的标准普尔500指数衡量的是一个与20世纪70年代或80年代的标准普尔500指数截然不同的经济体。同样，许多会计准则也发生了变化（我们将在后面的章节中讨论），影响了乘数的收益分母的计算。这一点很明显，但我们应该始终记住，市盈率不是一个稳定的、不变的指标，但也反映了当前经济背景的质的特征。

还有一个因素也很突出，随着公司合并或退出排名，指数构成会不时发生变化。阿诺特（Arnott）研究了被剔除公司和被增加公司的估值：

> 被增加到资本化加权指数的股票通常以高于市场估值乘数的价格

---

[1] Matthew Bartolini and Anqi Dong, "GICS Sector Structure Changes: What Do They Mean for Investors?" *State Street Global Advisors*, 2018.

[2] Daren Fonda, "Reshaping the Market's Sectors," *Barron's*, September 3, 2018.

[3] "S&P 500 Sector Weightings: Tech Nears 26%," Seeking Alpha, May 10, 2018, https://seekingalpha.com/article/4172093-s-and-p-500-sector-weightings-tech-nears-26-percent.

定价（即买入高市值股票），而被随意删除的股票（与合并、收购和其他公司行为相关的删除除外）通常属于深度折价股票（即卖出低市值股票）。事实上，纳入指数的公司往往以估值乘数定价——使用市盈率、价格—现金流比、市净率、销售—价格比（如果有的话）和股息—价格比（P/D）的混合，平均定价是被剔除公司的三倍多。[1]

这将表明像标准普尔500指数（可能还有任何市值加权指数[2]）这样的指数在结构上存在偏见，在某种程度上相对于市场整体而言被"高估"了。换句话说，标准普尔500指数成分股是"高乘数"集合，而非标准普尔500指数成分股则是"低乘数"集合。

# 总　　结

本章主要关注了不同乘数的一般定义及其与企业价值的关系，以及它们在某种静态意义上的"准确性"。结果有些不连贯或是"多维的"（不是所有的维度都完全相互连接），有些指标似乎对达成某些目的很有效，有些则对其他目的很有效。有些在特定时期、特定类型的市场中有效，但随着市场条件的变化而意外崩溃。"严格"的研究甚至在最基本的问题上也经常相互矛盾。这反映了许多现有研究的随意性。从业者的研究通常是本着揭示"一个真实答案"的精神编写的，而同行评审的文献通常只不过是一个数字游戏，可能不会深入（根据一些有趣的变量回归数据集并发表出来）。

还有不可避免的派系之争。分析师有他们最喜欢的指标，学者也有他们自己的。简化的冲动在这个领域非常强烈，我觉得这样做几乎总是错的。面对市场中明显的复杂性，如果我们的反应更复杂，更多地承认多种观点，这将更有意义。也许在某个时候，在这个机器学习和人工智能的时代，有人会对所有可用的指标进行彻底和全面的评估，包括它们在结构上的所有变

---

[1] Rob Arnott, Vitali Kalesnik, PhD, and Lillian Wu, "Buy High and Sell Low with Index Funds!" *Research Affiliates*, June 2018.
[2] "市值加权"指数是一种根据股票的相对市值为指数中的个股分配权重的指数。今天大多数指数都是市值加权的。

化和解释的细微差别,以帮助我们决定哪些指标对哪些问题最有帮助。但我们还没到那一步。

在接下来的两章中,我们将更仔细地研究如何使用乘数。

乘数的主要应用是解释股票市场行为,它有两个方面:预测的能力——用乘数作为信号来指导前瞻性决策,如投资——以及解释的能力,以帮助发现和解释连贯的历史模式。预测假定告诉我们将要(或可能)发生什么;解释试图告诉我们为什么。

但是(对过去的)解释和(对未来的)预测真的不是一回事吗,或者至少是密切相关的?如果我们能解释过去的模式,那不是给了我们预测未来的能力吗?如果我们可以假设所讨论的系统(金融市场或商业公司或整个经济)以确定的方式运行,其行为模式不会改变,并且管理这些模式的法律一旦被发现,就可以自信地应用于未来的决策。这一假设通常隐含在金融市场的研究中。[1]

但是市场会发生变化。我们在运行单一回归之前就知道这一点。它的行为会突然发生不可预测的变化。二三十年前,或者两三个季度以前,"意味着"一件事的指标,现在可能意味着完全不同的东西。即使我们认为是基本的定义——比如"收益"——也证明并非如此。因此,我认为我们确实面临两个不同的问题:我们能解释发生了什么吗?我们能预测接下来会发生什么吗?乘数能帮助回答这些问题吗?(这为第四章和第五章的内容做好了准备。)

乘数还有其他优点——它们可能会揭示价值的某些方面,而这些方面在其他方面并不明显。销售价格将能源行业巧妙地分解为上游和下游商业模式。当然,我们不需要市销率指标来进行该分析;但有趣的是,它确实区分了市盈率和其他指标无法区分的差异。企业战略的许多细微差别都可以通过这种方式进行系统的研究;强有力的创新战略应该比弱的或模仿性的战略具有更高的价值;这可能是亚马逊和沃尔玛(两家零售巨头,在目前的财务基本面上如此相似)的乘数之间巨大差异背后的信息。事实上,人们想到的不仅仅是战略,还有"收入质量"和"收益质量"或"定价权"之类的问题,

[1] 例如,从1871年开始外推 CAPE(就像它的支持者通常做的那样),并构建整个时期的"正常"基准或历史平均值,显然预先假定市场和经济在很长一段时期内本质上是不变的。

或者是沃伦·巴菲特在他投资的公司中寻找的"护城河"之类的东西。如果我们记得这里更大的问题是商业企业的价值,并考虑有多少因素与此相关,那么这些指标除了预测和解释股票价格之外,很可能还有其他用途。

最后,这里是本章中涵盖的指标的简要概述(见表 3-2)。

表 3-2　　　　　　　　　　总结概述和总结

| 估值比率 | 主要特征 |
| --- | --- |
| 跟踪市盈率 | ● 传统标准;<br>● 在预测未来业绩方面不如预期市盈率准确 |
| 动态市盈率 | ● 在某些研究中,这是对未来表现最好的预测;<br>● 在一些研究中,远期预测在 1 年后是准确的,而在另一些研究中则更长 |
| 每股价格/经营性利润 | ● 使用中的"经营收益"定义不一致(非公认会计原则);<br>● 与标准市盈率相比,预测/解释能力普遍较弱 |
| 每股价格/股息<br>(股息收益率) | ● 预测/解释价值弱且下降;<br>● 越来越多地使用股票回购稀释了股息信号 |
| 每股价格/销售额 | ● 适用于某些行业(如零售业);<br>● 价值预测非常弱;<br>● 能阐明商业模式的差异 |
| 每股价格/现金流 | ● 结果喜忧参半,但总体上低于标准市盈率;<br>● 使用中的"现金流"定义不一致(非公认会计原则) |
| 每股价格/账面价值 | ● 与市场估值出现严重且日益严重的偏差;<br>● 分母的"账面价值"计算存在重大缺陷 |
| 托宾 Q 理论 | ● 建议使用市场价值来调整资产负债表价值;<br>● 然而,资产重置价值的计算通常是不可行的;<br>● 在学术圈之外没有广泛使用 |
| 净资产收益率(ROA) | ● 很强的盈利能力预测器功能;<br>● 不是市场回报的有力预测指标;<br>● 存在以"账面价值"为分母的固有缺陷 |
| 经周期调整的市盈率 | ● 对长期历史收益有适度解释力(类似于标准市盈率);<br>● 不能预测未来的市场收益;<br>● 固有偏见和结构性问题 |
| 现金流调整的市盈率 | ● 应用不广泛;<br>● 在美国的适用性有限,在国外市场可能更有影响力 |
| PEG 比率 | ● 非常弱的指标,矛盾的信号 |

# 第四章　解读：作为因变量的市盈率

市盈率包含哪些信息？它代表着什么？下面用两种方式来解释这个问题：

（1）是什么导致市盈率信号呈现特定值？它的水平是由什么决定的？公司业绩或其环境的哪个基本方面与高乘数或低乘数相关？什么可能导致它改变？

（2）市盈率信号告诉我们要做什么？我们如何利用它来做决定？

第一个视角是历史的，第二个则是前瞻性。一般来说，第一个问题是学术界感兴趣的；第二个则是投资者想知道的。

第一个视角是将市盈率定位为因变量，其数值由其他因素决定。换句话说，它"度量"了一些东西：

$$P/E = f(X)$$

第二个视角认为市盈率是"解释"其他事情的独立变量（自变量）。它"预测"了一些事情：

$$X = f(P/E)$$

任何关于市盈率(和其他乘数)全部含义的讨论都不可避免地融合了两个方面——回顾性和前瞻性、分析性和实用性。在这一章中,我们将集中讨论第一个视角:市盈率是如何获得它所具有的价值的?什么因素造成高(或低)市盈率?我们将在下一章讨论第二个问题。

## 市盈率真正衡量的是什么?

收益乘数由两个简单、客观、容易获得的数字组成,这种明显的简单性激发了许多看似决定性的"快速答案"。遗憾的是,这导致了相关讨论经常变得不具有内在一致性。这是一个样本,取自一些主要的教科书[1]:

> 决定个股市盈率的一个最重要的变量是对公司未来收益增长的预期……然而,市盈率受到其他因素的影响,如利率、投资者的风险偏好、税收和流动性等。〔权威1号〕
>
> 直觉上,增长率更高、风险更小、产生现金流潜力更大的公司应该以更高的乘数交易……市盈率的关键决定因素是每股收益的预期增长率、股权成本和派息率……一家公司的乘数可能会随着风险的降低而增加,而不是随着增长而增加……但并非所有的增长都是平等的,更有效地创造增长的公司应该以更高的价值交易……净资产收益率和净利润率是额外的变量……〔权威2号〕
>
> 高市盈率反映了低贴现率和/或高预期收益增长率的某种组合,这是一个数学上的认同。历史分析表明,市盈率与通货膨胀的关系比与名义或实际债券收益率或任何增长指标的关系更为密切。除了通货膨胀,还有哪些市盈率驱动因素?其他有用的解释变量包括产出的波动性(例如,滚动国内生产总值的波动性)、利润与国内生产总值的比值和人口经济模式……尽管市盈率在概念上是对未来增长的预测,但它们与实际增长的相关性有限。〔权威3号〕

---

[1] 这里的引用被匿名了。

# 第四章
## 解读：作为因变量的市盈率

> 正常的远期市盈率等于企业资本成本的倒数……[或]企业资本成本和预期收益增长率之间的差额的倒数……拥有更新资产的公司将有更高的市盈率……市盈率随着企业的定价能力增强而增加……未来时期更高的增长率毫无悬念地将提高市盈率，除非公司在一个竞争激烈的行业中运营……[权威4号][1]

相当混乱——这是"一系列相互矛盾的描述"[2]，但事实是没有一个简单的答案。市盈率受许多因素的影响，分子中的市场价格是各种"因素"的复杂产物——公司过去的经营业绩、未来的前景、各种市场情绪、总体经济状况和通货膨胀率等。分母中的"收益"也可能相当复杂（如前一章所述），从统计学和概念上区分这个"简单比率"具有相当的挑战性。

也就是说，我们可以列出业内人士考虑并在某种程度上在学术文献中有所研究的一些主要因素，作为市盈率和其他乘数的驱动因素。这些因素可以分为那些似乎在单个公司层面起作用的因素和那些影响整个行业或整个市场的因素。

公司层面的驱动因素包括：(1)收益增长；(2)收益能力或"质量"（如利润率、净资产收益率）；(3)规模；(4)"风险"和资本成本；(5)股息和股票回购政策；(6)公司战略或商业模式的各个方面；(7)收益波动；(8)股价波动（beta）；(9)杠杆；(10)会计问题（如收益质量、应计项目）；(11)公司治理。

似乎在一个部门或整个市场层面起作用的驱动因素包括：(1)市场情绪（市场制度）；(2)与行业相关的折价和溢价；(3)监管效果；(4)政府货币政策；(5)政府财政政策；(6)通货膨胀；(7)利率；(8)国际差异。

警告：这些分类相互重叠，定义和假设往往模棱两可。例如，市盈率与收益增长相关的常见说法需要进一步说明。市盈率是否反映了过去的收益增长？它预测未来的增长吗？涉及什么时间段？收益的确切定义是什么？

---

[1] Alexander Nezlobin, Madhav V. Rajan, and Stefan Reichelstein, "Structural properties of the priceto-earnings and price-to-book ratios," *Review of Accounting Studies*, Vol. 21 (2016), pp. 438-472.

[2] Stephen H. Penman, "The Articulation of Price-Earnings Ratios and Market-to-Book Ratios and the Evaluation of Growth," *Journal of Accounting Research*, Vol. 34, No. 2 (Autumn, 1996), pp. 235-259.

在出版的文献中,即使是这样的基本点也往往不清楚。以下调查应被视为"尽最大努力"整理这些因素并总结相关研究结果。

# 公司层面的驱动因素

## 增　　长

对市盈率和其他乘数的许多解释都引用了一个共同的主题:该乘数是由业务增长驱动的,特别是收入或销售增长。

其中的核心原则是,收益的增长可以解释市盈率。[1]

一个中心的组织原则是,市盈率相对较高的公司的预期收益应该有相对较大的增长……这种关系似乎是无可争议的。[2]

默认的假设是,快速增长的公司将拥有更高的市盈率。为什么亚马逊的市销率比沃尔玛高得多?因为它的销售额增长得更快[3](见图4-1)。

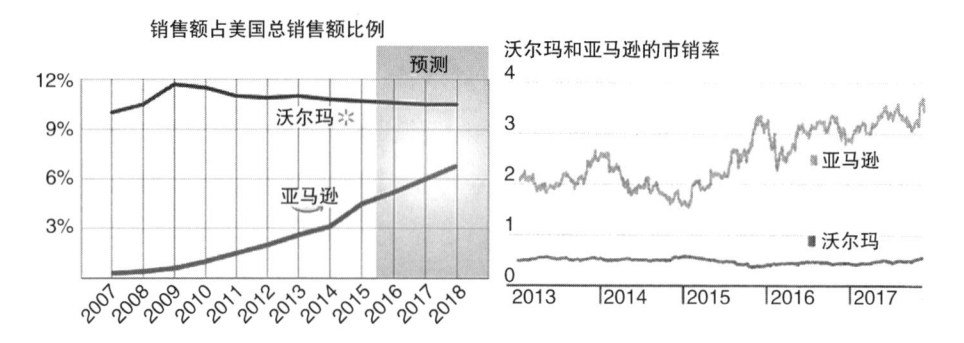

资料来源:改编自《经济学家》杂志(2015)。　　资料来源:FactSet。

**图4-1　沃尔玛与亚马逊——增长的效应**[4]

---

[1] James Ohlson and Zhan Gao, "Earnings, Earnings Growth and Value," *Foundations and Trends in Accounting*, Vol. 1, No. 1 (2006), pp. 1-70.

[2] James Ohlson and Beate Juettner-Nauroth, "Expected EPS and EPS Growth as Determinants of Value," *Review of Accounting Studies*, Vol. 10 (2005), pp. 349-365.

[3] "Walmart: Thinking Outside the Box," *The Economist*, June 4, 2016; Justin Lahart, "Wal-MartShould Worry Amazon," *The Wall Street Journal*, November 17, 2017.

[4] 左图:改编自Walmart:"Thinking Outside the Box," *The Economist*, June 4, 2016。右图:Justin Lahart, "Wal-MartShould Worry Amazon," *The Wall Street Journal*, November November 17, 2017。

这种解释得到了一些支持。以下是英国《金融时报》2014 年发布的科技行业一些领先公司的收入增长与市盈率的关系图,至少显示了大致的相关性[1](见图 4-2)。

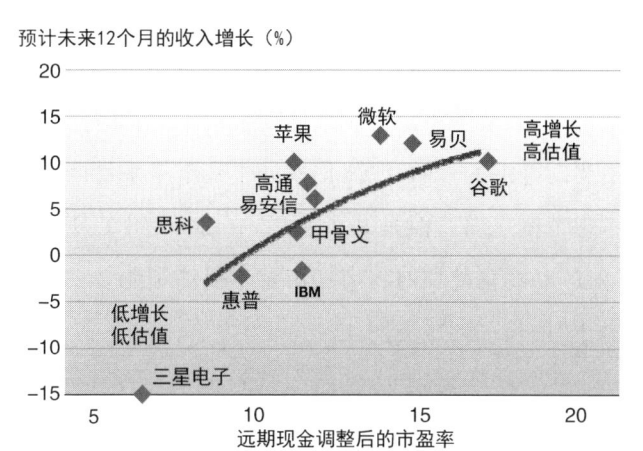

资料来源:改编自《金融时报》(2014)。

图 4-2 收入增长和市盈率[2]

另一个例子使用了不同的乘数——EV/EBITDA 的远期版本——显示了欧洲电信行业公司现金流的预计 1 年增长[3](见图 4-3)。

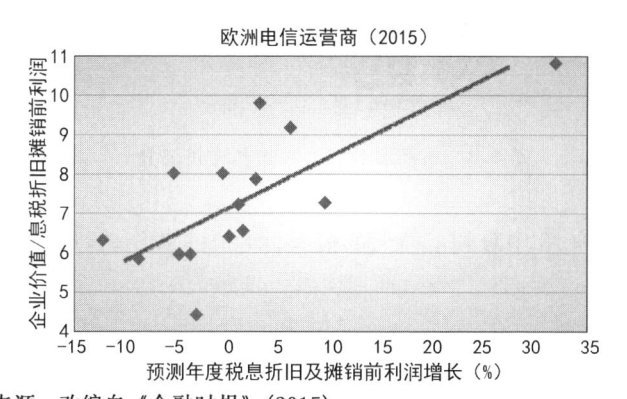

资料来源:改编自《金融时报》(2015)。

图 4-3 现金流增长和电动汽车/息税折旧推销前利润比率[4]

---

[1] "Close to the Tree," *Financial Times*, October 11, 2014.
[2] "Close to the Tree," *Financial Times*, October 11, 2014.
[3] "Dot to Dot," *Financial Times*, January 27, 2015.
[4] Ibid.

这种观点的一个微妙版本认识到,即使没有预测到增长,公司的"稳态"收益仍然有价值。花旗集团(Citigroup)金融战略团队(Financial Strategy Group)的一份报告将收益乘数分为"基数"部分和"增长"部分,前者反映了现有业务的利润,后者反映了未来收益的预期增长。[1] 2009年4月——接近股市崩盘的底部——标准普尔500指数的远期市盈率为11.5,其中92%归因于"基数"部分,只有一小部分剩余体现了对未来收益的预测,这种悲观的观点反映了当时经济的严峻状况,仍然处于几十年来最严重的衰退低谷;增长尚不在考虑范围之内。但是9个月后,在2010年1月,市场开始预测经济复苏,苏醒的动物精神那时将市场市盈率提高了约30%,达到15.2,其中近一半归因于"增长"部分(见图4-4)。[2]

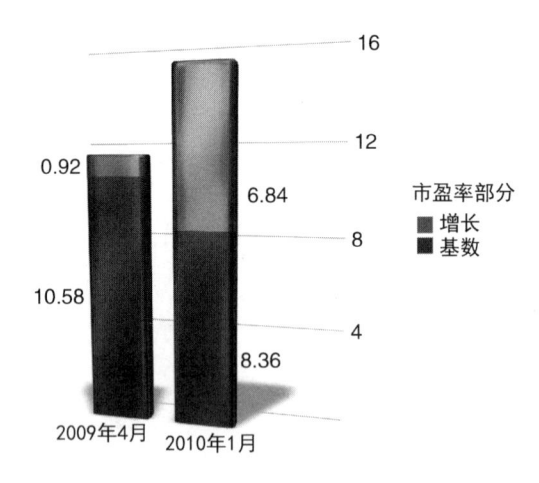

**图4-4 市盈率分解为基数和增长部分**[3]

我们在图4-5中看到了类似的模式,即2014年医药行业选定公司的市盈率乘数[4]。

将市盈率分解为"基数+增长"的想法——公司的总价值=稳态价值+"未来价值创造"——现在相当普遍。关于如何将这两个部分分开,当然有

---

[1] Liam Denning, "New American Cash Conundrum: Too Much," *The Wall Street Journal*, January 21, 2010.

[2] 这些区别是不可观察的,就像价值的许多方面一样,计算也是推测性的。这篇论文是无法证明的,但似乎是可信的。

[3] Liam Denning, "New American Cash Conundrum: Too Much," *The Wall Street Journal*, January 21, 2010.

[4] "Are you on Drugs?" *Financial Times*, April 2, 2014.

大药厂的市盈率和增长

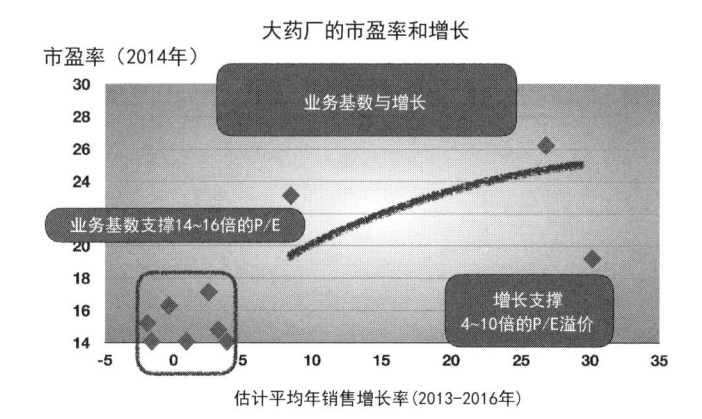

资料来源：改编自《金融时报》(2014)。

图 4-5 制药行业中的基数和增长性市盈率成分[1]

不同的想法。稳态部分据说是公司业务中"无限可持续"自身收益（估计）中的部分，但不会以超过资本成本的速度增长或产生回报。对于这部分业务，一种方法是将稳态市盈率设置为资本成本的倒数，抑或就是贴现率。[2]

$$稳态市盈率 = 1/股权成本$$

如果我们接受这个公式，那么，给定一个"股权成本"的数字——而不是一个简单的计算——我们可以确定稳态市盈率。在这里引用的研究中，股权成本被定为 8%，这使我们可以将稳态市盈率定义为 12.5。如果一家公司的实际市盈率为 25，我们可以得出结论，该估值的一半是基于其预期的未来收益增长。[3]

一项被广泛引用的研究[4]使用"稳态"成分的这一定义来分析 1953 年至 2009 年期间收益增长对市盈率的影响（见图 4-6）。

---

[1] "Are you on Drugs?" *Financial Times*, April 2, 2014.
[2] Michael J. Mauboussin and Dan Callahan, "What Does a Price-Earnings Multiple Mean?" *Global Financial Strategies*, Credit Suisse, January 29, 2014. 术语不应混淆。为此，假设公司的资本成本等于（即作）贴现率。
[3] 如果你觉得这种推理晦涩难懂，你并不孤单。"股权成本"由"无风险利率"（当然是可变的）和"股权风险溢价"（最多是一个模糊的数字）组成。这通常是解释其他估值指标偏差的插入变量。请参阅附录以获得更深入的评论。
[4] Andrew Ang and Xiaoyan Zhang, "Price-Earnings Ratios: Growth and Discount Rates," *The Research Foundation of the CFA Institute* (2011), pp. 130-142.

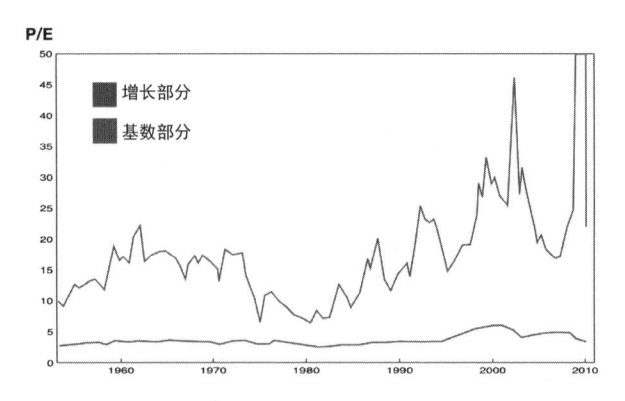

资料来源：Ang & Zhang(2011)。

图4-6 基数和增长率在市盈率中的组成部分[1]

他们的发现包括：(1)该期间的平均市盈率为18.5。(2)无增长或稳态市盈率仅为3.8；增长部分为14.7。(3)市盈率的可变性几乎完全由增长因素驱动。

应该谨慎看待这些结果。如果收益乘数的稳态部分是资本成本的倒数，那么稳态值3.8意味着美国的长期股权成本超过26%。这显然是不正确的。这些模型给"增长部分"贴上的标签只是乘数中不能用稳态收益（统计上）解释的部分，这是一个残差，一个很大的残差，"基数部分"几十年来表现得相当稳定，鉴于经济中的其他趋势、商业周期以及企业盈利能力和杠杆率的上升，这似乎不太可能。[2] 除了预期的每股收益增长之外，增长部分可能还包括许多其他因素（本章下文将讨论）。我认为，花旗银行的模式在这两个组成部分的规模和可变性方面传达了更多的现实意义。

**增长的案例**

那么，总的市盈率能够在多大程度上"衡量"实际的收益增长或者与之有多大的相关性？

---

[1] 改编自Andrew Ang and Xiaoyan Zhang,"Price-Earnings Ratios: Growth and Discount Rates," *The Research Foundation of the CFA Institute* (2011), pp. 130-142。

[2] 基于"稳定状态"收益的市盈率的概念，虽然听起来似乎合理，但可能比看起来更难定义。例如，具有基于典型零售销售的稳态收益的公司（例如，百货公司）可能比具有基于订阅的商业模式的公司（例如，电信公司）具有更低的市盈率。更一般地说，收入和收益的质量很重要。这种影响可能在整个经济层面上起作用；随着美国公司转向轻资产战略和基于订阅的商业模式，收益的价值可能正在发生变化。

目前还不清楚。一些早期的研究发现，在公司层面增长和市盈率之间没有关系。[1]然而，当后来的研究人员汇总"投资组合"来"分散个股层面的噪声"时，他们观察到了相当强的相关性。每股收益的增长率"解释"了1年后市盈率变化的58%，2年后每股收益增长率的25%，此后基本为零。

总的来说，这种模式表现得好像市场参与者在决策价格时，无法预测两年后的增长率。[2]（这与第三章中引用的分析师预测准确性评估一致。）

据报道，$R^2$值约为34%（从1881年到2013年，3年期的远期增长率）到38%（从1953年到2009年，1年期远期增长率），这意味着收益增长率可能会追溯性地"解释"市盈率的三分之一强。[3]（这当然意味着三分之二的现象无法解释。）此外，在一些研究中，每股收益增长的总体效应——比如说在市场层面——似乎比在企业层面更强。彭曼（Penman，1996）发现，对于每个约130家公司的"投资组合"，每股收益3年的增长解释了43%的市盈率差异。[4]但对于单个公司来说，每股收益的增长几乎没有解释价值（5%）。更糟糕的是，最新的研究似乎表明——奇怪的是——在过去几年里，这种关系已经消失了。[5]（见图4-7——这是宽松货币政策的另一个副作用？[6]）

---

[1] Joseph Murphy and Harold Stevenson, "Price/Earnings Ratios and Future Growth of Earnings and Dividends," *Financial Analysts Journal* (November/December 1967), pp. 111-114.

[2] William Beaver and Dale Morse, "What Determines Price-Earnings Ratios?" *Financial Analysts Journal* (July/August 1978), pp. 65-76. 一项关注非常短期且相当专业的数据集（1964—1968年）的后续研究发现，"长期增长预期"（通过阅读分析师报告获得）和市盈率之间的相关性甚至更强——$R^2$为70%。然而，这可能被视为情绪指标。Paul Zarowin, "What Determines Earnings-Price Ratios: Revisited," *Journal of Accounting, Auditing, and Finance*, Vol. 5, No. 3 (1990), pp. 439-457.

[3] Rick Ferri, "P/E Doesn't Predict Future Earnings," *Forbes*, October 29, 2013.

[4] 我希望我没看错。这项研究涵盖了1968年至1985年间的2 574家公司，并构建了十个按市盈率排名的投资组合。[Stephen H. Penman, "The Articulation of Price-Earnings Ratios and Market-to-Book Ratios and the Evaluation of Growth," *Journal of Accounting Research*, Vol. 34, No. 2 (Autumn, 1996), pp. 235-259.]

[5] David Trainer, "EPS growth rate has almost no correlation with P/E," *ValueWalk*, January 15, 2017. www.valuewalk.com/2017/01/real-earnings-season-doesnt-start-february. 另请参见David Trainer, "Here's Why P/E Ratios Are A Poor Way To Measure Value," *Forbes*, December 16, 2015; Andrew Ang and Xiaoyan Zhang, "Price-Earnings Ratios: Growth and Discount Rates," *The Research Foundation of the CFA Institute* (2011), pp. 130-142。

[6] 假设量化宽松改变了投资者的思维和动机，刺激股市"超越基本面"——从而削弱收益和市场价格（以及估值指标）之间的联系。

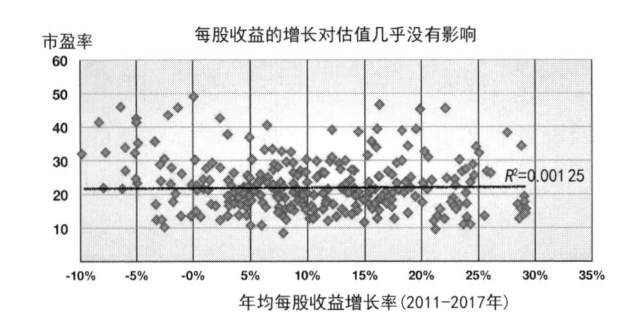

每股收益的增长对估值几乎没有影响

资料来源：改编自Trainer(2017)。

图 4-7　每股收益增长率与标准普尔 500 指数市盈率[1]

数据中还出现了一个相反的主题：在公司演进的某个阶段，增长似乎失去了作为估值驱动力的相关性。尽管该公司仍在经历销售和盈利的强劲增长，但市盈率却出现了下滑。

例如，2000 年至 2010 年间，沃尔玛的每股收益增长了两倍。但其市盈率从 45 左右收缩至 14 左右[2]，结果股价停滞不前（见图 4-8）。

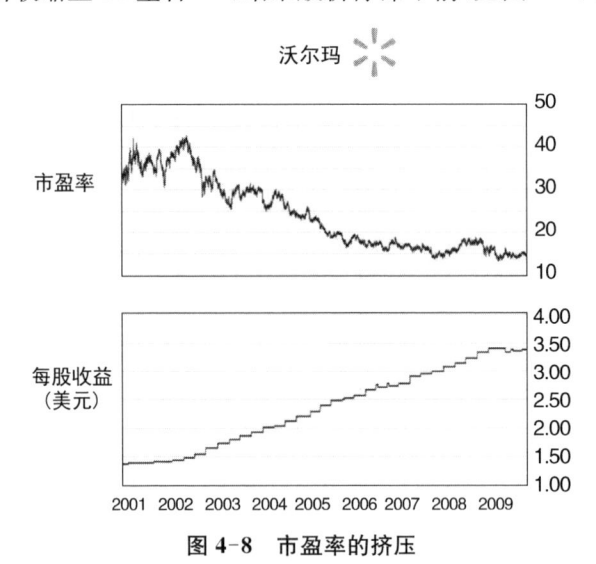

图 4-8　市盈率的挤压

---

[1] 改编自 David Trainer, "EPS growth rate has almost no correlation with P/E," *ValueWalk*, January 15, 2017。

[2] Lawrence C. Strauss, "Home on the Range," *Barron's*, September 21, 2009; Sandra Ward, "Load Up the Shopping Cart," *Barron's*, July 12, 2010; John Jannarone, "Wal-mart Shifts Into Slow Lane of Growth," *The Wall Street Journal*, May 19, 2010; John Jannarone, "Wal-Mart's Tough Work Experience," *The Wall Street Journal*, February 23, 2011.

微软就是一个类似的例子。[2] 从2000年到2010年，它的收入增加了两倍，大规模回购了股票，但该公司的市盈率下降了4倍，股价持平（见图4-9）。

2005年至2015年间，思科的销售额翻了一番，每股收益增长更快[3]，股价持平，乘数下降。

这些例子表明了所谓的一个术语"到期重置"，即市盈率从关注增长转向关注成熟、稳态的业务——尽管该公司仍在蓬勃发展。它指出了增长与市盈率乘数之间复杂而不一致的关系。

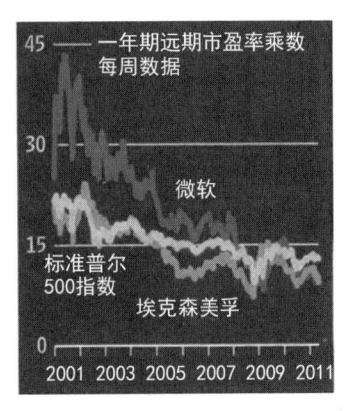

图4-9 市盈率挤压[1]

当然，市盈率有很多陷阱，尤其是分母的可变性，这（潜在地）削弱了收益增长的驱动力。如前一章所述，由于一次性收入或收益，符合GAAP的净收益可能会反弹；而巨大的一次性损失则可能会提高市盈率，并损害市盈率作为衡量盈利增长潜力的指标的价值。股票回购——本章后面将讨论——也损害了将市盈率视为盈利增长的衡量标准，因为引入了每股收益增长的"非基本面"来源。

一个更深刻的关于增长和乘数之间的关系问题——预计将在下一章讨论的难题，涉及使用市盈率作为独立变量（自变量）来预测股市回报。如果高市盈率预示着未来的高增长，我们难道不应该预测未来股市的强劲回报吗？因为通常来说，一家盈利增长的公司应该看得到其股价上涨（时刻记住"到期重置"现象）。

但这并不是我们看到的。作为一个独立变量，作为市场表现的预测指

---

[1] Liam Denning, "Exxon and Microsoft: Riding Into the Sunset," *The Wall Street Journal*, May 18, 2011.

[2] Liam Denning, "Exxon and Microsoft: Riding Into the Sunset," *The Wall Street Journal*, May 18, 2011; Tiernan Ray, "Memo to Microsoft: Show Us the Money," *Barron's*, July 18, 2011; Spencer Jakab, "Windows Opportunity Opens at Microsoft," *The Wall Street Journal*, April 19, 2012; Randall Stross, "Even with all its Profits, Microsoft Has a Popularity Problem," *The New York Times*, July 25, 2010.

[3] Quentin Hardy, "Tech's Transition Reaches Cisco," *The New York Times*, May 5, 2015.

标,市盈率信号是反向的:高市盈率通常预示着未来股市回报不佳,那么预计的未来高增长为什么会导致低回报呢?[1]

## 盈利能力和"质量"

公司做生意是为了盈利。然而,奇怪的是,盈利能力本身并没有在与估值的关系方面得到太多的研究——学术界可能有一种偏见,认为"利润"太肤浅或"机械"[2],因而不感兴趣。因此,研究人员有时会惊讶地发现显而易见的事情:盈利能力是企业价值的重要驱动力。[3]

基本的直觉是显而易见的;此外,将收益增长与估值乘数相联系的假设表明,收益(利润)应该得到更多的关注,不仅作为一种趋势(增长),而且作为一种结构性变量(盈利能力)。然而,"利润"——标准的会计指标——不同于"盈利能力",后者包括更广泛的考虑因素,包括公司商业模式的基础成本结构、客户概况、会计政策(使用或避免应计)以及收入现金流的可靠性或可重复性。

无论如何,盈利能力这个概念有两种不同的解释。

从企业的角度看,盈利能力是一种中立的会计指标,基于某种版本的收入减去费用。根据从第一行的收入分录中减去哪些类别的费用,有几种盈利能力指标可供选择,如毛利率、营业利润率、净利率、现金流量利润率。

从投资者的角度看,盈利能力被视为投资资本的回报。[4] 常见的指标是净资产收益率(ROE)和总资本回报率[也称为投资资本回报率(ROIC)或

---

[1] 一些学者围绕这个问题争论说,"理论"在某种程度上支持了这种二分法的事实。"对决定市盈率的因素的直观和正式分析都预测了与预期增长的正关系和与预期回报率的负关系。"(Jacob Thomas and Huai Zhang, "Another Look at P/E Ratios," *Working Paper*, Yale School of Management, 2006.)我不同意这是"直觉"。常识是,一家快速增长的公司,其股价会升值。

[2] Robert Novy-Marx, "The Other Side of Value: The Gross Profitability Premium," *Journal of Financial Economics*, Vol. 108 (2013), pp. 1-28.

[3] 最近,一篇在著名学术期刊上被广泛引用的文章可能会宣布一个惊人的发现……(期待中):"盈利的公司比不盈利的公司产生显著更高的回报。"[Robert Novy-Marx, "The Other Side of Value: The Gross Profitability Premium," *Journal of Financial Economics*, Vol. 108 (2013), pp. 1-28.]这项研究使用毛利作为其中心指标。此外,基于净利润指标:"更高的正盈利能力往往与更高的回报相关。"[E. Fama and K. French, "Dissecting Anomalies," *Journal of Finance*, Vol. 63, No. 4 (August 2008), pp. 1653-1678.]这种观点——利润潜力在决定价值时很重要——当然是让贴现现金流建模师继续工作的原因。

[4] 这并不是指股市回报,也不是指投资者卖出股票的"利润"。

使用资本回报率（ROCE）]，净资产收益率的分母是股东投入的股本（仅仅如此），ROIC以投资于该公司的股权和债务资本为基础。

最后，在一个对估值异常的相关研究中，最近引出了一个关于"质量因素"的识别问题，它可能驱动异常的股票正回报（类似于我们更熟悉的"价值"和"规模或小盘股"因素）。"质量"通常被视为多维度的，包括对"盈利能力"的一些衡量以及各种其他考虑。

**毛利润指标**

在各种会计类别中，毛利润——净收入减去可变产品成本——被认为是"真正的经济盈利能力"的最佳衡量标准。[1] 它用于构建标准化的规模指标，例如，(1) 毛利率：毛利润/净收入；(2) 毛利润/总资产（有些人喜欢更传统的资产回报率衡量标准，它使用净利润作为分子）。

诺维-马克思在最近一项关于毛利和市场价值之间关系的重要研究中发现，盈利企业的估值比率（本研究中的市净率）要高得多。作者的结论是，"一家公司的毛利与其资产的比率在预测平均（股票市场）回报方面具有与市盈率大致相同的能力"。对于毛利率指标最高的公司来说，这种关系最强，这符合宏观经济趋势，有利于利用品牌和技术等"无形"资产的公司（这降低了市净率分母的价值，同时通常会提高毛利率）[2]（见图4-10）。

**净资产收益率（ROE）**

从投资角度来看，研究最多的盈利能力指标是净资产收益率。标准的假设是，在两家类似的公司中，净资产收益率较高的公司应该表现出更高的市场回报率、更高的估值，以及理所当然更高的市场乘数。

---

[1] "毛利是衡量真正经济盈利能力的最干净的会计指标。利润表越往下，盈利能力指标就越受污染。"[Robert Novy-Marx, "The Other Side of Value: The GrossProfitability Premium," *Journal of Financial Economics*, Vol. 108 (2013), pp. 1-28.]

[2] 每股账面价值/每股价格（市净率的倒数）和毛利润之间的相关性为-0.18——被作者判定为"高度显著"。[Robert Novy-Marx, "The Other Side of Value: The Gross Profitability Premium," *Journal of Financial Economics*, Vol. 108 (2013), pp. 1-28.]早期的研究发现，毛利确实比净收益包含更多的信息。[Robert C. Lipe, "The Information Contained in the Components of Earnings," *Journal of Accounting Research: Studies on Alternative Measures of Accounting Income*, Vol. 24 (1986), pp. 37-64.]上述观点得到了下文的证实：James Ohlson and Stephen Penman, "Disaggregated Accounting Dataas Explanatory Variables for Returns," *Journal of Accounting, Auditing, & Finance*, Vol. 7, No. 4(Fall 1992), pp. 553-573。

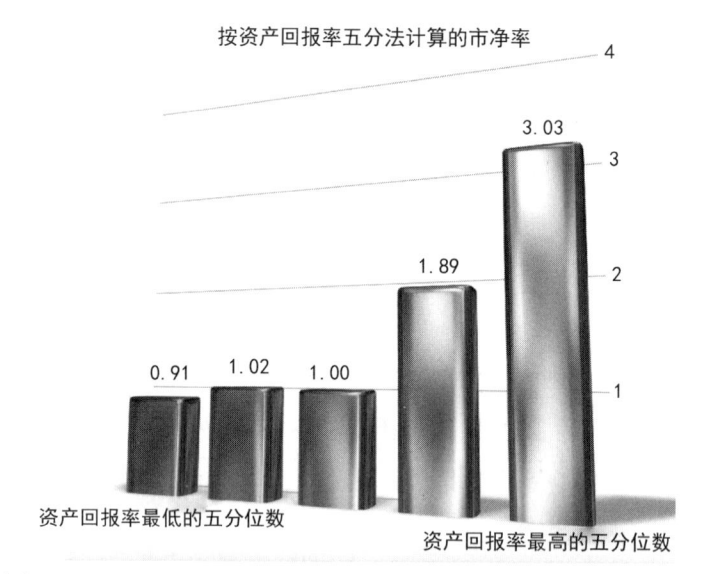

按资产回报率五分法计算的市净率

资料来源：Novy-Marx(2013)。

图 4-10 资产回报率与市净率的比较

很容易验证市盈率随着净资产收益率的增加而增加。[1]

市盈率高的公司往往净资产收益率较低。[2]

调查的结果喜忧参半，摩根士丹利资本国际 MSCI 的报告称，净资产收益率是几个"质量"型的指标[包括债务/股权(资本结构)、收益的波动率]中最强的市场回报预测指标。[3] 标准普尔也报告了同样的结果。[4] 因子研究所(FactorResearch)[5]对其"质量"指标进行了完全的分解，显示了净资产收益率部分的主导地位(见图 4-11)。

这些来源没有直接分析净资产收益率与市盈率的关系。然而，因子研

---

[1] Zvi Bodie, Alex Kane, and Alan Marcus, *Investments* (McGraw-Hill, 2002), p. 577.

[2] Wan-Ting Wu, "The P/E Ratio and Profitability," *Journal of Business and Economic Research*, Vol. 12, No. 1 (Q1 2014) pp. 67–76.

[3] MSCI, "Playing Defense: Using the MSCI Quality Factor," www.msci.com/quality-factor.

[4] S&P Dow Jones Indices, "S&P Quality Indices-Methodology," January 2019, https://us.spindices.com/documents/methodologies/methodology-sp-quality-indices.pdf.

[5] Nicolas Rabener, "Quality Factor: How to Define It?" *Factor Research*, July 2017.

质量因素指标（多/空投资绩效）

资料来源：FactorResearch。

图4-11 基于三个质量因素指标的多/空投资组合绩效：
债务/股权、毛利率和净资产收益率[1]

究所得出结论，"比其他公司更盈利（净资产收益率更高）的公司应该以更高的估值交易"——意味着它们的市盈率会更高。该研究确实按照市净率对公司进行了排序，并显示了与盈利能力（净资产收益率）的强正相关[2]（见图4-12）。

市净率：作为股本回报率的函数（1990—2018年）

资料来源：FactorResearch。

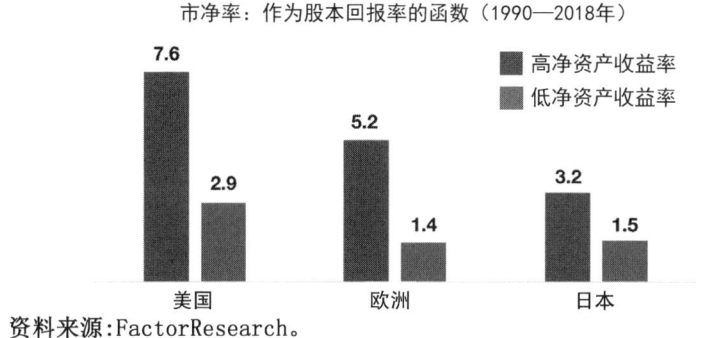

图4-12 基于市净率的多/空投资组合的表现[3]

---

[1] Nicolas Rabener, "Quality Factor: How to Define It?" *Factor Research*, July 2017.
[2] Nicolas Rabener, "The Odd Factors Profitability and Investment," *FactorResearch*, November 2018.
[3] Ibid.

2014年的一项学术研究发现,与收益乘数的关系更加模糊。对于净资产收益率最低的公司,远期市盈率最高。也就是说,高市盈率与低盈利能力相关联,在按照净资产收益率排序的公司范围内,这种关系呈U形(见图4-13)。

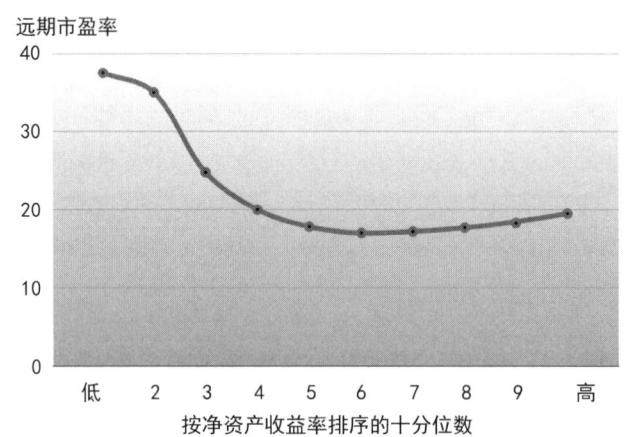

资料来源:Wu(2014)。

**图4-13 市盈率与净资产收益率的关系**[1]

此外,

> 远期市盈率较高的公司在随后几年的净资产收益率较低,其已实现净资产收益率的分布比远期市盈率较低的公司更不稳定,波动范围更广。[2]

我个人分析了几个行业(制药、能源、消费品)公司的净资产收益率和远期市盈率之间的关系,但我发现最近一段时间(2018年)的数据事实上是零相关。

### "质量"因素

发现具有更高"质量"的企业明显优于该领域的其他企业,是学术界的最新成果。业内人士正在努力开发合适的度量指标。"质量"的定义各不相

---

[1] 改编自 Wan-Ting Wu, "The P/E Ratio And Profitability," *Journal of Business and Economics Research*, Vol 12, No. 1 (2014), pp. 67–76。

[2] Wan-Ting Wu, "The P/E Ratio And Profitability," *Journal of Business and Economics Research*, Vol 12, No. 1 (2014), pp. 67–76.

同，通常结合了许多与构成"好企业"的传统观点相关的维度，以下是一些例子：

（1）MSCI："一家公司的质量可以沿着五个关键维度评估：盈利能力、收益的质量、财务杠杆、资产增长率和公司治理。不同的描述可以用来定义这些维度中的每一个，但我们已经使用这三个维度构建了 MSCI 质量指数：净资产收益率、债务与股本比率（资本结构）、收益的可变性。"[1]

（2）S&P："标准普尔 500 质量指数……是净资产收益率、应计项目和杠杆的综合衡量标准。"[2]

（3）FactorResearch：注意到质量的定义是"意见分歧最大的因素"，FactorResearch 选择关注资本结构、净资产收益率和毛利率（没有明确说明这种组合的原因）[3]。

这些来源没有一家将"质量"因素与市盈率乘数直接联系起来。然而，截至 2018 年 12 月 31 日，跟踪主要质量指数的几只交易所交易基金（如 S&P、摩根士丹利资本国际）的市盈率与大盘市盈率相比有 12%～22% 的折价，这表明"质量"因素至少在某些时候与较低的市盈率相关[4]（见图 4-14）。

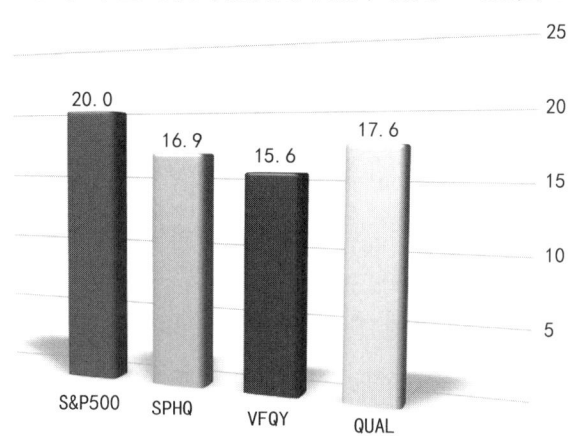

图 4-14 基于"质量"的头部交易所交易基金与标准普尔 500 指数的市盈率（2018 年 12 月）

---

[1] MSCI, "Playing Defense: Using the MSCI Quality Factor," www.msci.com/quality-factor.

[2] S&P Dow Jones Indices, "S&P Quality Indices-Methodology," January 2019, https://us.spindices.com/documents/methodologies/methodology-sp-quality-indices.pdf.

[3] Nicolas Rabener, "Quality Factor: How to Define It?" *FactorResearch*, July 2017.

[4] 在过去的十年里，标准普尔质量指数的表现比广义标准普尔 500 指数差了 5% 以上。

市场乘数与盈利能力或质量之间的关系是一个研究不充分的话题。迄今为止的结论如下：

(1) 毛利润指标与市净率(P/B)的相关性相当小(18%)；这种关系在市净率的高区——轻资产的公司和拥有大量无形资产的公司——最强。

(2) 净资产收益率——作为衡量盈利能力的指标——显示了与市场乘数的复杂关系；它似乎与市净率有很好的相关性，也就是说，高市净率和高净资产收益率并存；但是其与收益乘数的关系依然不太清楚；事实上，盈利最少的公司(以净资产收益率计)的市盈率最高。

(3) "质量"指标尚未标准化，但一些跟踪"质量"指数的交易所交易基金相对于整个市场有很大折价(2018年年底)。

这是一个难题。当然从原则上来说，成功的公司、更"赚钱"的公司以及拥有"更高质量"商业模式的公司(更平稳的收益、更高的毛利率等)应该价值更高，估值也应该更高。部分问题在于，定义"质量"甚至"盈利能力"既复杂又具有概念挑战性。这些指标的简单组成部分——"毛利率""回报"(即净利润)、作为资产负债表类别的"权益""总资产"——都是会计惯例，我们在上一章已经看到会计是如何与企业估值失去联系的。利润的会计计量可能与"真正的经济利润"不太相符，而"真正的经济利润"可能和"真正的内在价值"一样难以确定，加入稳健商业行为的传统概念——比如保持适度的债务水平或避免应计项目——实际上可能不会提高质量指标的准确性，至于纳入"治理"标准……我们真的了解这些因素是如何与业务成功或价值创造相关联的吗？

一种可能是，正在开发的"质量"指标——以及 ROE 等基本的传统指标——偏向保守主义。也就是说，为了"谨慎"或避免过度冒险，他们会放弃一些显而易见的市场价值(回报)，从心理学角度说，这可能是很自然的。市场将风险承担者和风险规避者聚集在一起，后者可能更倾向于"安全和健康"的商业行为，这种行为会将一些好处和价值交换给更有冒险精神的人。然而奇怪的是，"质量"比市场其他部分更便宜(来自 ETF 的证据)；然而根据定义，对于大多数东西来说，"质量"的成本更高。

"盈利能力"(相对于"利润"或"收益")超越了会计意义，它包含了风险、可持续性、可重复性和增长的概念——所有这些都指向会计分录无意捕捉的未来前景。就估值而言，简单的会计指标，如毛利率或净资产收益率，充其量只是旨在估值的粗略指标。这或许就是它们与市场估值的相关性模糊不清的原因。

## 规　　模

大公司的市盈率通常比小公司要高。[1]

自 2007 年以来，全球小盘股平均市盈率比大盘股高出 61%。[2]

公司规模是影响市盈率的另一个因素，和金融领域的大多数事情一样，这种关系是复杂的（或不稳定的）。实证研究得出了相互矛盾的结果。一项研究发现，从 1975 年到 2003 年，大盘股公司具有市盈率的溢价[3]（见图 4-15）。

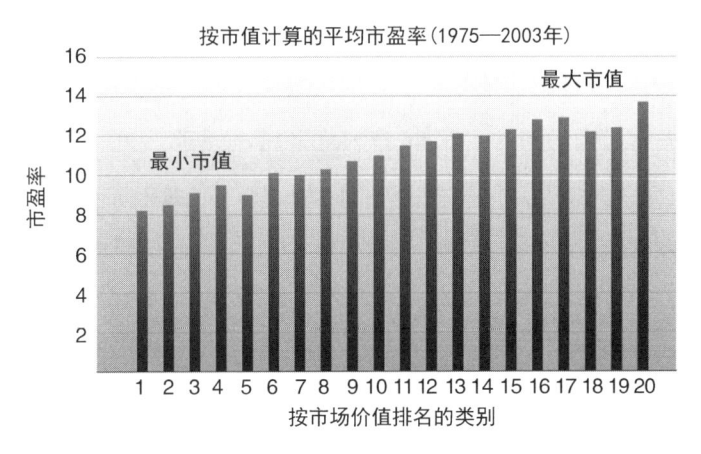

图 4-15　市盈率与规模（市值）的比较[4]

总的来说，相反的模式占了上风。在过去的 15 年里，小公司的溢价比大公司高 15%～20%[5]，有时可能高达 40%～60%（取决于时间周期和类

---

[1] Keith Anderson and Chris Brooks, "Decomposing the Price-earnings Ratio," *Journal of Asset Management*, Vol. 6, No. 6 (March 2006) pp. 456-469.

[2] David Brett, "Small Cap vs. Large Cap: How Valuations Compare," *Schroders Fund Newsletter*, March 27, 2017.

[3] Keith Anderson and Chris Brooks, "Decomposing the Price-earnings Ratio," *Journal of Asset Management*, Vol. 6, No. 6 (March 2006) pp. 456-469.

[4] 改编自 Keith Anderson and Chris Brooks, "Decomposing the Price-earnings Ratio," *Journal of Asset Management*, Vol. 6, No. 6 (March 2006) pp. 456-469。

[5] Edward Yardeni, "Investment Style Guide," *Yardeni Research*, October 22, 2018.

别的衡量方式）。[1]然而，在前一轮牛市的后期（1998—2000 年），大盘股市盈率比小盘股市盈率飙升了 30%。2018 年，大盘股市盈率再次略微领先于小盘股市盈率，或许再次预示着市场运行的顶部。

"理论"在这一点上提供了不确定的指引。关于早期（截止到 2003 年）数据的评论，大盘股溢价的论点总结如下：

> 大公司通常拥有较高的市盈率……大型基金经理遭受的流动性限制可能占这一溢价的很大一部分，因为如果基金经理不想对市场价格产生不利影响，只有最大的公司才能在其股票中提供必要的流动性。因此，大型基金的经理自然会倾向于投资更大的公司。[2]

这是一个有效的论据，或许可以扩展。大型投资基金也偏向于大盘股公司，因为需要将它们管理的头寸数量保持在合理的范围内，并避免在任何一家公司持有过大的头寸。此外，有人观察到，小盘股公司的小头寸即使成功了，也不会对大型基金的业绩"带来显著变化"，这也会将基金经理推向市场里面的大盘股。[3]

另一方面，现代金融理论的经典风险/收益框架则预测了小盘股的市盈率溢价。从某种意义上说，小盘股比大盘股"风险更大"，它们更不稳定（更高的"金融风险"），更容易受到不利商业条件的影响（更高的"经济风险"），因此应该具有更高的"风险溢价"和更高的市盈率。

也可能是第一个时期（1975—2003 年）股票的整体环境不同于第二个时期（2003 年后）。20 世纪 70 年代，经济领域由大型多元化公司主导，直到 20 世纪 80 年代才真正开始"创业"时代。20 世纪 90 年代是牛市的顶峰，又是大盘股占据主导地位的时期（包括一些现在已经成长起来的科技

---

[1] David Brett, "Small Cap vs. Large Cap: How Valuations Compare," *Schroders Fund Newsletter*, March 27, 2017.

[2] Keith Anderson and Chris Brooks, "Decomposing the Price-earnings Ratio," *Journal of Asset Management*, Vol. 6, No. 6 (March 2006) pp. 456–469.

[3] David Reilly and Shefali Anand, "Small-Cap Funds: The Big Case for Thinking Small," *The Wall Street Journal*, January 19, 2007.

初创公司,如英特尔、思科和微软)。网络泡沫破灭后,市场降温,大盘股溢价消失[1](见图 4-16)。

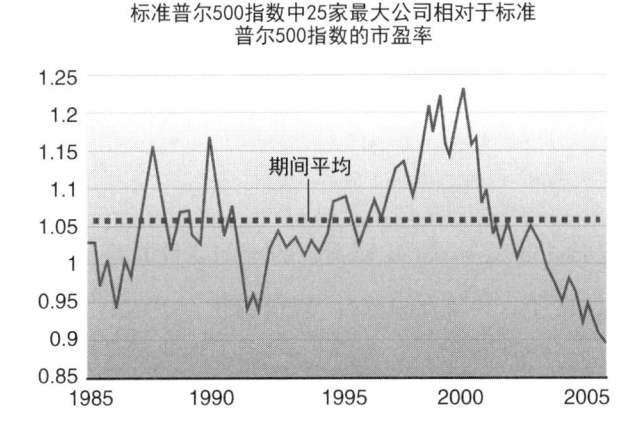

标准普尔500指数中25家最大公司相对于标准普尔500指数的市盈率

图 4-16 市盈率:大盘股与整个市场[2]

## "风险"和资本成本

市盈率是企业感知风险的函数,其影响表现在股权成本上。股权成本较高公司交易的市盈率比股权成本较低的类似公司更低。[3]

这是一个理论驱动的结论,在学术文献中不断重复,却足以引起怀疑。市盈率低的公司资本成本总是高吗?高盛(市盈率7.7)真的比网飞(市盈率135)有更高的资本成本吗?低市盈率的通用汽车支付的资本成本比小型生物技术公司高吗?我们真的知道如何衡量资本成本吗?其中的因果关系是如何运行的?一家公司是否在某种程度上遭受了高资本成本,这是一个影响其股价并降低其市盈率的战略障碍?还是市场赋予公司收益的低估值以某种方式提高了其借贷(或出售股票)成本?

无论如何,有相当多的证据反对这种说法。例如,我们注意到小盘股的

---

[1] Dan Roberts and John Authers, "The Harder They Fall: Conglomerates are Stricken by a Shift in Investor Preference," *Financial Times*, October 28, 2005.

[2] 改编自 Dan Roberts and John Authers, "The Harder They Fall: Conglomerates are Stricken by a Shift in Investor Preference," *Financial Times*, October 28, 2005。

[3] A. Damodaran, *Investment Valuation*, p. 475.

权益成本一直较高,市盈率乘数也较高,至少在近期是这样。

全球小盘股的 10 年市盈率中位数为 25.8,而大盘股的市盈率为 16。因此,自 2007 年以来,全球小盘股平均比大盘股溢价 61%。

目前溢价为 46%。小盘股市盈率从 2007 年的 27.5 升至 30.8,大盘股市盈率从 16.3 攀升至 21。[1]

关于股权的资本成本,2018 年 EY 的一项研究发现,在计算资本成本时,欧洲的小盘股有一个显著的额外"规模溢价"——相当于基本市场风险溢价的一半以上(见图 4-17)。

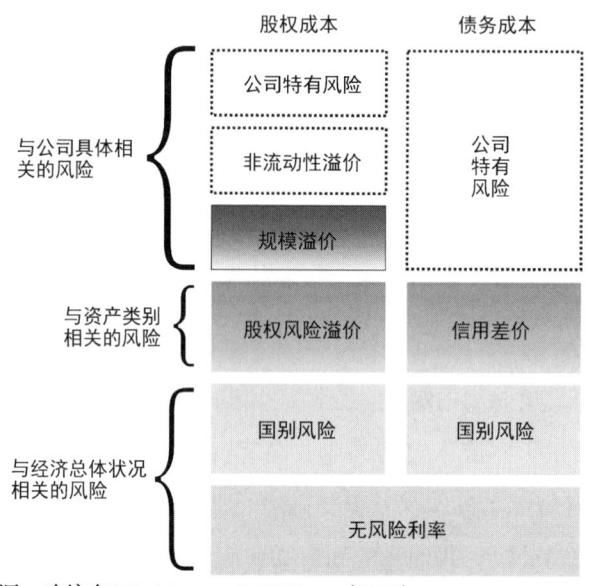

资料来源:改编自Schobinger & Filleux(2018)。

**图 4-17 股权和债务风险溢价的分解**[2]

作者总结道:"公司的市值越小,规模溢价越高。"[3](见图 4-18。)

---

[1] David Brett,"Small Cap vs. Large Cap: How Valuations Compare," *Schroders Fund Newsletter*, March 27, 2017.

[2] 改编自 Hannes Schobinger and Marc Filleux, *Practitioner's Guide to Cost of Capital and WACC Calculation*, EY (February 2018)。

[3] Hannes Schobinger and Marc Filleux, *Practitioner's Guide to Cost of Capital and WACC Calculation*, EY (February 2018)。

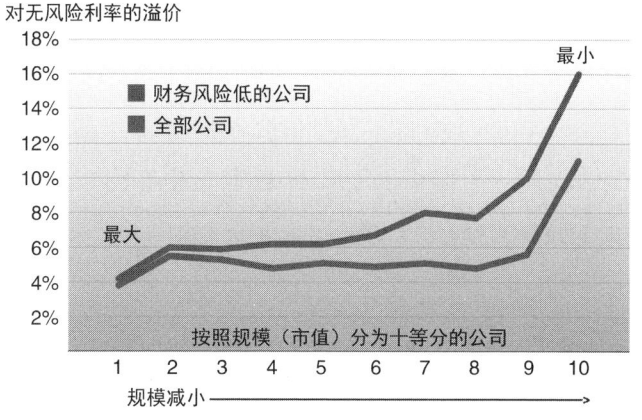

资料来源：改编自Schobinger & Filleux(2018)。

图 4-18 股权和债务风险溢价的分解[1]

同一本《资本成本手册》(更新至2017年)指出，最小市值前10％公司的资本成本规模溢价为3.6％～5.6％。[2]

因此，资本成本越高，市盈率越高。事实上，如果两者之间有任何关系，似乎更高的"风险"(在经典的金融理论意义上的回报"波动性")与长期(但不是短期)更高的市盈率相关，至少在比较小盘股和大盘股时是如此。[3]

# 股 东 回 报

## 红利

早先引用的CFA研究所的研究[4]也着眼于"市盈率的驱动因素"——该变量解释(从统计学上讲)其随时间变化。

> 宏观变量在解释市盈率的动态性方面发挥了很大作用……盈利增

---

[1] 改编自 Hannes Schobinger and Marc Filleux, *Practitioner's Guide to Cost of Capital and WACC Calculation*, EY (February 2018)。

[2] Roger Grabowski et al., 2017 *Valuation Handbook: U.S. Guide to Cost of Capital*, Wiley (2017)。

[3] David Templeton, "Continuing To Favor U.S. Large Cap Stocks Over U.S. Small Cap Stocks," *Seeking Alpha*, February 18, 2018。

[4] Andrew Ang and Xiaoyan Zhang, "Price-Earnings Ratios: Growth and Discount Rates," *The Research Foundation of the CFA Institute* (2011), pp. 130-142。

长和派息率分别解释了……38%和70%的市盈率方差。

"派息率"被定义为以股息形式支付给股东的净收益的百分比。[1]

这是一个强有力的统计结果。这项研究表明,市盈率主要反映了公司向股东返还现金的政策。然而,几十年来,派息率一直在下降[2](见图 4-19)。股息收益率也一直在下降。[3]

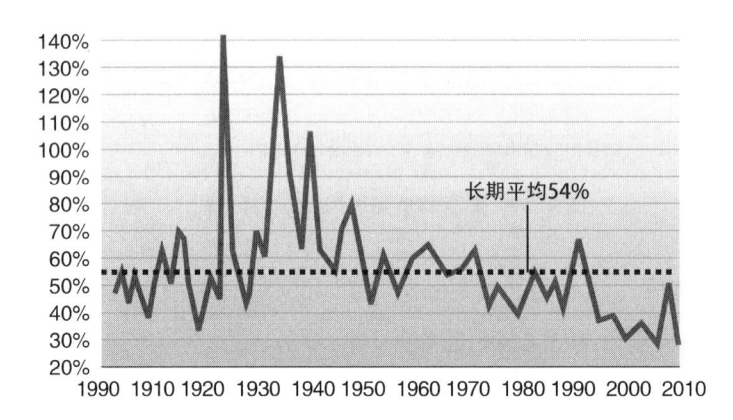

图 4-19 派息率[4]

然而,市盈率却一直在普遍上升。传统的股息驱动的估值模式正在改变。

最近一项关注过去 20 年的研究强调了派息率和市盈率乘数之间的"非线性"关系[5](见图 4-20)。

> 大量前期研究通常采用线性回归模型,并一致得出市盈率与派息率正相关的结论……
> 
> 然而,这些研究提供了一种狭隘的理解,因为它们忽视了市盈率和

---

[1] 这些是有跟踪记录的 12 个月股息,即股东实际收到的股息。
[2] John Authers, "Hordes of Hoarders," *Financial Times*, January 30, 2012.
[3] Morgan Housel, "How To Boost Income in an Era of Low Stock Dividends," *The Wall Street Journal*, October 4, 2014.
[4] 改编自 John Authers, "Hordes of Hoarders," *Financial Times*, January 30, 2012。
[5] Boonlert Jitmaneeroj, "The impact of dividend policy on price-earnings ratios: The role of conditional and nonlinear relationship," *Review of Accounting and Finance*, Vol. 16 No. 1 (2017) pp. 125-140.

派息率之间的关系并不总是线性的这一事实。市盈率和派息率在某些年份趋向于同步移动,而在其他年份则相反,因此似乎与市盈率和派息率呈正相关的传统观点相矛盾……

市盈率和派息率之间的关联可以是正的,也可以是负的,取决于净资产收益率(ROE)的相对值(公司可用于新的投资机会)。

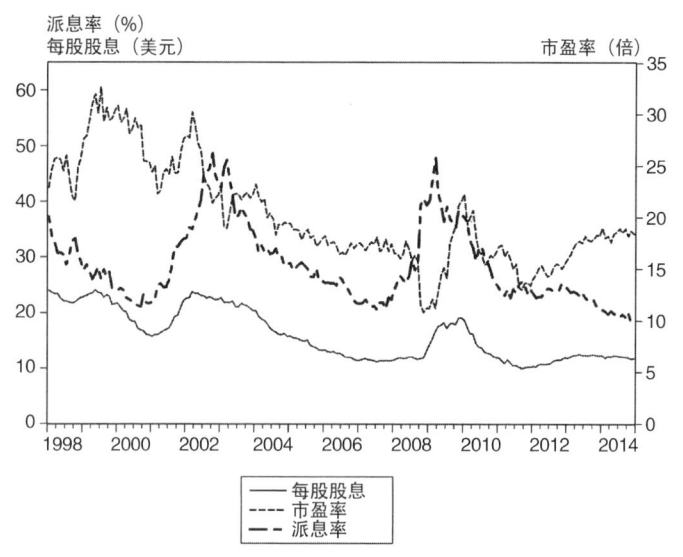

注:该图显示了1998—2014年间标准普尔500指数的总市盈率、派息率和每股股息之间的关系。
数据来自汤森路透数据库(Thomson Reuters Datastream Professional)。

图4-20 派息率与市盈率[1]

换句话说,这项研究基于一个强有力的经济前提,提出了一个看似合理的替代假设:真正的潜在变量是一家公司享有的投资机会的质量。如果一家公司有很好的投资机会并获得高回报,股东会喜欢更低的股息支出以及将更多的现金用于增长。在这种情况下,较低的派息率将导致较高的市盈率。另外,如果公司缺乏有希望的投资机会(或者只是现金多得用不完),股东会更愿意领取股息。在这种情况下,较高的派息率将推动较高的市盈率

---

[1] Boonlert Jitmaneeroj, "The impact of dividend policy on price-earnings ratios: The role of conditional and nonlinear relationship," *Review of Accounting and Finance*, Vol. 16 No. 1 (2017)pp. 125-140.

（这就是论点）。

派息率被理解为仅仅是真正重要因素的一个代表：公司经营所在经济领域的盈利潜力。但这是一个极其复杂的问题："投资机会"反映了许多因素——公司的管理层及其战略"愿景"、该领域的技术和创新状况、竞争对手的动向（谁可能在追求同样的机会）、激励或不激励某些投资的政府计划和政策，等等。

**回购**

股票回购作为股息替代方式的兴起使情况变得更为复杂。近年来，回购的速度经常超过股息，而且变数更大。最近，通过回购获得的现金是通过支付股息获得的两倍。2019年，回购预计将达到近1万亿美元[1]（见图4-21）。

资料来源：改编自 Phillips(2018)。

图4-21 股息与回购（季度）[2]

作为现金流的一种用途，回购也超过了再投资。花旗银行的一份报告计算了公司投资（定义为资本支出加上研发）与总支出（定义为股息加上股票回购）的比率。这一指标很好地说明了不同地区和行业的股东回报与市盈率乘数之间的联系："我们发现，企业投资/支出比率与估值之间存在明显

---

[1] Matt Phillips, "Buybacks Dip Could Factor into a Sell-off," *The New York Times*, October 12, 2018.

[2] 改编自 Matt Phillips, "Buybacks Dip Could Factor into a Sell-off," *The New York Times*, October 12, 2018。

的关系。比率越高,市盈率越低。"[1]换句话说,传统的资本支出"投资"可能会破坏价值,这可能是违反直觉的结果(见图 4-22)。

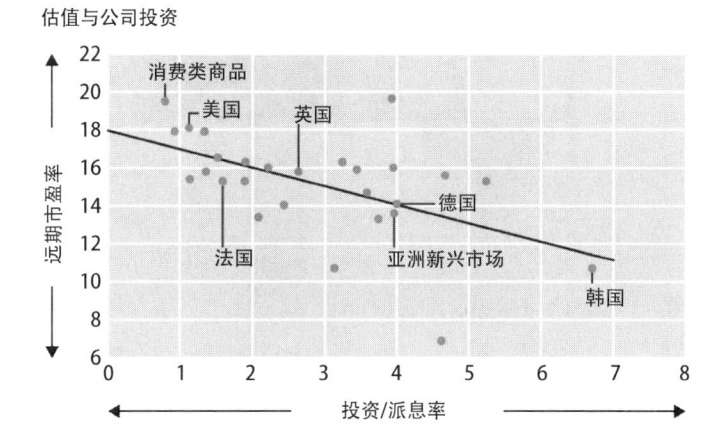

**估值与公司投资**

注:截至周三的数据。市盈率使用2017年的估计收益。投资/支付率使用2015年的数据,所有这些都不包括财务数据。

图 4-22 投资/派息率和远期市盈率[2]

需要新的指标(如投资—股息支出比率)来准确地获取"股东回报";但似乎高的股息支出确实推动了高市盈率。通过股息和收购将现金返还给股东,市盈率所代表的收益索取权可能更加具体,因此更有价值。正如花旗报告的作者所观察到的:"希望获得更高市盈率(并避免受到激进投资者的关注)的首席执行官应该注意。"

## 战略和商业模式问题

市盈率是企业价值的信号,它反映了影响企业价值的事件和政策。它对短期内商业战略的变化很敏感,并将反映公司长期商业模式的质量。

在高露洁和宝洁(P&G)这两个直接竞争对手之间的对比中,可以看出

---

[1] Robert Buckland et al., "Market Wants Cash Cows," Citi Research, March 19, 2015; James Mackintosh, "Who's Right: Warren Buffett or Larry Fink?" *The Wall Street Journal*, March 2, 2017.

[2] James Mackintosh, "Who's Right: Warren Buffett or Larry Fink?" *The Wall Street Journal*, March 2, 2017.

乘数对战略适应性的敏感性(见图4-23)。

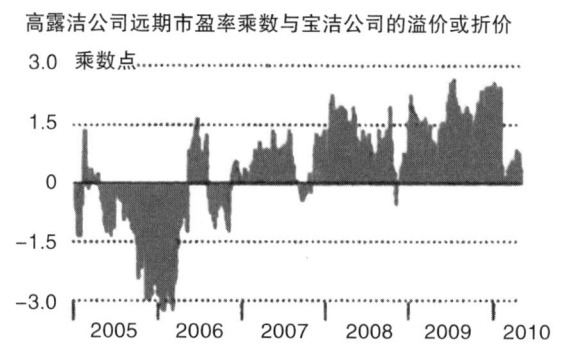

高露洁公司远期市盈率乘数与宝洁公司的溢价或折价

资料来源：FactSet Research Systems。

图4-23 高露洁与宝洁——市盈率作为战略适应性的指标[1]

在这一时期的第一阶段,宝洁(可以说是该行业的领导者)的交易价格明显高于高露洁,但随着金融危机和经济衰退的逼近,这种关系发生了逆转。高露洁现在享有很高的声誉,《华尔街日报》将其归因于其商业模式更能抵御衰退：

> 高露洁较少依赖消费者已经放弃的高端产品,在新兴市场的地位更强(即在经济衰退的影响被认为不那么严重的市场)。[2]

在对实际销售或收益产生全面影响之前,具有战略意义的事件通常会通过市盈率的变化而被及早、果断地记录下来。2014年,美国运通(American Express, Amex)的远期乘数(市盈率)在短短几个月内下降了10%~12%,这归因于其失去了与零售巨头好市多的长期合作关系。[3]

---

[1] John Jannarone, "Gambling on Procter and Gamble's Return," *The Wall Street Journal*, April 28, 2010.

[2] John Jannarone, "Gambling on Procter & Gamble's Return," *The Wall Street Journal*, April 28, 2010; Emily Glazer et al., "P&G's Stumbles Put CEO on Hot Seat for Turnaround," *The Wall Street Journal*, September 27, 2012.

[3] John Carney, "American Express Faces Struggle to Keep Up," *The Wall Street Journal*, April 7, 2015.

2015年4月10日,通用电气宣布将退出金融服务行业。[1]通用电气的乘数在接下来的几天里上涨了10%,市场有效地将其定价为工业和金融业务的混合体,两个类别之间有多个定位,抛弃金融成分导致乘数相对于其工业同行业平均水平上升[2](见图4-24)。

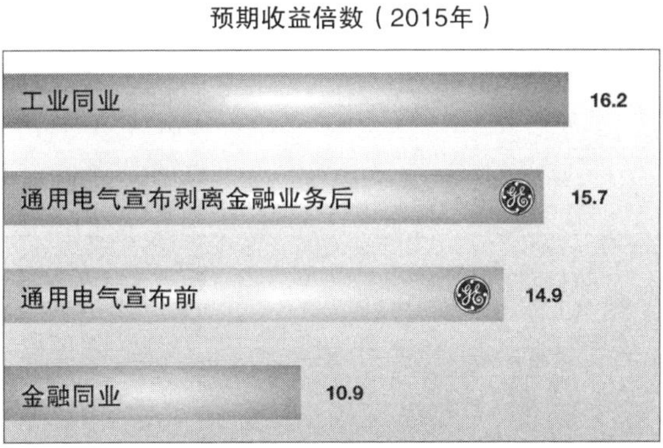

预期收益倍数(2015年)

|  |  |
|---|---|
| 工业同业 | 16.2 |
| 通用电气宣布剥离金融业务后 | 15.7 |
| 通用电气宣布前 | 14.9 |
| 金融同业 | 10.9 |

图4-24 基于金融剥离的通用电气估值转换[3]

因此,市盈率乘数通常可用作"战略晴雨表",阐明战略适应性的各个方面,包括以下因素:(1)收入质量,例如,经常性与非经常性的;(2)集合体的折价现象;(3)资本支出强度;(4)超额现金积累;(5)商业周期风险。

**收入的质量**

摩根士丹利和高盛近年来采取了不同的策略,高盛专注于交易,摩根士丹利则专注于财富管理[4](见图4-25)。

随着时间的推移,市场开始记录这两种不同业务模式带来的收入质量差异,这种差异体现在两家公司的估值比率上:

2013年,摩根士丹利和高盛的预期市盈率都差不多,现在(2015

---

[1] Charley Grant, "Why GE's Diet Should Carry More Weight," *The Wall Street Journal*, September 28, 2015.

[2] Spencer Jakab, "Scrutinizing GE's Bright Idea," *The Wall Street Journal*, April 17, 2015.

[3] 改编自Spencer Jakab, "Scrutinizing GE's Bright Idea," *The Wall Street Journal*, April 17, 2015。

[4] Justin Baer and Peter Rudegeair, "Banks' Recipes for Profit Differ," *The Wall Street Journal*, April 21, 2015.

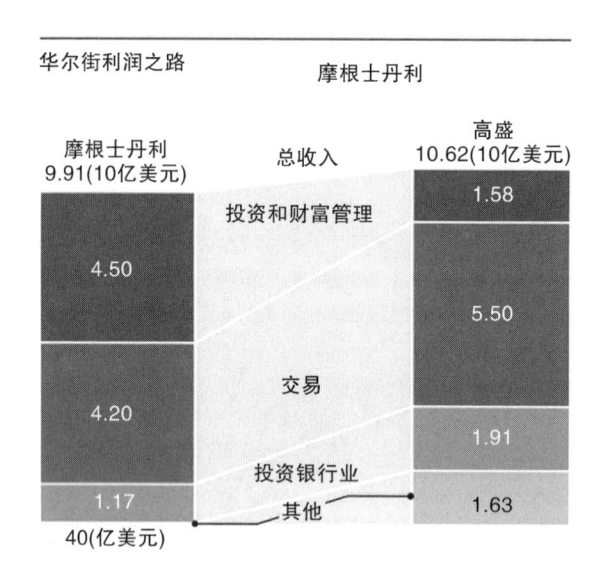

```
          华尔街利润之路      摩根士丹利
                                              高盛
          摩根士丹利      总收入      10.62(10亿美元)
          9.91(10亿美元)
                         投资和财富管理    1.58

              4.50
                                            5.50
                           交易
              4.20
                                            1.91
                         投资银行业
              1.17        其他             1.63
           40(亿美元)
```

注：不包括一些会计调整。
资料来源：公司、野村证券。

**图 4-25　摩根士丹利和高盛——不同的收入模式(2015 年一季度)**[1]

年)摩根士丹利的交易价格超过 12 倍,而高盛只是接近 10 倍……

交易收入已经不受投资者青睐。就被监管的资本而言,它被视为不稳定、不透明且成本高昂。

(与此同时)摩根士丹利削减了交易业务,并收购了美邦(Smith Barney)……以提升其为富人管理资金的更可预测、更稳定的部门。[2]

对市净率的影响——对金融公司来说一直很重要——甚至更为显著。在此期间,摩根士丹利的市盈率乘数从对高盛的 30% 折价变为 9% 溢价[3](见图 4-26)。

---

　　[1] 改编自 Justin Baer and Peter Rudegeair, "Banks' Recipes for Profit Differ," *The Wall Street Journal*, April 21, 2015。
　　[2] John Carney, "Morgan Stanley Hits Wrong Chord," *The Wall Street Journal*, April 21, 2015; Justin Bare and Peter Rudegeair, "Banks' Recipes for Profit Differ," *The Wall Street Journal*, April 21, 2015.
　　[3] David Reilly, "Fickle Trading Wind Hits Goldman," *The Wall Street Journal*, July 17, 2015.

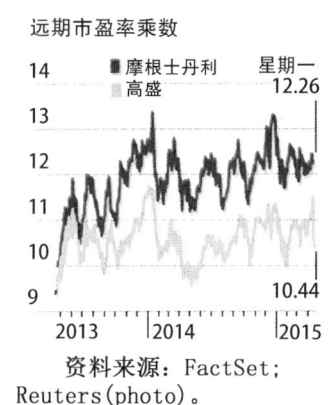

远期市盈率乘数

摩根士丹利与高盛的每股价格与有形资产账面价值乘数的比较

资料来源:FactSet;Reuters(photo)。

资料来源:FactSet;Associated Press(photo)。

图4-26 摩根士丹利与高盛——市盈率和市净率比较(2015年)[1]

2008年金融危机后,沃尔玛和塔吉特的交易乘数始终低于好市多[2](见图4-27)。这是(还是因为?)在好市多的小时人工成本高出近50%而且运营利润率明显较低的情况下发生的。事实上,即使在销售趋势放缓的情况下,好市多的市盈率乘数也在上涨。[3]

可能的解释是好市多的商业模式,该公司70%的利润来自会员费,即使价格上涨,也有90%左右的客户每年续费。[5]与依赖传统且不太可预测的零售产品销售的沃尔玛和塔吉特相比,好市多的经常性收入受到投资者的高度重视。

与资本一号(Capital One)相比,美国运通的乘数溢价很高。[6]这有两

---

[1] John Carney, "Morgan Stanley Hits Wrong Chord," *The Wall Street Journal*, April 21, 2015. David Reilly, "Fickle Trading Wind Hits Goldman," *The Wall Street Journal*, July 17, 2015.

[2] Spencer Jakab, "Bulking Up on Costco is Getting Pricey," *The Wall Street Journal*, October 10, 2012;Spencer Jakab, "End of Fee Fillip Will Slow Costco's Growth," *The Wall Street Journal*, December 11, 2013.

[3] Spencer Jakab, "Frostbitten Costco is on Thin Ice," *The Wall Street Journal*, March 5, 2015.

[4] (上图)Spencer Jakab, "End of Fee Fillip Will Slow Costco's Growth," *The Wall Street Journal*, December 11, 2013. (下图)改编自Spencer Jakab, "End of Fee Fillip Will Slow Costco's Growth," *The Wall Street Journal*, December 11, 2013.

[5] Andrew Bary, "Everybody's Store," *Barron's*, February 7, 2007; Spencer Jakab, "Growth is Helping Costco at the Margins," *The Wall Street Journal*, March 12, 2013; Sarah Nassauer and Maria Armental, "Costco Increases Membership Fees as Profit Growth Slows Down," *The Wall Street Journal*, March 8, 2017.

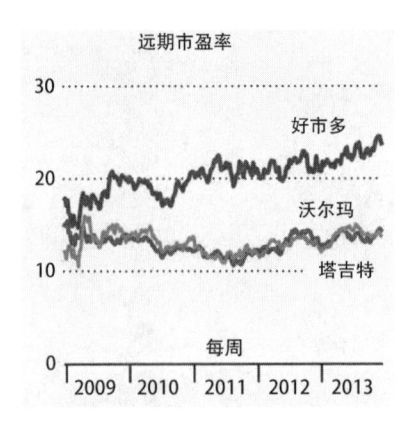

**图 4-27　好市多与沃尔玛和塔吉特在盈利能力方面的对比(2012年、2013年)**[1]

个与收入质量相关的原因：(1)美国运通的会员费更高(经常性)和(2)它吸引了更高质量的客户，他们消费更多，违约频率更低(见图4-28)。

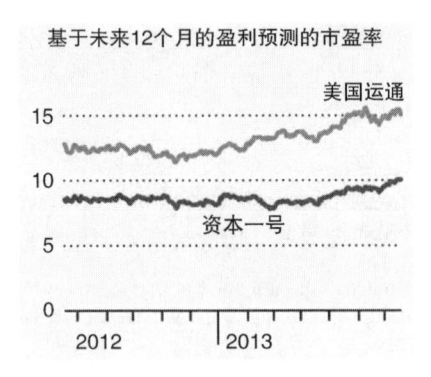

资料来源：FactSet。

**图 4-28　美国运通与资本一号(2013年)**[2]

---

〔1〕 Matthias Rieker, "Capital One Likes Idea of Charging Ahead," *The Wall Street Journal*, July 17, 2013.

〔2〕 Matthias Rieker, "Capital One Likes Idea of Charging Ahead," *The Wall Street Journal*, July 17, 2013.

评估收入质量和收益质量是理解战略成败的核心。在同行业公司的比较中，市盈率溢价是对卓越竞争力和商业质量的有力诊断。

**企业集团的折价效应**

众所周知，高度多元化的多企业公司（集团）与单一业务"纯粹"公司相比，其股票一般以后者市盈率的折价交易。[1] 花旗集团在2011年进行了一项研究，记录了北美和欧洲约10%的集团折价规模[2]（见图4-29）。

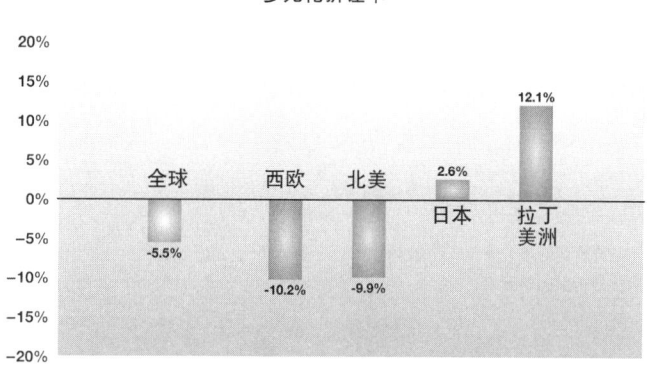

多元化折让率

| 地区 | 折让率 |
| --- | --- |
| 全球 | -5.5% |
| 西欧 | -10.2% |
| 北美 | -9.9% |
| 日本 | 2.6% |
| 拉丁美洲 | 12.1% |

资料来源：改编自Stendevad et al.(2011)。

图4-29　企业集团的折价率[3]

市盈率的折价程度有时是公司商业模式多样化程度的函数，公司越多元化，折价率越高，如图4-30所示（"关联度"指公司业务组合中的相似性）。

花旗的研究发现，通过剥离或出售业务部门使公司进行非多元化经营的策略会导致市盈率上升（见图4-31）。

银行业提供了一个企业集团折价的例子。较大的银行有更多样化的业务模式，包括零售银行、投资银行、各种各样的交易业务、资产管理和国际业

---

[1] 这有各种各样的原因，对此的全面讨论超出了本书的范围。

[2] Carsten Stendevad et al., "Spin-offs: Tackling the Conglomerate Discount," *Citi Global Markets Inc*, April 2011.

[3] 改编自Carsten Stendevad et al., "Spin-offs: Tackling the Conglomerate Discount," *Citi Global Markets Inc*, April 2011.

资料来源：改编自Stendevad et al.(2011)。

**图4-30　企业集团的折价率是企业集团内部业务组合相似性的函数**[1]

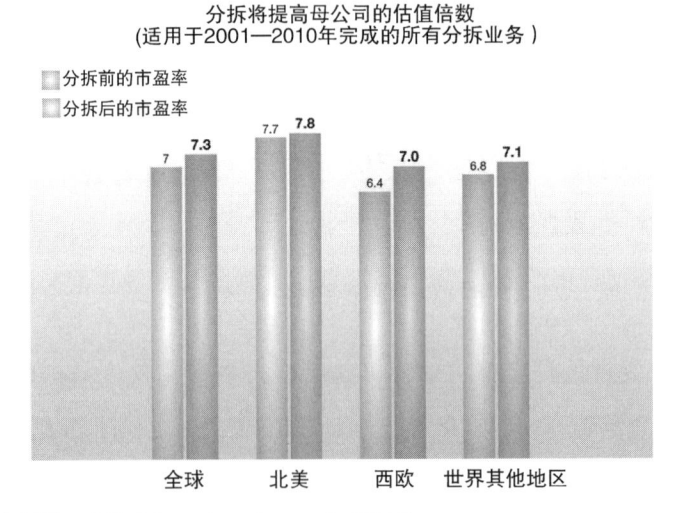

资料来源：改编自Stendevad et al.(2011)。

**图4-31　资产剥离对市盈率的影响**[2]

务。地区性银行专注于国内贷款和零售银行业务,其市净率显著提高。[3]以下是2012年的数据(见图4-32)。

---

〔1〕 改编自 Carsten Stendevad et al.,"Spin-offs: Tackling the Conglomerate Discount," *Citi Global Markets Inc*, April 2011。

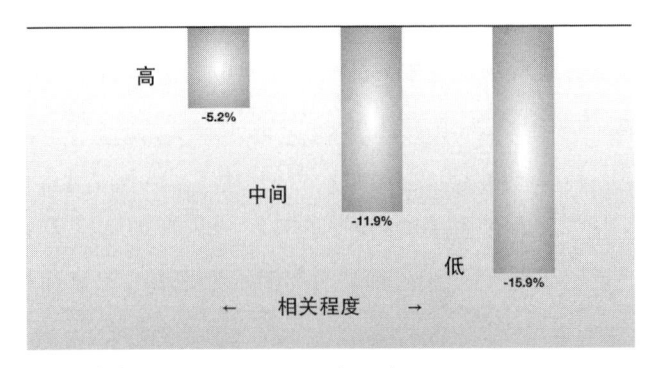

〔2〕 同上。

〔3〕 David Reilly, "Bank Investors Bail on Too Big to Fail," *The Wall Street Journal*, May 16, 2012。

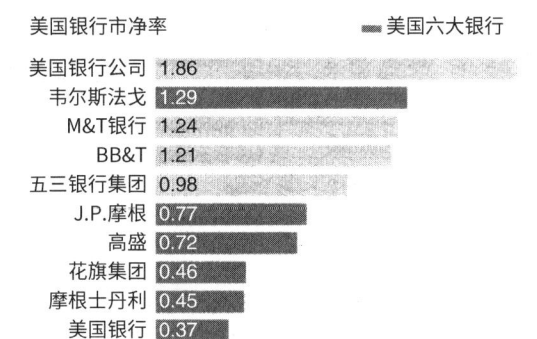

| 美国银行市净率 | 美国六大银行 |
|---|---|
| 美国银行公司 | 1.86 |
| 韦尔斯法戈 | 1.29 |
| M&T银行 | 1.24 |
| BB&T | 1.21 |
| 五三银行集团 | 0.98 |
| J.P.摩根 | 0.77 |
| 高盛 | 0.72 |
| 花旗集团 | 0.46 |
| 摩根士丹利 | 0.45 |
| 美国银行 | 0.37 |

资料来源：公司、因子研究所。

图 4-32　银行业的市净率(2012 年)[1]

《华尔街日报》给出了这样的解释：

> 规模较小的银行不会遭受企业集团折价，因为它们没有大的投资银行或交易部门……(它们)的业务更聚焦于美国。

**有企业集团溢价吗？**

在经济困难时期，多元化的价值效应显然能够从折价转向溢价[2](见图 4-33)。

多元化的目的是在经济动荡时期帮助稳定商业平台。溢价市盈率反映了这种稳定性在这些环境中的价值。[3]

大型制药公司提出了一个更为复杂的案例。该领域公司的一个战略问题可能是过度依赖受专利保护的重磅药物。随着专利到期，这些公司的收入现金流会发生重大变化。这一领域的"纯粹专一"公司——那些对有限数量的专利药物高度依赖的公司——比更多元化的公司(如强生，其消费品业务可以缓冲这些变化)市盈率更低[4](见图 4-34)。

---

[1] David Reilly, "Bank Investors Bail on Too Big to Fail," *The Wall Street Journal*, May 16, 2012.

[2] Liam Denning, "Companies Must Flex Spending Muscles," *The Wall Street Journal*, December 8, 2009.

[3] Venkat Kuppuswamy and Belén Villalonga, "Does Diversification Create Value in the Presence of External Financing Constraints? Evidence from the 2007—2009 Financial Crisis," Harvard Business School Working Paper, 2010.

[4] "Jagged Little Pills," *Financial Times*, October 23, 2010.

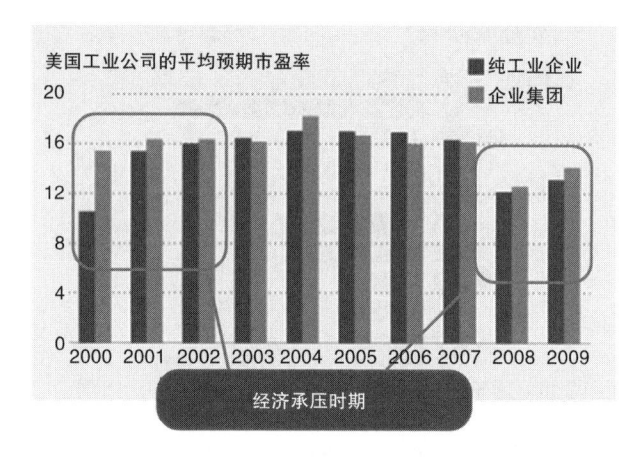

图 4-33 纯工业企业与企业集团：市盈率比较[1]

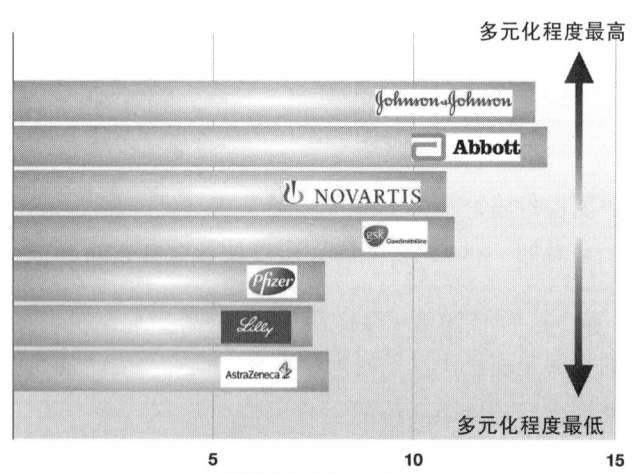

资料来源：改编自《金融时报》(2014)。

图 4-34 医药行业的多元化与估值[2]

那么，企业集团是折价还是溢价？看起来两者都是可能的，这取决于上下文的环境。[3]

市盈率倍数——值得重申的是——不是单一含义的指标。它会根据具

---

[1] Liam Denning, "Companies Must Flex Spending Muscles," *The Wall Street Journal*, December 8, 2009.

[2] 改编自"Jagged Little Pills," *Financial Times*, October 23, 2010。

[3] 还要注意的是，企业集团在日本和拉丁美洲有溢价。在这种情况下，"国家因素"超过了集团折扣。

体情境转换视角，提供不同的信息。尽管存在这种模糊性，但该倍数常常凸显出企业竞争性市场地位基础的关键战略问题，尤其是与同行业竞争对手比较时。

**资本支出的强度**

较少的投资往往意味着更好的股价表现。[1]

市场指标变化的趋势反映了发达国家经济向轻资产商业模式的长期转变。估值比率似乎在衡量（并惩罚）资本密集型企业，在一个行业内，采用"较轻"资产模式的公司可能会获得更高的估值。以下是一个基于欧洲零售商的企业价值/息税折旧摊销前利润比率的典型例子[2]（见图4-35）。

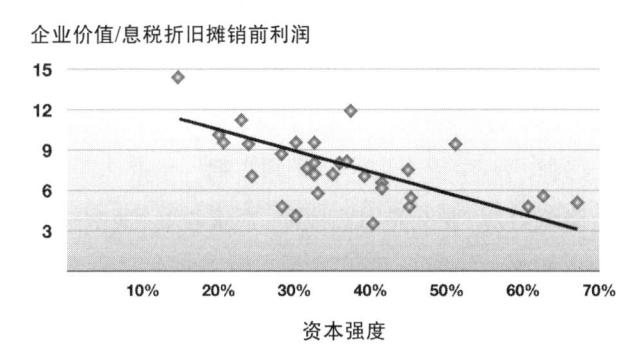

资料来源：改编自Suozzo et al.(2001)。

图4-35 企业价值/息税折旧摊销前利润(EV/EBITDA)与资本支出[3]

这种影响也在更大的范围内显现出来，作为不同国家市场估值差异的部分解释[4]（见图4-22）。资本支出较低的能赚到的一美元比需要大量固定投资才能产生的一美元更有价值。

---

[1] James Mackintosh, "Buffett vs. Fink: What's Best for Growth," *The Wall Street Journal*, March 2, 2017.

[2] Peter Suozzo et al., "Valuation Multiples: A Primer," *UBS Global Equity Research*, November 2001.

[3] 改编自Peter Suozzo et al., "Valuation Multiples: A Primer," *UBS Global Equity Research*, November 2001。

[4] James Mackintosh, "Buffett vs Fink: What's Best for Growth," *The Wall Street Journal*, March 2, 2017.

**超额现金积累**

资产负债表上过多的现金会压低公司的市盈率。[1] 这种影响在科技行业很明显,但趋势却是普遍的,在过去的25年里,现金在总资产中所占的百分比几乎翻了一番。[2] 现在,估计美国非金融公司的现金持有量约为2万亿美元(截至2018年),约占国内生产总值的10%,这是一个前所未有的数字。[3]

管理这些现金会拖累估值。一方面,"安全"投资[4]的回报率非常低——在过去十年里通常不超过2%～3%[5];另一方面,如果财务总监感到有压力要通过投资高收益和高风险证券来"将现金投入工作",这将使他们远离公司的主要使命;他们变成基金经理,实际上是"对冲基金"。[6] 最近的一项学术研究使用了从标准普尔500指数所有工业公司的财务报告中提取的数据,发现几乎一半的公司财务投资组合已经从"安全"的投资中转移出来进入风险资产,其特点通常也是流动性差,这些作者计算出相对于安全资产有13%～22%的折扣率。[7]

随着价值受到影响,市盈率也应该受到影响——要么是通过低收益"安全"现金的价值降低效应,要么是对高风险、追求收益、通常缺乏流动性的投资进行贴现,或许两者兼而有之。2010年一名分析师计算出:"低收益现金的过剩已经使(整个)股市的收益乘数削减了1.4个点。"[8]

---

〔1〕 现金的过度积累在上一章中已经讨论过了(见$CAPE_2$的讨论)。

〔2〕 Ben Casselman, "Cautious Companies Stockpile Cash," *The Wall Street Journal*, December 7, 2012.

〔3〕 "Corporate Saving in Asia: A \$2.5 Trillion Problem," *The Economist*, September 27, 2014. 如本文所述,日本企业持有的现金价值约占日本GDP的44%,韩国企业持有的现金价值约占该国GDP的34%。这些水平只能被视为金融和经济框架的严重扭曲。

〔4〕 定义为"高流动性、无风险的近现金证券"。

〔5〕 Martin Peers, "Cash Returns: Where Apple Lags Rivals," *The Wall Street Journal*, May 23, 2011.

〔6〕 例如,苹果成立了全资子公司巴拉伯恩资本(Braeburn Capital),该公司管理着2 440亿美元的投资组合,资金来源于苹果的未分配收益,并辅以1 150亿美元的债务(Thomas Gilbert and Christopher Hrdlicka, "Apple is a Hedge Fund that Makes Phones," *The Wall Street Journal*, August 23, 2018)。至于谷歌——早在2010年——它就在"寻找债券交易员和投资组合分析师",以便推出自己的"交易大厅"来管理其现金储备(当时为260亿美元)(Douglas MacMillan, "Google's Latest Launch: Its Own Trading Floor," *Bloomberg BusinessWeek*, May 27, 2010)。

〔7〕 Ran Duchin, Thomas Gilbert, Jarrad Harford, and Christopher Hrdlicka, "Precautionary Savings with Risky Assets: When Cash Is Not Cash," *The Journal of Finance*, December 2016.

〔8〕 Roben Farad, "When Cash Takes a Vacation," *Bloomberg BusinessWeek*, July 12, 2010.

**商业周期的敞口风险**

企业的业绩指标——收益、股价、估值——受到扩张、放缓、衰退和复苏的大经济周期起伏的影响程度各不相同。

周期性股票往往表现出与商业周期强有力的正相关性,在经济增长加速时通常表现优于防御性股票,在经济增长放缓或收缩期间则表现不佳。此外,在过去10年里,周期性行业对标准普尔500指数的贝塔系数都大于1,而且与利率变化呈正相关。[1]

周期性行业通常包括非必需消费品、金融、科技和工业,防御性行业包括医疗保健、必需品消费、电信服务和公用事业。

周期性股票和防御性股票的市盈率有很大的差异。然而,自1980年以来,除了从衰退中复苏之初的短暂时期外,防御性股票的远期市盈率都有溢价,在此期间平均约为10%(见图4-36)。

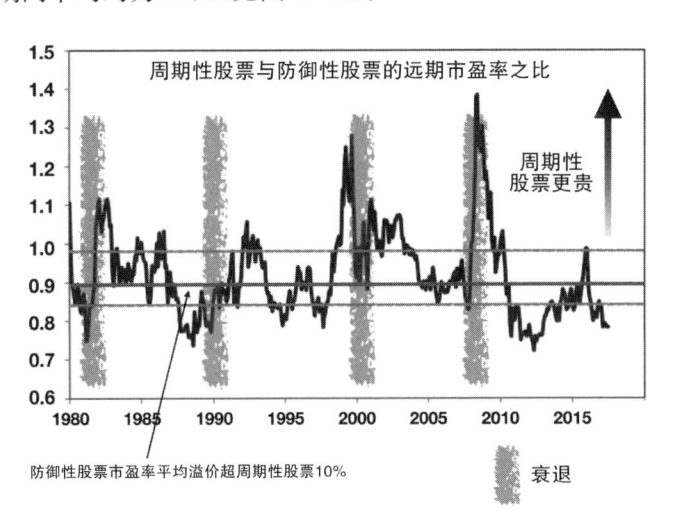

图4-36 周期性股票和防御性股票[2]

---

[1] David Leibovitz et al., "Cyclicals vs. Defensives: The Valuation Imbalance," Market Bulletin, *JP Morgan Asset Management*, July 29, 2016.

[2] 改编自 Peter Suozzo et al., "Valuation Multiples: A Primer," UBS Global Equity Research, November 2001。

公认的解释是,投资者通常愿意为防御性股票的收益稳定性支付溢价。只有在复苏阶段开始时,周期性股票的表现才会更好,因为预计未来会有强劲的增长。周期性股票也更容易受到国外销售的影响[1](见图4-37)。正如我们在银行业的企业集团折价案例中看到的那样,美国公司在美国以外市场创造的收入(和收益)似乎也受到折价的影响。

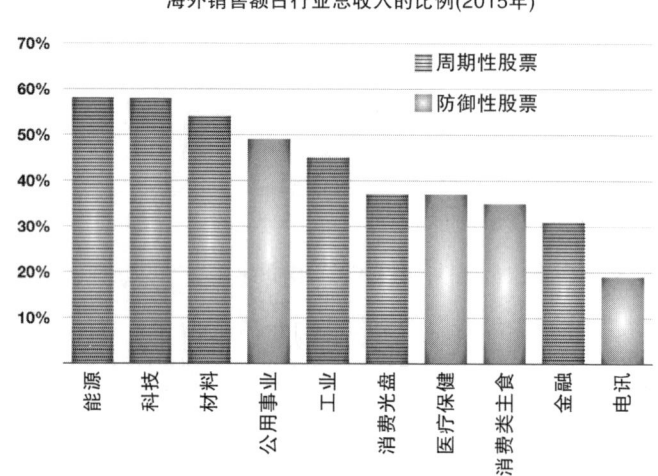

海外销售额占行业总收入的比例(2015年)

[柱状图:能源约58%、科技约58%、材料约54%、公用事业约49%(周期性)、工业约45%、消费光盘约37%、医疗保健约37%、消费类主食约35%、金融约31%、电讯约18%]

资料来源:改编自Leibovitz et al. (2016)。

图 4-37 周期性股票与防御性股票:商业周期风险敞口的影响[2]

## 收益的波动性

在消费品公司的空间里,估值通过市盈率衡量,继续升高……历史上,消费品中的高乘数是您为获得可靠性所支出的价格。[3]

作为估值驱动因素,收益的波动性似乎是一个明显的候选因素。一家盈利稳定可预测的公司应该是更有吸引力的投资,并获得更高的乘数,令人惊讶的是,人们对它的研究并不多。

关于这一主题的一些已发表的研究成果包括如下:

---

[1] David Leibovitz, Abigail Dwyer, and John C. Manley, "Cyclicals vs. defensives: The valuation imbalance," Market Bulletin, *JPMorgan Asset Management*, July 29, 2016.

[2] 改编自David Leibovitz, Abigail Dwyer, and John C. Manley, "Cyclicals vs. defensives: The valuation imbalance," Market Bulletin, *JPMorgan Asset Management*, July 29, 2016。

[3] Jonathan Eley, "Short View," *Financial Times*, October 20, 2017.

（1）在一份精心构思的工作论文中[1]，雅各布和张（Jacob and Zhang）将收益波动问题分成三个看似合理的部分：

① 公司基本现金流的原始波动性，反映了其业务前景的潜在可变性。

② 所需的（"非选择性的"）会计程序，通常相对于现金流波动性来说可以降低收益波动性，例如多年期固定资产折旧。

③ 管理层可以选择采用的可选或自由选择的会计程序（在公认会计原则的范围内），以进一步平滑收益和减少现金流。

后两个类别通常被归为"应计项目"——收益的非现金调整。雅各布和张记录了市盈率（动态市盈率和两种静态市盈率）与现金流波动性（23%～30%）的适度相关性，以及与（平滑的）收益波动性（10%～21%）的较弱相关性。他们明确地总结道：

> 所有三个市盈率指标都与收益波动性指标和现金流波动性呈强正相关，与更高的市盈率可以获得更平稳的收益一致……表明稳定平滑的管理与较高的市盈率相关。

财报收益波动较小的公司，每美元收益的估值更高。

被观察到的适度相关性具有启发性，但可能需要更细致的分析才能深入了解平均化的处理。[2] 一些公司、行业可能更容易受到收益波动的影响（以及投资者的担忧），与市盈率和其他乘数[3]的关系可能更为明显。

（2）在1999年的一篇论文中，我们了解到"具有收益递增模式的公司比其他公司具有更高的市盈率"。[4] 这表明市场可能会奖励收益增长的一致性，更平稳的收入是这一过程的一部分。

---

[1] Jacob K. Thomas and Huai Zhang, "Another look at P/E ratios," Working Paper, Yale School of Management (2006).

[2] 毕竟，平均也抵消了数据中的大部分波动。

[3] 假设这里的潜在波动率是指现金流的波动率，我们会发现其对诸如 EV/EBITDA 的现金流乘数的影响会很有意思。

[4] Mary Barth, John Elliot, and Mark Finn, "Market Rewards Associated with Patterns of Increasing Earnings," *Journal of Accounting Research*, Vol. 37, No. 2 (Autumn, 1999), pp. 387-413. 我发现这篇论文令人沮丧地晦涩难懂，以至于我无法确定他们声称已经发现的影响的大小，只能在这里引用他们精美的简短总结。

（3）更可预测收益的溢价的一个具体例子来自钢铁行业。2010年的一篇文章报道称，纽柯（Nucor）的市盈率（高达60%）高于其主要竞争对手（尽管市盈率和同比收益增长率相似）。纽柯的收益比其他钢铁公司的收益波动更小……因为它的收益稳定，所以纽柯的市盈率通常高于行业平均水平。[1]

出于同样的原因，保险巨头美国国际集团（崩盘前）也普遍获得了市盈率溢价。通过关注收益流中波动相对较小的部分（承销利润与投资业绩），该公司实现了更可预测的业绩，并在该行业获得了溢价乘数。[2]《华尔街日报》对给予某些零售商的溢价给出了类似的解释：

> 在动荡的股票散户世界里，许多人越来越愿意为一致性买单……（投资者）不再像过去那样关注乘数。[3]

## 股价的波动（Beta）

众所周知，波动较小的股票会获得较高的市盈率。[4]

与高市盈率相比，低市盈率者的后续平均贝塔值确实比较低。[5]

贝塔系数是衡量一家公司股价相对于整个市场波动性的指标。贝塔值为1意味着，如果市场上涨或下跌10%，公司股价也会上涨或下跌10%。低贝塔值——比如说0.5——意味着个股的涨跌幅度只有市场的一半，贝塔值为2意味着股票波动性是市场平均水平的两倍。

贝塔和市盈率的关系并不一致（见图4-38）。

从1986年到20世纪90年代末，贝塔值——无论高低——对市盈率几乎没有影响。从1998年到2010年，高贝塔值推高了市盈率乘数——市场上波动性更大的股票获得了高得多的相对估值（短期内高达60%~

---

[1] Jacqueline Doherty, "Red Hot Opportunity," Barron's, June 17, 2010.
[2] Devin Leonard, Peter Elkind, and Doris Burke, "All I Want in Life is an Unfair Advantage," Fortune, August 8, 2005.
[3] Miriam Gottfried, "New retail Fashion: Consistency," The Wall Street Journal, April 3, 2017.
[4] Jeremy Blum, "A Perfect Storm Is Causing High PE Ratios: But For How Long?" Seeking Alpha, March 21, 2018.
[5] "Low P/E ≠ Low Volatility (At Least, Not All The Time)," Seeking Alpha, September 11, 2017.

### 远期市盈率与公司贝塔值

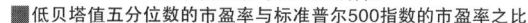

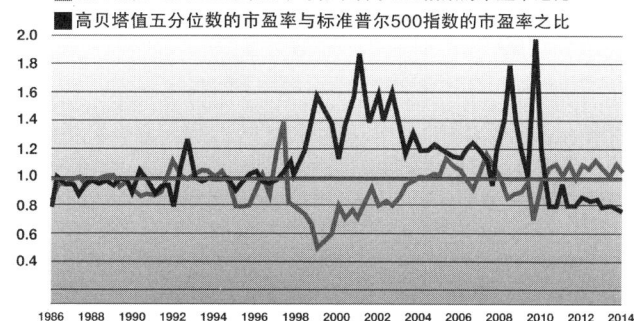

■ 低贝塔值五分位数的市盈率与标准普尔500指数的市盈率之比
■ 高贝塔值五分位数的市盈率与标准普尔500指数的市盈率之比

资料来源：改编自Subramanian et al.(2015)。

**图 4-38　贝塔与市盈率**[1]

100%)。2010年后,格局逆转。在接下来的五年里,低贝塔、波动性较小的股票的市盈率比市场市盈率高7%,而高贝塔股票的市盈率比整个市场的市盈率低20%。[2]

然而,截至2018年12月,标准普尔500指数前100只最高β股票的β和市盈率之间的关系再次变为非常弱的正相关[3]（见图4-39）。

这种影响可能与货币政策制度有关。据说,量化宽松(美联储大规模购买债券)已经将许多具有低风险/低波动性投资偏好的潜在债券投资者赶出了人为压低收益率的固定收益市场,转而投资于类似债券的股票("安全股票",波动性较低)。这将解释在量化宽松最活跃时期低贝塔股票的市盈率升高的原因。

早期的一项研究(1996年)发现,在整体市场水平的月度波动性和静态市盈率之间存在一种强而有力的长期负相关关系：[4]

---

[1] 改编自 Savita Subramanian et al., "What Do Oil and High Beta Stocks Have in Common?" *Equity & Quantitative Strategy*, *Bank of America*, *Merrill Lynch*, April 15, 2015。

[2] Savita Subramanian et al., "What Do Oil and High Beta Stocks Have in Common?" *Equity & Quantitative Strategy*, *Bank of America*, *Merrill Lynch*, April 15, 2015.

[3] 数据来源：Josh Arnold, "The 100 Highest Beta Stocks in the S&P 500," Sure Dividend, December 14, 2018。可在 www.suredividend.com/high-beta-stocks/#high-vs-low 获得——我排除了少数市盈率为负的股票。还应该注意的是,从集合中消除一些极值会将 $R^2$ 减少到接近零(但不会减少到负值)。

[4] Alex Kane, Alan J. Marcus, and Jaesun Noh, "The P/E Multiple and Market Volatility," *Financial Analysts Journal* (July/August 1996), pp. 16-23.

前100只贝塔值最高股票的市盈率与贝塔值(2018年12月)

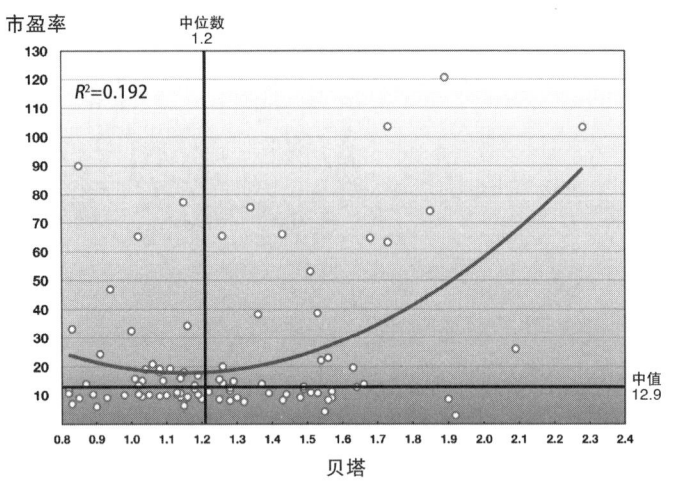

图 4-39　贝塔与市盈率(2018年)

市场乘数对波动高度敏感。我们的经验结果表明，随着时间的推移，市场波动性增加1%（例如，从12%的标准偏差增加到13%），可以将市场乘数降低1.8。

直接的功能解释是，"当围绕这些（未来增长）预测的不确定性更高时，市场市盈率应该更低"（见图4-40）。

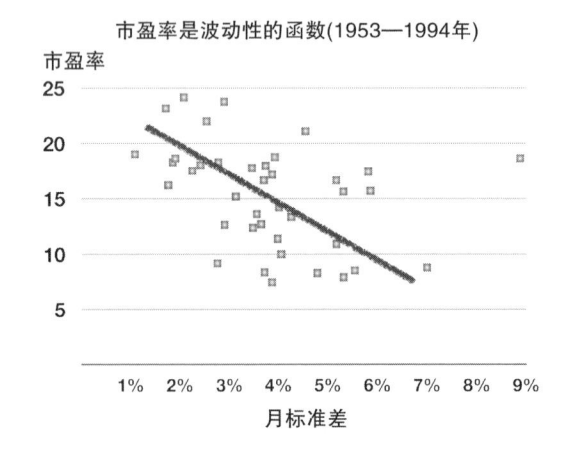

市盈率是波动性的函数(1953—1994年)

图 4-40　市盈率与波动性[1]

---

[1] 改编自 Alex Kane, Alan J. Marcus, and Jaesun Noh, "The P/E Multiple and Market Volatility," *Financial Analysts Journal* (July/Aug 1996), pp. 16-23。

在一项关于市盈率与债券收益率关系的研究中,阿斯内斯(Asness, 2003)发现,从长期来看(1926—2001年),这种相关性非常低($R^2=3\%$)。但当他加上波动性因素(实际上是股票波动性和债券波动性之间的差异)时,$R^2$指数跃升至62%。[1] 波动性是一个相当奇怪的变量。

股市的"波动风暴"越来越常见,它们大幅削减了高市盈率股票的价值。2018年10月,在波动性飙升的同时,市场在两天内下跌了1300点。"大屠杀"集中在科技股,高市盈率股票的跌幅比低市盈率股票大得多[2](见图4-41)。

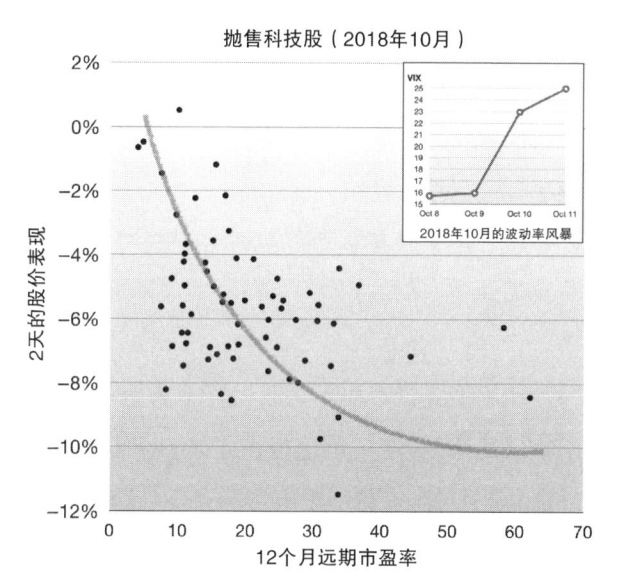

资料来源:Wursthorn & Whittall(2018)。

图4-41 市盈率与波动性[3]

波动性和估值之间的关系很复杂。在短期内(每日,如这里显示的波动风暴事件,或每月),波动(通常)会导致较低的估值。从长期来看,较高的波动性(或金融理论意义上的"风险")在许多情况下与较高的市盈率乘数相关联(如第四章中引用的小盘股异象)。但"波动性"实际上是一个复合变

---

[1] Clifford Asness, "Fight the Fed Model," *Journal of Portfolio Management*, Vol. 30, No. 1 (Fall 2003), pp. 11-24. "市盈率与股票和债券波动性之间的差异密切相关……在过去的一代人中,投资者经历了股票相对于债券更大的波动……[因此]它们还要求较低的市盈率和债券收益率。"

[2] Michael Wursthorn and Christopher Whittall, "Volatility Ripples Across the World," *The Wall Street Journal*, October 12, 2018.

[3] Ibid.

量——融合了收益波动性("基本面"波动性)的影响,市场波动性(短期市场气候)、市场机制(长期波动性—估值关系)和公司的贝塔,所有这些因素都在不同的时间维度上运行。市盈率乘数陷入了这些不同力量的漩涡,因而可能会失去作为估值信号的一致性。

## 杠　杆

　　杠杆总是使市盈率趋向于一个低于标准公式的值。[1]

　　杠杆通常会降低市盈率。[2]

　　市盈率与杠杆率呈负相关。[3]

　　高杠杆率的公司通常有更高的市盈率,因为它们的预期净资产收益率更高。[4]

　　一家全股权市盈率相对较高的公司可以通过将债务转换为股权,人为地提高其市盈率。[5]

杠杆效应——使用债务资本而不是股权资本为企业融资——对估值的影响是一个长期争议的话题,这场争论根植于米勒和莫迪利安尼的经典虚构,他们假设杠杆原则上对企业价值没有影响,针对这种误导性的断言演绎出了大量的文献,这超出了本书的讨论范围。[6]

市盈率(曾结合杠杆率对其进行研究)似乎打破了争论的复杂性,提出了

---

　　[1] Stephen Penman, *Accounting for Value*, Columbia Press (2011), p. 94.

　　[2] Martin Leibowitz, "The Levered P/E Ratio," *Financial Analysts Journal*, November/December 2002, pp. 68-77.

　　[3] Malcom Baker, Mathias Hoyer, and Jeffery Wurgler, "Leverage and the Beta Anomaly," January 14. https://papers.ssrn.com/sol3/papers.cfm?abstract_id=2832704.

　　[4] 一个金融模型网站:http://macabacus.com/learn。

　　[5] Marc Goedhart, Timothy Koller, and David Wessels, "The Right Role for Multiples in Valuation," McKinsey & Company, March 2005.

　　[6] 以下是对 MM 比较友好的评价之一:"基于莫迪利安尼和米勒开创性工作之后的 37 年和数百篇论文,我们对公司资本结构选择真正了解多少?理论显然在这个问题上取得了一些进展。我们现在明白了莫迪利安尼和米勒假设中最重要的偏差,这些假设使资本结构与公司价值相关。然而,人们对不同理论的经验相关性知之甚少。实证工作发掘了一些关于资本结构选择的程式化事实,但这些证据主要基于美国的公司,而且这些事实如何与不同的理论模型相关联一点也不清楚。如果不在发现这些发现的环境之外测试它们的稳健性,就很难确定这些经验规律是否仅仅是虚假的相关性,更不用说它们是否支持一种或另一种理论。"[Raghuram Rajan and Luigi Zingales, "What Do We Know about Capital Structure? Some Evidence from International Data," *The Journal of Finance*, Vol. 50, No. 5 (December 1995), pp. 1421-1460.]

与高债务水平相关的持续折价的理由。[1] 在萨布拉曼尼亚(Subramanian)的一项研究中,在过去的 30 年里,标准普尔 500 指数中杠杆率最高的公司比杠杆率最低的公司承担了大约 30% 的市盈率折价[2](见图 4-42)。然而,不同的市场制度发挥了一个作用,例如,从网络泡沫到金融危机,杠杆似乎显著压低了估值。但随着 2008 年后抑制债券收益率和利率的量化宽松政策的启动,这一迹象改变了。相对于现金流,美国公司的债务水平翻了一番多,杠杆公司的相对市盈率也翻了一番,形成了"高杠杆公司的牛市"(见图 4-43)。

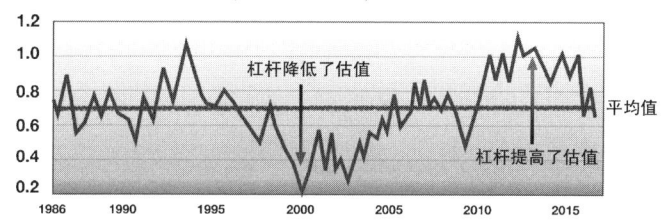

资料来源:Subramanian(2016)。

图 4-42 市盈率和杠杆[3]

图 4-43 杠杆与业绩表现[4]

---

〔1〕 对其他市场估值指标进行了研究,结果大体相似。对在新西兰证券交易所上市的公司进行的一项研究发现,托宾 Q 值与杠杆显著负相关。[Gurmeet Singh Bhabra, "Insider ownership and firm value in New Zealand," *Journal of Multinational Financial Management*, Vol, 17 (2007) pp. 142-154.]

〔2〕 Savita Subramanian, "2017 — The Year Ahead: Euphoria or Fiscal Fizzle," *Equity and Quant Strategy*, *Bank of America/Merrill Lynch*, November 22, 2016.

〔3〕 改编自 Savita Subramanian, "2017 — The Year Ahead: Euphoria or Fiscal Fizzle," *Equity and Quant Strategy*, *Bank of America/Merrill Lynch*, November 22, 2016。

〔4〕 改编自 Alexandra Scaggs, "Bull Market in Highly Leveraged US Groups Starts to Shift," *Financial Times*, June 18, 2018。

投资者"奖励"在2009—2016年接近零利率期间借款的公司,这有助于将标准普尔500指数的净债务与息税折旧及摊销前利润(EBITDA)的比率中值推高至历史高点。[1]

另外,在整个企业范围内,杠杆一直在增加。自1995年以来,公司债务的增长速度远远快于国内生产总值。[2]美国企业普遍采用杠杆一种融资策略,AAA级的堡垒资产负债表几乎已经消失[3],美国目前只剩下两家AAA级公司(2019年)[4](见图4-44)。

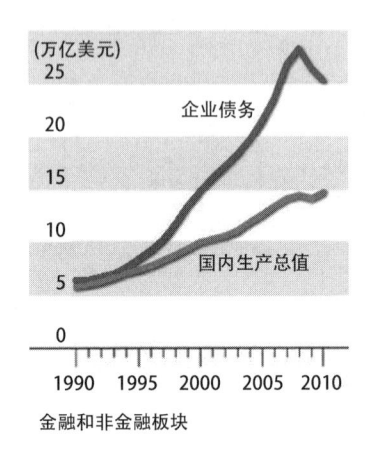

资料来源:Commerce Dept.(GDP);Federal Reserve;Bloomberg News(photo)。

**图4-44 杠杆趋势**[5]

公司管理团队得出了一个战略结论:杠杆会增加(股东)价值。如今,增加杠杆不仅是为了运营,也是为了提高股票回报。[6]据推测,鉴于资本主义的高度竞争性,如果杠杆导致价值毁灭,这些趋势将不会是现在的样

---

[1] Alexandra Scaggs, "Bull Market in Highly Leveraged US Groups Starts to Shift," *Financial Times*, June 18, 2018.

[2] John D. McKinnon, "Potential Tax Change is Red Flag for Some Firms," *The Wall Street Journal*, April 4, 2011.

[3] Eric Platt, "US Corporate Downgrades Soar Past $1 Tn as Defaults Gain Pace," *Financial Times*, December 5, 2015.

[4] 最后两家是微软和强生[2018]。美国有99家AAA级公司。"Undaunted by Downgrades," *The Economist*, February 18, 2017.

[5] John D. McKinnon, "Potential Tax Change is Red Flag for Some Firms," *The Wall Street Journal*, April 4, 2011.

[6] Ivo Welch, "Capital Structure and Stock Returns," *Journal of Political Economy*, Vol. 112, No. 1, pt. 1 (2004), pp. 106-131;"股票收益是债务比率的一阶决定因素,它们可能是债务比率动态的唯一一众所周知的影响。"

子。从长期来看，市场不会支持系统性亏损战略。

当然，杠杆也增加了经济风险。它既放大了损失，也放大了收益，降低了压力来临时的灵活性。杠杆是否会增加金融理论上的"风险"——收益的波动性——尚不清楚。市场如何处理这种增加的经济风险、波动性的任何变化，以及如何抵消这些风险，从而扩大回报的潜力，目前尚不清楚。

还有一个因果关系问题：市盈率较低的公司通常拥有更传统的、基于固定资产的商业模式，这些资产更容易作为增加债务的抵押品，并且可能与更稳定的业务成果相关联。因此，低市盈率公司可能能够承载更多的杠杆。市盈率较高的公司往往拥有大量无形资产（品牌、技术），而这些很难借到钱。1995年对市净率和行业杠杆的研究得出了这样一个结论[1]（见图4-45）。

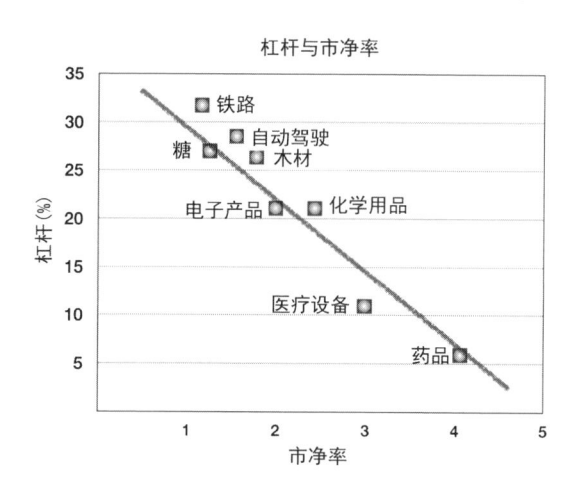

资料来源：Barclau et al.(1995)。

图 4-45　杠杆与市净率[2]

---

[1] Michael J. Barclay, Clifford Smith, and Ross Watts, "The Determinants of Corporate Leverage and Dividend Policies," *Journal of Applied Corporate Finance* (January 1995), pp. 214-229. 在另一项关于国际市场和杠杆率与市盈率的研究中，这种负相关关系得到了证实——但这种关系的细节也表明了对因果关系的另一种看法："市净率与杠杆率负相关的原因可能还有其他潜在原因。例如，陷入财务困境的公司（高杠杆）的股票可能会以更高的利率贴现，因为困境风险是有定价的……如果这是主要的解释，负相关应该主要由低市净率的公司驱动。事实上，负相关似乎是由高市净率的公司而不是低市净率的公司驱动的。财务困境不太可能是观察到的相关性的原因。"换句话说，驱动因素可能是拥有轻资产商业模式、大量无形资产和高市盈率的公司使用相对较少的杠杆。[Raghuram Rajan and Luigi Zingales, "What Do We Know about Capital Structure? Some Evidence from International Data," *The Journal of Finance*, Vol. 50, No. 5 (December 1995), pp. 1421-1460.]

[2] Michael J. Barclay, Clifford Smith, and Ross Watts, "The Determinants of Corporate Leverage and Dividend Policies," *Journal of Applied Corporate Finance* (January 1995), pp. 214-229.

总之，杠杆对估值的影响是一个令人惊讶的研究欠充分的问题，考虑到近几十年来杠杆在美国公司资本结构中的广泛应用，这一点尤其重要。[1] 达尔文主义者的市场观点认为，它必须创造价值，并理所当然地可能提高杠杆公司的市盈率，否则它就不会作为一种战略而存在，但是这种效应的机理和范围还没有被很好地理解。

## 会 计 问 题

"收益"是一个会计概念，即使在公认会计原则的约束下，公司也可以自行决定如何计算收入、费用和利润。一些备选方案可能被描述为保守的，这意味着它们尽力避免少报费用（这些费用部分基于管理假设）。乍一看，保守的会计应该会减少最终的净收益，从算术上来说，如果收益较低，市盈率就会较高。这种影响仅仅是机械的，还是反映了与更谨慎的管理相关的公司价值的真正增长？

这是一个谜团，考虑到会计选择决定收益数字的能力，这个问题的研究比它应该做的要少，收益数字是所有估值方法的核心。一项早期研究（1973）发现，使用加速折旧法的公司比使用直线折旧法的公司拥有更高的市盈率。[2] 另一项研究（1983）发现，保守会计和较高的市盈率之间存在着"粗略"的联系。保守的会计选择在"解释"市盈率方面的 $R^2$ 值为 33%。[3] 这与前面描述的收益增长效应具有相同的幅度。然而，正如所注意到的，这应该是一个算术方面的真理：如果允许的自由裁量会计选择（例如，使用加速折旧）减少收益，市盈率将自动上升，从这些数据中并不清楚保守主义作为一种管理风格是否会推动更高的估值。

后来的研究也没有把事情搞清楚。1990年的一项研究发现，"会计方

---

[1] Mike Cherney, "Renewed Embrace of Bonds Sparks Boom," *The Wall Street Journal*, March 8, 2014.

[2] W. Beaver and D. Morse, 1978. "What Determines Price-earnings ratios?" *Financial Analysts Journal* (July — August), 65-78.; W. Beaver and R. E. Dukes, "Delta-Depreciation Methods: Some Empirical Results," *Accounting Review* (July 1973).

[3] Darryl Craig, Glenn Johnson, and Maurice Joy, "Accounting Methods and P/E Ratios," *Financial Analysts Journal* (March/April 1987), pp. 41-45.

法的差异解释了不超过15％的市盈率变化"[1]。2002年的一项研究发现，股票市场没有"参透"——没有正确评估——与保守会计相关的收益质量。[2] 路漫漫其修远兮。

## 治　理

这里使用的狭义金融市场意义上的"治理"是指"为了股东的利益"对公司进行管理的程度。它在概念上植根于经济文献中广泛讨论的所谓委托代理问题，据说这一问题出现在企业所有者（股东）和受雇经营企业的经理之间分离的地方。当结构和政策措施到位能够保护普通股股东时，就实现了良好的公司治理。[3]

因此，"治理"和"质量"一样，根据其定义，应该推动估值溢价（针对"良好治理"）和折价（针对"薄弱治理"）。

在极端情况下，这是显而易见的，例如，韩国公司有很大的折价：

> 韩国股票市场指数（Kospi）多年来的市盈率至少比可比市场的估值低五分之一，尽管LG、现代和三星电子等一批占主导地位的公司崛起了。

一些分析师估计惩罚的代价可能高达30％～50％。[4]

这种严重的折价通常部分归因于"次治理"，包括复杂的所有权结构，不同公司单位之间的交叉持股从而有助于创始家族保持控制权，尽管名义上他们可能只持有少量股份。分析师还引用了"模糊的商业道德"。通常，治理问题集中在对传统韩国"财阀"模式的批评上（这也反映了"企业集团折价"）。

---

[1] Paul Zarowin, "What Determines Earnings-Price Ratios: Revisited," *Journal of Accounting, Auditing, and Finance*, Vol. 5, No. 3 (1990), pp. 439-457.

[2] Stephen Penman and Xiao-Jun Zhang, "Accounting Conservatism, the Quality of Earnings, and Stock Returns," *The Accounting Review*, Vol. 77, No. 2 (April 2002), pp. 237-264.

[3] 当然，"良好治理"可能被解释得更宽泛，指的是其他利益相关者的利益，包括员工、客户和整个社会。

[4] Edward White, "Korean Valuations Groan Under Burden of Shoddy Governance," *Financial Times*, May 17, 2019.

对美国主流股市的研究结果尚不太清楚。如前所述,治理分析的出发点是代理问题,这通常表现为一个既定事实:"所有权和控制权的分离长期以来被认为可能对公司价值产生不利影响。"公司治理文献充满了相似的声明。然而,证据是模棱两可的,难以解释。让我们考虑一些学者研究过的治理因素。

**内部人所有权**:治理的一个维度与公司的所有权结构有关——比如董事会中所有权的集中问题。内部人持股比例较高有时被认为对公司治理有利,因为这意味着董事会的利益与其他股东的利益更加一致。最早的研究之一(1988)发现托宾 Q 与董事会所有权集中度之间的关系呈倒 U 形[1],随后的研究(似乎)倾向于证实这种模式。随着内部人利益从零开始上升——随着内部人对董事会影响力的增加——到一定程度,估值指标确实会上升,然后就会下降。一项大型研究着眼于两个时间段——一个在 70 年代中期(熊市),一个在 80 年代中期(牛市)(见图 4-46)。研究人员发现:

> 1976 年,在内部人持股比例较低的情况下,[托宾]Q 和内部人持股比例之间的关系大约是 1∶1——内部人持股比例增加 10% 会使 Q 增加大约 10%。就 1986 年而言,在内部所有权水平较低的情况下,这种关系大约是 3∶1——内部所有权增加 10%,Q 增加大约 30%。[2]

其他研究发现,股权集中度和市场乘数之间存在"双峰"关系——托宾 Q 值达到两次峰值,分别约为 10% 和 40%~50% 的内部持股比例。[3] 其他研究则发现了三个"驼峰"。[4] 2015 年的一项研究发现,"在高内部人持

---

[1] Randall Morck, Andrei Shleifer, and Robert Vishny, "Management ownership and market valuation," *Journal of Financial Economics*, 20 (January): 293-315.

[2] John McConnell and Henri Servaes, "Additional evidence on equity ownership and corporate value," *Journal of Financial Economics*, Vol. 27 (1990), pp. 595-612.

[3] J. R. Davies, David Hillier, and Patrick McColgan, "Ownership structure, managerial behavior and corporate value," *Journal of Corporate Finance*, Vol. 11 (2005), pp. 645-660.

[4] 对新西兰证券交易所上市公司进行的一项研究发现,托宾 Q 和所有权集中度之间存在"非线性三次关系"[本质上是三重峰]。[Gurmeet Singh Bhabra, "Insider ownership and firm value in New Zealand," *Journal of Multinational Financial Management*, Vol. 17 (2007), pp. 142-154.]

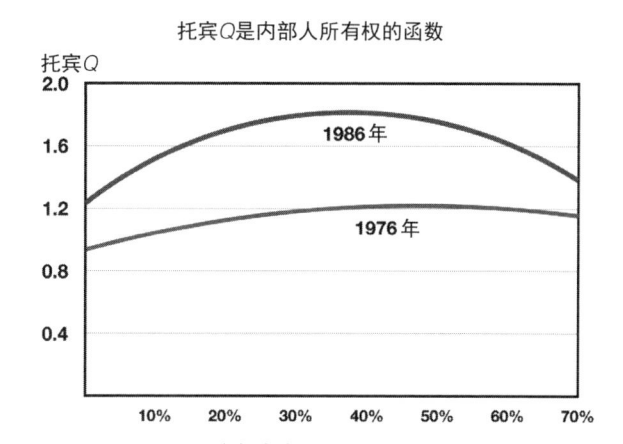

托宾Q是内部人所有权的函数

资料来源：McConnell & Servaes(1990)。

图4-46 杠杆与市净率[1]

股的情况下，低市盈率公司获得的回报更低，而高市盈率公司获得的回报更高"，这是典型的"价值异象"模式的逆转。[2] 不清楚如何解释这一点。

**交错董事会**：交错董事会是指在任何时候都只有一部分董事会成员参加选举。这被认为是对收购企图的防御，被解释为负面的治理因素(因为它可能剥夺股东从通常提供的收购溢价中受益的机会)。这也是对当前管理层面临的代理挑战的一种防御，这种挑战通常被视为剥夺了股东从"新管理层"或改进战略可能带来的潜在业绩改善和由此导致的股价上涨中受益的机会。

2005年的一项研究发现，交错董事会将市场乘数(在这种情况下是托宾 $Q$ )降低了3%~4%。[3] 最近一项关于1978年至2015年交错董事会的研究发现，交错董事会与市净率乘数之间存在"统计和经济上显著的"负相

---

[1] 改编自John McConnell and Henri Servaes, "Additional evidence on equity ownership and corporate value," *Journal of Financial Economics*, Vol. 27 (1990), pp. 595-612。

[2] Robert Houmes and Inga Chira, "The effect of ownership structure on the price earnings ratio-returns anomaly," *International Review of Financial Analysis*, Vol. 37 (2015), pp. 140-147.

[3] Lucian A. Bebchuk and Alma Cohen, "The costs of entrenched boards," *Journal of Financial Economics*, Vol. 78 (2005), pp. 409-433。

关性,"表明拥有交错董事会的公司的价值比没有交错董事会的公司低2.1%"。[1]

这些折价不大且可能不稳定,它们是否具有真正的经济意义还值得怀疑。不过,这也表明市场估值乘数至少对董事会结构有些敏感。

**综合的治理度量**:评估治理风险的多维方法通常基于从大量被认为是公司治理质量信号的因素中构建专门的度量。例如,冈珀斯(Gompers)等人采用了一个他们称之为 GIM 指数的指标,该指标由 24 个独立的治理风险因素组成,范围从高管薪酬政策到多种类股票的使用。

每个因素都被分配了相等的权重和 1 或 0(存在或不存在)的值。作者调查了 20 世纪 90 年代的 1 500 家公司。较弱的治理与较低的估值乘数有关(又一次使用托宾 Q)。

治理指数与企业价值高度相关。1990 年,指数增加一个点(即一个风险因素)与托宾 Q 值降低 2.4 个百分点有关。到 1999 年,这一差异显著增加,指数增加一个点与托宾 Q 值降低 8.9 个百分点有关。[2]

治理对估值的影响是模糊的——因为治理本身是一个模糊的概念。首先,法规会随着时间的推移而变化,并且通常会朝着要求改进治理措施的方向变化(例如《萨班斯-奥克斯利法案》)。另外,许多治理问题似乎与其说是零或一的命题(好或坏),不如说是校准的问题。例如,董事会成员拥有一定程度的股份可能是一件好事("身临其境"),但当董事会所有权占主导地位时,就很难做出改变("巩固")。在某种程度上,市场乘数揭示了这种"金发女孩"现象(在那些隆起的估值图中),但在数据中找到最佳位置并不总是容

---

[1] "Staggered boards and long-term firm value, revisited," *Journal of Financial Economics*, Vol. 126 (2017), pp. 422-444; K. J. Martijn Cremers, Lubomir P. Litov, and Simone M. Sepe, "Staggered boards and long-term firm value, revisited," *Journal of Financial Economics*, Vol. 126 (2017), pp. 422-444. 这篇文章在许多方面不连贯。首先,作者将他们研究的市场乘数确定为托宾 Q,但定义是市净率(即分母是账面价值,而不是重置成本)。他们还在摘要中表示,他们"没有发现交错董事会变动与公司价值负相关的证据"——重点大概是"变动"——尽管这里引用了实际的负相关。他们甚至认为"交错董事会促进了一些公司的价值创造"——很难与数据相符。

[2] P. A. Gompers, J. L. Ishii, and A. Metrick, "Corporate governance and equity prices," Quarterly *Journal of Economics*, Vol. 118 (2003), pp. 107-155; Kenneth Lehn, Sukesh Patro, and Mengxin Zhao, "Governance indexes and valuation: Which causes which？" *Journal of Corporate Finance*, Vol. 13 (2007), pp. 907-928.

易的。好的治理是多维度的,这意味着随着经济条件的演变和战略方式的变化(例如股东行动主义的趋势),存在复杂的权衡,也许还存在不稳定。例如,曾经有一段时间,分层的董事会被视为对付掠夺性"掠夺者"的适当防御措施,股东们投了赞成票。也许今天,人们对突袭者的看法有所不同,因此分层的棋盘正在被重新评估。一个时代的好的治理在另一个时代可能就被视为不那么好。

## 行业级别和市场级别的驱动因素

### 情绪("动物精神")

随着投资者信心的起伏,市场平均市盈率会随着时间的推移而变化。[1]

市盈率实际上反映了市场的乐观情绪。[2]

虽然许多研究已经探索了市盈率的基本决定因素,但其对投资者情绪的敏感性在很大程度上仍未得到探究。[3]

有时,当投资者被一个意想不到的市场变化搞蒙了,或者当研究人员在复杂的统计项目中苦苦挣扎,却无法证实这个模型时……当他们最终举手求助于"情绪"因素作为后备解释时……[4]这是非常令人耳目一新的。[5]市场处理各种各样的信息——谣言、观点(有根据的或没有根据的)、恐惧、希望、错误信息和懒惰的从众性,以及经济学家假设的"理性预期"。认识到这一点可以成为认真理解影响市场结果的非理性因素的作用的起点。在

---

[1] Keith Anderson and Chris Brooks,"Decomposing the Price-earnings Ratio," *Journal of Asset Management*,Vol.6,No.6 (March 2006),pp.456-469.

[2] Zvi Bodie,Alex Kane and Alan Marcus,*Investments* (McGraw-Hill,2002),p.572.

[3] Md Lutfur Rahman and Abul Shamsuddin,"Investor sentiment and the price-earnings ratio in the G7 stock markets," *Pacific-Basin Finance Journal*,Vol.55 (2019),pp.46-62.

[4] 这就是它在学术演讲中的表达方式:"因此套利的极限,伴随着非理性繁荣,可能会抬高市盈率。"[Md Lutfur Rahman and Abul Shamsuddin,"Investor sentiment and the price-earnings ratio in the G7 stock markets," *Pacific-Basin Finance Journal*,Vol.55 (2019),pp.46-62.]

[5] 例如:"尽管市盈率构成了基本面分析的本质,但投资者情绪也可能对市盈率的变动有所贡献。例如,如果市场将情绪因素考虑在内,股价可能会突然上涨,但公司收益可能达不到标准。因此,受情绪驱动但基本面不佳的公司仍有较高的市盈率。在这方面,我们认为投资者情绪是市盈率的关键决定因素之一。"[Boonlert Jitmaneeroj,"The impact of dividend policy on price-earnings ratios:The role of conditional and nonlinear relationship," *Review of Accounting and Finance*,Vol.16,No.1 (2017),pp.125-140.]

"情绪"的标题下,这组庞大而混乱的信息向量本身就成为一个重要的主题。

市盈率反映这些影响的想法将是我们概念框架的健康延伸,可惜的是它还没有被深入研究,列举情绪的来源、形式和组成部分超出了本书的范围。但是我们可以做一些非常一般的观察。

第一,**情绪**的到来是"分层次"的,存在一种影响一家公司特有的情绪,这种情绪根植于投资者对该公司的看法。市场情绪会影响公司的价值,但它源于宏观经济环境,并在整个市场中体现其影响。在这两者之间,可能会有一层特定于行业的情绪,这将影响特定行业内所有公司的估值(例如,当银行业在2008年金融危机后失宠时)。区分每个组成部分对特定公司估值的影响具有挑战性。

第二,**情绪**有两种:一方面是不了解情况或不太了解情况的典型"非结构化"情绪,另一方面是了解情况的结构化情绪。粗略地说,我们可以称第一类为散户情绪,第二类为专业意见。对情绪主题的全面探索将至少涵盖四种类型(见表4-1)。

表4-1　　　　　　　　　　　　情绪的类型

|  | 公司水平 | 市场水平 |
| --- | --- | --- |
| 明智的情绪 | 1<br>公司在投资者中的声誉; | 2<br>"动物精神"<br>"消费者情绪"<br>"消费者信心" |
| 不明智的情绪 | 3<br>分析师的报告 | 4<br>经济学家的预期、预测 |

这里最感兴趣的类别显示在这个矩阵的方框2中。一般消费者情绪对股票价格和价值的影响已成为人们关注的焦点,尤其是在量化宽松和刺激性货币政策的背景下。消费者情绪和资产价值之间的关系是许多经济学家讨论的主题,特别是关于因果关系的方向,是消费者情绪决定了基调并推动了股票价值(大概还有市盈率),还是相反?[1]

---

〔1〕　如今更普遍的观点是,资产价格和价值的上涨(繁荣的股市)是消费者情绪改善的原因,这导致支出增加。美联储似乎已承诺利用这种"财富效应",将刺激措施从金融市场传导至实体经济。关于财富效应是否存在以及它可能有多重要,存在很多争论。

显而易见的是，在熊市中，市盈率乘数很低。在牛市中，市盈率扩大（尽管方式复杂）。在"泡沫"中，乘数是超高的。熊市、牛市和泡沫是可以用投资者情绪来描述的市场机制。

在为给定的公司设定市盈率时，这些情绪机制有多重要？在一项名为"分解市盈率"的研究中，安德森和布鲁克斯（Anderson and Brooks）发现，简单地将"年度"变量与回报进行回归，是他们在解释市盈率水平时考虑的几个因素中最强的一个。[1] 在这项研究中，"年"被视为大规模市场机制的代表。例如，20世纪70年代的"年"值将主要代表熊市，而90年代的"年"值将主要代表牛市。再如，"年"对市盈率的影响远强于"规模"（市值）的影响。

**市场的市盈率与"动物精神"**

那么，普遍的消费者情绪本身对市场估值有影响吗？

经济学家约翰·梅纳德·凯恩斯（John Maynard Keynes）——也是经验丰富且成功的交易员——认为，市场实际上是由情绪、"动物精神"驱动的，而不是对自身利益的冷酷计算。他的著名格言是对情绪重要性的论点的精彩概括，凯恩斯的话总是值得被不断引用：

> 我们很大一部分积极活动依赖于自发的乐观主义，而不是数学预期……我们的大多数决定……只能被视为动物精神的结果——一种自发的行动冲动，而不是无所作为，而不是数量收益的加权平均值乘以数量概率的结果。[2]

然而，许多研究未能找到公认的消费者情绪指标之间的关系，例如密歇根大学的消费者情绪指数[3]（见图4-47）。

我们发现消费者情绪指数和市盈率之间的关系很小，没有足够的证据

---

[1] Keith Anderson and Chris Brooks, "Decomposing the Price-earnings Ratio," *Journal of Asset Management*, Vol. 6, No. 6 (March 2006), pp. 456-469.

[2] Keynes, John M. (1936). *The General Theory of Employment, Interest and Money*. London. Macmillan, pp. 161-162.

[3] 例如，Kevin Christ and Dale Bremmer, "The Relationship Between Consumer Sentiment and Stock Prices," July 15, 2003; Ahmed Salhin, Mohamed Sherif, and Edward Jones, "Managerial sentiment, consumer confidence and sector returns," *International Review of Financial Analysis*, Vol. 47 (2016), pp. 24-38.

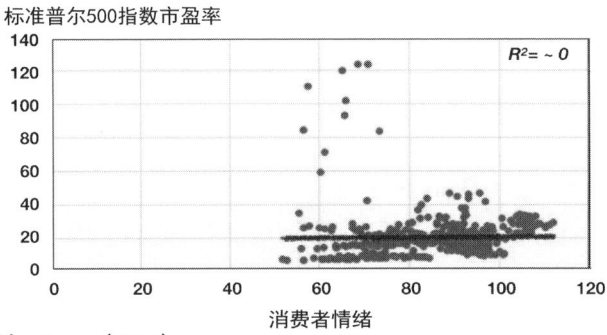

资料来源：Hanan(2017)。

图 4-47 消费者情绪与市盈率[1]

表明消费者情绪的变化会导致市盈率的上升或下降。标准普尔 500 指数市盈率的变化不能用消费者情绪的回归来解释。[2]

最近对所有七国集团市场(加拿大、法国、德国、意大利、日本、英国和美国)进行的一项研究总结声称，"随着七国集团的投资者情绪改善，市盈率**通常会上升**"(黑体字由作者标明)。[3] 然而，如果对七国集团研究中的数据进行更仔细的研究，令人失望的是，当人们试图找到情绪指标和市盈率之间的明确关系时，发现这种关系对任何特定国家来说都不是线性的，在各国之间也不是形状一致的。作者承认"结果好坏参半"，并得出结论(例如)"商业信心对美国的任何市盈率分位数都没有任何统计上的显著影响"。事实上，美国市盈率与消费者信心指数的总体相关性基本为零。[4] 另一项最近的研究发现了股市回报的相同结果："消费者信心不是行业或总回报的预测因素。"[5] 也许"动物精神"没有被准确地衡量。该研究还呼吁关注"不利于消

---

[1] 改编自 Martin Hanan, "The S&P 500 P/E Ratio: A Historical Perspective," Valuescope White Paper (2017). www.valuescopeinc.com/resources/white-papers/the-sp-500-pe-ratio-a-historical-perspective。

[2] Martin Hanan, "The S&P 500 P/E Ratio: A Historical Perspective," Valuescope White Paper (2017). www.valuescopeinc.com/resources/white-papers/the-sp-500-pe-ratio-ahistorical-perspective. 这项研究使用了密歇根消费者情绪指数。

[3] Md Lutfur Rahman 和 Abul Shamsuddin, "Investor sentiment and the price-earnings ratio in the G7 stock markets," Pacific-Basin Finance Journal, Vol. 55 (2019), pp. 46-62. 这项研究使用了与之前引用的哈南(Hanan)论文不同的指标。作者在这里综合使用了每个国家的消费者信心指数和商业信心指数。

[4] 消费者信心与市盈率的相关性在任何国家都不超过 0.2。

[5] Ahmed Salhin, Mohamed Sherif, and Edward Jones, "Managerial sentiment, consumer confidence and sector returns," International Review of Financial Analysis, Vol. 47 (2016), pp. 24-38.

费者信心指数可靠性的证据"的积累。

无论如何,从今天的结果来看,情绪似乎与市盈率并没有显著关系。

# 行业折价与溢价

行业部门的定义是基于广泛的运营相似性、共同的产品/服务特征、相似的成本结构或共同的客户群和消费模式。[1] 行业之间的差异往往反映在市盈率乘数的持续差异上[2](见图4-48)。它们有时可以突出显示与企业价值结构方面相关的重要经济实质问题。例如,非必需品消费行业(标准普尔500行业指数中的65家公司)相对于必需品消费行业(32家公司)的30%溢价可能源于消费支出模式背后的生活方式和心理变量,这些变量影响收入质量,并通过这一机制影响公司的估值。此外,毫不奇怪,行业内往往存在显著的估值差异,这可以识别同一行业中的"价值"(低市盈率)公司和"增长"(高市盈率)公司。[3]

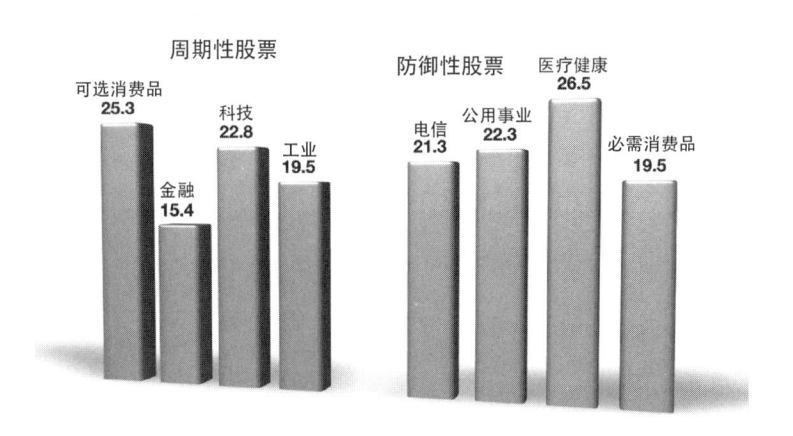

**周期性股票**
- 可选消费品 25.3
- 金融 15.4
- 科技 22.8
- 工业 19.5

**防御性股票**
- 电信 21.3
- 公用事业 22.3
- 医疗健康 26.5
- 必需消费品 19.5

图4-48 按行业划分的平均静态市盈率(2013—2018年)

随着时间的推移,行业市盈率乘数可能预示着商业模式结构特征的重

---

[1] 然而,"同一"行业的公司可能有完全不同的商业模式。例如,在半导体领域,一些公司是资本支出密集型的重型制造商(如英特尔),而另一些公司是"轻资产"的,专注于芯片设计和/或知识产权许可(如英伟达、高通),不开放或运营自己的制造设施。

[2] 数据来源:www.gurufocus.com/sector_shiller_pe.php.

[3] David Dreman and Eric Lufkin, "Do Contrariant Strategies Work Within Industries," *Journal of Investing*, Vol. 6 (1997), pp. 7-29.

要变化。例如,能源行业的市盈率在 2016/2017 年大幅上升。[1] 这种与"正常"水平的明显背离反映了当原油价格短暂跌破 30 美元/桶行业收益的准崩溃时,而市场普遍维持了该行业此前的估值(股价),认为下跌将被证明是暂时的(见图 4-49 和图 4-50)。

图 4-49 原油价格——能源行业的估值驱动因素

\* 价格除以12个月预期一致的每股经营收益。
资料来源:汤森路透(Thomson Reuters) I/B/E/S。

图 4-50 能源行业的市盈率与标准普尔 500 指数市盈率[2]

---

[1] Edward Yardeni, Joe Abbott, and Mali Quintana, "Stock market Briefing: S&P 500 Sectors and Industries Forward P/Es," *Yardeni Research*, October 24, 2018.

[2] Ibid.

分析层次的下沉,从行业到行业的各个组成部分,可以收集到更多的信息。仔细观察能源行业是很有启发性的(见图4-51)。

图 4-51 能源子行业的市盈率[1]

如前一章所述,能源行业的乘数说明了上游(勘探和开采)能源公司和下游(提炼和营销)公司之间有趣的差异,这里我们看到,市盈率的飙升并没有影响下游的公司,这些公司主要受益于更便宜的原油(它们成本的主要组成部分)。

有趣的是,能源行业的这种飙升非常明显,相关公司的权重(市值)如此之大,以至于扭曲了整个标准普尔500指数的市盈率。它将市场市盈率拉高了近10%,使得股票作为一种资产类别显得更加昂贵。[2]

有时投资者会对一个行业向上重新估值,这种效应出现在金融危机后的电信行业(见图4-52)。与其他防御性板块一样,电信板块的溢价率升至标准普尔500指数近60%,反映出投资者心理的重大转变。[3] 电信公司采取守势,不仅是因为消费者需求模式的潜在稳定性(例如,它们与消费品行业共享这一模式),还因为它们享有高质量的收入,这源于其基于订阅的商

---

[1] Edward Yardeni, Joe Abbott, and Mali Quintana, "Stock market Briefing: S&P 500 Sectors and Industries Forward P/Es," *Yardeni Research*, October 24, 2018.

[2] James Mackintosh, "A New Way to Look at Crazy Valuations," *The Wall Street Journal*, February 28, 2017.

[3] Jonathan Cheng, "Investors Testing Limits of Defense," *The Wall Street Journal*, July 23, 2012.

业模式。在市场压力来临之时,它们可能是防御能力最强的板块之一,并获得不寻常的投资者支持,反映在市盈率乘数的溢价上。

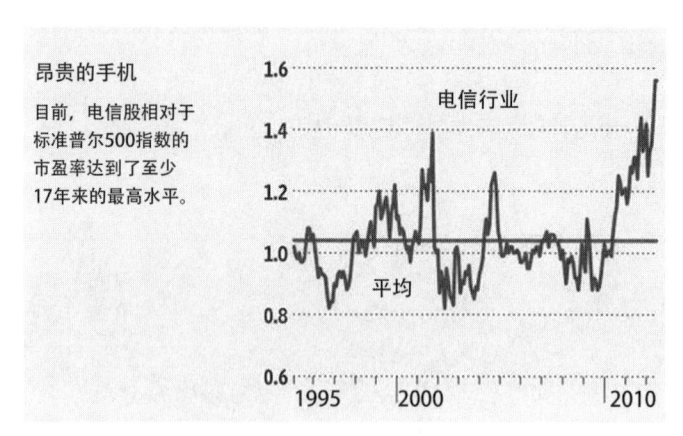

**昂贵的手机**
目前,电信股相对于标准普尔500指数的市盈率达到了至少17年来的最高水平。

注:截至6月30日月度数据。
资料来源:Strategas Research Partners。

图4-52 电信行业的市盈率[1]

尽管基本面强劲,某一行业也可能失宠,类似于可能影响单个公司的"到期重置"。网络泡沫破裂后,投资者普遍对科技公司不满,行业估值下降,并在未来10年保持在低位,尽管这些公司的基本面表现强劲复苏,这反映在美联储的科技脉搏指数中[2](见图4-53)。

行业成员资格是公司估值乘数的重要决定因素。放眼各个行业,我们经常会看到收益现金流相似的公司,但它们在资本市场上的估值却截然不同。贴现现金流模型可能无法捕捉到这一点,我们应该更好地了解相关行业成员相对于整体市场情绪对公司市盈率估值的贡献。这个问题很少有人研究,其中一篇2006年的相关论文聚焦于英国公司,发现行业成员具有"明显的适度预测能力"[3],比"规模"小了一点[4],这一发现似乎与前面显示的强劲而持久的行业差异不一致,后者与规模效应(大盘股对小盘股)具有

---

[1] Jonathan Cheng, "Investors Testing Limits of Defense," *The Wall Street Journal*, July 23, 2012.
[2] *Bloomberg/BusinessWeek*, February 28, 2011.
[3] 英国轻描淡写为"不多"。
[4] Keith Anderson and Chris Brooks, "Decomposing the Price-earnings Ratio," *Journal of Asset Management*, Vol. 6, No. 6 (March 2006), pp. 456-469.

相同的大致幅度。进一步的研究可能有助于明晰这种关系。

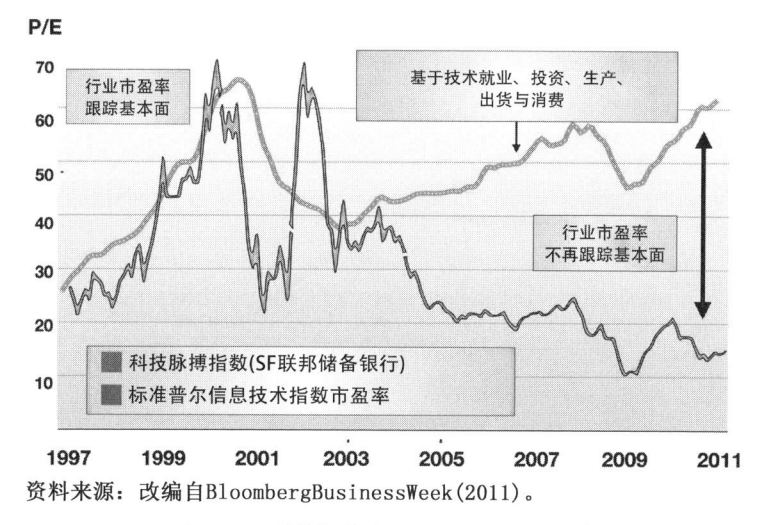

图 4-53 科技板块市盈率偏离其基本面[1]

资料来源：改编自 BloombergBusinessWeek(2011)。

## 监 管

政府监管对企业的经营方式施加了外部约束，或额外规定了增加成本或降低风险的要求，以利于达成某些更大的社会目标或换取免受竞争的保护。监管往往会对估值乘数产生负面影响。

遗憾的是，这个主题还没有得到系统的研究。我们所能观察到的是一些"轶事"性的例子，这些例子要求根据监管对市盈率的影响进行解释。在2007年和2008年，医疗保健行业——以前一直以高于整体市场的价格交易——的"美元等价每股收益"下降了近40%，以显著低于市场的价格交易[2]（见图4-54）。

可能的解释是，综合的新医疗监管（2010年的《患者保护与平价医疗法案》）的影响迫在眉睫，将改变许多行业的成本结构和商业模式。在2008年金融危机之后，金融业——尤其是最大的"系统重要性"银行——受到了更加严格的监管，给银行业务模式增加了巨大的成本，包括更高的资本要求（可能是永久性的），这些都降低了它们的盈利能力。这种更严格的监管制

---

[1] 改编自 *Bloomberg/BusinessWeek*, February 28, 2011。
[2] Mina Kimes, "Returning to Health," *Fortune*, February 8, 2010.

度可能导致该行业市净率的大幅下降[1](见图 4-55)。

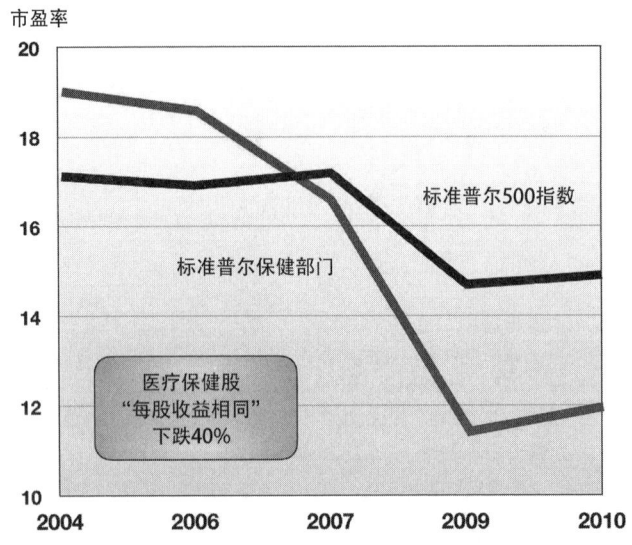

市盈率

资料来源：改编自Kimes(2010)。

图 4-54　医疗保健行业的市盈率变化[2]

六家主要银行*的股价占账面价值的百分比

\* 美国银行、花旗集团、高盛集团、JP摩根、摩根士丹利和富国银行。

图 4-55　银行业的市净率变动[3]

---

[1] David Reilly, "Banks Caught in a Squeeze Play," *The Wall Street Journal*, June 3, 2011; Jonathan Cheng and Randall Smith, "Bulls and Bears in Tug of War on Bank Stocks," *The Wall Street Journal*, June 6, 2011.

[2] 改编自 Mina Kimes, "Returning to Health," *Fortune*, February 8, 2010。

[3] Jonathan Cheng and Randall Smith, "Bulls and Bears in Tug of War on Bank Stocks," *The Wall Street Journal*, June 6, 2011.

这些例子从总体上表明，监管可能是市场估值的一个重要驱动力，如果能够将这些估值变化更紧密、更量化地与监管变化的具体经济后果联系起来，将是有价值的。[1]

## 货 币 政 策

一项典型的学术研究（2013）——股票回报与货币政策：相互有联系吗？资产价格与货币政策之间的相互依存关系是金融经济学的核心问题。[2]

美联储纽约分行（2013）——自1994年以来，美国约80%已实现的超额股票收益是在预定货币政策宣布前的24小时内赚取的。[3]

问了又答？货币政策——央行关于利率、资产购买计划（如"量化宽松"）和其他用于刺激或抑制实体经济的政策工具的声明和行动——与股票或债券等金融资产价格之间的联系是一个巨大的课题，对宏观经济理论和实践至关重要。除了一些一般性的评论之外，回顾甚至总结在这个主题上所做的工作超出了本书的范围。

首先，从"理论"的角度看，央行的行动可能会通过其他变量将其影响传导至金融市场，而这些变量在对市盈率和市场估值的影响方面，此前已有人进行过更为细致的研究。这些包括：利率、通货膨胀和对公司使用杠杆的影响。

其次，或许更重要的是，美联储的举措对市场的实际影响非常大。一项研究比较了有无联邦公开市场委员会（FOMC）会议的市场回报——通常是每年10天左右，发现从1985年到2016年，超过25%的股票市场总回报就

---

[1] 例如，可以分析2008年危机后银行资本要求的量化变化对市盈率或市盈率的可衡量影响。沃尔克规则限制对银行自营交易的影响也可以从其对银行利润率（是否会更低？）和证券库存（低得多）的影响来研究。监管（例如《多德-弗兰克法案》）通常是多层面的，了解哪些具体措施推动了估值的变化将是有益的。这需要复杂而精心设计的研究项目。然而，我不知道这方面的详细学术研究。

[2] Hafedh Bouakez, Badye Essid, and Michel Normandin, "Stock returns and monetary policy: Are there any ties?" *Journal of Macroeconomics*, Vol. 36 (2013), pp. 33-50.

[3] David O. Lucca and Emanuel Moench, "The Pre-FOMC Announcement Drift," *The Federal Reserve Bank of New York*, Staff Report No. 512, revised August 2013.

在这几天[1]（见图4-56）。从2008年开始，随着"非常规"货币政策的出现（其特征是美联储以万亿美元规模购买资产），FOMC召开的交易日占了市场回报的整整60%。FOMC召开的交易日的平均涨幅是其他交易日的50倍。[2]

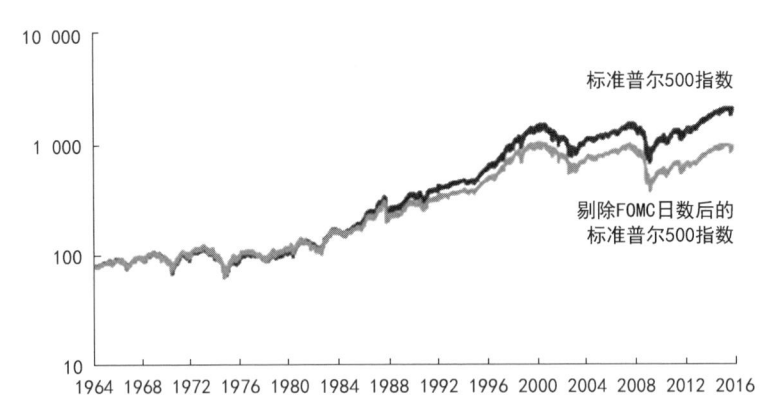

注：截至2016年1月4日。
资料来源：GMO。

图4-56　美联储对市场回报的影响[3]

最引人注目的是美联储自己的经济研究人员在2013年进行的一项研究。

自1994年以来，在预定的FOMC公告发布前的24小时内，S&P500指数平均上涨了49个基点。这些回报在随后的交易日中不会恢复，而且比FOMC会议前24小时窗口之外的回报大几个数量级。因此，自1994年以来，约80%的年度已实现超额股票回报是由FOMC公告前的漂移造成的，FOMC回报率的统计意义非常大。[4]

---

[1] James Montier and Philip Pilkington, "The Stock Market as Monetary Policy Junkie: Quantifying the Fed's Impact on the S&P 500," *GMO*, March 23, 2016, www.advisorperspectives.com/commentaries/2016/03/23/the-stock-market-as-monetary-policy-junkie-quantifying-the-fed-s-impact-on-the-s-p-500.

[2] Richer Sharma, "Trump Tees Up a Necessary Debate on the Fed," *The Wall Street Journal*, September 29, 2016.

[3] James Montier and Philip Pilkington, "The Stock Market as Monetary Policy Junkie: Quantifying the Fed's Impact on the S&P 500," *GMO*, March 23, 2016, www.advisorperspectives.com/commentaries/2016/03/23/the-stock-market-as-monetary-policy-junkiequantifying-the-fed-s-impact-on-the-s-p-500.

[4] David O. Lucca and Emanuel Moench, "The Pre-FOMC Announcement Drift," *The Federal Reserve Bank of New York*, *Staff Report*, No. 512, revised August 2013.

作者淡定地展示了他们自己设计的几种"交易策略"。

据我所知,这个因素对市盈率乘数的影响还没有研究过,只有一个例外。一个经周期调整后的市盈率版本已经构建出来,它提取了 FOMC 会议的影响,他们称之为货币政策调整后的 CAPE,或 MAPE。[1] 由于 FOMC 效应,在分子端减少了收益的数量,从而降低了市盈率。这使得市场的估值相对于 CAPE 来说没有那么高(见图 4-57)。(请注意,到 2015 年,MAPE 大约是 CAPE 价值的一半。)

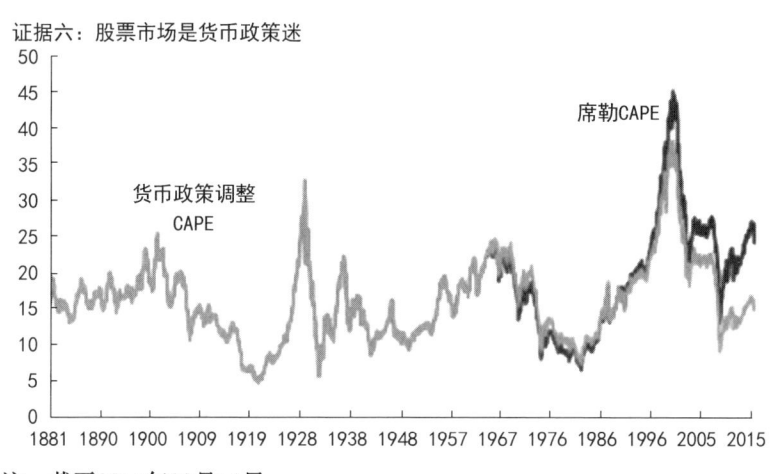

证据六:股票市场是货币政策迷

注:截至2015年12月11日。
资料来源:GMO。

图 4-57  美联储会议公告影响调整后的市盈率[2]

最后,我们必须考虑到一个事实,即美联储及其领导人近年越来越明确地提出了通过压低债券收益率和"迫使"投资者转向风险更高的资产类别来提高资产价格(股票价格)的目标。为什么呢?"量化宽松"的好处之一据说是它给投资者心理提供的刺激,被称为财富效应。股市上涨会提振消费者

---

[1] James Montier and Philip Pilkington, "The Stock Market as Monetary Policy Junkie: Quantifying the Fed's Impact on the S&P 500," *GMO*, March 23, 2016, www.advisorperspectives.com/commentaries/2016/03/23/the-stock-market-as-monetary-policy-junkie-quantifying-the-fed-s-impact-on-the-s-p-500.

[2] James Montier and Philip Pilkington, "The Stock Market as Monetary Policy Junkie: Quantifying the Fed's Impact on the S&P 500," *GMO*, March 23, 2016, www.advisorperspectives.com/commentaries/2016/03/23/the-stock-market-as-monetary-policy-junkie-quantifying-the-fed-s-impact-on-the-s-p-500.

信心，从而提高消费意愿，进而推动经济增长，等等。美国也许现在(2018年)刚刚摆脱十年的"非常规"货币政策。欧洲和日本仍在推行各自版本的量化宽松，在某些方面，量化宽松的范围已经超过了美国的实验。[1] 人们普遍认为，这些政策在一定程度上——或许是非常显著的程度上——抬高了市场估值。

简而言之，似乎很明显，货币政策是设定(或许是扭曲)估值和决定市场乘数水平的主要因素。但是到目前为止，很少有人对这种影响进行量化。

## 财 政 政 策

财政政策是指由政府支出创造的(或通过紧缩措施收回的)经济刺激的效果。减税、基础设施支出、增加福利以及对某些行业的直接补贴都可能推动估值比率上升，而这可能会集中在特定的行业或企业。美国银行的一项研究调查了标准普尔500指数成分股中的35家被认为最"容易"受益于财政刺激效应的公司的市盈率[2](见图4-58)。

图4-58显示，被认为是政府支出和减税受益者的公司同期增长了12%，比市场其他公司高出200个基点。更重要的一点是，这不是因为其收入在增长；事实上，该板块的每股收益增长不到标准普尔500指数其他板块收益增长的一半，这被不断扩大的乘数所抵消。

评估财政政策的效果可能很困难。2017/2018年美国改革将公司税率从35%降至21%。高盛估计，这将使标准普尔500指数利润增加5%。如果是这样，在所有条件相同的情况下，市盈率应该会上升5%？还是会下降5%？[4]

---

[1] 在欧洲，与美国不同的是，中央银行购买了公司债券和主权债务。在日本，日本央行大规模购买股票(ETF)。

[2] Savita Subramanian, "2017 — The Year Ahead: Euphoria or Fiscal Fizzle," *Equity and Quant Strategy*, Bank of America/Merrill Lynch, November 22, 2016; Michael Hartnett et al., "150 stocks with exposure to the Fiscal Stimulus theme," *Investment Strategy: Global*, Bank of America/Merrill Lynch, August 21, 2016.

[3] Savita Subramanian, "2017 — The Year Ahead: Euphoria or Fiscal Fizzle," *Equity and Quant Strategy*, Bank of America/Merrill Lynch, November 22, 2016. 经许可转载。上述引用的使用绝不意味着美国银行(BAC)或其任何关联公司认可此类信息的观点、解释或使用。信息按"原样"提供，美国银行或其任何关联公司均不保证信息的准确性或完整性。

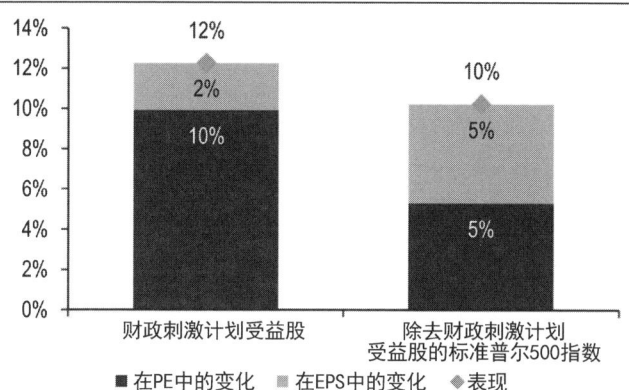

## 受财政政策刺激后标准普尔500指数的表现

图 4-58　市盈率与财政政策（2016 年 1 月 31 日—2016 年 11 月 15 日）[1]

注：2016年8月21日，基于美国标准普尔500指数的150只股票发布的刺激计划名单，这些股票涉及财政刺激主题。

资料来源：FactSet, BofA Merrill Lynch US Equity & US Quant Strategy.

仅收入的增加就会降低乘数。但企业盈利能力的结构性增长可能会让企业和股票更有价值，从而提高乘数。或许这些影响会相互抵消。

市场对财政政策的反应不如对货币政策的反应研究得多。中央银行的声明已被视为可导致债券和股票价格立即变化的"事件"，而财政政策则被视为具有更大不确定性的长期渐进影响。

## 通 货 膨 胀

通货膨胀率和估值比率之间存在负相关关系。[2] 更高的通货膨胀往往意味着更低的市场乘数（见图 4-59）。

对 1979—1998 年间实际和预期通货膨胀的几个衡量标准的仔细研究发现，总的来说，80%～90%的通货膨胀与市盈率（通货膨胀预期系数）呈负

---

[1]　Justin Lahart, "Can the Tax Cut Boost Stocks?" *The Wall Street Journal*, December 15, 2017.

[2]　Tom Lauricella, "Skeptics See Stocks Mired in the Muck," *The Wall Street Journal*, June 16, 2008; Steven A. Sharpe, "Reexamining Stock Valuation and Inflation: The Implications of Analysts' Earnings Forecasts," *The Review of Economics and Statistics*, Vol. 84, No. 4 (November 2002), pp. 632–648.

通货膨胀上升可能意味着股票估值下降。

**图 4-59　市盈率水平与通货膨胀**[1]

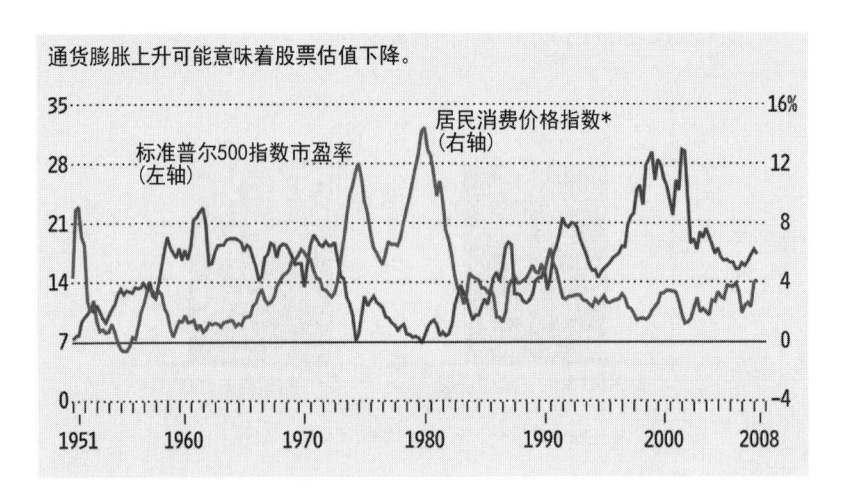

*与前一年相比变化百分比。
资料来源：Strategas Research Partners。

相关……意味着预期通货膨胀率上升1个百分点将导致市盈率下降26%。显然，通货膨胀对股票估值的"影响"不仅仅是简单的相关性所暗示的那样，而是相当大。[2]

然而，这种关系并不是线性的。极低通货膨胀（通货紧缩）和极高通货膨胀的制度都会压低市场估值（见图 4-60）。

效果是显著的，2%的通货膨胀率推动的市场估值水平是6%~7%的通货膨胀率的两倍。"恰到好处"的长期"金发美女"式的通货膨胀——过去30年来，通货膨胀率大多在1%~2%[3]——与市场估值乘数的平均水平结构性升高有关。

伊尔曼恩(Ilmanen)绘制了一幅通货膨胀率与市盈率和市场波动性的

---

[1] Tom Lauricella, "Skeptics See Stocks Mired in the Muck," *The Wall Street Journal*, June 16, 2008.
[2] Steven A. Sharpe, "Reexamining Stock Valuation and Inflation: The Implications of Analysts'Earnings Forecasts," *Division of Research and Statistics*, *Federal Reserve Board*, July 2000. 修订版发表在《经济学和统计学评论》(*The Review of Economics and Statistics*)第84卷第4期(2002年11月)，第632-648页。
[3] David Harrison, "Central Bankers Rethink Strict 2% Inflation Target," *The Wall Street Journal*, April 3, 2017.

**标准普尔500指数平均市盈率是通货膨胀率的函数**
**(1953-2008年)**

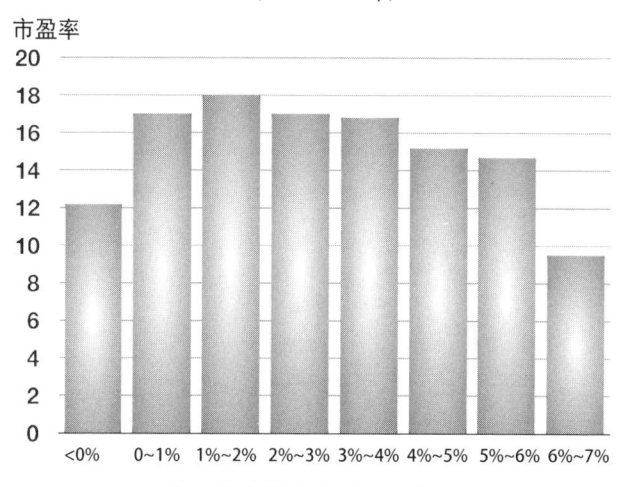

图 4-60 通货膨胀率与市盈率水平

关系图。市场波动性越小,导致市盈率越高,通胀率保持在 1%～3%。[1] 这似乎支持了美联储(和欧洲央行非正式地)设定的 2% 的通货膨胀目标(见图 4-61)。

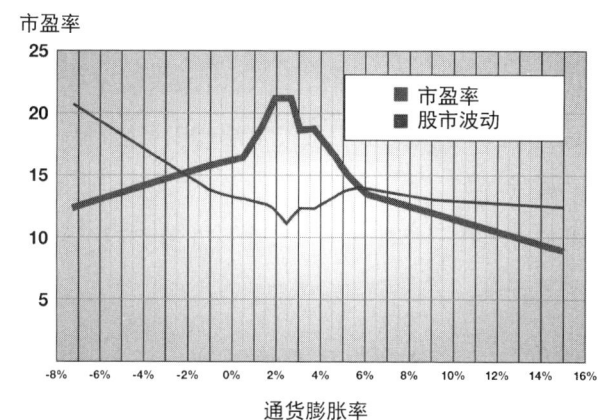

资料来源:改编自 Ilmanen(2011)。

图 4-61 通货膨胀、市盈率和波动性(1900—2009 年)[2]

---

[1] Antti Ilmanen, *Expected Returns: An Investor's Guide to Harvesting Market Rewards*, Wiley (2011), p. 135. 更新这张关于通货膨胀和市场波动的图会很有意思;尽管通货膨胀接近最佳水平,但过去十年波动性有所增加。

[2] 改编自 Antti Ilmanen, *Expected Returns: An Investor's Guide to Harvesting Market Rewards*, Wiley (2011), p. 135。

根据萨布拉曼尼亚的数据,总体而言,通货膨胀率"解释"了自1965年以来市场市盈率变化的一半左右[1](见图4-62)。

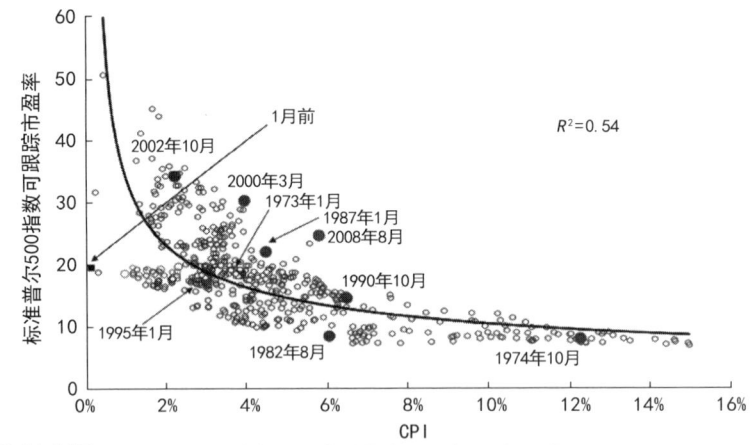

资料来源:BofA Merrill Lynch US Quantitative Strategy。

图4-62 通货膨胀与市盈率(1965—2015年)[2]

随着经济从重资产转向轻资产的商业模式,并变得更加技术密集型,解释通货膨胀对资产价格(市场估值)的影响变得越来越困难。技术创新的长期效应通常被理解为通货紧缩——尽管这个词可能有不恰当的含义。技术进步通常会降低各种产品和服务的成本,一些人质疑是否应该在与传统的商品驱动的通货膨胀分析相同的总体框架内考虑这一过程。与20世纪80年代初相比,通货膨胀在今天决定股票价值的作用可能有所不同。

正因如此,"通货膨胀"对市盈率乘数的影响在今天尚不确定。我们需要更好地理解价格在实体经济中的作用,然后才能将这一点纳入对股票市场价格影响的更好理解。

## 利率和债券收益率

至少在某些时期,市场水平的市盈率与市场利率密切相关,这反映在

---

[1] Savita Subramanian,"Episode 1: High Valuations," *Equity and Quant Strategies*, *Bank of America/Merrill Lynch*, May 26, 2015.

[2] Savita Subramanian,"Episode 1: High Valuations," *Equity and Quant Strategies*, *Bank of America/Merrill Lynch*, May 26, 2015. 经许可转载。上述引用的使用绝不意味着美国银行(BAC)或其任何关联公司认可此类信息的观点、解释或使用。信息是"按原样"提供的,美国银行或其任何关联公司均不保证信息的准确性或完整性。

10年期美国国债收益率中。从1965年到2001年，这种相关性达到了令人印象深刻的81%。[1] 2006年的一项研究发现，在整个市场层面上，"远期市盈率和现行长期利率之间存在很强的负相关"。[2] 另外，同一项研究发现，在单个公司层面，市盈率与10年期美国国债收益率之间的相关性基本为零。[3]

"理论"问题在于，很难阐明"无风险利率"——一个可能影响数以千计的不同私营部门参与者业绩表现的一般因素——与任何特定公司的结果之间的联系。美国国债利率对经济和市场产生了广泛而强硬的影响，但整个经济中仍存在巨大的长期市盈率差异。例如，融资成本对加杠杆公司的影响应该比现金充裕的公司大得多，我们早些时候已经看到了这方面的证据。一些行业（公用事业、房地产）的价值通常会因利率上升而受损，据说金融和消费品公司则会受益。很多信息在求平均值的过程中丢失了。

**"美联储模型"**

尽管如此，利率（以美国国债收益率为代表）和股票市场价值之间因果关系的概念受到了相当大的关注，因为早在1997年，艾伦·格林斯潘（Alan Greenspan）就"认可"了这一概念：

> 标准普尔500指数的价格与对未来12个月收益的一致估计的比率已经上升……这一比率的变化通常与长期国债收益率的变化成反比。[4]

---

[1] Clifford Asness, "Fight the Fed Model," *Journal of Portfolio Management*, Vol. 30, No. 1 (Fall 2003), pp. 11–24.

[2] Jacob Thomas and Huai Zhang, "Another Look at P/E Ratios," Working Paper, Yale School of Management, 2006.

[3] 这项研究涵盖了1992年至2002年间的41 348个公司季度。关于他们发现中令人费解的差异，作者评论："(理论)预测所有三个市盈率指标应该与无风险利率正相关……结果表明，无风险利率仅与远期市盈率呈弱正相关，与两个可追踪市盈率指标呈负相关。我们推测，这些结果之间明显的不一致部分是由于我们的样本局限于1992以后的年份。(在1992年以后的几年里，无风险利率和市盈率之间的共同变动似乎较弱。)"(Jacob Thomas and Huai Zhang, "Another Look at P/E Ratios," Working Paper, Yale School of Management, 2006.)如果我正确理解了他们的结果，我会说，没有一个市盈率指标显示出企业层面的显著关系：10年期美国国债收益率和远期企业层面市盈率之间的相关性为0.03和0.00。参见报告中的表1。

[4] Alan Greenspan, "Monetary Policy Report to the Congress, Pursuant to the Full Employment and Balanced Growth Act of 1978," *The Federal Reserve*, July 22, 1997.

正如我们所看到的，美联储能够推动市场，当时格林斯潘的权威接近顶峰。市场参与者抓住了美联储的这一点，将其作为对推动股市估值的挑战性问题的精明投机性回答。债券收益率和乘数之间的联系很快被称为美联储模型，并产生了大量研究文献，其中大部分是关键文献。但是由于货币政策和利率变化对整个市场的重要性，该模型仍然很受欢迎。

许多分析师、基金经理和金融评论员经常（明确或含蓄地）假设股市的市盈率和利率水平之间存在负相关关系。在这种观点下，如果现行利率较低，高市盈率不一定意味着股市昂贵。美联储模式是这一论点最广为人知和使用最广泛的"格式化"。[1]

这里隐含的——或许是合理的——假设是，股票和债券被投资者视为可替代的选择，这意味着市场的均衡机制应该推动两者获得类似的波动调整回报。[2] 如果一个或另一个收益率高于其应有水平，就存在错误定价。这也可以被理解为美国国债收益率有效地设定了股市的"正常"估值水平——"均衡市盈率"，或者也可以被理解为市场市盈率指向正确的利率目标，就像美联储有时被假定的那样。然而近年来，"均衡"一直来回摇摆。

一个问题是，美联储模型背后的相关性是不是特定时期的产物。如果是这样，时代可能已经改变了。

"美联储模型"是根据20世纪60年代至90年代的市场数据发展而来的。20世纪60年代之前和90年代之后，这种模型都失败了。20世纪60年代以前的数据很容易获得，当时"美联储模式"正处于全盛时期，但很容易被忽视。尽管它在2000年后输得很惨，然而这种模式仍有许多追随者。[3]

阿斯内斯在一篇经常被引用的论战（"对抗美联储模型"）中提出了一个相当奇怪的论点，即美联储模型"起作用"不是因为它应该起作用——在他

---

[1] Javier Estrada, "The fed model: The bad, the worse, and the ugly," *The Quarterly Review of Economics and Finance*, Vol. 49 (2009), pp. 219-238.

[2] "美联储模型是基于这样一种理念，即投资者将股票和债券视为其投资组合中相互竞争的资产，因此，只要一种资产的收益率高于（或低于）另一种资产的收益率，他们就会从一种资产转向另一种资产。请注意，为了使这一论点可信，股票和债券必须是'可比'资产。尽管这听起来不太可信，但如果要将美联储模式视为标准股票估值框架的特例，就必须假设这一点。"(Estrada, *op. cit.*)

[3] Robert Arnott, Denis B. Chaves, and Tzee-man Chow, "King of the Mountain: Shiller P/E and Macroeconomic Conditions," *Journal of Portfolio Management* (Fall 2017), pp. 55-68.

看来,它在理论上是有缺陷的,而是因为它准确地描述了投资者集体陷入的错误推理模式。美联储模型记录了投资者一贯的错误(或投资者对风险偏好的奇怪模式)……如果投资者错误地将市场的市盈率设定为通货膨胀或名义利率的函数,那么[这两个变量的高度相关性]只是记录了这个错误,而不是证明它是正确的。强有力的证据表明,投资者同时将股市市盈率设定为名义利率的函数,在其他条件相同的情况下,更高的[利率]意味着更低的市盈率……虽然这一切可能都是因为货币幻觉的错误,但投资者确实一直在遵循美联储模型。[1]

另一项研究在20个国家应用了美联储模型的基本逻辑,发现该模型运行不佳,并显示出其行为随着时间的推移发生了许多变化。

大多数投资者似乎确实愿意在利率和通货膨胀处于低位(高位)时支付更高(更低)的市盈率,尽管不一定是美联储模型所建议的市盈率。[2]

**利率水平与市盈率:有没有甜蜜点?**

解决这个问题的另一种方法是研究利率水平和当前市盈率水平之间的关系。追踪1950年以来的利率,最大市盈率区间似乎出现在10年期美国国债收益率在4%~6%的时候[3](见图4-63)。

标准普尔500指数选定10年期国债利率区间的平均交易市盈率

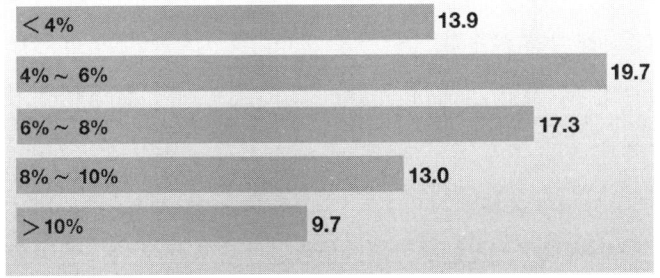

| 区间 | 市盈率 |
| --- | --- |
| <4% | 13.9 |
| 4%~6% | 19.7 |
| 6%~8% | 17.3 |
| 8%~10% | 13.0 |
| >10% | 9.7 |

资料来源:Light(2013)。

图4-63 市盈率与利率制度[4]

---

[1] Clifford Asness, "Fight the Fed Model," *Journal of Portfolio Management*, Vol. 30, No. 1 (Fall 2003), pp. 11-24.

[2] Javier Estrada, "The fed model: The bad, the worse, and the ugly," *The Quarterly Review of Economics and Finance*, Vol. 49 (2009), pp. 219-238.

[3] Joe Light, "Rethinking Rising Rates," *The Wall Street Journal*, April 13, 2013.

[4] Joe Light, "Rethinking Rising Rates," *The Wall Street Journal*, April 13, 2013.

使用实际利率(即根据通货膨胀调整),更明显的是所谓的"帐篷"模式——让人想起上一节描述的通货膨胀"甜蜜点",在实际 10 年期美国国债收益率为 2%～3%的时期,市盈率达到峰值(大概也是市场最大的"幸福")[1](见图 4-64)。

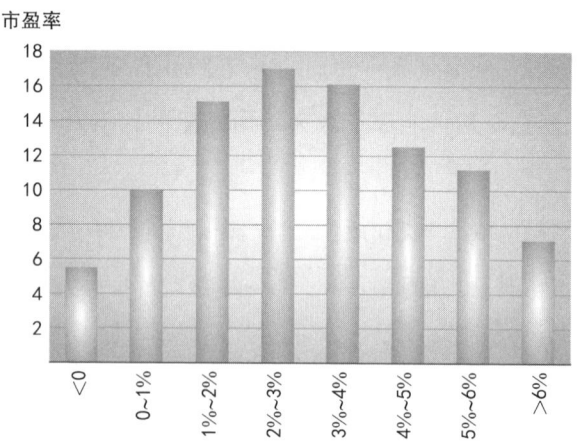

资料来源:Leibowitz & Bova (2007)。

**图 4-64 市盈率和实际利率(1978—2004 年)**[2]

这项研究的作者对这种模式进行了有趣的解释。根据前文讨论的市盈率乘数的"基数＋增长"概念,他们将估值模型分为两个部分:一个稳态的"有形价值"部分"与公司当前的账面业务相关联",另一个部分他们称之为"特许权价值"……源自生产性投资机会的增长"——并通过对贴现率和股票风险溢价的复杂推理,他们利用这一点构建了一个跟踪利率最佳点的估值潜力图(见图 4-65)。

像所有需要折价系数的公式一样,这个公式似乎很难准确运用。然而,1954 年至 2017 年每月(名义)10 年期美国国债收益率图表虽然数据较为杂乱,但似乎确实显示了同样的"帐篷"模式,并"解释"了约 30%的市盈率估值[3](见

---

[1] Martin L. Leibowitz and Anthony Bova, "P/Es and Pension Funding Ratios," *Financial Analysts Journal*, Vol. 63, No. 1 (2007), pp. 84-96.

[2] 改编自 Martin L. Leibowitz and Anthony Bova, "P/Es and Pension Funding Ratios," *Financial Analysts Journal*, Vol. 63, No. 1 (2007), pp. 84-96。

[3] Russ Koesterich, "Yes, rates and stocks can rise together … for now," BlackRock Blog, February 21, 2018. www. black rock log. com/2018/02/21/rates-stocks-risk-together/ Chapter 4 AnalYSiS: p/eas a DepenDent Variable.

图4-66)。

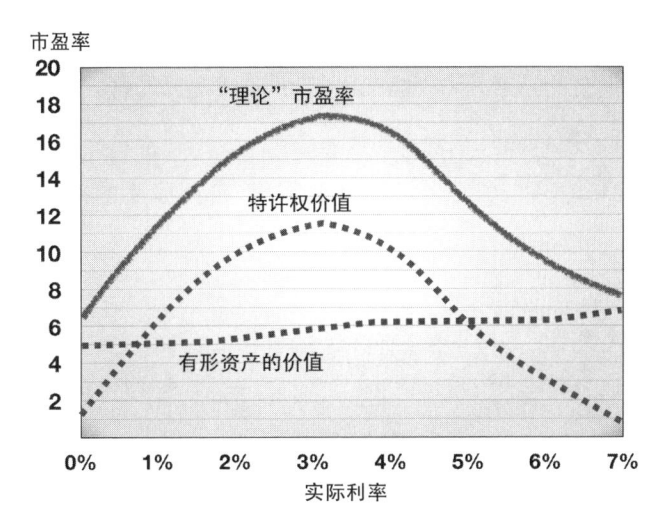

资料来源：Leibowitz & Bova (2007)。

图4-65 市盈率与实际利率的理论成分[1]

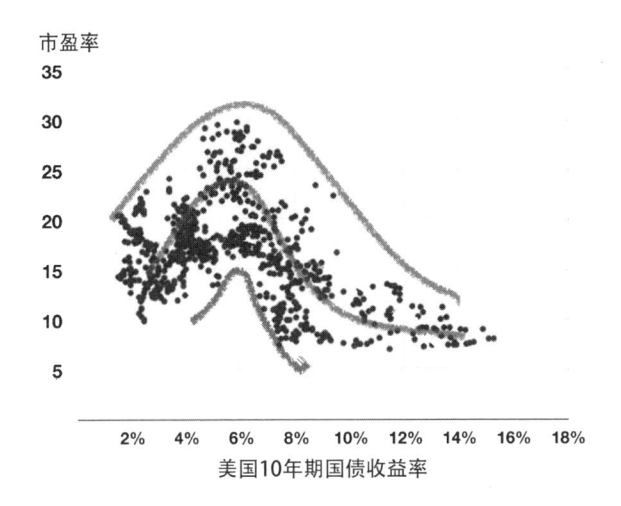

资料来源：Koesterich (2018)。

图4-66 标准普尔500指数市盈率与10年期国债收益率的比较[2]

---

[1] 改编自 Martin L. Leibowitz and Anthony Bova, "P/Es and Pension Funding Ratios," *Financial Analysts Journal*, Vol. 63, No. 1 (2007), pp. 84-96。

[2] 改编自 Russ Koesterich, "Yes, rates and stocks can rise together … for now," *BlackRock Blog*, February 21, 2018. www. black rock log. com/2018/02/21/rates-stocks-risk-together。

## 国 际 差 异

最后,根据公司总部所在国家和上市的股票交易市场,估值乘数差异很大。具体国家的乘数变化接近5∶1。

在过去20年里,与美国市场的乘数相比,欧洲股票的平均交易折价为15%～30%[1](见图4-67)。

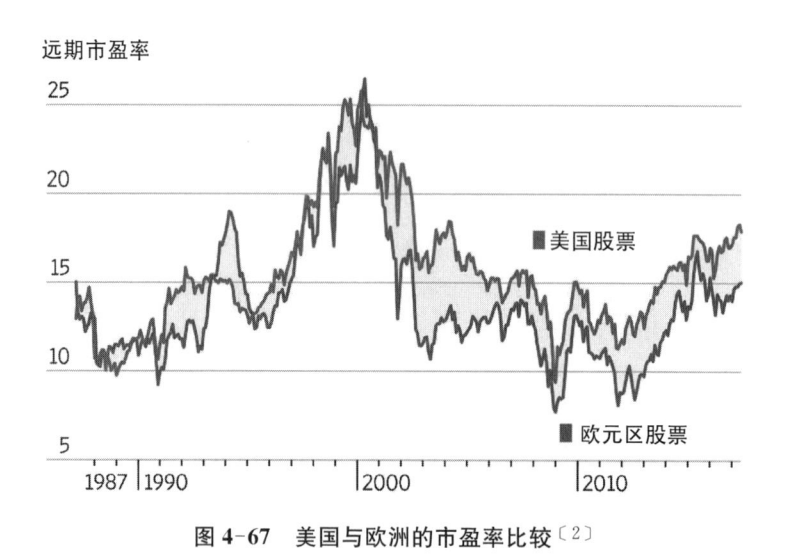

图 4-67　美国与欧洲的市盈率比较[2]

韩国公司遭受到更大的处罚。[3] 新兴市场股票的交易价格普遍大幅下跌。[4]

应该以类似估值交易的行业,基于其国内市场,在结构上可能会出现显著差异。银行业就是一个很好的例子。发达国家银行业的基本商业模式非常相似,但在2012年欧元区危机期间,该地区银行的市盈率不到美国银行的三分之一,不到日本银行的一半。这不仅反映了当地的经济状况,也反映

---

[1] James Mackintosh, "European Shares Aren't as Cheap as They Look," *The Wall Street Journal*, April 25, 2017.

[2] James Mackintosh, "European Shares Aren't as Cheap as They Look," *The Wall Street Journal*, April 25, 2017.

[3] Edward White, "Korean Valuations Groan Under Burden of Shoddy Governance," *Financial Times*, May 17, 2019.

[4] 在金融危机期间,新兴市场的相对估值(以市净率衡量)确实经历了短暂的飙升,这对发达经济体的影响更为严重。"Hedge Funds: Law of Averages," *The Economist*, August 27, 2016.

了文化、法规和投资者心理的差异[1]（见图4-68）。

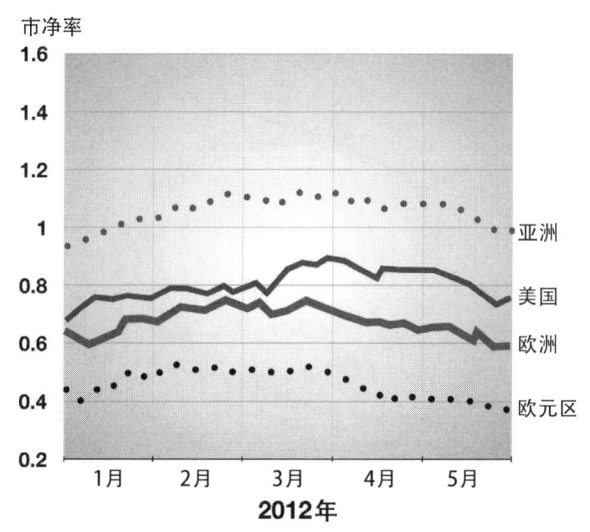

资料来源：改编自 The Financial Times(2012)。

图4-68　2012年欧元危机期间各地区银行业市盈率比较[2]

国别效应相当显著，即使对那些被认为在经济和监管框架方面相当相似的国家来说也是如此。例如，美国和加拿大的市场乘数显著不同——加拿大的国家"因素"折价比加拿大乘数随时间的变化大得多。[3] 换句话说，一家公司是"加拿大人"（在加拿大交易所上市）这一事实对其市盈率市场估值至关重要。例如，国家效应比典型的"规模"效应（小盘股对大盘股）大得多。[4] 图4-69显示了基于多个CAPE版本的比较。

英国的对比更加引人注目。根据CAPE的数据，与美国企业相比，英国企业平均每美元（或英镑）的市值只有美国企业的一半（见图4-70）。

---

[1]　"Risk Waiting," *Financial Times*，May 25，2012.
[2]　改编自"Risk Waiting," *Financial Times*，May 25，2012。
[3]　数据来自 Siblis Research，2018，http://siblisresearch.com/data/cape-ratios-by-country。
[4]　例如，毕马威2017年对德国、奥地利和瑞士公司的研究发现，用于计算资本成本的"国家风险溢价"大约是"小型公司风险溢价"的6～7倍。虽然与市盈率没有直接关系，但这表明了上述因素对公司回报的相对影响。Marc Castedello and Stefan Schöniger，*Cost of Capital Study* 2017，KPMG。

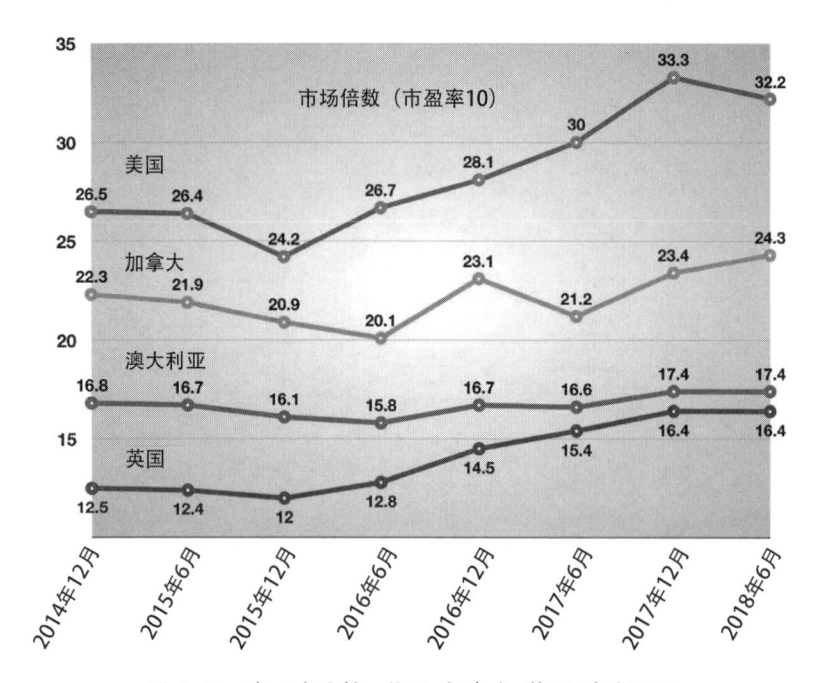

图 4-69 市盈率比较：美国、加拿大、英国、澳大利亚

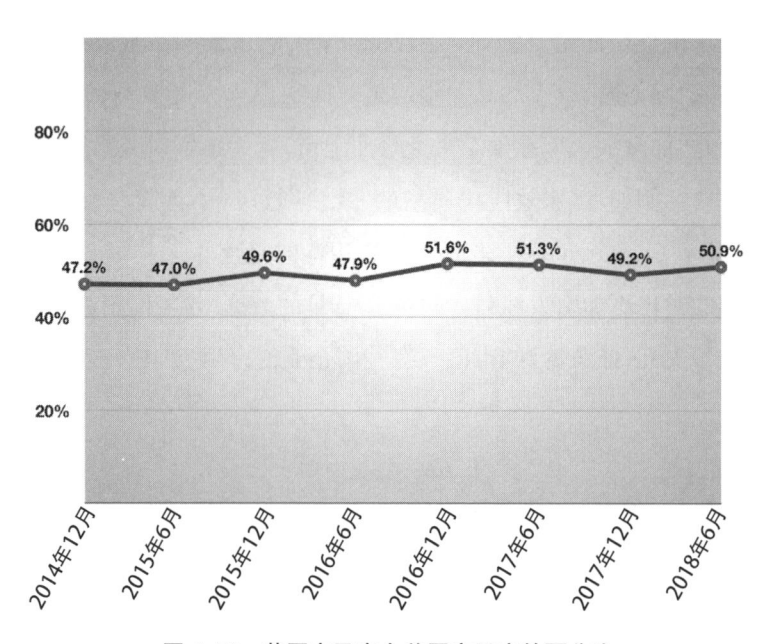

图 4-70 英国市盈率占美国市盈率的百分比

对于两个在商业文化的许多方面都有共同之处、有着牢固经济联系以及拥有悠久市场资本主义传统的国家来说，这种差异是惊人的。还要注意，折价率非常稳定，至少在这段时间内是如此。这两个国家的投资－支出比率（即股东回报占收益的百分比）几乎相同。[1] 英国"国家"折价的规模令英国市场乘数的内在可变性相形见绌[2]（见图4-71）。

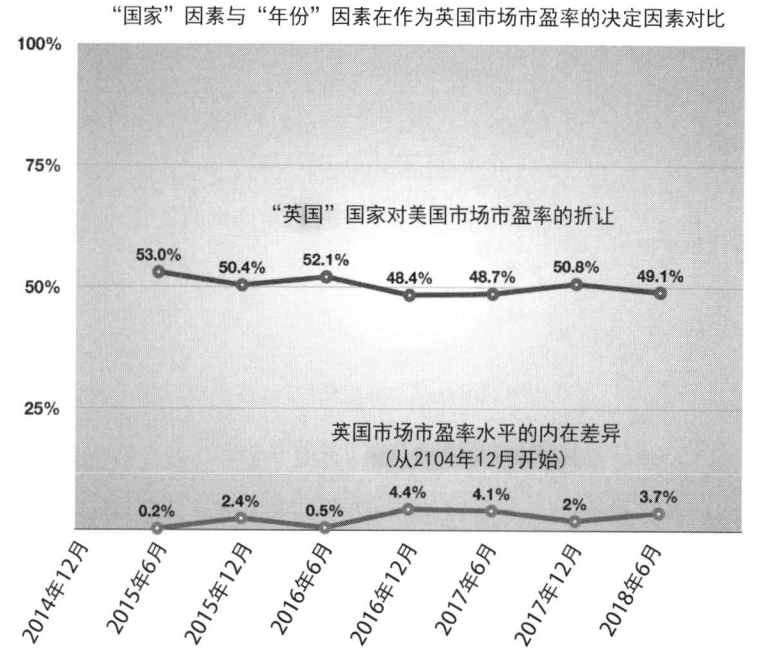

"国家"因素与"年份"因素在作为英国市场市盈率的决定因素对比

"英国"国家对美国市场市盈率的折让

| 时间 | 折让 |
|---|---|
| 2014年12月 | 53.0% |
| 2015年6月 | 50.4% |
| 2015年12月 | 52.1% |
| 2016年6月 | 48.4% |
| 2016年12月 | 48.7% |
| 2017年6月 | 50.8% |
| 2017年12月 | 49.1% |

英国市场市盈率水平的内在差异（从2104年12月开始）

| 时间 | 差异 |
|---|---|
| 2014年12月 | 0.2% |
| 2015年6月 | 2.4% |
| 2015年12月 | 0.5% |
| 2016年6月 | 4.4% |
| 2016年12月 | 4.1% |
| 2017年6月 | 2% |
| 2018年6月 | 3.7% |

图 4-71 英国市盈率：国家因素与年份因素

总之，"国家"因素可能是许多公司市盈率的唯一最重要的决定因素。

## 总　结

表 4-2 和 4-3 总结了有助于确定公司市盈率的各种"因素"。正如本章

---

[1] Robert Buckland et al., "Market Wants Cash Cows," *Citi Research*, March 19, 2015.
[2] 如本书其他部分所述，CAPE 比率很高。使用 CAPE 可能会在某种程度上夸大美国和其他国家之间的差异。美国和英国的市盈率（远期）差距较小——但仍然很大；截至 2019 年 9 月，英国市场的交易价格比美国市场低 30%。（James Mackintosh, "U. S. Stocks Cost a Premium, for Good Reason," *The Wall Street Journal*, September 25, 2019.）

通篇所述,这些因素中的许多因素的总体影响可能有些模棱两可,并且影响的符号可能会随着时间的推移而改变(即从决定溢价到决定乘数的折价率)。

表 4-2　　　　　　　　　　　　　企业的特定因素

| 因素 | 对市盈率和其他乘数的影响 |
| --- | --- |
| 盈利增长 | 模棱两可:更高的增长通常会带来更高的倍数,但"期限重置"可能会使这种效果无效 |
| 大小(市值) | 模棱两可;一般来说,较小的市值推动更高的市盈率<br>大市值股票在牛市后期会有溢价 |
| 风险(金融理论意义) | 一般来说,更高的"风险"(回报的可变性)与更高的乘数相关 |
| 股东回报(股息、股票回购) | 模棱两可的<br>股息失去解释力<br>积极的市盈率改善指标(总收益率) |
| 战略因素(收入质量) | 更稳定的收入推动更高的市盈率 |
| 战略因素(集团结构) | 企业集团通常以折扣价交易,市盈率低 10%～15% |
| 战略因素(资本支出) | 重资产(高资本支出)的商业模式交易折价 |
| 战略因素(现金积累) | 持有大量现金的公司以折扣价交易 |
| 战略因素(周期) | 模棱两可的<br>周期性公司在牛市中交易溢价<br>在经济衰退期间和之后,防御性股票可能会获得溢价 |
| 收益波动 | 收益更稳定的公司可以获得更高的市盈率 |
| 股票价格波动 | 波动较小的公司似乎市盈率更高 |
| 杠杆 | 模棱两可的 |
| 会计问题 | 高市盈率的公司通常有更多的应计利润<br>采用加速折旧的公司具有更高的市盈率<br>一般来说,更高的市盈率与更激进的会计选择有关<br>因果关系的方向不清楚 |
| 治理 | 薄弱的公司治理导致市盈率下降 |

表 4-3　　　　　　　　　　全市场或全行业的因素

| 因素 | 对市盈率和其他乘数的影响 |
|---|---|
| 情绪 | 复杂且模棱两可<br>市场"气候"或制度类型对市盈率有明显影响<br>软的"消费者情绪"指标影响不大<br>"理性的"增长预期推动溢价乘数 |
| 板块 | 显著的板块差异；研究不够充分 |
| 监管 | 监管越严格，市盈率越低 |
| 货币政策 | 复杂且模棱两可<br>美联储的举措对资产价值有非常大的影响 |
| 财政政策 | 受到刺激效应影响的公司的市盈率增加 |
| 通货膨胀 | 复杂且模棱两可<br>2%～3%的通货膨胀最佳点似乎是存在的<br>市盈率会在这个区间上下波动 |
| 利率 | 复杂且模棱两可<br>3%～6%的国债利率似乎是存在的<br>市盈率会在这个区间上下波动 |
| 国家因素 | 对市盈率的影响非常大 |

# 第五章　应用：作为自变量的市盈率

在前一章中，市盈率和其他乘数被认为是潜在解释性因子（如收益增长）产生的信号。在本章中，市盈率本身被视为解释或预测未来结果的因子，因此可以用来支持或触发重要决策。

市场乘数的主要应用包括：

（1）指导投资策略。

（2）评估公司交易——收购、剥离、合并、合资和私人股权投资（PE）。

（3）阐明市场的宏观趋势，并潜在地提供市场机制转变的警告。

其中第一项——提供投资指导在实践中是最重要的。市盈率和其他乘数被投资者广泛用于分析预期投资、制定策略、构建指数和设计金融工具中以提高回报。最为突出的例子，在很多方面也都是概念起点，是所谓的"价值"异象：低市盈率、低市净率或高股息率（低股价/股息的比率）的股票都显示出长期表现优于大盘的趋势。

其他的"异象"已经被逐步发现，其中一些也依赖于市场乘数的定义和检验，其中包括"增长"和"质量"。[1]

---

[1] 这个概念已经扩展到不依赖市场乘数本身的其他因素（今天通常称之为"规模"和"动量"）但持久的、可利用的错误定价的概念——可以说是从对"价值"异常的最初理解中衍生出来的——是所有这些错误定价的基础。从某种意义上说，市场估值指标已经打开了大门。

系统地利用市场异象现象已经成为一个不断发展的产业,拥有大量的产品和服务提供商。乘数在"产品化"的所有阶段都在被使用(见图 5-1)。

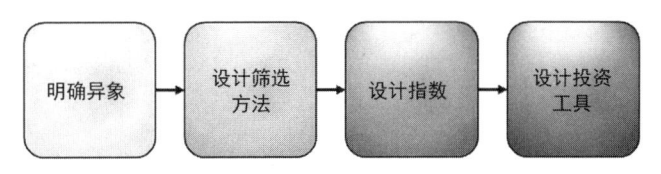

图 5-1 市场乘数的"产品化"

# 利用乘数预测股价

## 一般情况:市盈率作为反向指标

大量论文提供了低市盈率股票往往优于高市盈率股票的证据。[1]

市盈率和其他乘数最常见的应用是预测未来的股市回报,关于这种做法,有三个要点:

首先,市盈率是长期股价的有力预测因子。在 10 年期限的视野中,远期市盈率解释了高达 80% 的市场回报模式。[2]

其次,它对短期价格的预测能力相对较差(见图 5-2)。

在 1926—2001 年期间,简单市盈率预测 20 年期股票回报的能力确实令人印象深刻($R^2=65\%$)……在更短期限内,$R^2$ 值大幅下降(根据时期不同 1 年期预测的 $R^2$ 在 1% 到 10% 之间变化)。[3]

十年远期年化收益率与市盈率的相关性为 -0.52……另外,对于一年期回报……乘数预测的能力……基本上消失了……一年期远期收益与市盈率的相关性为 -0.10。[4]

---

[1] Donna Dudney et al., "Do residual earnings price ratios explain cross-sectional variations in stock returns?" *Managerial Finance*, Vol. 41, No. 7 (2015), pp. 692-713.

[2] Savita Subramanian, "2017 — The Year Ahead: Euphoria or Fiscal Fizzle," *Equity and Quant Strategy*, Bank of America/Merrill Lynch, November 22, 2016.

[3] Clifford Asness, "Fight the Fed Model," *Journal of Portfolio Management*, Vol. 30, No. 1 (Fall 2003), pp. 11-24. 注:这项研究报告称回报率预测的决定系数 $R^2$ 为 65%,而萨布拉曼尼亚的研究报告的决定系数 $R^2$ 为 80%,两者之间的差异很可能是由于时间段(1926—2001 年与 1971—2015 年)不同以及时间窗口(向前 20 年与向前 10 年)不同造成的。

[4] Javier Estrada, "Multiples, Forecasting, and Asset Allocation," *Journal of Applied Corporate Finance*, Vol 27, No. 3 (Summer 2015), pp. 144-151. 请注意,这些指标的变化呈负相关。例如,低市盈率与高回报相关。

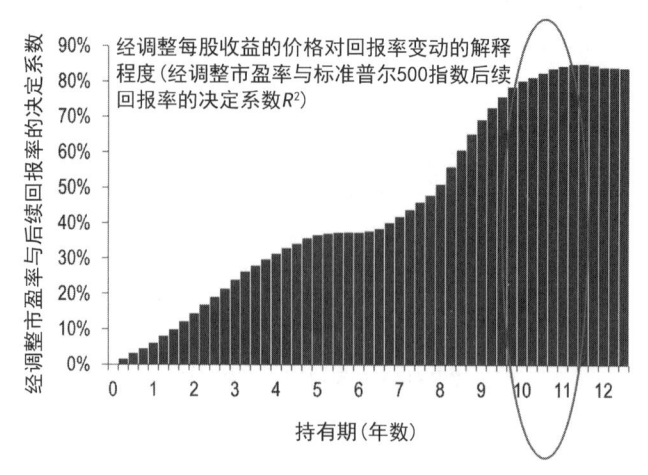

资料来源：美国银行美林证券美国股票与美国量化策略。

图 5-2 预测能力随着股票更长的持有期而提高[1]

再次，信号是反向的。较低的市盈率预示着较高的回报（尤其是长期回报）（见图 5-3）。最低市盈率板块产生最高的未来业绩（见图 5-4 和图 5-5）。

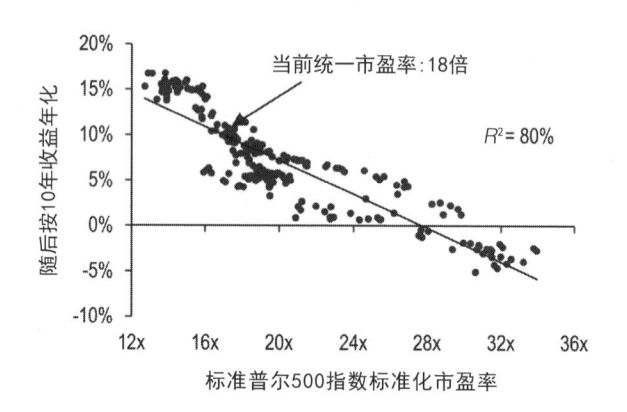

资料来源：BofA Merrill Lynch US Equity and US Quant Strategy。

图 5-3 市盈率是未来回报的反向信号[2]

---

[1] Savita Subramanian,"2017 — The Year Ahead: Euphoria or Fiscal Fizzle," *Equity and Quant Strategy*, *Bank of America/Merrill Lynch*, November 22, 2016. 上述引用的使用绝不意味着美国银行(BAC)或其任何关联公司认可此类信息的观点或解释或使用。信息按"原样"提供，美国银行或其任何关联公司均不保证信息的准确性或完整性。

[2] 同上。

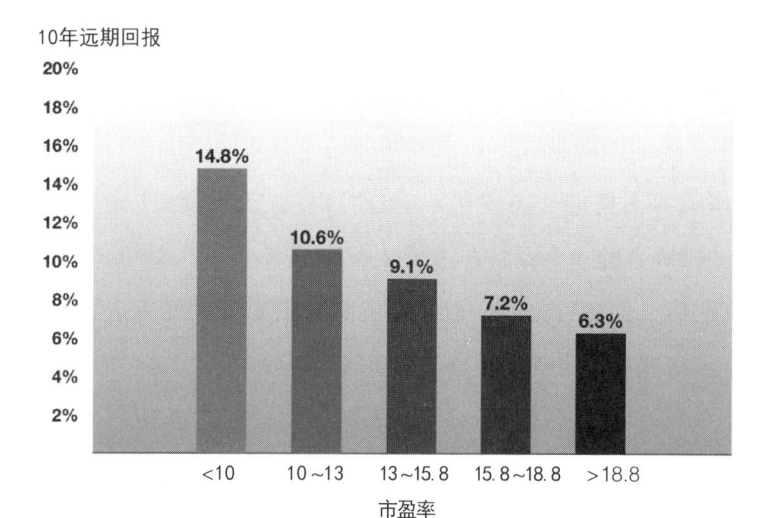

10年远期回报

[图表：市盈率与10年回报率柱状图]
- <10: 14.8%
- 10~13: 10.6%
- 13~15.8: 9.1%
- 15.8~18.8: 7.2%
- >18.8: 6.3%

资料来源：改编自Estrada(2015)。

图 5-4　市盈率与 10 年回报率[1]

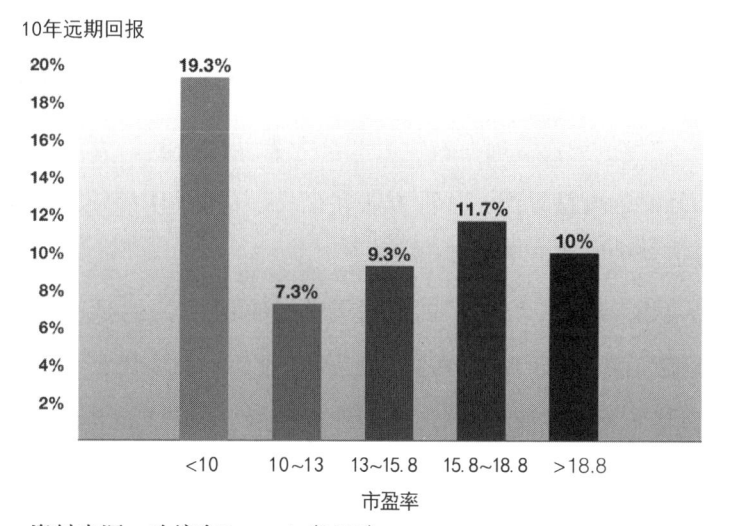

10年远期回报

[图表：市盈率与1年回报率柱状图]
- <10: 19.3%
- 10~13: 7.3%
- 13~15.8: 9.3%
- 15.8~18.8: 11.7%
- >18.8: 10%

资料来源：改编自Estrada(2015)。

图 5-5　市盈率与 1 年回报率[2]

"反向"这个结果是意料之外，高市盈率通常是企业健康和竞争成功的标志，这表明公司已经能够创造显著的股东价值，这也表明市场情绪积极：

[1] 改编自 Javier Estrada，"Multiples, Forecasting, and Asset Allocation," *Journal of Applied Corporate Finance*，Vol 27, No. 3 (Summer 2015), pp. 144-151。
[2] 同上。

投资者愿意高估一美元收益的价格,以希望未来会赚得更多。然而,这些成功公司的股票市盈率高,一般而言未来业绩表现不佳。另外,低市盈率通常表明公司面临问题或结构性挑战,以及针对公司或行业的负面投资者情绪。然而,投资这些陷入困境的公司股票,一般而言将优于投资更"成功"的同行。因此,成功投资者的一个经典方法是寻找"表现不佳者",低市盈率乘数则有助于识别它们。这在历史上一直是市场乘数最重要的实际应用之一:通过构建信号或筛选扫描来识别投资机会(见图5-5)。

## 扫描筛选"价值"[1]

所有的市场比率都倾向于反向,低价值通常预示着较高的回报,也就是说,市盈率、市净率、价格—股息比率和企业价值/息税折旧摊销前利润(EV/EBITDA)值较低的公司——在某种意义上"便宜"的股票——往往在随后的时期表现优于价值较高的公司。筛选低市盈率(等指标)的行为获得了一个标签——"价值投资",现在被学者和从业者认为是利用股市行为中的一个基本面怪癖的可靠方法。这种方法在很长一段时间内都很有效,被世界上一些最成功的投资者所遵循。[2]

这其实是自相矛盾的。"便宜"的公司通常有便宜的原因,低市盈率反映了糟糕的业绩和低预期。投资"瘦狗"股票(差股票)[3]违背了常识性的预期,即投资者应该更喜欢表现良好、成功和成长的公司,而低市盈率倾向于选择陷入困境、缺乏吸引力和不受欢迎的公司。挑选低乘数的公司来建

---

[1] 我们应该厘清价值和"价值"之间的区别。价值有多种含义,但在金融、经济和会计领域,它总是或多或少地与资产、商品或服务的"交换价值"相关——在自愿卖方和自愿买方之间的自由公平交易中能够获得的价格。"公允价值"这一概念已被会计行业编纂入法典,并被法律行业所采纳(例如,"在知情的非相关自愿方之间的公平交易中,资产或负债可以交换的金额")。换句话说,在金融和经济领域,价值是一个定量的概念。"估值"包括旨在计算这一数额的各种方法(见第二章)。

"价值"——此处加引号——指的是一种非常特殊的定价异象,即一家公司被市场视为"被低估"——市场价格低于企业的内在价值。这个意义上的"价值"是否存在,一直是争论的话题。一些学者给出了否定的答案,他们声称"异常"实际上是对特定类型风险的完全理性定价。我们将在下面讨论这个问题。其他学者和大多数从业者认为,"价值"确实存在,精明的投资者可以利用它获利。第二种用法将贯穿本章,尽管"价值"并不总是会被加上引号。

[2] 当然,沃伦·巴菲特是杰出的榜样和倡导者。

[3] "道琼斯指数中的瘦狗"是一种基于股息收益率的经典价值策略。

立投资组合,看起来像是试图通过挑选击球命中率最低的球员来建立一支全明星棒球队。正如一位研究人员承认的那样,价值股往往是缺乏增长、需要资产负债表重组、管理层不称职、需要新的公司战略、被经纪人评级为"卖出"或存在其他问题的公司。实际上,价值投资者通过持有不受欢迎的股票为市场提供服务。[1]

此外,在有效市场中,"价值"不应该存在,或者至少不应该持续存在。如果"所有人都知道"低市盈率股票未来会做得很好,就会有人出去买,需求的增加将推动价格上涨,市盈率会上升。购买将继续,直到价格达到"正确"的价值,错误定价应该消失,但这并没有发生。几十年来持续的低市盈率、错误定价的"价值"机会被称为"异象"——"价值"异象。[2]

## "价值"异象的证据

价值投资包含了这种异象及其所暗示的违反直觉的心态。

"价值"异象(有时也称为市盈率异象)的存在早已为业内人士所知,它是由20世纪60年代和70年代的学者"发现"的,他们用市盈率对股市表现进行简单回归。巴苏(Basu,1977)是最早在学术文献中记录这种效应的人之一,在他的研究中,市盈率最低的五分位数股票的表现优于市盈率最高的五分位数股票,也优于整个市场投资组合,而且风险更低[3](见图5-6)。

40年后,美联储旧金山分行的一份报告将整个市场的月度市盈率($X$轴)与随后十年的股价增长($Y$轴)进行了对比。这种模式在最近一段时间更为明显[4](见图5-7)。

---

[1] Nicolas Rabener, "Improving the Odds of Value," *FactorResearch*, October 2018.

[2] 一种反常现象是对目前接受的范式的偏离。这种偏离太大以致不能被忽视,太系统而不能被当作随机错误忽略,太基本而不能通过放松(理论假设)来适应。[A. Tversky and D. Kahneman, "Rational Choice and the Framing of the Decision," *The Journal of Business*, Vol. 59, No. 4 (1986), p. 252.]

[3] S. Basu, "Investment Performance of Common Stocks in Relation to Their Price-Earnings Ratios: A Test of the Efficient Market Hypothesis," *The Journal of Finance*, Vol. 32, No. 3 (June 1977), pp. 663-682.

[4] Thomas Mertens, Patrick Shultz and Michael Tubbs, "Valuation Ratios for Households and Businesses," FRBSF Econmic Letter, Research from Federal Reserve Bank of San Francisco, January 8, 2018. 请注意,鉴于需要10年的后续回报来定义每个数据点,这里的"后期数据"显然必须在2007年结束——在本章后面讨论的"价值"异常"停滞"之前。

平均年化收益率（1957-1971年）

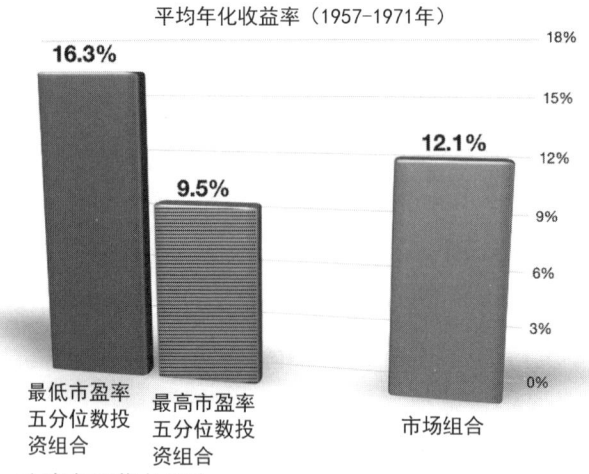

资料来源：改编自巴苏(1977)。

图 5-6　市盈率信号(1957—1971 年)[1]

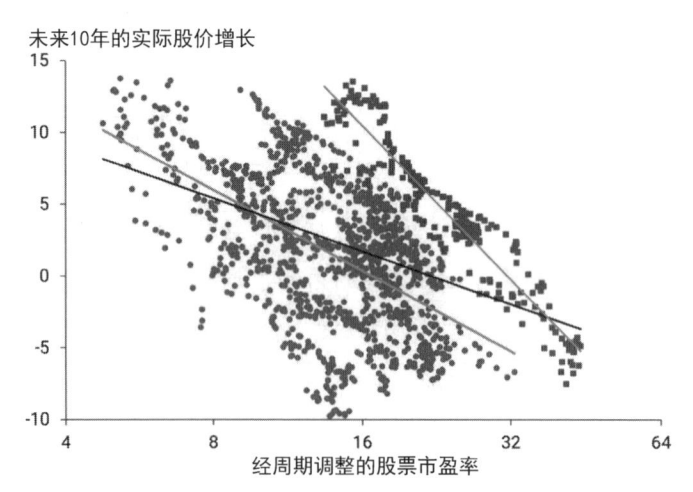

注：点和趋势线反映截至1996年12月的数据；方块和趋势线反映后期数据，黑线反映所描述的所有数据的趋势。

资料来源：美联储旧金山分行(2018)。

图 5-7　CAPE 与 10 年期回报[2]

---

[1] 改编自 S. Basu, "Investment Performance of Common Stocks in Relation to Their PriceEarnings Ratios: A Test of the Efficient Market Hypothesis," *The Journal of Finance*, Vol. 32, No. 3 (June 1977), pp. 663–682。

[2] 改编自 Federal Reserve Bank of San Francisco's "Valuation Ratios for Households and Businesses," FRBSF Economic Letter 2018 - 01, January 8, 2018, www.frbsf.org/economicresearch/publications/economic-letter/2018/january/valuation-ratios-forhouseholds-and-businesses。本文表达的观点不一定反映美联储旧金山分行管理层或联邦储备委员会的看法。

这一结果在此后的数百项研究中得到了证实,适用于世界各地的市场以及各种经济环境。像金融中的许多因子一样,"价值"有起有落,在某些市场体制下,它似乎会消失。但从长期来看,"价值"异象仍然是学者们研究的众多市场异象中最多的一个。图5-8显示了低市盈率股票相对于高市盈率股票的500个基点的年度优势,这相当于整个标准普尔500指数46年期的1 000%溢价。[1]

按五分位计算的标准普尔500指数的市盈率
平均年收益(1957—2003年)

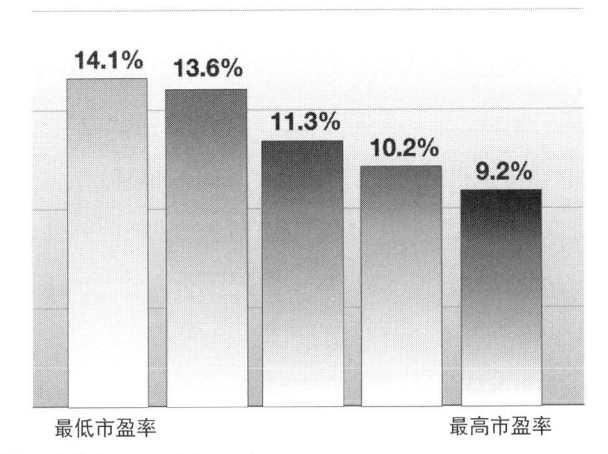

14.1%　13.6%　11.3%　10.2%　9.2%

最低市盈率　　　　　　　　　　　最高市盈率

资料来源:改编自Siegel(2004)。

图5-8　标准普尔500指数的回报与五分位市盈率的对比(1957—2003年)[2]

## "价值"异象解释

为什么会存在"价值异象"?为什么"价值投资"会奏效?有很多种解释:

(1) 统计学解释:"价值"为简单的"均值回归"(或"回归均值")。[3]

(2) 传统的金融理论解释:"价值"是"风险"的一种形式。

(3) 修正的金融理论解释:"价值"是对新信息的延迟反应。

---

[1] Jeremy Siegel, "The Growth Trap," *Fortune*, December 27, 2004.
[2] 改编自 Jeremy Siegel, "The Growth Trap," *Fortune*, December 27, 2004。
[3] 有些人认为"均值回归"和"回归均值"是不同的现象。如果是这样,差别是非常细微的。

(4) 行为金融解释:"价值"是有偏见的决策的结果。

(5) 常识解释:"价值"是企业学习过程的轨迹。

**均值回归**

对价值异象的简单解释是基于这样的观察,即许多统计过程(时间序列)是"均值回归",这种现象也被称为"回归到均值",这个概念的形式意义表达如下:

> 如果一个变量第一次测量的结果是极端值,那么第二次测量的结果将倾向于更接近平均值。[1]

应用于股票价格时,有人认为"高飞侠"或所谓的"成长型"股票——例如市盈率远高于平均水平的公司——随着时间的推移,往往会回落到平均市盈率水平,而市盈率远低于平均水平的"价值型"公司往往将会看到其市盈率随着时间的推移而上升。这提供了某种解释:对于价值被低估公司的超常业绩表现,其收益可能会绝对增长,但更重要的是,这些收益将相对地向上重估,成为股市回报的"顺风"(见图5-9)。

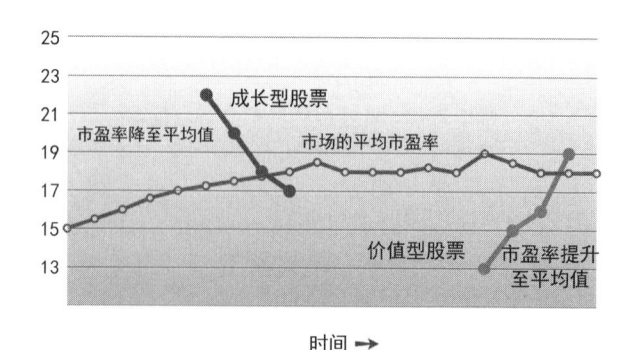

图5-9 回归到平均值

"均值回归"[2]其实并不只是一个解释;而是对这一现象的重新标记,

---

[1] 参见 Oxford *Dictionary of Statistics*, Oxford University Press (2008), p. 335;更多关于细节的讨论参见 Stephen Stigler, "Regression to the Mean, Historically Considered," *Statistical Methods in Medical Research*, Vol. 6 (1997), pp. 103–114。

[2] John Campbell and Robert Shiller, "Valuation Ratios and The Long-Run Stock Market Outlook," *The Journal of Portfolio Management* (Winter 1998).

也是对估值过程的非理论解释，它假设股价会在某个时候简单地"恢复正常"，没有任何因果关系。[1]

在大多数金融时间序列中，从非常短期的、日内的或高频的到多年的时间框架，都可以发现均值回归模式，检测均值回归的模型在投资者中非常受欢迎。

价值投资的实际挑战在于预测时间框架，我们究竟要等多长时间才能出现均值回归？不同的均值回归过程，由不同的潜在因果机制驱动，在不同的时间尺度上运行。市盈率和其他乘数信号的均值回归类型可能需要很长时间。公司收益的重估是一个具有重要战略意义的过程，其运行规模与战略举措的发展、新政策和计划的执行以及业务成果改善的逐渐实现相称，这种"转变"过程可能要多个季度甚至几年。[2] 没有因果模型，预测回归就变成了一个简单的等待游戏。

**作为"风险因子"的"价值"**

正统金融理论将未来收益与"风险"联系起来[3]——通常仅指过去回报的可变性，以各种方式衡量。据说回报与这种"风险"正相关——更高的回报意味着回报存在更高的可变性。最初，唯一被考虑的"风险"类型是市场投资组合的总体可变性，这种"市场风险"获得了"贝塔"的标签。[4] 在早

---

〔1〕 席勒和坎贝尔是这样说的："我们应该首先理解估值比率的稳定性本身对均值回归意味着什么。如果我们暂时接受这样一个前提，即估值比率在未来将继续在其历史范围内波动，既不会永久移出历史范围，也不会陷入历史范围的一个极端，那么当估值比率处于极端水平时，该比率的分子或分母必须朝着将该比率恢复到更正常水平的方向移动。"["Valuation Ratios and The Long-Run Stock Market Outlook," *The Journal of Portfolio Management* (Winter 1998).]这里没有因果关系或真正的"理论"，只有用统计语言表达的"上升的必然下降"的观点。

〔2〕 本杰明·格雷厄姆(Benjamin Graham)写道："大幅低估自我修正所需要的时间间隔平均为1.5～2.5年。"(*The Intelligent Investor*, 1959). 维纳·F. M. 德邦特(Werner F. M. De Bondt)和理查德·泰勒(Richard Thaler)在他们著名的市盈率异常研究中使用了3年的窗口期，事实上，大部分影响被推迟到了15～24个月的窗口期。["Does the Stock Market Overreact?" *The Journal of Finance*, Vol. 40, No. 3 (July 1985), pp. 793-805.]当然也有市盈率调整更快的情况。例如，2013年，百思买的市盈率在不到4个月的时间里从5.4跃升至11.5，推动该股上涨了120%。(Justin Lahart, "You Needn't Be Best to Be a Buy," *The Wall Street Journal*, May 1, 2013.)

〔3〕 使用"风险"这个词真是用词不当。在金融理论中，"风险"仅指结果的可变性(如股票收益)。从这个意义上说，这是一个中性的统计概念。这并不意味着损失。出于这个原因，更谨慎的作者将把"风险"替换为可变性的度量，比如回报的"标准差"。当提到这个词在金融理论意义上的用法时，我通常会把它放在引号里。

〔4〕 术语β最初的意义是数学上的。但它已经摆脱了等式的束缚，现在被应用于一系列不同的概念，这些概念都以某种方式与推动整个市场的大趋势和力量的概念相关，而不是推动个股的特定趋势和因素，后者在同样的精神下被标记为阿尔法。

期版本的金融理论中，贝塔被认为是决定回报的唯一因子，是投资者可以期望获得回报的唯一风险形式（因为公司特有的风险可以通过构建适当的投资组合分散）。

随着时间的推移，人们明白故事还有更多内容。承认其他形式"风险"的决定性步骤来自20世纪90年代法玛和弗伦奇（Fama and French）的研究，他们发现了额外的"风险因子"——股票价格波动的来源，这些因子没有被解释或包含在整体市场"风险"中。最初，他们只确定了两个增加的因子：价值和规模[1]（后来研究人员又确定了许多其他因子）。

价值因子是由法玛和弗伦奇根据市净率（而不是市盈率）来定义的。[2]"价值异象"被解释为源于回报可变性（"风险"）组成部分的一个与低市净率有关的单独存在——一个额外的风险因子。据说市场会向投资者提供额外的回报溢价，以吸引他们承担这种新型风险。

对于这种解释的一个测试是，由市净率或类似的扫描筛选器选择的价值股是否确实显示出更高的"风险"——比市场平均水平更大的波动性或可变性。研究结果自相矛盾，一些学术研究认为，价值股（低市盈率）显示出更高的波动性，至少在某些情况下是如此[3]，但最常被引用的"风险"的实际衡量标准——股票回报的标准差——显示了一幅不同的画面。长期来看（1963—2002年），低市盈率股票的（"价值股"）波动性小于高市盈率股票（"成长股"）[4]（见图5-10）。

---

[1] 值得一提的是，学术研究者通常指的是市盈率的倒数——B/P 或 B/M。当然，它包含完全相同的信息，但符号是反的。可以说这是一只高 B/P 的价值股。[Eugene Fama and Kenneth French, "The Cross-Section of Expected Stock Returns," *The Journal of Finance*, Vol. 47, No. 2 (June 1992), pp. 427-465.]

[2] 学者们倾向于继续使用市净率作为价值因子的筛选标准，而大多数从业者更喜欢市盈率（因为市净率有与账面价值计算相关的结构性缺陷）。

[3] Angela J. Black and David G. McMillan, "Asymmetric risk premium in value and growth stocks," *International Review of Financial Analysis*, 15 (2006), pp. 237-246; Yakup Eser Arisoy, "Volatility risk and the value premium: Evidence from the French stock market," *Journal of Banking & Finance*, 34 (2010), pp. 975-983.

[4] William Bernstein, "Are Value Stocks Riskier Than Growth Stocks?". www.efficientfrontier.com/ef/902/vgr.htm.

年标准差(1963—2002年)

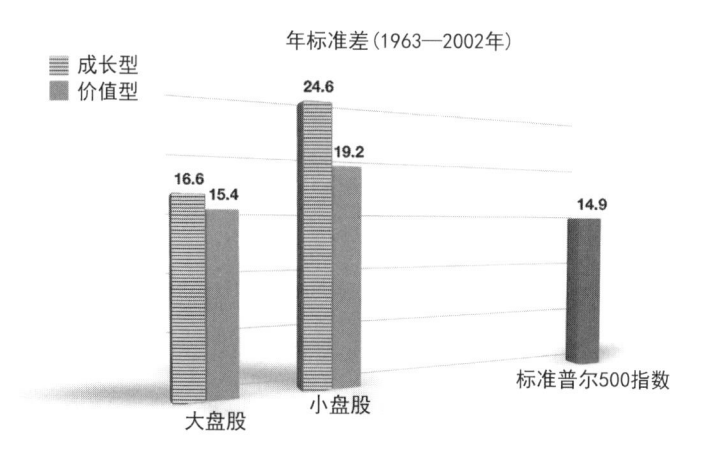

成长型 16.6　价值型 15.4　（大盘股）
成长型 24.6　价值型 19.2　（小盘股）
14.9　（标准普尔500指数）

图 5-10　小盘股/大盘股的风险、增长/价值与市场[1]

后来的一项研究(1980—2011年)证实了这一模式，并发现价值股的回报在低波动月份和高波动月份之后的一年内都不太波动，这反映了低波动性/低市净率的关系在不同市场环境中的持久性(见图 5-11)。(这项研究还发现，价值股的 5 年期回报的波动率也比整体市场要小。)[2]

1年收益的标准差(1980—2011年)

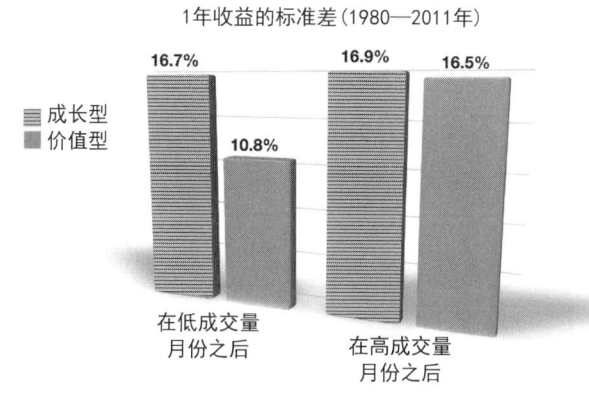

成长型 16.7%　价值型 10.8%　（在低成交量月份之后）
成长型 16.9%　价值型 16.5%　（在高成交量月份之后）

图 5-11　"风险"与成长/价值[3]

---

[1] 改编自 William Bernstein, "Are Value Stocks Riskier Than Growth Stocks?" www.efficientfrontier.com/ef/902/vgr.htm。

[2] The Brandes Institute, "Volatility: Implications for Value and Glamour Stock," www.Brandes.com/docs/default-source/Brandes-Institute/Volatility-implications-for-value-and-glamour-stocks。

[3] 改编自 Brandes Institute, "Volatility: Implications for Value and Glamour Stock," www.Brandes.com/docs/default-source/Brandes-Institute/Volatility-implications-for-value-and-glamour-stocks。

### 作为"延迟响应"的"价值"

最初提出的有效市场理论要求对市场和投资者行为进行大幅简化。[1]这使得该理论受到批评,认为它没有提供真实市场的有效描述。近年来,有人声称有效市场理论已经"完善……以反映市场的现实",特别是对各种"摩擦"的认知。[2]

其中一个"摩擦"与处理新信息的潜在延迟有关,也许"价值"异象的存在是因为市场处理新信息的速度比标准理论假设的要慢。也就是说,这种反常现象可能源于新信息的到达与该信息完全纳入修正价格之间的时间,这种滞后能够让一个敏捷的投资者有时间预测和利用价值股的暂时错误定价获利。

与越来越多的人认为公开信息会被证券价格瞬间纳入反映的观点相反,在调整过程中似乎存在滞后和摩擦。因此,可公开获得的市盈率似乎拥有"信息内容",可能需要投资者在投资组合形成或修正时予以关注。[3]

这种现象有时也被描述为"反应不足":

> 在1～12个月的时间维度里,证券价格对新闻信息反应是不足的。新闻只是缓慢地融入价格,而价格往往在这些时间范围内呈现正的自相关性。与此相关的一种说法是,当前的利好消息有能力预测未来的正回报。[4]

其他研究发现,反应不足而后校正(均值回归)的过程可能需要长达五年或更长时间[5],这为投资者在趋势逆转之前获利提供了大量机会。

---

[1] 例如没有交易成本。

[2] Andrew Ang, William Goetzmann, and Stephen Schaefer, "Evaluation of Active Management of the Norwegian Government Pension Fund-Global," December 14, 2009.

[3] S. Basu, "Investment Performance of Common Stocks in Relation to Their Price-Earnings Ratios: A Test of the Efficient Market Hypothesis," *The Journal of Finance*, Vol. 32, No. 3 (June 1977), pp. 663-682.

[4] Nicholas Barberis, Andrei Shleifer, and Robert Vishny, "A model of Investor Sentiment," *Journal of Financial Economics*, 49 (1998), pp. 307-343.

[5] David N. Dreman and Michael A. Berry, "Overreaction, Underreaction, and the Low-P/E Effect," *Financial Analysts Journal*, July/August 1995, pp. 21-30.

**行为金融的解释**

前文所述的"反应不足"范式是基于一个相对中性的术语——就因果关系而言,它也就仅仅引发了处理的延迟,但它暗示并渐变为基于投资者决策过程中存在系统偏差的价值异常的另一种观点。一个更为丰富的心理学框架产生了:"面对新证据,个人改变信念的速度很慢"——处理延迟变成了保守主义。参考贝叶斯推理,其从一个经典的统计视角加入概率使有效市场假说得以与时俱进——随着新信息的出现会出现哪些可能的观点变化,一位心理学家观察到:

> 观点发生变化的方式——变化是非常有序的,通常与从贝叶斯定理计算出的数字成正比——但在数量上却是不够的。一个常规数据的第一近似值表明,需要两到五个观察值才能完成一个观察值的工作来诱导主体改变其观点。[1]

但这是"反应不足"还是"反应过度"? 保守和惰性,还是恐惧和悲观? 显然,人类倾向于有这些形式的偏见。

低收益预期的低 PE 股票的回报表现是基于一种被称为"收益过度反应效应"的异象……

研究表明,极其好或坏的年份是暂时的,未来的收入总是会回到更正常的水平。如果投资者认为这些暂时的偏差是永久性的,那么不利的收益报告会导致市场对未来收益做出过于悲观的预测,导致股价跌破均衡水平。一旦投资者意识到他们过于悲观,股价就会根据其内在价值向上调整。[2]

这一讨论融合了一系列其他心理学观察和对投资者决策的解释,通常被归类于行为金融学的标题下——行为金融学已经成为对传统理性主义金融理论的重要挑战,市盈率异象在刺激这一新领域的发展中发挥了

---

[1] W. Edwards, "Conservatism in Human Information Processing," in B. Kleinmutz (Ed.), *Formal Representation of Human Judgment*, John Wiley and Sons, New York (1968), pp. 17–52.

[2] April Klein and James Rosenfeld, "P/E Ratios, Earnings Expectations, and Abnormal Returns," *The Journal of Financial Research*, Vol. 14, No. 1 (Spring 1991), pp. 51–64.

关键作用。[1]

**作为反映一个学习过程的"价值"**

前面的解释都是机械性的,从某种意义上说是决定论色彩的。前三种解释将价值异象描述为市场机制对带有"价值"标签公司的信息性质或者信息择时的固定反应。行为金融学的解释是基于一种心理机制,这种心理机制被认为在投资者的头脑中运作,也以一种准确定性的方式处理新信息。前四种方法都没有提到相关公司的行为或公司管理层对业务挑战的反应,包括面临估值低迷时。

然而公司当然属于社会技术系统,是由人类代理管理,它们可以观察低估值的原因,并以旨在纠正这些问题和提高公司价值的策略来应对,存在一个学习的过程。一家发现自己陷入困境的公司会面临巨大的竞争压力,需要找到成功的纠正策略。原来的管理层可能会被"更好的"管理层所取代,该公司可能会聘请外部咨询顾问诊断其缺点并提出改进建议。在整个公司的各个层面,通常都有激励机制促进有效的问题解决、学习和创新。随着时间的推移,我们应该预计大多数今天处于困境的公司在未来会有所改善,估值指标应该会随着这种改善而上升。

这是常识性的解释。市盈率低的公司通常配得上,因为它们陷入困境,让投资者失望。然而,这些公司是由高智商的代理人(经理)管理的,他们有能力识别并处理这些问题,同时能够调整业务策略以提高绩效,随着这种改善的显现,市盈率将会做出反应。从这个角度看,均值回归准确地反映了管理层的建设性回应所带来的学习或调整过程,从而解决问题并增加企业价值。处理流程中固有的延迟反映了诊断问题、考虑替代解决方案、引入业务战略变化以及改进生效的自然过程所需要的时间。无论投资者在追踪这些问题时是否完美,在这种观点下,经济变化的有机内在本质才是回报和估值轨迹的真正驱动力。随着形势的改善,估值指标将会上升,这就是为什么乘数可以用作"质量"或"盈利"因子的筛选扫

---

[1] 反应不足与反应过度的辩论是这些行为描述时常出现的不连贯性的例子。我们很容易为观察到的异常现象捏造心理学上的解释。与其他边缘话题一样,行为金融学的全面讨论将在后续章节展开。

描仪。

自 1990 年以来,长短期盈利能力因子在美国和欧洲持续产生正收益。比其他公司更有盈利能力的公司应该以更高的估值交易。[1]

有趣的是:在这种情况下,乘数提供的信号不是反向的。正如拉贝纳(Rabener)所观察到的,"盈利因子因此可以被视为价值因子的对立面"。它载有类似的信息,但被筛选出相反的标志。市盈率是竞争成功的晴雨表,无论我们筛选的是低值还是高值。(另外,在前一时期表现良好的"成长型"公司可能会变得自满,或者逐渐变得效率更低、利润更低,或者因为天生的惰性和对过去政策的承诺而错过业务形势的一些战略变化。他们的学习过程被他们的成功所"打乱"——这是一个常见的现象。)[2]

### "周期性"的例外

有时有人认为,对于"周期性"公司来说,市盈率信号的重要性可能会逆转——这些公司的收益会随着一般商业周期(如汽车公司)或与该行业相关的周期(如油价或半导体库存周期)的影响而大幅波动和下跌。此类公司的低乘数可能反映了周期"顶部"非常好的盈利期的影响,这是可能的在未来(也是"不可避免的")下行周期中下降。股票价格预测这种下降,并保持相对较低的水平,因此,其低市盈率,而不是代表价值游戏或买入机会,可能是短暂的好时光即将改变的警告。分子中相对较低的价格是市场的预测,基于对当前令人印象深刻的收益不可持续的认识。

### "价值"正在消失吗?

最近的一项研究(2014)认为:"席勒市盈率(即 $CAPE_1$)和传统市盈率都没有通过一项关键的统计测试:它们不是均值回归——因此,这两个比

---

[1] Nicolas Rabener, "The Odd Factors: Profitability & Investment," FactorResearch, www.factorresearch.com/research-the-odd-faceors-profitability-investment.

[2] 克莱顿·克里斯滕森(Clayton Christensen)基于这种趋势发展出了一种战略理论,他称之为"创新者的困境"(Innovator's Dilemma)。本质上,他批判这一现象:成功的公司往往因为坚持长期有效的成功策略而难以对新兴挑战做出创新性的响应,因为这样可能会偏离它们长期以来的成功做法,至少在短期内,这样做会违背现有客户的利益和期望。Clayton Christensen, *The Innovator's Dilemma: When New Technologies Cause Great Firms to Fail*, Harvard Business Review Press, 1997.

率都有望在很长一段时间内显示低估或高估。"[1]换句话说,价值异象可能已经不再有效。被低估的股票可能根本不会恢复,或者需要更长的时间才能恢复。事实上,自2008年以来,价值投资的回报似乎已经枯竭。拉贝纳利用市盈率和市净率绘制了多头/空头策略图——他买入低市盈率或低市盈率股票,做空高乘数股票。从2000年到2007年,市盈率策略非常强大,盈利达到了600%,但在2008年危机之后,"价值"作为回报的驱动力已经消失,在接下来的十年里,市盈率筛选出的股票显示出轻微的损失(基于市净率乘数的筛选更糟)[2](见图5-12)。

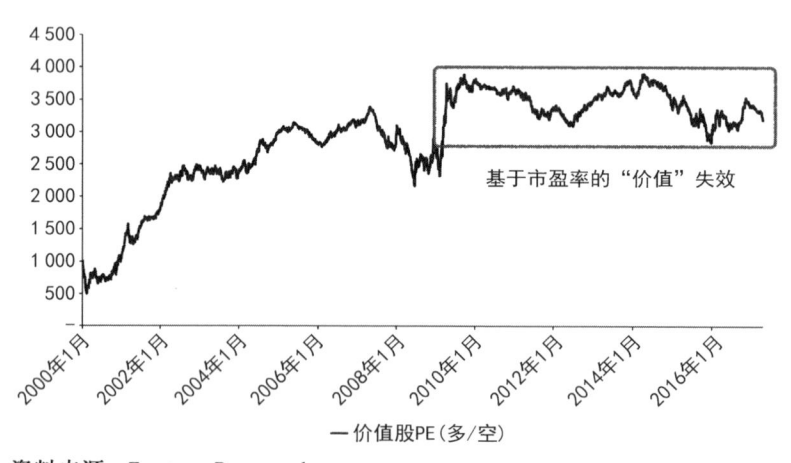

基于市盈率的美国价值

资料来源:Factor Research。

图5-12 "价值"的市盈率信号消失了吗[3]

这是什么原因呢?美联储激进的货币宽松政策可能会发挥作用。还有人猜测,价值投资策略被基于指数的市值加权投资的兴起削弱了,按市值加权的指数基金将在上涨的市场中创造一个正反馈(顺周期)过程,将更多的资金引导到大盘股和成长股,实际上是所有被高估的股票,并远离那些被低

---

[1] Brian Kantor and Christopher Holdsworth, "2013 Nobel Prize Revisited: Do Shiller's Models Really Have Predictive Power?" *Journal of Applied Corporate Finance*, (Spring 2014), pp. 101-108. 除了这篇论文的摘要之外,我一直无法阅读更多的内容,所以我不确定它们的意思是不是均值回归发生所需的时间延长了(这是我怀疑的)。我希望作者让他们的作品更容易获得。

[2] Nicolas Robener, "Value Us: Sectoral Analysis," *FactorResearch*, May 2017.

[3] Ibid.

估的股票,这往往会强化"成长因子"(高市盈率股票)并削弱"价值因子"(低市盈率股票)。

可以想象,如果被动基金的资金流量相当大,就会导致价格超调。由于指数通常根据市值加权,估值过高的股票或债券在上涨的市场中所占的份额往往会增加……被动基金的大量流入和流出可能会加剧这些投资趋势。[1]

无论如何,"价值"(低市盈率股票)在过去几年中相对于"成长"(高市盈率股票)的表现不佳[2](见图5-13)。

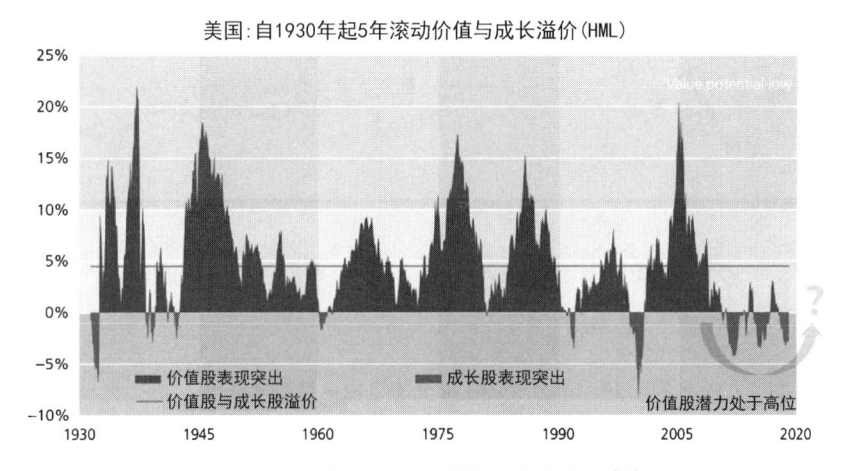

美国:自1930年起5年滚动价值与成长溢价(HML)

图 5-13　量化宽松背景下"价值"的溢价被减弱[3]

## 乘数作为价值筛选的比较

当被用于价值筛选时,哪个指标在预测未来回报方面做得最好?

这是一个更普遍的问题的补充:市场指标(和其他指标)能在多大程度上预测未来的股市回报?正如金融领域的许多此类问题一样,无论是更大的问题还是更小的问题,目前都没有明确的答案,但存在一些有趣的迹象。

---

[1] V. Sushko and Grant Turner, "The Implications of Passive Investing for Securities Markets," *BIS Quarterly Review* (March 2018), pp. 113-131.

[2] Norbert Keiming and Nora Imkeller, *Star Capital Research* (2017). www.starcapital.de/en/research/research-in-charts.

[3] Ibid.

**市净率是无效的**

市净率是许多学者首选的指标,可以追溯到最初的法玛和弗兰奇三因子模型。[1] 然而,市净率不再像以前那样有效。账面价值的会计方法未能跟上经济转型的步伐——在前面的章节中已有评论——表现在作为价值筛选的市净率相对于市盈率表现不佳[2](见图5-14)。

资料来源:Rabener、Factor Research(2018)。

图5-14 作为"价值"信号的市盈率与市净率[3]

在一项对巴西股票的研究中发现,市盈率指标比市净率更有效地识别"价值"股,为"投资者提供了显著更好的风险调整后的表现。"[4](作者指

---

[1] Eugene F. Fama and Kenneth R. French, "The Cross-Section of Expected Stock Returns," *The Journal of Finance*, Vol. 47, No. 2 (June 1992), pp. 427-465.

[2] "系统性价值投资者在决定构建投资组合时应该使用哪种价值指标时,面临很多选择。历史上,投资者一直关注市净率……但是市净率有一个问题:今天,市净率也许是最传统的价值衡量标准,根据公司的账面价值评估股票价格——所有有形资产的价值,但不包括无形资产……如今的服务经济充斥着那些最大的资产是其品牌、知识产权或客户忠诚度的公司,而这些并没有出现在资产负债表上。"(Nicolas Rabener, Value Factor: Comparing Valuation Metrics, *FactorResearch*, May 2018. www.factory research.com/research-value-factor-comparising-value-metrics.)

[3] Nicolas Rabener, Value Factor: Comparing Valuation Metrics, *FactorResearch*, May 2018. www.factory research.com/research-value-factor-comparising-value-metrics. 经作者许可转载。

[4] Rafael Falcão Noda, Roy Martelanc, and Eduardo Kazuo Kayo, "The Earnings/Price Risk Factor in Capital Asset pricing Models," Paper presented at the BALAS Annual Conference 2014, Port of Spain, Trinidad and Tobago, 2014. 作者强调了一个重要的普遍观点:我们没有完全理解通货膨胀对乘数和其他估值指标准确性的影响。"另一个可能的扩展是检查市盈率是否构成了其他通货膨胀率历史高企国家回报的更好解释因素,以及 B/M 是否更适合历史上通货膨胀率处于低位的国家。"这一评论阐明了学术界普遍忽视对估值问题进行更系统分析的必要性。

出,巴西的高通货膨胀率"使公司的账面价值变得不那么有意义,尤其是对拥有较老资产的公司而言"——简言之,这是避免市盈率乘数的另一个原因。)

**现金流乘数:混合的结果**

拉贝纳还绘制了两个现金流乘数图:价格/自由现金流(市现率)和EV/EBITDA。市现率的表现略好于市净率,而 EV/EBITDA 则要好得多,仅略逊于市盈率(见图 5-15)。

资料来源:Rabener、Factor Research(2018)。

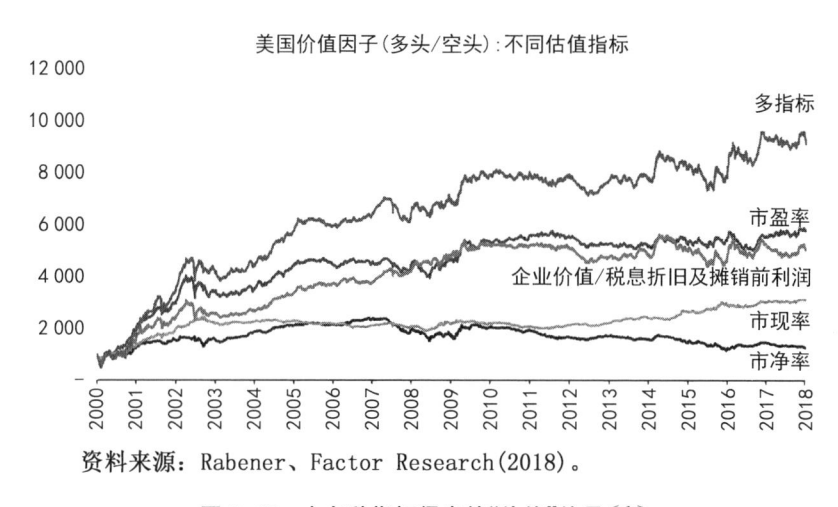

**图 5-15 由多种指标得出的"价值"信号**[1]

另一项不同的研究发现,现金流指标优于基于公认会计原则收益的指标。

自 1986 年以来,基于企业价值与自由现金流比率买入标准普尔 500 指数中最便宜的 50 只股票的策略,其回报比使用远期市盈率的类似策略至少高出 2%,且波动性更小。[2]

另一个视野由头部指数提供商 MSCI 提供,它使用三个乘数来构建其旗舰价值指数:远期市盈率、市净率和 EV/OCF(企业价值/运营现金

---

[1] Nicolas Rabener, "Value Factor: Comparing Valuation Metrics," *FactorResearch*, May 2018. www.factory research.com/research-value-factor-comparising-value-metrics. 经作者许可转载。

[2] Ben Levisohn, "Is It Time to Scrap the Fusty Old P/E Ratio?" *The Wall Street Journal*, September 4, 2010.

流）。[1] 有趣的是，当以十分位数绘制时，现金流乘数似乎产生了最连贯的"价值"信号。现金流乘数是唯一一个与未来回报呈单调关系的指标，它在最高和最低十分位数之间的价差最大。远期市盈率和市净率的模式不太规则且不单调，最高和最低十分位数之间的差价较小（见图5-16）。

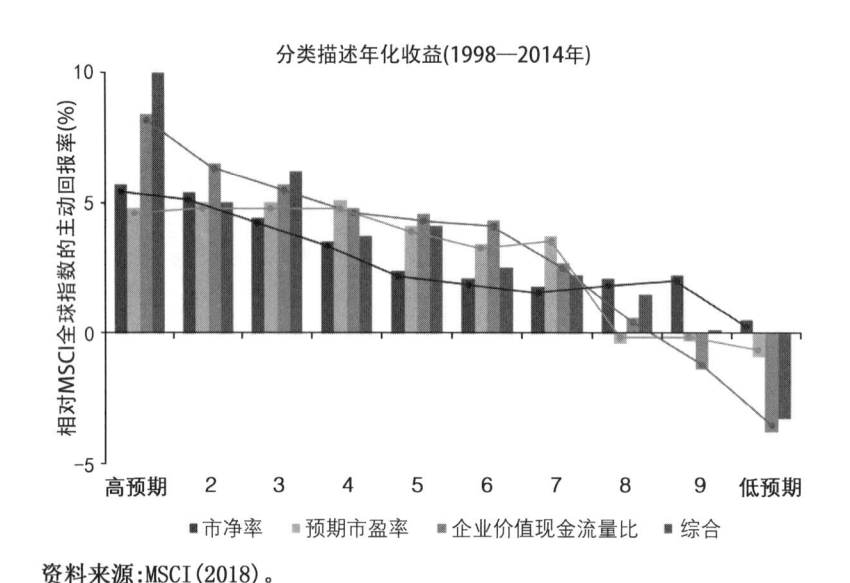

图 5-16 几种"价值"指标的回报率[2]

文献中关于现金流作为回报预测指标的有效性存在多种结论，部分原因在于，无论是从特定研究的方案角度，还是从公司财务报表和其他来源的"原始"数据角度来看，现金流都有很多定义。这是一个难以把控的研究主题。

### 股息收益率与市盈率

股息收益率是另一个常用于创建价值筛选的市场指标。[3] 它呈现出与市盈率乘数相同的反向模式[4]（见图5-17），高股息收益率与低市盈率密切相关。[5]

---

[1] *MSCI Factor Investing*, *Focus: Value* (2018).

[2] 改编自 *MSCI Factor Investing*, *Focus: Value* (2018).

[3] 一个典型的例子是"道氏狗"技术，有许多变体：https://en.wikipedia.org/wiki/Dogs_of_the_Dow.

[4] Burton G. Malkiel, "The Efficient Market Hypothesis and its Critics," *Journal of Economic Perspectives*, Vol. 17, No. 1, Winter 2003, pp. 59-82.

[5] 参见第四章第二节。

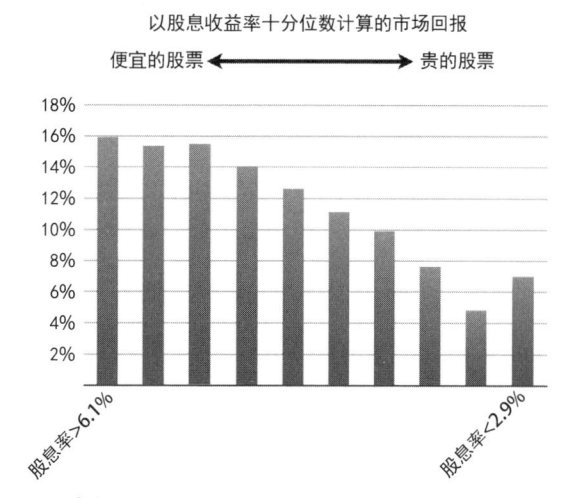

**以股息收益率十分位数计算的市场回报**

便宜的股票 ⟵⟶ 贵的股票

[柱状图：从左到右，股息率>6.1% 到 股息率<2.9%，数值约为 16%、15%、15%、14%、12.5%、11%、10%、7.5%、5%、7%]

资料来源：改编自Malkiel(2003)。

图 5-17 几个"价值"指标的回报率[1]

近年来以回购替代股息的趋势削弱了这种乘数的作用。在过去的十年里，股息收益率的筛选功能似乎已经大大减弱[2]，基于这一因子的多头/空头策略的回报停滞不前。这反映了基于前面显示的市盈率乘数价值策略的衰落（见图 5-18）。

**股息收益率因子(多/空)：全球**

[折线图：2000—2017年，数值从1000上升至约4000，后半段标注"股息收益率指标弱化"]

资料来源：Raveber、Factor Research(2017)。

图 5-18 股息收益率信号的衰落[3]

---

[1] 改编自 Burton G. Malkiel, "The Efficient Market Hypothesis and its Critics," *Journal of Economic Perspectives*, Vol. 17, No. 1, Winter 2003, pp. 59-82。

[2] Nicholas Rabener, "Resist the Siren Call of High Dividend Yields," *FactorResearch*, October 2017.

[3] 改编自 Nicholas Rabener, "Resist the Siren Call of High Dividend Yields," *FactorResearch*, October 2017。

## CAPE 能提高业绩表现吗？

耶鲁大学经济学家罗伯特·席勒在《纽约时报》(2017)的一篇文章中指出，他的 CAPE（经周期调整的市盈率），一种适用于标准普尔 500 指数的估值指标，仅在 1929 年和 2000 年左右达到历史最高水平。

他写道："目前的 CAPE 水平表明，美国股市未来 10 年左右的前景暗淡，但它并没有确切地告诉我们，也没有说明预计何时会下跌。投资者不应该让自己被诱惑去大举押注特朗普的牛市。"[1]

这一声明是在 2017 年 4 月做出的。在接下来的 8 个月里，道琼斯指数上涨了 30%。1996 年，席勒在美联储作证时，根据他的 CAPE 衡量标准，对即将到来的经济衰退做出了类似的预测。在随后的五年里，市场上涨了 50%。

CAPE 是一个有缺陷的工具吗？

正如第三章所指出的，CAPE 有一个内在的向高趋势——闪烁着"过高估值"的光芒，尤其是自 2008 年危机以来，每当经济和企业利润增长时，过去十年的平均收益总是倾向于低于当年的收益，而 CAPE 将高于当前的市盈率。就个股而言，CAPE 可能相当扭曲。对于每股收益以每年 5% 的稳定速度增长的股票，CAPE 将比目前的市盈率高 23% 左右。对于增长更快的公司或从挫折中恢复的公司，这种影响可能要明显得多。对苹果来说，2018 年的 CAPE 比苹果当时的市盈率高出 84%，对美国银行来说，则高出 275%（见图 5-19）。

退一万步而言，CAPE 需要一些校准。即使面对相反的证据，以与当年市盈率相同的方式解释 CAPE 似乎也会使分析师倾向于悲观。[2]

---

[1] Emily Stewart, "Here's How to Spot a Market Bubble," The street.com, April 17, 2017.

[2] 席勒对 1996 年 CAPE 呼吁失败的"不道歉"在这方面很能说明问题："1996 年 12 月 3 日，我们在美联储委员会作证时，尽管有各种证据表明股票收益很难在短期内预测，但这种简单的均值回归理论基本上是正确的，确实意味着长期股票市场前景不佳。我们扩大了我们的证词，并于 1998 年继续断言我们悲观的长期前景。股票市场并没有立即鼓励人们相信我们的理论。自我们作证以来，以实际（经通货膨胀修正的）标准普尔综合指数衡量的股市，比我们作证时的价值上涨了 80%，比我们公布时的价值上涨了 30%。尽管有这些发展，但我们相信，我们最初的证词和文章在今天甚至更有意义。"[John Campbell and Robert Shiller, "Valuation Ratios and the Long-Run Stock Market Outlook," NBER Working Paper No. 8221 (April 2001).]

CAPE"溢价"
CAPE（2009—2018年）超过滚动市盈率（2018年）的金额

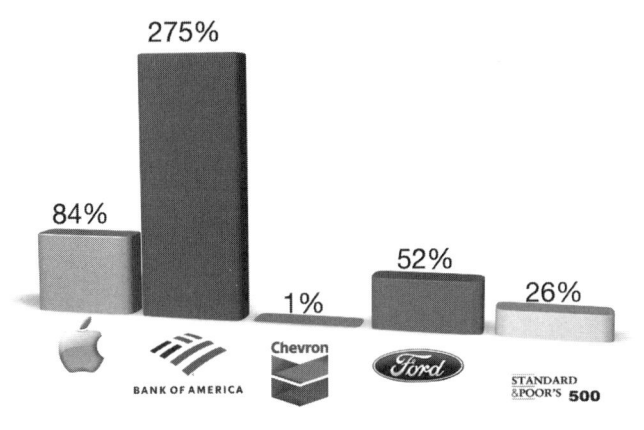

275%

84%

52%

1%

26%

图 5-19　CAPE"溢价"

**市场机制：牛市（通常）偏向于成长股而非价值股**

市盈率和其他乘数通常提供的"价值信号"可能会消失一段时间，尤其是在牛市中。2018 年市场暴涨期间，经典的模式被打乱，高市盈率股票的表现明显优于低市盈率股票。未盈利的公司也表现优异（见图 5-20）。这

罗素1000指数成份股总回报率（2018年）

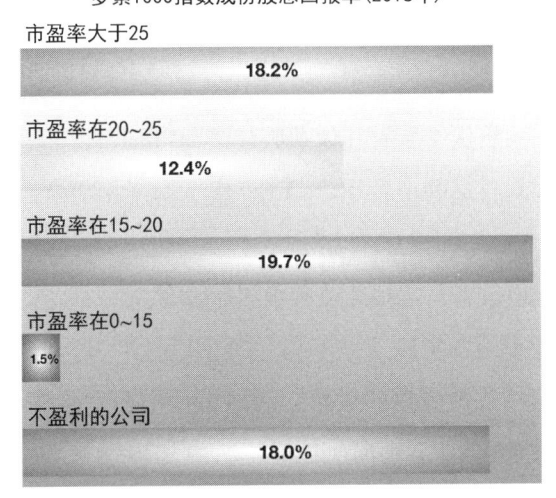

市盈率大于25　18.2%

市盈率在20~25　12.4%

市盈率在15~20　19.7%

市盈率在0~15　1.5%

不盈利的公司　18.0%

资料来源：改编自 Driebusch（2018）。

图 5-20　市盈率信号有时会失效[1]

---

〔1〕 改编自 Corrie Driebusch,"Unprofitable Growth Stocks Are Soaring,"*The Wall Street Journal*，September 20，2018。

种模式——为收益增长甚至为尚未实现的潜在未来收益支付更多,而不是押注于低价价值股——被一些人视为一种"警告信号",甚至是一种"非自然扭曲",表明投资者情绪过度激动,或许与市场某些板块正在形成的泡沫有关。[1]

**乘数和预期回报:总结**

这让我们何去何从？哪个指标最有效？奇怪的是,很少有人系统地比较用于预测未来回报的替代市场指标的有效性。这可能是市场估值乘数最重要的一个实际应用,然而我们并不清楚应该使用哪些指标,以及在什么条件下首选可能会有所不同。

2006年的一项研究比较了现金流乘数、公认会计原则收益乘数、销售乘数、账面价值乘数和股息,以确定"基于行业乘数的估值与交易价格有多接近"。[2] 该研究还考虑了这些指标是基于历史数据还是基于预测。然而,请注意,这一业绩指标并不直接反映未来的股票回报,相反,它假设该公司应该按其行业平均乘数交易,评估了市场对单个公司股票定价的"误差"。作者对评估乘数的有用性感兴趣,"以锚定更复杂的贴现现金流估值"。这似乎是一个奇怪的研究目标,或者至少怪作者没有同时检查这些乘数与未来回报预测的关系(这具有更大的现实重要性)。尽管如此,结果还是很有趣:

(1) 市盈率乘数优于所有其他乘数("误差"最低)。

(2) 基于预测收益的市盈率($P/E_{fwd}$)优于基于历史表现的滚动市盈率($P/E_{ttm}$)。

(3) 市销率乘数和营运现金流乘数是最差的选择。

传统的市盈率通常被发现优于构建价值筛选的其他指标,以选择未来表现优异的"便宜"或被低估的股票。动态市盈率通常优于静态市盈率,两者都优于市净率(因会计准则问题而受损),显然也优于基于现金流的估值指标,如 EV/EBITDA,尽管某些版本的基于现金流的乘数似乎很有希望。

---

[1] Corrie Driebusch, "Unprofitable Growth Stocks Are Soaring," *The Wall Street Journal*, September 20, 2018.

[2] Jing Liu, Doron Nissim and Jacob Thomas, "Is Cash Flow King in Valuations?" *Financial Analysts Journal*, Vol. 63 No. 2 (2007), pp. 56-68.

股息收益率信号最近失去了很多预测能力。

至于CAPE，争论仍在继续。最近的两项研究检查了基本相同的数据，发现了非常不同的统计答案。第一，CAPE（从1881年到2015年）与随后10~15年平均实际回报之间的关系相当密切——CAPE"解释"了近50%的回报变化[1]，但在10年期回报的变化中，CAPE仅占13%~16%，更糟糕的是，1年前的CAPE预测几乎没有可靠性（见图5-21）。作者将此称为未能为"市场择时"提供支持。但真正要命的在于，这一信号并没有为合理的近期前景提供有用的指导。对于大多数"普通"的投资决策来说，这是不可操作的，因为这些决策可能无法预见10年的前景。特别是当它在基于"高乘数"情景（当CAPE测量值高于32时）的预测中的准确性不到5%，在"危险信号"事件发生的阶段，其中度量的准确性是最关键的。[2] 看来，在最为关键的时刻，CAPE可能会失败、掉链子。

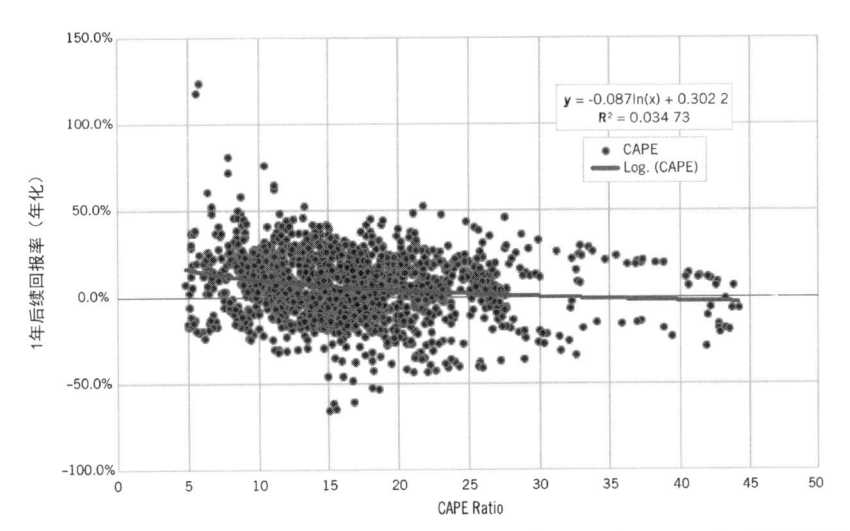

注：罗伯特·席勒数据（http://www.econ.yale.edu/~shiler/data.htm），截至2018年6月30日。美国股票以标准普尔综合价格指数为代表。过去的表现并不保证未来的结果。Log=对数回归。

图5-21　CAPE作为短期信号的失败[3]

---

[1] Norbert Keimling, "Predicting Stock Market Returns Using the Shiller CAPE," *StarCapital Research*, January 2016.

[2] Wim Antoons, "The CAPE Ratio and Future Returns: A Note on Market Timing," The Brandes Institute, November 2018.

[3] Wim Antoons, "The CAPE Ratio and Future Returns: A Note on Market Timing," The Brandes Institute, November 2018.

# 指数的构建

使用市场比率构建专门的指数来捕捉价值异象和其他因子是指数业务的支柱。价值指数，如罗素 1000 价值指数、S&P 价值指数、各种"质量"指数和许多其他指数使用市盈率和市净率筛选其组成公司。以下是指数提供商 CRSP（芝加哥大学证券价格研究中心）使用的价值指数编制方法[1]（见图 5-22），使用了三种不同的乘数。请注意，远期市盈率的权重是滚动市盈率的两倍，两者综合市盈率的权重是市净率的两倍。

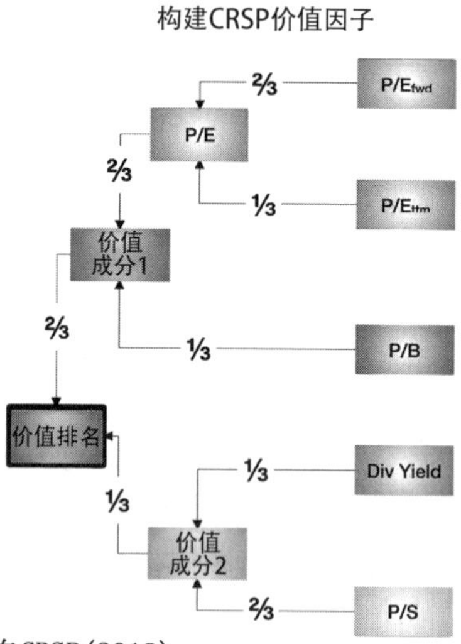

构建CRSP价值因子

资料来源：改编自CRSP(2019)。

图 5-22　价值指数构建方法示例[2]

增长型指数有时也以同样的方式构建，但带有相反的"信号"（例如使用高市盈率而不是低市盈率）。"质量"型指数也通常纳入市净率。

这些指数随后授权交易所交易基金(ETF)的提供者使用。表 5-1 列出了几个头部的价值指数和获得其许可的 ETF。

---

[1] CRSP Indexes: Methodology Guide, January 2019 — published by the University of Chicago's Center for Research in Security Prices.

[2] CRSP Indexes: Methodology Guide, January 2019 — published by the University of Chicago's Center for Research in Security Prices.

表 5-1　　　　　　　领先的价值指数和获得许可的 ETF

| 指数名称 | 关键指标 | 交易所交易基金 | 管理的资产(2019 年) |
|---|---|---|---|
| 罗素 1000 价值指数 | 市净率 | IWD | 390 亿美元 |
| 标准普尔 500 价值指数 | 市盈率、市净率、市销率 | IVE | 150 亿美元 |
| CRSP 美国大盘股价值指数 | 远期市盈率、滚动市盈率、市净率、市销率、股息收益率 | VTV | 800 亿美元 |
| MSCI 价值指数 | 市净率、$P/E_{fwd}$、价格/经营现金流 | VLUE | 32 亿美元 |

## 因子模型和"聪明贝塔"

"价值"现象已经被认识了几十年。[1] 正如我们所说的,从严格的有效市场理论的角度来看,"价值"不应该存在。被低估的股票,也就是定价错误的股票,应该会吸引那些将价格抬高到"正确"水平,并迅速消除错误定价的买家。然而这种情况并没有发生。

"价值"因此成为一些学者的尴尬,那些试图为"价值"(及其他异象)提供基于理论的解释者往往会把这个领域分成两大阵营:一派认为异象是理性现象,是对特定新"风险"来源的正确定价——不同于广义市场风险("β");另一派认为异象源于非理性偏见或人类决策中固有的错误。为了解释"价值",第一个阵营认为低市盈率的股票反映了与处于各种困境的公司相关的某一特定风险或一组风险,如"盈利危机"。[2] 第二个阵营是行为金融学,他们认为"价值"是指投资者对坏消息(或者其他偏见)反应过度,从而

---

〔1〕 对价值原则的理解早于学术金融理论的发展;至少从格雷汉姆和多德(1934)时代起,人们就开始观察和利用这种现象。

〔2〕 Eugene Fama and Kenneth French,"Common Risk Factors in the Returns on Stocks and Bonds," *Journal of Financial Economics*, Vol. 33 (1993), pp. 3-56. "理性主义"阵营的成员通常会对被低估的公司所面临的"风险"给出相当随意的解释。然而,最近一项与一系列困境指标有关的"价值"研究(包括信用评级、信用利差、杠杆和其他措施)得出的结论是,价值股(由市净率定义)不反映困境风险。"我们没有发现困境风险与价值溢价之间存在正相关的证据。"[Wilma de Groot and Joop Huij,"Are the Fama-French Factors Really Compensation for Distress Risk?" *Journal of International Money and Finance*, Vol. 86 (2018), pp. 50-69.]

导致对公司"真实价值"的误解,这种误解可能会持续很长一段时间,从而压低股价。

权宜之计是将这些反常现象重新称为因子。[1] 这似乎促进了基于"价值"的金融产品的营销,同时避开了学术争议。[2]

## 因子的扩展

"价值"和"规模"[3]是第一批被接受的因子——连同"市场贝塔"因子——因此出现了法玛和弗兰奇提出的"三因子模型"。[4] 随着时间的推移,官方的列表扩大到了四个因子[5],然后是五个[6],然后是六个[7],然后是(不太官方的)数百个……[8]

---

[1] "因子"一词含蓄地承认倾向于"理性主义"观点,现在一般将异常情况称为"风险因素"。这个想法的源头通常被认为是由罗斯(Ross)和其他人在20世纪70年代发展起来的套利定价理论(APT)。换句话说,该理论简单地认为,股票的预期回报可以用一系列"因子"来建模——这些"因子"可以被视为不同类型的"风险",每种"风险溢价"都独立存在。这种结构有助于(伪)解决异常问题,方法是将它们重新定义为"风险因素",从而以某种方式为预期总回报做出贡献。因此,"价值"与一种"风险"有关,而将这种新风险以及伴随而来的风险溢价考虑在内,对"价值"股票进行明显的错误定价实际上就是正确的估值。该理论假定市场是有效的。[Stephen Ross, "The Arbitrage Theory of Capital Asset Pricing," *Journal of Economic Theory*, Vol 13, No. 3 (1976), pp. 341-360; Richard Roll and Stephen Ross, "An Empirical Investigation of the Arbitrage Pricing Theory," *Journal of Finance*, Vol. 35, No. 5 (1980), pp. 1073-1103.]

[2] 概念问题依然存在。"因子"和它们曾经的"异常"一样不透明。例如,当两个突出的"因子"是低波动性和高质量。波动性低于平均水平的股票往往跑赢大盘。这很好。但将低波动性描述为"风险"似是而非——事实上,在经典金融理论中,波动性就是风险。最近,确定了一个盈利能力因子。让任何人都不意外的是(我们假设),利润更高的公司比利润更低的公司表现更好。参见 R. Novy-Marx, "The Other Side of Value: The Gross Profitability Premium," *Journal of Financial Economics*, Vol. 108, No. 1 (2013), pp. 1-28; Vikas Klara and Christan Celas, "Introducing the Profitability Factor," MSCI, June 2016. www.msci.com/documents/10199/2ef5bba7-8448-44da-bdb3-0a102374c8d3。就连法玛和弗伦奇也开始考虑盈利能力因素。参见 Eugene F. Fama and Kenneth R. French, "A five-factor asset pricing model," Journal of Financial Economics, Vol. 116 (2015), pp. 1-22。显然,盈利能力构成了一个"风险因素"的说法是没有道理的。

[3] "规模"抓住了小盘股的反常现象,即小公司的回报率高于大公司。

[4] Eugene F. Fama and Kenneth R. French, "Common Risk Factors in the Returns on Stocks and Bonds," *Journal of Financial Economics*, Vol. 33 (1993), pp. 3-56.

[5] Mark Carhart, "On Persistence in Mutual Fund Performance," *The Journal of Finance*, Vol. 52, No. 1 (March 1997), pp. 57-82.

[6] Eugene F. Fama and Kenneth R. French, "A Five-factor Asset Pricing Model," *Journal of Financial Economics*, Vol. 116 (2015), pp. 1-22.

[7] Eugene F. Fama and Kenneth R. French, "Choosing Factors," *Journal of Financial Economics*, Vol. 128 (2018), pp. 234-252.

[8] Campbell Harvey, Yan Liu, and Heqing Zhu, "… and the CrossSection of Expected Returns," *The Review of Financial Studies*, Vol. 29 (2016), pp. 5-68. 这项研究宣称,这些"因子"中有很大一部分可能是虚假的。

因子的产品化催生了一种新的投资策略——因子投资（factors investment），以及一类新的投资载体，现在通常被称为"聪明贝塔"基金[1]，基于因子筛选跟踪指数。这些载体被呈现为"捕捉贝塔"的工具，因为它们机械地追踪指数，没有任何分析或选择个别股票的企图。[2]

"聪明贝塔"重新构建了我们对市场风险和回报来源的看法。"风险溢价"现在被视为包括几个不同的组成部分，每个组成部分驱动一个假定独立的潜在回报部分[3]（见图5-23）。投资前提是，通过运用价值或规模等因子（但以"被动"方式），投资者可以期望跑赢整个市场。有些人甚至声称，主动选股（"阿尔法"策略）只有通过暴露于"贝塔因子"之下才能成功，而主动选股几乎很少成功：

……积极管理的真正价值并不反映真正的投资技巧（阿尔法），但事实上可以用对系统因子（贝塔）的隐性敞口来解释。[4]

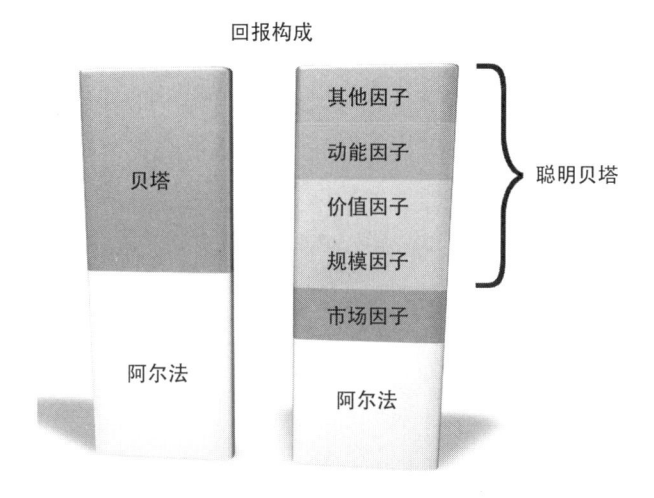

图 5-23　回报的构成——"聪明贝塔"

---

[1] 另一个不错的营销用语。许多"智能贝塔"基金在基本面因子中增加了专有调整。
[2] "捕捉贝塔"与"捕捉阿尔法"形成了对比。捕捉阿尔法是指通过积极投资和基本面研究，从众多股票中找出赢家和输家。
[3] 实际上，关于不同因子之间的独立程度，有相当多的讨论和分歧。
[4] Joop Huij et al., Robeco, *Factor Investing: Case Studies*, 2019. https://fi.intms.nl/fi_43a1c02c/files/downloads/factor-investing-case-studies.pdf.

无论如何,市场的乘数都是用来筛选"因子"和"聪明贝塔"的指标之一,尤其是那些价值异象指标。

聪明贝塔基金采用一个普通指数,根据所谓的因子调整,例如将相关股票的价格与收益比较。[1]

其他因子,如"质量"因子,是基于市净比率、资产回报率[2]或类似的比率(如现金流与总资产的比率)。[3]

随着聪明贝塔和因子投资进入主流,许多交易所交易基金(ETF)应运而生。到2018年,"聪明贝塔"基金的资产据说将超过1万亿美元。[4]

## "价值"基石

认识到价值异象是解开古典金融理论紧密封闭模型的钥匙,它让我们今天对资本市场有了更全面(但仍不完整)的理解。"价值"的持久性表明,均衡机制确实不完美,市场并不总是有效的,定价错误确实存在并可以加以利用。价值投资、"风格型"指数、因子模型和聪明贝塔(如今价值达数万亿美元的金融产品和投资策略的集合)都始于这样一个简单的观察:低市盈率(或市净率)股票的表现始终优于高市盈率股票和整个市场。一旦"价值"为新思维指明了方向;其他的"因子"便开始从统计阴影中浮现,这是迄今为止使用市盈率乘数产生的最重要的实际后果之一。

即使在今天,随着市场的不断变异,"价值"因子也可能在一段时间内落后于其他因子,这种原始异象的威力在长期业绩中仍然是显而易见的。如图5-24所示,根据指数提供商MSCI的数据,"价值"在过去几十年中的表

---

[1] Attracta Mooney, "Smart Beta Growth Engine Sputters", *Financial Times*, November 5, 2018.

[2] Clifford S. Asness, Andrea Frazzini, and Lasse H. Pedersen, "Quality Minus Junk," *Review of Accounting Studies*, (November 2018), pp. 1-7. https://ezproxy.stevens.edu:2122/content/pdf/10.1007%2Fs11142-018-9470-2.pdf.

[3] Jean-Philippe Bouchaud, Stefano Ciliberti, Augustin Landier, Guillaume Simon and David Thesmar, The Excess Returns of Quality Stocks: A Behavioral Anomolty, HEC Paris Research No. FIN-2016-1134(2016).

[4] 不可否认,随着"聪明贝塔"越来越受欢迎,人们也有了反应;现在,一些批评者认为,这种做法有些过头,可能只是昙花一现。然而,利用市场异常现象(因子)来获得强于市场的回报的基本原则已经确立。

现优于所有其他重要因子。[1]

长期业绩:1977年1月至2017年12月

资料来源：改编自MSCI(2018)。

图 5-24　长期的因子业绩表现[2]

# 评估公司的交易

## 交易定价

英国《金融时报》的一篇重要文章开篇写道：

> 随着这家瑞士集团加大其美国和全球扩张计划，雀巢巴同意与星巴克(Starbucks)达成一笔71.5亿美元的交易，将咖啡产品销往美国品牌的咖啡连锁店以外……分析师表示，71.5亿美元的预付现金相当于15倍的息税折旧及摊销前利润——与该行业的其他交易一致。[3]

涉及复杂业务的大型交易可能难以评估，因为它们往往缺乏公开市场价格的即时参考点。各种乘数可以揭示这些交易，并有助于制定适当的价格。

在这种情况下，有两种使用乘数的方式：

---

[1] MSCI Factor Investing, *Focus: Value* (2018).
[2] 改编自 MSCI Factor Investing, *Focus: Value* (2018)。
[3] Ralph Atkins, "Nestlé Adds Starbucks to US Blend," *Financial Times*, May 8, 2018.

（1）通过对可比较的公开上市公司或其他近期交易的各种乘数进行基准测试。[1]

（2）通过基于交易价格与业务现金流或收益的比较构建内生乘数——使用诸如 EV/EBITDA 等指标。

通常情况下——就像雀巢和星巴克的交易一样，这些方法会被结合使用："可比较"分析提供了市场价值的一般概念，而现金流量的内生分析则提供了一个窗口，可以按提议的交易价格了解企业的基本价值。

私人股本投资者严重依赖各种乘数——尤其是 EV/EBITDA[2]——来了解其交易的"市场价值"以及比较潜在的进入和退出价格。[3] 即使没有外部基准，也可以计算出一种替代形式的比率：它只是建议购买价格（包括公司债务的假设——假设等于企业价净），与当前或预计现金流对比，以产生可用版本的 EV/EBITDA，这可以用适当的公共或私人可比数据作为基准。

一项大型研究调查了 25 年间的 3 300 多笔私募股权交易（杠杆收购），发现"除了杠杆和运营改善，EBITDA 乘数的扩张是解释股权回报的一个基本因子"。[4] 实际上，为了衡量特定投资的价值创造，EV/EBITDA 是基本指标（见图 5-25）。

作者发现，其样本中交易的中位进入点对应的 EV/EBITDA 为 6.6。中位退出价格对应的该比例为 8.3。（该投资的平均持有时间略长于 4 年。）乘数的扩张对创造价值的文献为三分之一。

---

[1] 美国注册会计师协会有一份评估风险资本和私募股权投资价值的评估指南草案。可比较数据中乘数的用途描述如下："一旦确定了上市公司的指导原则，就会收集每家公司的财务信息，并计算可应用于主题投资组合公司的比较指标……这些指标通常称为乘数，通常是企业价值或权益市场价值与基础财务数据（如收入、EBITDA、净收入或账面价值）的比率。"[AICPA Task Force, Valuation of Portfolio Company Investments of Venture Capital and Private Equity Funds and Other Investment Companies, Draft (May 15, 2018), paragraphs 5.19.]

[2] "The EBITDA multiple is the most important valuation ratio in the PE industry." [Ann-Kristin Achleitner, Reiner Braun, and Nico Engel, "Value Creation and Pricing in Buyouts: Empirical Evidence from Europe and North America," Review of Financial Economics, Vol. 20 (2011), pp. 146-161.]

[3] 《美国注册会计师协会估值指南》(The AICPA Valuation Guide)为私募股权交易的乘数选择、权重和调整提供了详细的建议。AICPA Task Force, Valuation of Portfolio Company Investments of Venture Capital and Private Equity Funds and Other Investment Companies, Draft (May 15, 2018), paragraphs 5.19-5.45.

[4] Benjamin Puche and Reiner Braun, "International Evidence on Value Creation in Private Equity Transactions," Journal of Applied Corporate Finance, Vol. 27, No. 4 (Fall 2015), pp. 105-122.

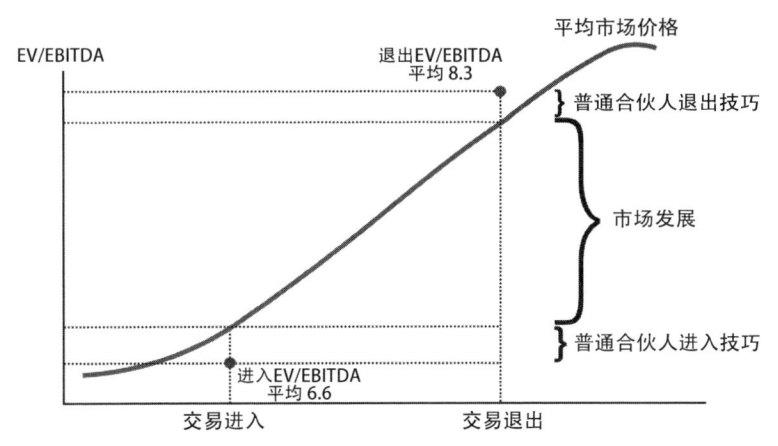

资料来源：改编自Puche & Braun(2019)。

图5-25 一个私募股权基金模型[1]

## 部分加总(SOTP)分析(企业集团的折价)

各类乘数有助于分析前一章所述的"企业集团折价"现象。在那里，我们看到了市盈率乘数怎样表明过度多元化的业务组合的存在、严重性以及将面临的惩罚。各种乘数还可以用来计算将公司拆分为多个业务板块可能带来的价值增长。将一家多元化的公司重组为一系列专注于单一业务的纯粹公司通常是一种在假设盈利不增长的情况下获得重大价值的方法。利用各种乘数来证明这种分拆的正确是积极股东主义者和管理层的常见策略。[2]

这种技术被称为"部分加总分析"。实质上，多元化公司的各业务单位会被按单独实体独立分析及估值，其盈利或现金流均单独计算。确定适当的可比较上市公司——同一业务领域中的"纯粹参与者"。[3] 将纯粹参与

---

[1] 改编自 Benjamin Puche and Reiner Braun, "Deal Pricing and Returns in Private Equity," *The Journal of Alternative Investments*, Vol. 21, No. 3 (Winter 2019), pp. 70-85。

[2] 请注意，我们在此不对集团折扣的存在或"过度多元化"在战略上不利的原因进行评论。有各种各样的论点来解释这一现象，这超出了本书的审查范围。折扣的存在现在已经很确定，不管它的确切原因是什么。

[3] 美国注册会计师协会就选择适当的可比公司进行这种估值提供广泛的指导。[AICPA Task Force, Valuation of Portfolio Company Investments of Venture Capital and Private Equity Funds and Other Investment Companies, Draft (May 15, 2018), paragraphs 5.10-5.17.]

者的市场乘数应用于单一业务单位的收益,并得出估值,将多元化公司的所有业务单位的类似估值相加,并与整个公司的当前市值比较。

通常,各部分加总之和高于多元化公司的市值。问题变成了机遇,企业集团折价被重新视为拆分溢价,也就是公司被拆分时"释放的"价值。

泰科国际(Tyco International)是一个高度多元化的工业集团。在 21 世纪初的一桩丑闻之后,这家公司陷入了困境。2007 年 1 月,一篇《巴伦周刊》(Barron's)的文章提出了拆分的理由[1],分析了其三个主要业务部门(医疗保健、电子和安全系统)并假设这三家公司如果是独立的,将能够各自获得更高的市盈率(基于与各自同类领域纯业务公司的比较),《巴伦周刊》估计"由于各个分拆的子公司的市盈率更高,这三家子公司股票价值加总可能比泰科当前的股价高 30%"[2](见图 5-26)。

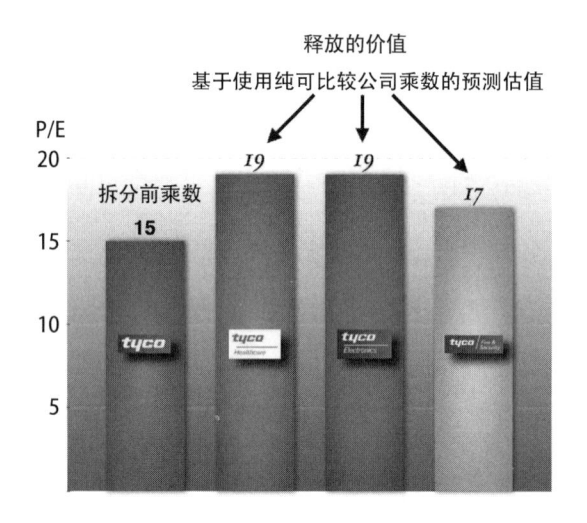

图 5-26 部分加总

即便是集团内业务较为相似的公司,也可能通过分拆创造价值。2015 年,《巴伦周刊》曾对《财富》500 强消费品巨头宝洁公司进行过整体分析,它认为分拆溢价为 21%[3](见表 5-2)。

---

[1] Jonathan Laing, "Clean Up on Tyco's Breakup", Barron's, January 7, 2007. 泰科国际的管理层已经提出了拆分的想法,但尚未付诸实施。

[2] 然而,它们在 2007 年下半年分拆,随后又在 2012 年再次分拆。虽然创造的价值没有达到《巴伦周刊》的预期,但在随后几年里仍然超过了市场平均水平。

[3] Leslie P. Norton, It's Time for "P&G To Split Up", Barron's, November 23, 2015.

表 5-2　　　　　　　　　宝洁公司的部分加总分析

| 宝洁(2015年) | | | 宝洁 |
|---|---|---|---|
| | 2016年预期 EBITDA (亿美元) | EV/EBITDA (来自纯粹的可比较业务) | 2016年预期企业价值 (亿美元) |
| 美容 | 3.2 | 15.2 | 49.2 |
| 修饰 | 2.6 | 11.7 | 31.0 |
| 卫生保健 | 1.9 | 16.2 | 30.8 |
| 面料与家居 | 4.5 | 17.2 | 78.0 |
| 婴儿、女性和家庭 | 4.8 | 12.1 | 58.2 |
| 公司合计 | | | 247.2 |
| 每股价值 | | | 91美元/股 |
| 当时股价 | | | 75美元/股 |
| 分拆溢价 | | | 21% |

当时，P&G拒绝了激进重组的要求，但确实采取了剥离几个业务部门并整合其他业务部门的举措。对纯粹业务市盈率的分析在一定程度上指明了方向。

"部分加总"是一种准确的价值预测技术吗？"锁定"价值的实际恢复效应可能难以评估，但在某些情况下，这种改善是显而易见的。2016年，美国铝业被拆分为两家公司，专注于铝行业供应链的不同部分（通过粗萃取和精炼制造铝锭商品与通过工艺制造高价值的铝制品）。在美国铝业宣布分拆前的4个月，其股价走势低迷，仅上涨了1.8%（相比之下，标准普尔500指数的涨幅为3.3%）。拆分后的四个月内，这两家新公司的市值合计飙升了60%（标准普尔500指数则上涨了12%）。

部分加总分析是当今许多收购兼并(M&A)分析的基石，也是市盈率和EV/EBITDA等市场比率的重要应用。

## 市场制度的诊断

被动投资策略现在占投资领域的近50%,这让许多投资者不再关注某家公司的特定事件,而是更多地关注于对整体市场趋势的理解。过去20年,金融市场的"制度变迁"——波动性飙升、市场价格回调以及央行政策变化的影响——在决定市场回报时变得更加重要。人们显然对预测这些变化的能力有兴趣。

人们有时会认为,各种市场乘数为大盘走势即将到来的变化提供了有用的信号。例如,人们经常会注意到市盈率达到高水平的市场,因为人们认为熊市是由异常高的市场市盈率预先发出的信号。股票市场的股息率(D/P)水平通常会用来与债券收益率比较,从而判断市场的转折点:

> 如果股息收益率超过债券收益率,这往往意味着股市已经触底。过去20年,标准普尔500指数的股息率仅在一年左右的时间里超过两年期债券收益率,即2002年和2003年,这与市场最终触底的时间非常吻合。[1]

遗憾的是在2008年2月,当时股息率再次超过了债券收益率,但那时它不是一个低谷,而是一个顶峰;仅仅几个月后,我们就看到美国股票市场几乎崩溃。这些信号并不总是准确的。不过,用各种市场乘数预测股市"天气"的变化还是很流行的。

股票投资者非常有兴趣获得早期和准确预警的两个市场变动例子是(1)货币政策变化对股票价值的影响和(2)"泡沫"的形成。

### 货币政策的影响

股票与债券(尤其是美国国债)的长期关系一直是投资理论和实践中的

---

[1] John Authers, "The Short View", *Financial Times*, February 5, 2008.

一个热门话题,它强调了货币政策和股票市场价值之间的联系,这种关系经历了非常不同的阶段。图5-27显示了股票市场和债券市场的相关市场乘数(即市盈率)与国债收益率。从20世纪20年代到70年代,这种关系基本上是负面的(或者说是脱节的),在此期间,货币主义经济思想对美联储政策的影响不断增强,促成了一种强有力的正相关关系的出现[1](见图5-27)。

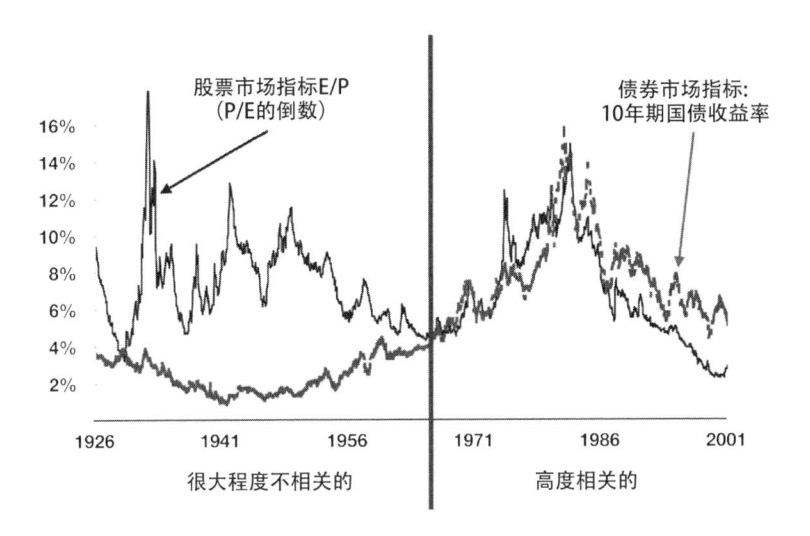

资料来源:改编自Asness(2013)。

图5-27 股票与债券市场估值对比[2]

这种关联性变得非常强,以至于投资者开始依赖所谓的"美联储模式"(见第四章),即以市盈率为基准,通过美联储的利率政策推动市场估值。

2008年金融危机之后,这种关系发生了突变。央行大规模购买债券——"量化宽松"——推高了债券价格,压低了债券收益率[3](见图5-28)。股票乘数(E/P,"股票收益率")飙升并超过了债券收益率,这既是投资者需求从低收益债券向股票大规模转移的原因,也是其结果,进而推动了危机之后的长牛市。从许多指标来看,过去10年(2009—2019年)的市场机制很不寻

---

[1] Clifford Asness, "Fight the Fed Model," *Journal of Portfolio Management*, Vol. 30, No. 1 (Fall 2003), pp. 11-24.

[2] 改编自 Clifford Asness, "Fight the Fed Model," *Journal of Portfolio Management*, Vol. 30, No. 1 (Fall 2003), pp. 11-24。

[3] Ed Yardeni, Joe Abbott, and Mali Quintana, "Stock Market Briefings: S&P 500 Earnings Yield," *Yardeni Research*, June 1, 2019.

常,许多传统指标和策略都出现了显著的行为变化。(我们在第五章中已经注意到"价值"策略的衰落。)雅德尼(Yardeni)通过反转这些指标描绘这两种资产类别所得收益的相对估值;这种规划转变是惊人的(见图5-29)。

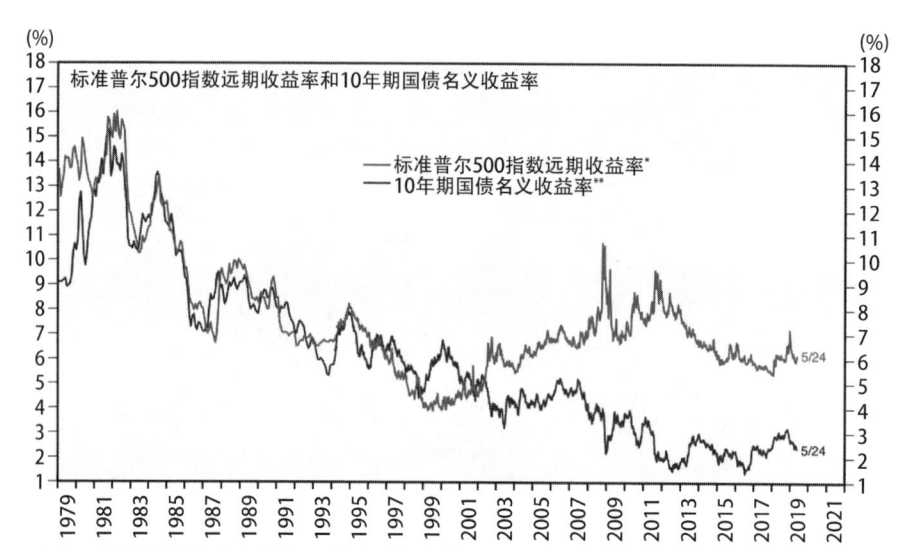

*未来一年远期市场共识预期盈利除以标准普尔500股价指数。1994年3月前各月度数据,此后为周度数据。
** 1994年3月前为月度数据,此后为周度数据。
资料来源:路孚特(Refinitiv)的 1/B/E/S 数据和美联储。

图 5-28　股市与债市的估值对比——后危机时代[1]

当然,很多注意力都集中在来自美联储的直接信号上:政策声明、评级上调、美联储会议记录以及美联储成员的公开评论(见第四章)。但这些信号向股市的传递并不总是直接的,其影响也不尽相同。[2] 量化宽松政策通常会刺激股票估值(提高市盈率水平),量化紧缩则可能会扭转这一进程。但这种关系并不是机械的;估值和市场动向似乎也取决于中央银行采取行

---

[1] Ed Yardeni, Joe Abbott, and Mali Quintana, "Stock Market Briefings: S&P 500 Earnings Yield," *Yardeni Research*, June 1, 2019.
[2] 2013年6月,本·伯南克提议美联储适度放缓债券购买规模,金融市场随即爆发一场混乱,即所谓的"缩减恐慌"。股市在接下来的一周里下跌了5%,而对债券价格的影响则更加夸张。五年后,他回忆道:"缩减储备给当时在美联储工作的人留下了伤疤。"(Binyamin Appelbaum, "Effects of the 2013 'Taper Tantrum' Linger Over Fed Policy," *The New York Times*, January 11, 2019.)五年后,美联储实际上开始减持国债——"量化紧缩",而股市似乎从容应对,甚至作为看涨信号,在随后的几个月里出现了强劲上涨。Matt Phillips, "Quantitative Tightening: The Hot Topic in Markets Right Now," *The New York Times*, January 30, 2019. 量化紧缩后一个月内,美国股市上涨了近10%。

动的宏观经济环境。因此,市场的各种乘数会一直受到密切关注:市场会如何解读美联储的举措,以及这对股票价值可能会产生什么影响。

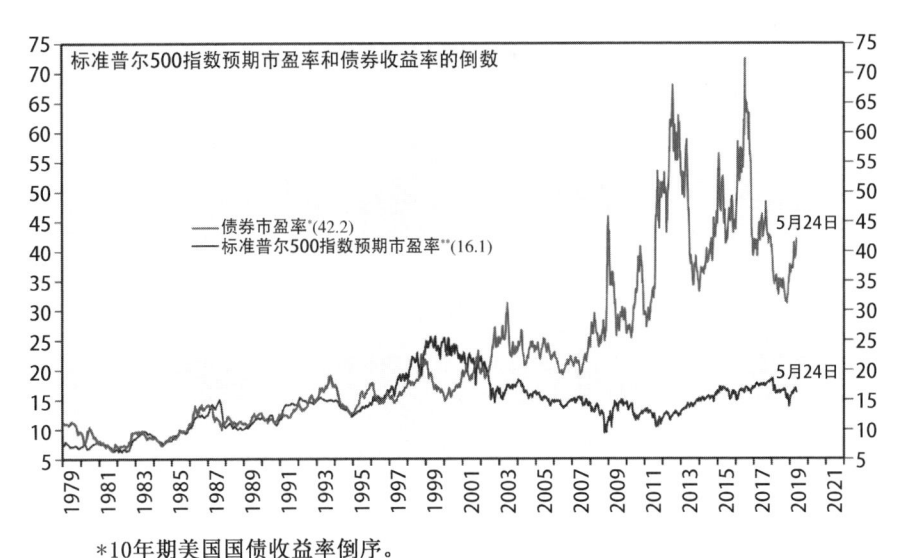

*10年期美国国债收益率倒序。

**52周远期市场共识预期的标准普尔500指数每股运营收益。1994年3月前为月度数据,此后为周度数据。

资料来源:标准普尔和路孚特(Refnitiv)的I/B/E/S数据。

图5-29　股票市盈率与债券市盈率的对比[1]

## 泡 沫 的 检 测

当泡沫正在形成……另一个警告信号是当价格[飙升超过]某项资产的潜在价值时。就股票而言,一种流行的衡量价值的方法是将市场价格除以经通货膨胀调整后的10年平均收益[即使用CAPE]。[2]

记者们通常用市盈率来预测或回溯性诊断"泡沫"的形成,即某一行业或整个市场受到严重估值过高影响的状态。例如,1998—2001年的互联网泡沫在市盈率走势中清晰可见,市场市盈率一度达到了之前"正常"水平的

---

[1] Ed Yardeni, Joe Abbott, and Mali Quintana, "Stock Market Briefings: S&P 500 Earnings Yield," *Yardeni Research*, June 1, 2019.

[2] Joe Light, "How to Spot a Market Bubble", *The Wall Street Journal*, April 18, 2014.

两倍[1](见图5-30)。

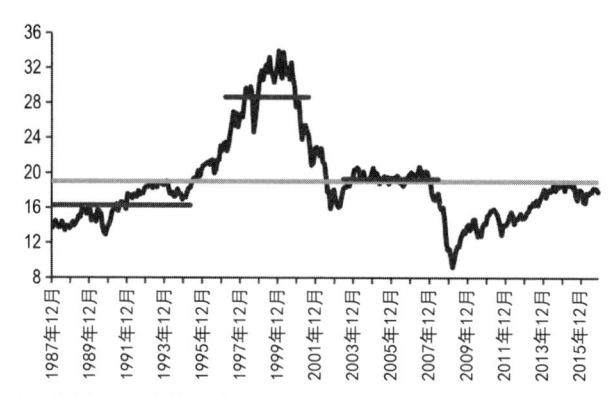

资料来源：美国银行美林证券美国股票与美国量化策略(BofA Merrill Lynch US Equity & US Quant Strategy)。

图5-30 利用市盈率发现泡沫：互联网泡沫案例[2]

几个世纪以来，发现和理解泡沫一直是投资者和央行官员关注的重要问题。[3] 各种市场乘数应该能提供清晰的警示信号。难点在于，即使在"正常"范围内，市盈率的变化也很大。从1982年到1998年(牛市)，S&P指数的市盈率增长了两倍多——比随后的"泡沫"时期的涨幅还要大。市场是什么时候过度高估的？我们如何区分健康的牛市与不健康而危险的泡沫？

"美联储模型"再一次被认为是有用的：

> 美联储模型……捕捉到了市盈率上升和下降的趋势与利率成(反比)。这样的模型从未得到美联储方面的正式认可，但却得到了金融界的广泛效仿。它假设市盈率与10年期国债利率之间存在经验关系。[4]

---

[1] Savita Subramanian, "2017 — The Year Ahead: Euphoria or Fiscal Fizzle," *Equity and Quant Strategy*, *Bank of America/Merrill Lynch*, November 22, 2016.

[2] Savita Subramanian, "2017 — The Year Ahead: Euphoria or Fiscal Fizzle," *Equity and Quant Strategy*, *Bank of America/Merrill Lynch*, November 22, 2016. 经许可转载。上述引用绝不意味着美国银行(BAC)或其他任何关联公司认可此类信息的观点或解释或使用。本信息按"原样"提供，美国银行或其任何关联公司概不保证信息的准确性或完整性。

[3] "泡沫"一词是指17世纪过度兴奋、估值过高的金融市场。

[4] Burton Malkiel, "Models of Stock Market Predictability," *The Journal of Financial Research*, Vol. 27, No. 4 (Winter 2004), pp. 449-459.

这两个估值指标(一个用于股票市场,另一个用于债券市场)之间的关系可以解释为"错误定价指标",方法是计算"市盈率处于平衡状态"的假设值(即假设过去的相关性),并将其与实际市盈率比较,以识别严重高估的时期(泡沫)。这种关系"解释"了1970年至2004年间约2/3的市盈率变化(从统计数据来看,这是一个相当有力的结果)(见图5-31)。

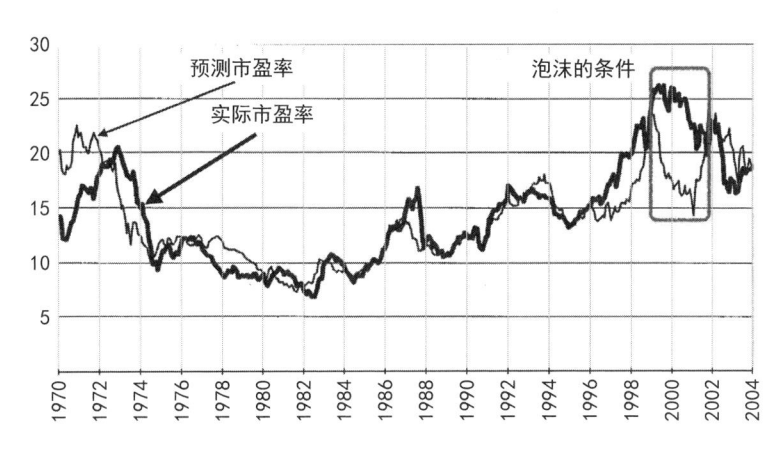

资料来源:改编自Malkiel(2004)。

图5-31 实际市盈率与"预测市盈率"[1]

当然,同样的衡量标准也可能预示着债券市场的定价错误,按照这个标准,互联网泡沫破灭后,市场从未"恢复正常",这与前面提到的股票市场均值回归消失以及过去几年"价值"消失的说法一致。[2] 特别是在2008年金融危机之后,美联储模型的指标开始显示出非常不同的关系,债券相对于股票的价格比2003年之前高得多[3](见图5-32)。

## 揭示市场制度的"精致结构"

牛市伴随着高昂的和上升的市盈率,熊市伴随着低迷的和下降的市盈

---

[1] 改编自 Burton Malkiel,"Models of Stock Market Predictability," *The Journal of Financial Research*,Vol. 27,No. 4 (Winter 2004),pp. 449-459。

[2] Brian Kantor and Christopher Holdsworth,"2013 Nobel Prize Revisited: Do Shiller's Models Really Have Predictive Power?" *Journal of Applied Corporate Finance*,(Spring 2014),pp. 101-108。

[3] James Mackintosh,"Uber Poisoned an Already Sick IPO Market",*The Wall Street Journal*,May 15,2019。

标准普尔500指数预期收益率*减去10年期国债收益率

股票相对于国债便宜

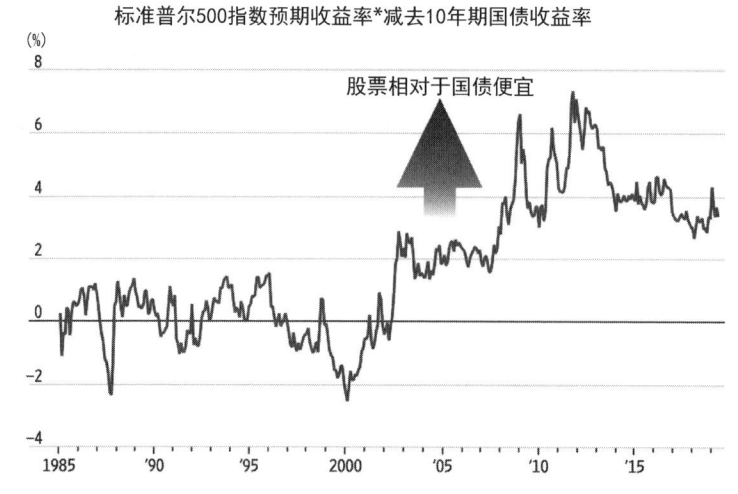

*更高的价值表明股票相对于国债便宜。收益率是每股价格—预估收益率的倒数。
资料来源：Refinitiv.

图 5-32　股票与债券的相对价格比较[1]

率。但各种市场乘数也能揭示这些趋势的内部结构和动态，并能揭示一些更不透明的市场制度。

例如，第四章中描述的"到期重置"现象是由公司在收入和利润稳定增长的情况下市盈率下降造成的。高度成功的公司（如沃尔玛、微软、思科、英特尔、可口可乐）在21世纪头10年并未获得显著的价值，尽管它们的业务增长令人印象深刻[2]（见表5-3）。

表 5-3　　到期重置

| 公司 | 2000—2010年销售增长 | 2000—2010年盈利增长 | 2000—2010年市值增长 | 2000年市盈率 | 2010年市盈率 |
|------|------|------|------|------|------|
| 沃尔玛 | 2.5倍 | 2.8倍 | 0.81倍（下降19%） | 45 | 14 |
| 微软 | 2.7倍 | 2.0倍 | 0.88倍（下降12%） | 64 | 11 |
| 思科 | 2.1倍 | 2.9倍 | 0.43倍（下降57%） | 100 | 15 |
| 英特尔 | 1.3倍 | 1.1倍 | 0.51倍（下降49%） | 24 | 11 |
| 可口可乐 | 1.8倍 | 5.4倍 | 0.97倍（下降3%） | 67 | 12 |

[1]　James Mackintosh,"Uber Poisoned an Already Sick IPO Market", The Wall Street Journal, May 15, 2019.
[2]　此处的数字是根据2000年年底和2010年年底得出的。

一个只关注公司业绩指标(销售和收益)的基本面投资者可能会发现,这种模式令人困惑。传统观点认为,强劲的利润增长是市盈率的主要驱动力(这几乎成了金融学的正统理论),但在某些情况下它也会失效,市盈率或其他乘数的意义也会发生变化。

事实上,这种现象并不仅限于这几个公司;如表5-4所示,在这10年中,相同的模式对于整个市场是普遍的。

表5-4　　　　　　　　　　市场到期重置

|  | 2000—2010年每股销售额增长 | 2000—2010年每股收益增长率 | 2000—2010年市值增长 | 2000年市盈率 | 2010年市盈率 |
| --- | --- | --- | --- | --- | --- |
| 标准普尔500指数 | 1.3倍 | 2.3倍 | 0.97倍(下降3%) | 26.4 | 16.2 |

这被称为"区间有限的市场"(range-bound market),这些公司乃至整个私营部门的强劲基本面表现(每股收益在过去10年翻了一番)被市盈率下降所抵消。正如一位著名的业内人士所表示的那样:

> 过去100年来,每次出现长期牛市,都会持续16~17年。但随后的市场不是熊市;它们是区间有限的市场。在区间有限型市场,起始的估值很高,这是长期牛市的副产品……
> 
> 有两股力量在相互作用:不断增长的利润和不断下降的市盈率……区间有限市场不是由可怕的利润增长造成的;事实上,在区间市场上的收益增长与牛市并没有太大的不同。随着市盈率的压缩,它们从你的朋友变成了你的敌人。[1]

区间有限市场是一种真正的宏观制度——类似于牛市和熊市。这是一

---

[1] 维塔利·凯瑟尼尔森(Vitality Katsenelson),详细阐述了区间有限市场的概念。他的著作包括《主动价值投资:在范围受限的市场中赚钱》(*Active Value Investing: Making Money in Range-Bound Markets*, Wiley, 2007)和《横向市场小手册:如何在无处可去的市场中赚钱》(*The Little Book of Sideways Markets: How to Make Money in Markets That Go Nowhere*, Wiley, 2010)。这里的引语来自对凯森尼尔森的采访,采访内容刊登在 Lawrence C. Strauss, "Home on the Range"(*Barron's*, September 21, 2009)。要注意的是,"区间市场"一词在战术上更常用来描述停留在交易区间的股票,这可能和本文所述的基本面与市盈率的复杂关系无关。

个长期的结构性调整过程,它向投资者发出了一个信号,即需要调整不同的策略——特别是,要更加关注各种市场乘数的走势,而不是只关注传统的基本面因素。

再举个例子:高盛分析了熊市后近期的复苏模式,揭示了当市场从重大挫折中复苏时,市盈率演变的有趣模式。在一篇题为《乘数之谜:市场应该以怎样的市盈率交易?》的报告中,高盛分析了2008/2009年的市场危机,将其复苏模式与1980—2002年的另一复苏的平均值进行了对比[1],他们发现,复苏(通常会导致新一轮牛市的开始)经历了两个不同的阶段:第一阶段,推动股价上涨的是市盈率,而不是盈利;在第二阶段,乘数扩张放缓,停止,甚至可能略有逆转。但随着盈利水平的提高,股价还在继续攀升。第一阶段预计企业盈利将在三个季度左右复苏,第二阶段是实现盈利反弹,因为经济实际上摆脱了衰退(正式结束于2009年6月)。作者在10月的文章中,总结了他们的论点:

> 从历史上看,在1982年、1987年、1990年和2002年的熊市低谷之后的前10个月,市场乘数平均增长了34%(当前阶段的10个月低谷之后将是2009年年底)。在最初的扩张期过后,市盈率通常会在随后12个月内持平或略有收缩。
>
> 乘数下降并不一定意味着标准普尔500指数必须走熊。事实上,历史表明即使乘数保持不变,甚至下降,市场指数水平也会继续上升,乘数上升通常会在熊市触底后的最初10个月推动市场回报,随后的股市回报则主要由盈利驱动,原因是不断上升的远期每股收益的预估值推高了股价。

两个图表描述了这种现象。图5-33显示了标准普尔500指数在此期间的五个熊市的市场价格模式,X轴上的价格波谷设置为零。尽管2008年危机导致从远高于过去平均水平的初始水平下降,但市场价格的复苏遵循

---

[1] David Kostin et al., "The Multiple Mystery: At What P/E Should the Market Trade?" *US Equity Views — Goldman Sachs Global Economics*, October 1, 2009.

先前复苏的平均模式(见图 5-33)。

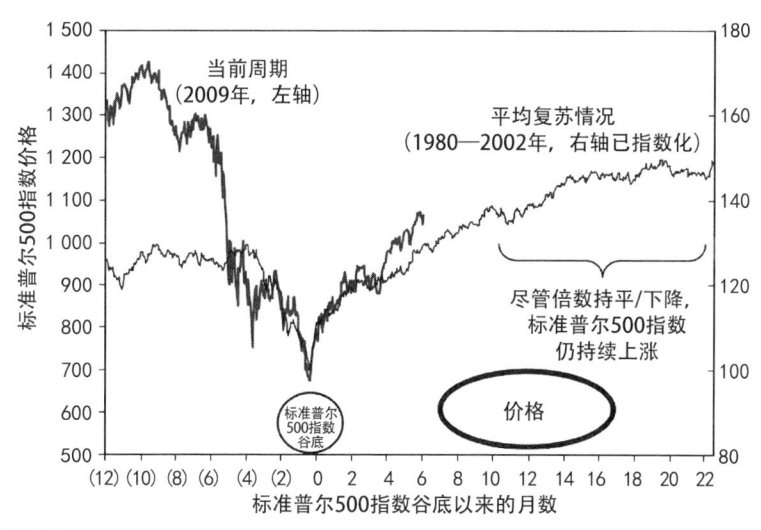

图 5-33 熊市和复苏中的价格趋势形态[1]

资料来源：Goldman Sachs(2009)。

图 5-34 显示的是市盈率乘数的模式。值得注意的是，就 2008 年的股灾而言，市盈率比之前几次复苏的平均转折点早了 4 个月，市盈率的增长非常迅猛——从市盈率低谷的绝对底部算起(第 4 个月)增长了近 60%，从价格低谷算起(当月、第 0 个月)增长了 30%。还要注意的是，在之前的平均复苏中，乘数提升在第 10 个月后变得停滞不前，但价格持续上涨是因为盈利增长再次开始(见图 5-34)。

基于这一分析，高盛的研究预测在接下来的几个季度乘数会下降，这一点已经被观察到了。但到了那个时候，基本面因素将再次推动股价上涨。

市场乘数的主要用途是通过构建"价值"筛选器，创设简单的投资策略。人们还在寻找市场制度可能发生变化的信号(尽管在这种应用中，这些信号的准确度被证明较低)。

接下来会发生什么？

---

[1] David Kostin et al.，"The Multiple Mystery：At What P/E Should the Market Trade?" *US Equity Views — Goldman Sachs Global Economics*，October 1，2009.

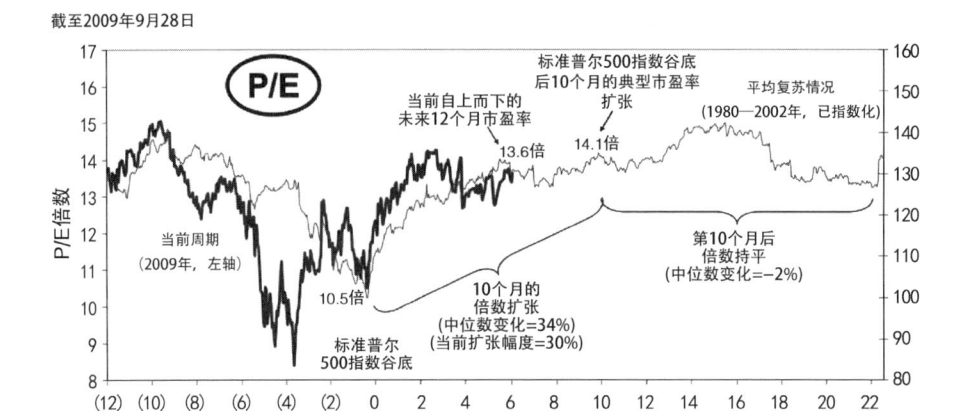

[图表：截至2009年9月28日，P/E倍数走势图，标注"当前周期（2009年，左轴）"、"标准普尔500指数谷底 10.5倍"、"当前自上而下的未来12个月市盈率 13.6倍"、"标准普尔500指数谷底后10个月的典型市盈率扩张 14.1倍"、"10个月的倍数扩张（中位数变化=34%）（当前扩张幅度=30%）"、"第10个月后倍数持平（中位数变化=-2%）"、"平均复苏情况（1980—2002年，已指数化）"，横轴为标准普尔500指数谷底以来的月数]

资料来源：Goldman Sachs(2009)。

图 5-34　熊市和复苏的市盈率趋势[1]

高盛的研究创造性地运用了市盈率来预测市场走势。除了简单的"估值过高还是过低？"这类通常提出的问题，这项研究表明，对市场乘数走势进行仔细而精细的分析，可以为我们提供更加细致的指引。

更大的挑战在于将市场乘数的研究纳入一个更为连贯和严格的框架，以便更准确地决定如何利用乘数的水平和变化来协助投资分析。我们需要变得不那么简单：很明显各种乘数的重要性不是恒定的。含义的变化取决于宏观经济环境和"市场天气"的其他方面，但这并不意味着这些指标反复无常或不可靠。正如人体的心率加快可能预示着健康或疾病、长期状况或短暂状态，市场指标也可能有其自身的复杂模式。

除了为投资者提供指引，在商业交易估值中使用市场乘数是另一个成熟的应用。私人股权投资者、参与并购分析的投资银行家，以及支持（或反对）特定交易或参与争端解决的法律专业人士，都把市场市盈率作为估值的首选，同时也是对基于模型估值的一种检验。企业管理团队也越来越多地依靠市场乘数产生的信号来制定战略决策，例如业务组合的结构。就连会

---

[1] David Kostin et al., "The Multiple Mystery: At What P/E Should the Market Trade?" *US Equity Views — Goldman Sachs Global Economics*, October 1, 2009.

计行业也"正式"认识到，市场乘数是理解"公允价值"最可靠的途径，而公允价值是其业务的基石。[1]

# 总　　结

表 5-5 总结了本章讨论的市场乘数的重要应用。

表 5-5　　　　　　　各种市场乘数的重要应用总结

| 应用 | 评论 | 使用的乘数 |
| --- | --- | --- |
| 投资筛选 | ● 用于确定有吸引力的投资前景<br>● 主要用于价值异象 | 市盈率、股息率、市净率、EV/EBITDA |
| 指数结构 | ● 用于构建反映投资风格的权益指数<br>● 始终用于价值指数<br>● 也用于某些旨在跟踪增长和质量的指数 | 市盈率、股息率、市净率、市销率、价格/营业现金流（P/OCF） |
| 因子模型，"聪明贝塔" | ● 用于定义某些"因子"，尤其是价值、增长、质量<br>● 用于筛选公司或投资组合中的"风险因子" | 市盈率、市净率、ROA、现金流/总资产 |
| 评估公司交易 | ● 用于评估和定价潜在的收购和分立<br>● 用于支持和校准私募股权交易的贴现现金流估值 | EV/EBITDA |
| 评估企业集团折价 | ● 用于部分加总分析，以评估过度多样化的公司的折价率 | EV/EBITDA、市盈率 |
| 分析市场制度 | ● 用于比较股票和债券市场的相对估值<br>● 用于诊断市场机制，如泡沫检测和区间有限市场<br>● 用于了解市场制度的变化，如衰退后复苏的阶段 | 市盈率、股息率 |

---

[1] AICPA Task Force, Valuation of Portfolio Company Investments of Venture Capital and Private Equity Funds and Other Investment Companies, Draft（May 15, 2018），paragraphs 5.19–5.45.

# 第六章 评价和资质

## 当今(2019年)的最佳指标：市盈率

绝大多数估值应用的最佳和最一致的结果(仍然)来自传统的市盈率乘数[1]，它得益于市场组成部分("价格")的即时性、完整性和可操作的真实性，再加上公司财务报表中问题最少的成分(如"收益"或"现金流"等损益表成分)。多种版本的市盈率都采用了三角法衡量企业的内在价值，这种方法的有效性要超过仅仅使用账面价值、模型

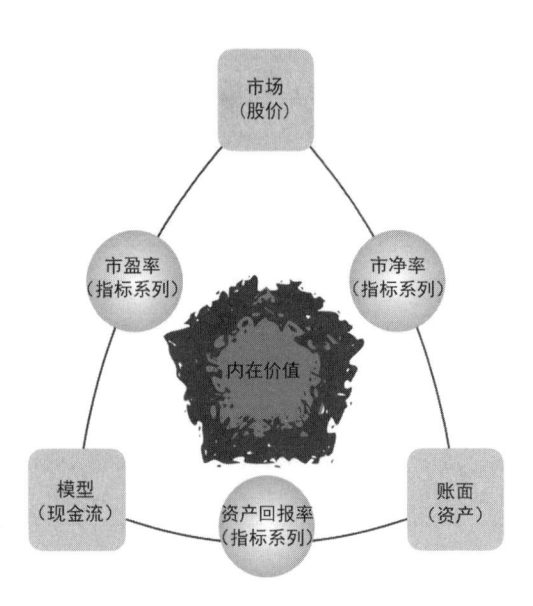

---

[1] Jing Liu, Doron Nissim and Jacob Thomas, "Equity Valuation Using Multiples," *Journal of Accounting Research*, Vol. 40, No. 1 (March 2002), pp. 135-172.

价值或市场价值,而且优于其他三角法(市净率和资产回报率)。

然而"最佳"是什么意思?称一个指标为最佳指标是否最准确?目的何在?是预测未来股市回报?还是解释过去的回报?这个指标是不是最容易使用的一种(也许在准确性上有点让步)?它是最被广泛接受的,有助于构建有用的时间序列数据集,还是最能实现跨公司比较?"最佳"在多大程度上取决于应用?

一个常见的答案是,**最好的指标是最准确地预测/解释股价的指标**。人们假定(可能是正确的)这方面的成功将与其他应用的成功相关,例如收购兼并(M&A)分析或私募股权估值。

对于这个标准,我们可以对各种市场乘数的表现说些什么呢?

## 市盈率往往占上风(但并不总是),但它只能解释这么多

先锋基金在2012年的一项典型研究考察了一些流行的衡量指标。从很长一段时间(1926—2011年)来看,市盈率和CAPE预测市场的回报率最高[1](见图6-1)。

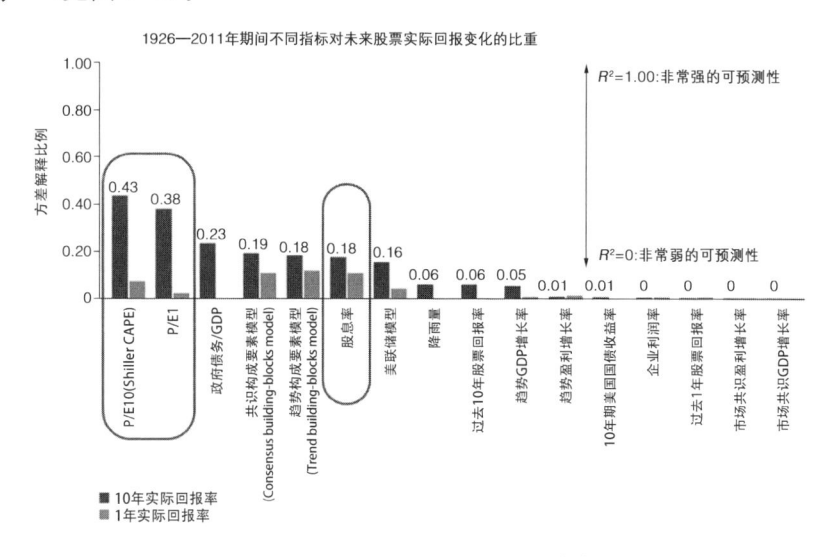

图6-1 几种预测指标的比较[2]

---

[1] Joseph Davis, Roger Aliaga-Diaz, and Charles Thomas, "Forecasting Stock Returns: What Signals Matter, and What Do They Say Now?" *Vanguard Research*, October 2012.

[2] Ibid.

尽管如此,报告作者指出,"就连市盈率也无法解释长期实际回报约60%的历史变化"。[1]

## 以符合GAAP净收益以外的指标替代收益并不能真正改善业绩(也没有)

目前已经有人提出了支持多种收益替代指标的合理理由,其中包括营业利润、"常态化利润"、毛利、核心利润等。到目前为止,这些替代方案中没有一个显示出相对于传统的基于GAAP的市盈率具有一致的业绩优势,尽管存在一些有力的迹象表明,自由现金流(非GAAP)指标可能越来越有用。

**现金流乘数有前途**

在构建估值指标时使用现金流虽然原则上很有吸引力,但并不总是奏效。不同的公司对现金流的定义有很多不一致的地方,但在一些公开发表的研究结果中,也有一些潜在的优异表现的迹象,这应该会鼓励人们朝着这个方向进一步集中研究。摩根士丹利最近的一项研究分析了81种预测股票业绩不同指标的表现,并应用于1997—2019年的4 000只全球股票。自由现金流(一贯定义为营业现金流减去资本支出净额)提供了强有力的价值信号。

相对于其他估值指标(如市盈率、市净率),基于自由现金流的因子产生了历史上最高且最一致的回报。[2]

## 所有乘数的表现高度依赖于市场制度

野村证券的约瑟夫·梅兹里奇分析了1985—2011年四个时间段内22个"代表性因子"的表现,这些因子对应于四种不同的市场制度,包括六个市场乘数($PE_{ttm}$、$P/E_{fwd}$、P/B、股息率、EV/EBITDA 和 PEG)。以下是这六个乘数中的排名(见表6-1)。

---

[1] 杰里米·西格尔(Jeremy Siegel)将基于35% $R^2$ 估值的市盈率CAPE版本称为"长期股票回报的最佳预测模型之一"。["The Shiller CAPE Ratio: A New Look," *Financial Analysts Journal*, Vol. 72., No. 3 (May/June 2016), pp. 41-50.]

[2] Morgan Stanley Quantitative Equity Research, Global Factor Guide (November 5, 2019).

表 6-1　　　　　　　　　　　　　六个乘数的排名

|  | 1985—1999 年（牛市） | 2000—2005 年（区间有限市场） | 2006—2010 年（衰退、危机、复苏） | 2011 年（适度扩张） | 平均排名 |
| --- | --- | --- | --- | --- | --- |
| $P/E_{ttm}$ | 5 | 1 | 1 | 2 | 2.25 |
| $P/E_{fwd}$ | 3 | 2 | 2 | 4 | 2.75 |
| EV/EBITDA | 2 | 3 | 4 | 3 | 3 |
| 股息率 | 4 | 4 | 5 | — | 3.5 |
| 市净率 | 1 | 5 | 6 | 6 | 4.5 |
| PEG | 6 | 6 | 3 | 5 | 5 |

## 随着时间的推移，一些乘数的业绩表现已经显著下降

正如梅兹里奇的排名所示，这一时期市净率的业绩表现已经从第一落后到最后，正如前几章所述，随着企业商业模式的本质向"无形"或"隐形"资产转变，账面价值和市场价值之间的差距越来越大，这让人们对依赖于账面价值的指标的准确性产生了怀疑。股息收益率是另一个衡量指标，近年来，作为向股东返还现金的一种手段，股票回购的激增可能削弱了这一指标。

## 敏感度不同，但市盈率胜出

如果一个价值指标能更精确地跟踪内在价值的变化，也就是说，如果它能更快地消除估值错误（回归均值），它就有可能被评为优。早些时候引用的一项研究发现，市盈率对市场错误定价的敏感性确实远远高于其他任何指标：

> 价值与魅力投资组合之间估值差异的可持续性［即异常错误定价］因分类标准而异；基于市净率和市销率标准，这种差异在 5 年内保持显著，而基于收益乘数标准，这种差异下降到不显著的速度要快得多……
> 基于市盈率的估值差异消失的速度明显快于基于［现金流乘数］的相应差异。这一发现的可能解释是，市盈率作为股票相对估值的一种衡量方法很流行；由于投资者对市盈率的认识要高于对其他估值比率

的认识,低(高)市盈率股票的相对低估(高估)会由于投资者之间较小的信息不对称而更快地趋平。[1]

## 未来的导向倾向于改善短期业绩,但仅此而已

关于基于收益的乘数——如第三章所述,分析师预测的远期市盈率通常被发现优于基于财务报告收益的静态市盈率。但就预测时间范围而言,结果各异。布拉德肖(Bradshaw)等人发现,与简单趋势线预测相比,分析师仅在第一年保持预测的优势。[2] 刘(Liu)等人则发现,分析师的预测存在2~3年的优势:

> 我们对一系列驱动因子的估值表现进行了检验,发现基于远期收益得出的乘数对股价的解释非常好……如果预测时间范围变长,业绩表现就会改善(对1年到2年到3年的每股盈利预测)。[3]

对德国股市的全面研究证实了2年期预测的有效性:

> 展望未来的乘数,尤其是两年期的远期市盈率,跑赢了静态市盈率……
>
> [数据]显示,具有前瞻性的两年远期市盈率在各行业中明显占据主导地位。[4]

---

[1] Eero Patari and Timo Leivo, "Persistence in Relative Valuation Difference between Value and Glamour Stocks: The Finnish Experience," *Banking and Finance Letters*, Vol. 2, No. 3, pp. 319-324.

[2] Mark T. Bradshaw, Michael S. Drake, James N. Myers, and Linda A. Myers, "A re-examination of analysts' superiority over time-series forecasts of annual earnings," *Review of Accounting Studies*, Vol. 17 (2012), pp. 944-968.

[3] Jing Liu, Doron Nissim, and Jacob Thomas, "Equity Valuation Using Multiples," *Journal of Accounting Research*, Vol. 40, No. 1 (March 2002), pp. 135-172.

[4] Andreas Schreiner, "Equity Valuation Using Multiples: An Empirical Investigation," Doctoral Dissertation, the University of St. Gallen Graduate School of Business Administration, 2007.

## 随着股票持有期的增加,预测效果会显著改善

如前所述,市盈率(通常为远期)预测短期结果的预测精度有限。奇怪的是,也许,预测能力会随着股票持有时间的增加而提高。不同的研究计算出的 $R^2$ 值在一个较长的时期内为 38%~80%[1](见表6-2)。

表6-2  持有时间的预测能力

| 来源 | 解释的回报变动百分比:<br>1年展望期 | 解释的回报变动百分比:<br>10年展望期 |
| --- | --- | --- |
| 埃斯特拉达(Estrada,2015) | 10% | 52% |
| 先锋基金(2012) | "接近于零" | 38%~40% |
| 阿斯内斯(Asness,2003) | 1%~10% | 65%(20年) |
| 萨布拉曼尼亚(2017) | 约6% | 约80% |

## 现金流乘数不太可靠

虽然原则上现金流在构建估值指标时具有吸引力,但奇怪的是,它似乎并不是很管用,不同的公司对现金流的定义存在太多的不一致性。但在一些公开发表的研究成果中,也有一些潜在的表现优异的迹象,这应该会鼓励人们朝着这个方向进一步深入研究。

## 乘数平均化(趋势平滑):一个未被充分探索的概念

$CAPE_1$ 最近的流行引发了一些重要问题,比如如何处理短期可变性与长期趋势,以及如何在估值中应用平均值。目前的 CAPE 基本上仍是一条

---

[1] Javier Estrada, "Multiples, Forecasting, and Asset Allocation," *Journal of Applied Corporate Finance*, Vol 27, No. 3 (Summer 2015), pp. 144-151; Joseph Davis, Roger Aliaga-Diaz, and Charles Thomas, "Forecasting Stock Returns: What Signals Matter, and What Do They Say Now?" *Vanguard Research*, October 2012; Clifford Asness, "Fight the Fed Model," *Journal of Portfolio Management*, Vol. 30, No. 1 (Fall 2003), pp. 11-24; Savita Subramanian, "2017—The Year Ahead: Euphoria or Fiscal Fizzle," *Equity and Quant Strategy*, Bank of America/Merrill Lynch, November 22, 2016.

经验法则,其关键假设(如 10 年期平均窗口)有着看似可信但迄今为止相当肤浅的理由,预测记录也不尽相同。

## 市盈率赢得了行业人气大赛

最后,还存在思想创意市场。在竞争激烈的环境中,某项特定技术的流行——长期持续——往往会传递出重要信息。从数据上看,那些效果良好的方案往往比那些效果不佳的方案更胜一筹——这是工作中的非自然选择。

市盈率是目前最受欢迎的指数。20 年前,它绝对是业内人士的主要选择[1](见图 6-2)。

资料来源: Bradshaw(2002)。

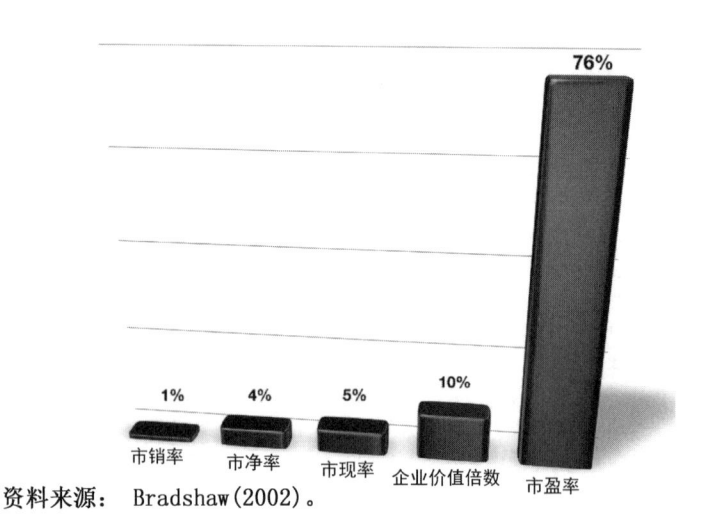

图 6-2　引用不同乘数的分析师百分比(2002 年)[2]

近年来,其他的市场乘数指标,尤其是 EV/EBITDA 和每股价格/自由现金流版本,在研究个股的分析师中获得了"关注份额",而且与传统市盈率指标结合后使用的频率更高。CAPE 赢得了许多关注整体市场趋势的评论人士的青睐。但传统市盈率(尤其是远期市盈率)仍是个股层面企业估值的

---

[1] Mark Bradshaw, "The Use of Target Prices to Justify Sell-Side Analysts' Stock Recommendations," *Accounting Horizons*, Vol. 16, No. 1 (March 2002), pp. 27-41.

[2] 数据来自 Mark Bradshaw, "The Use of Target Prices to Justify Sell-Side Analysts' Stock Recommendations," *Accounting Horizons*, Vol. 16, No. 1 (March 2002), pp. 27-41.

首选替代指标。

一个如此基本且长期使用的公式还没有被取代,这也许令人感到惊讶。本文讨论的其他一些比率被认为是对普通市盈率的改进,这些概念有其优点:"账面价值"是保守的;"销售额"的波动较小;"现金"就是现金;"平均化"似乎很有道理,但它们并未让市盈率失去主导地位,至少在业内人士中是这样。

所以,我们总结一些更有帮助的发现:

(1) 基于 GAAP 净收益的传统市盈率仍然是投资者的首选,而且从大多数指标来看,市盈率的表现也是最好的。

(2) 动态市盈率通常优于静态市盈率。

(3) 市盈率对长期的预测要优于短期。

(4) 以现金流为分母的比率正变得越来越重要。

然而,我们应该记住,像市盈率这样的指标,在某种意义上说,只能和它的组成成分一样可靠。在本章的剩余部分,我们将回顾一系列关于市场比率基本成分的可靠性的方法论问题(即关于"收益"和"价格"的稳定性和可解释性的问题)。我们还将简要总结价值三角的其他两个"方面"——P/B 和 ROA(以及相关比率)。

## 定义的变化

很多人在研究金融领域时都假设,所有的关键术语都定义明确,而且定义都是稳定的。这是一种误解,即使像"销售额"或"利润"这样看似简单的会计科目,实际上也相当复杂,而且存在细微的偏差。它们纳入了许多判断因子,其中一些是透明和标准化的(尽管标准可以改变!),而且其中一些可能深藏在公司账户的结构中。这些数字可以被篡改、调整或"管理"(在某种程度上,这是合法的);它们也可以被操纵或变得如此模糊,以至于失去了意义。

金融中定义的不确定性是一个大问题。接下来的章节将简要梳理影响市场乘数含义和用途的一些定义问题,重点放在市盈率及其组成部分——

"价格"和"收益"。

## GAAP[1]、非 GAAP、核心等:"收益"的有效性问题

2018年年初,《巴伦周刊》报道如下:

> 在第四季度(2017年),道琼斯指数30家成分公司中的28家或93%除了报告公认会计原则(GAAP)的每股收益外,还公告了非公认会计原则(Non-GAAP)的每股收益……
>
> 一些道琼斯指数成分股公司第四季度的业绩说明了这个季度非同寻常的性质。例如,麦当劳(代码:MCD)第四季度GAAP每股收益下降了40%,但非GAAP每股收益上升了19%。同样,英特尔(代码:INTC)的GAAP每股收益下降了121%,但非GAAP的每股收益上升了37%。

难道西方文明崩溃了吗?可能不会。《巴伦周刊》的建议是:

> 投资者可能应该更密切地关注非公认会计原则的数字……相比公认会计原则,道琼斯成分股公司的非公认会计原则每股收益产生的数字波动较小,**可能更好地反映了日常经营中的利润增长**。[2] [黑体字着重标出]

确实如此。以下是来自学术文献的更多信息:

> 将GAAP收益调整为(华尔街)标准收益的条件保守性的下降[3]

---

[1] 公认会计原则,按照公认的行业规则进行会计处理并由财务会计准则委员会监管的简称。

[2] Vito Racanelli, "Should Investors Still Mind the GAAP when it Comes to Earnings," *Barron's*, February 26, 2018.

[3] 关于"华尔街标准收益"——非公认会计原则收益的一个版本——见下一节。

**导致持续性、平滑性和信息性的改善，并减少分析师的预测错误和发散性**。[1]［黑体字着重标出］

会计学是一个不断发展的领域，经常会随着经济和企业经营性质的变化而变化。最初可能是替代性的非 GAAP 会计处理——由于真正担心 GAAP 可能无法呈现准确的图景，随着商业模式的变化而改变——最终可能被纳入 GAAP 框架。例如，直到 2009 年，苹果（和其他许多科技公司一样）都被要求通过将一部分收入摊销到产品的假定有效期（两年被判定为是正确的数字）而不是收到付款的时间（预付），来对类似 iPhone（将硬件和软件结合在一台设备中）的产品销售进行会计处理。这种"捆绑收入"的问题导致苹果 2009 年报告的 GAAP 收益下降了 1/3 以上。苹果发布自己的非公认会计原则数据，就是为了让公众注意到这种扭曲（在他们看来）。当时估计标准普尔 500 指数中有超过 10% 的公司受到类似影响。最终，美国财务会计标准委员会（Financial Accounting Standards Board）决定修订该规定，"以便更好地将会计核算与交易的经济性挂钩……在这种情况下，GAAP 与非 GAAP 每股收益之间的巨大差距将基本上被消除"。[2]

简而言之，今天的非公认会计原则明天就可能变成公认会计原则。

一切都很好，但这也意味着，2009 年，对相当多的上市公司而言，市盈率中 E 的定义发生了相当大的变化。如果我们认为修正后的规则更准确、更符合真实经济价值，那么就苹果公司而言，在调整前，市盈率比应该达到的水平高出 30%～35%。"盈利"必须被理解为一个动态的、灵活的、不断发展的概念（这听起来比说它是"不一致的"或"不连贯的"要好），但这意味着市盈率可能不稳定，它对通过 CAPE（经周期调整的市盈率）等技术长期平滑乘数的有效性提出了疑问。长期以来，人们一直在用估值比率来比较当今的市盈率与 20 年、30 年或 50 年前的市盈率，这种研究的正确性也应该

---

［1］ Frank Heflin, Charles Hsu, and Qinglu Jin, "Accounting conservatism and Street earnings," *Review of Accounting Studies*, Vol. 20 (2015) pp. 674-709.

［2］ Martin Peers, "Investors Should Focus on Apple's Core," *The Wall Street Journal*, September 24, 2009; Michael Rapoport, Yukare Iwatani Kane, and Ben Worthen, "U. S. Accounting to Aid Tech Firms," *The Wall Street Journal*, September 24, 2009.

受到质疑。通过比较 20 世纪 60 年代和 90 年代等其他指标的价值得出的结论,今天可能不像它们显示的那样有效。

## 华尔街标准的收益

上市公司须使用公认会计原则标准编制财务报表,但如何在收益公告和业绩电话会议上公布业绩方面,他们有着更多的自由。假设 GAAP 财务报表中的数字是提供公司业绩的其他解释的基础,这些可被称为"形式"盈利,只要它们直接来源于公司。但这些数据也可能被外部分析师发现并重新发布,他们更愿意并接受该公司这种另类解读的有效性,这就是所谓的"华尔街数字"。[1]

盈利表现传统上会使用根据"公认会计原则"产生的净收入和每股收益数据来衡量。然而,近年来"华尔街"盈利数字越来越受到关注,这些数字是公司在新闻稿中宣布的,并由 I/B/E/S、扎克斯和 First Call 等分析师预估信息清算服务商跟踪。[2]

通过分析师清算所和其他机构的重新发布,"华尔街收益"可能会以自己的方式变得"被普遍接受"。

它走得更远,为收集和提供金融市场数据的公司工作的分析师,比如汤森路透(现称 Refinitiv)、FactSet Research、S&P 资本财商(Capital IQ)和彭博社等会研究上市公司,并对"收益"中包括或排除的内容做出自己的评估。这些差异可能非常显著,如《华尔街日报》的图表所示(见图 6-3)[3]。

有关这一主题的研究文献很多,主要集中在诸如以下问题上:就各种目的而言,华尔街收益是否比一般公认会计原则的收益更"具有价值相关

---

[1] Jo Craven McGinty, "Results May Vary: Why Companies' Earnings Reports Differ," *The Wall Street Journal*, April 25, 2015.

[2] Mark Bradshaw and Richard Sloan, "GAAP versus The Street: An Empirical Assessment of Two Alternative Definitions of Earnings," *Journal of Accounting Research*, Vol. 40, No. 1 (March 2002), pp. 41–66.

[3] Jo Craven McGinty, "Results May Vary: Why Companies' Earnings Reports Differ," *The Wall Street Journal*, April 25, 2015.

### 计算数字

华尔街数据提供商依赖不同的分析师群体来提供季度收益报告。分析师们决定剔除哪些数据(如果有的话),因此,数据可能会有所不同。以下是三家供应商对标准普尔500指数季度业绩同比变化的不同数据。

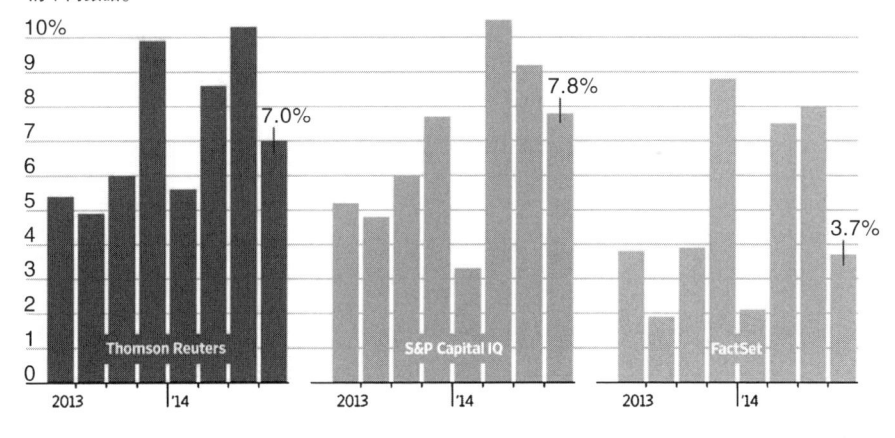

**图6-3 华尔街收益**[1]

性"(它们是这样);投资者是否理解华尔街收益,或者被它们误导(通常它们不是这样);发布数据的公司(即华尔街收益)的市盈率是否高于其他公司(它们不是这样)。[2] 研究还考察了哪些费用通常不包括在华尔街收益中,以及这种做法是否与达到或超过分析师的收益预测有关。对2005年发表的文献进行的批评性审查得出的结论是:

> 预计盈利是用于误导还是用于提供信息的关键问题尚未解决。[3]

简而言之,我们不知道这种源自非公认会计原则的药物是有害还是有益。

这里要指出的是,通常情况下,最容易获得的"市盈率"可能是市场价格,而不论它的价值如何,它都是市盈率和其他乘数的不同分母。正如《华

---

[1] Jo Craven McGinty,"Results May Vary: Why Companies' Earnings Reports Differ,"*The Wall Street Journal*,April 25,2015.

[2] Chih-Ying Chen,"Do analysts and investors fully understand the persistence of the items excluded from Street earnings?" *Review of Accounting Studies*,Vol. 15 (2010),pp 32-69.

[3] Philip Berger, "Discussion of 'Are Investors Misled by Pro Form Earnings,'" *Contemporary Accounting Research*,Vol. 22,No. 4 (Winter 2005),pp. 965-976.

尔街日报》总结的那样：

> 盈利有多种定义，包括或忽略不同种类的信息。华尔街分析师和数据提供商公布的华尔街收益是最令人垂涎的数据，投资者将其视为最佳指标……
>
> 它们也是不受管制的数字，所描绘的情况往往与根据公认会计原则编制的收益大相径庭。[1]

## 国际财务报告准则(IFRS)与公认会计原则(GAAP)

GAAP(公认会计原则)和 IFRS(国际财务报告准则)倡导者之间的会计"世界大战"恐怕美国人要输了。但就目前而言，美国公司对"盈利"的定义不同于其他国家的公司，人们经常提到的两种制度之间的一个差异是，GAAP 要求公司将与 R&D 活动有关的所有开发成本作为支出，而这些活动往往会带来大量新的无形技术和知识产权资产。国际财务报告准则(IFRS)允许将大部分开发成本视为投资并资本化(作为资产计入资产负债表)。国际财务报告准则的"收益"将高于公认会计原则的"收益"，国际财务报告准则的账面价值也将更高。显然，这些差异将影响市盈率。国际财务报告准则版本的市盈率将更低，这可能有助于解释欧洲和加拿大公司相对于美国公司所承受的典型折价现象。

最近从公认会计原则转向国际财务报告准则的几个国家提供了有趣的自然实验以研究对企业估值的影响。例如，在英国，人们发现，在转换前后，盈利能力和资本结构——"收益"和账面价值都有显著差异，这肯定会影响市场估值比率。[2]

---

[1] Jo Craven McGinty, "Results May Vary: Why Companies' Earnings Reports Differ," *The Wall Street Journal*, April 25, 2015.

[2] Yhlas Sovbetov, "How IFRS Affects Value Relevance and Key Financial Indicators? Evidence from the UK," *International Review of Accounting, Banking and Finance*, Vol. 7, No. 1 (Spring 2015), pp. 73-96.

## 变更会计标准

GAAP一直在变化,其中一些变动影响财务报表的基本组成部分,并对估值框架产生影响。最近一个涉及收入确认的示例(2018年)突出显示了中断和不确定性的可能性:

> 超过一半的标准普尔500指数成分股公司披露了对其会计收入的一些影响……财务团队花了几个月重写会计流程和程序,并准备新的财务报表。接受调查的上市公司中,大约有五分之一……说他们在这方面花了……100万美元或更多。
>
> 一些公司预计新规定将加速收入确认,而另一些公司则说[收入确认]的时间将被推迟,即使基础业务保持不变。[1]

由于收入变动将带动盈利变动,因此市场乘数的分母将受到影响。"之前"和"之后"可能不再相称。

除了一个时期与另一个时期的一致性问题,一些会计变更可能会导致彻底的"扭曲"。沃伦·巴菲特批评最近的会计调整歪曲了伯克希尔·哈撒韦的收益:

> 我们的很大一部分收益并不是来自我们在伯克希尔·哈撒韦公司取得的任何成就……
>
> 我必须告诉你一条新的会计准则——一条公认会计原则(GAAP)——将严重扭曲伯克希尔·哈撒韦今后的季度和年度报告净收益数据,而且经常误导评论者和投资者。
>
> 新规则规定,我们持有的股票的未实现投资收益和亏损的净变化必须包括在我们向你们报告的所有净收入数字中。这一要求将使我们的公认会计原则(GAAP)底线出现真正剧烈而反复无常的波动。伯克

---

[1] Tatyana Shumsky, "Updated Accounting Rules Reverberate," *The Wall Street Journal*, June 13, 2018.

希尔·哈撒韦拥有1 700亿美元的流通股(不包括我们持有的卡夫·亨氏股份),这些股票的价值在一个季度的报告期内可以轻易增加100亿美元或更多。计入净利润的如此巨幅波动,将淹没描述我们经营业绩的真正重要的数字,出于分析的目的,伯克希尔·哈撒韦的"底线"将变得毫无用处。[1]

如果这样的结果真的"不能用于分析",那么市盈率还有什么用?

这种变化的例子有很多,其中一些已经在前面的章节中讨论过。最近的变动被认为对估值乘数的影响特别重要,其中包括:

(1) 员工股票期权的会计处理变动——将其作为费用处理;[2]

(2) 要求对许多资产进行"按市值"或"公允价值"评估的变动,以取代传统的资产负债表项目"按成本计算";[3]

(3) 要求对商誉及其他无形资产进行减值测试的变更。[4]

所有这些变化通常都会降低当期收益,降低市盈率的分母,从而迫使乘数上升。近年来,市盈率呈上升趋势(详见前几章),这在一定程度上是由于会计处理较为保守所致,每一项此类变动都会在财务时间序列中造成一个断点:

> 从2001年开始,商誉和其他使用寿命较长的资产必须改为每年进行减值测试。也就是说,如果发现资产失去价值,就必须将其减记。但如果一项商誉资产的价值已经增加,它就不能被冲销!
> 
> 这一新做法相对于2001年前的收入[5]减少了2001年后的收入。

对于 $CAPE_1$ 等跨越此类变化产生的"之前"和"之后"周期的平均市盈

---

[1] Warren Buffett, 2017 *Annual Letter to Berkshire Hathaway Shareholders*; Donald E. Graham, "I Can't See Berkshire's Bottom Line," *The Wall Street Journal*, November 8, 2018.

[2] SFAS 123 (1995).

[3] FAS 157 (2007).

[4] FAS 142 (2001).

[5] Laurence Siegel, "CAPMing the CAPE: Shiller-Siegel Shootout at then Q Group Corral", Part 2, https://larrysiegeldotorg.files.wordpress.com/2016/09/siegel_capming-the-cape_2016_09_08.pdf.

率来说，这种影响尤其棘手。

## 盈余管理1：数字游戏

微软曾因管理季度收益以实现规律的、一致的、略好于预期的业绩而闻名：[1]

> 1997年1月，微软公布的收益达到或超过了华尔街的预期，这是该公司上市以来42个季度中的第41次。做出这一预测的36位经纪分析师作为一个整体对此非常满意——这家软件巨头宣布的每股57美分的价格高于此前51美分的预期，但并没有高到让他们看起来很蠢的地步。
>
> 要求公司平稳地公布更高收益的压力空前绝后……"管理盈余"带有贬义，甚至有点低俗的意味，但即使在最受尊敬的公司，在做出会计和商业决策时，往往也会考虑到平滑收益或暂时提高收益。[2]

"盈余管理"是指对各种会计类别进行小规模、合法（或至少可辩护）的调整，以提高或降低财务报告的公认会计原则（GAAP）收益，通常是将收入或支出确认从一个时间段微调（或不那么微调）挪到另一个时间段的做法，这种做法现在仍然很普遍。《财富》杂志引用了微软案例中的一个例子，足以说明这一点：

> 从1995年8月开始，微软就采用了一种独特的、保守的方法来对其提供的软件进行会计处理——将产品产生的大量收入的确认推迟到产品售出很久以后。原因是，当某人在1996年购买软件时，也在1997年和1998年购买了升级和客户支持的权利。要不是有了新的会计技术，该公司不得不在1995年下半年Windows 95推出时报告利润大幅上升，然后在1996年上半年急剧下降——这一系列情况可能会让它的

---

[1] John Markoff, "Microsoft's Accounting Under Scrutiny," July 1, 1999.
[2] Justin Fox, "Learn to Play the Earnings Game," *Fortune*, March 31, 1997.

股价大跌——而不是它确实公布的平稳上升的利润。到1996年年底，微软已获得11亿美元的"未实现收入"，但尚未在收入报表中确认。[1]

"盈余管理"有多种形式，其中一些掩盖了不当或非法的会计行为。微软最终受到了美国证券交易委员会的制裁，并（在不承认有不当行为的情况下）同意改过自新。[2] 但这种普遍做法在许多公司仍在发挥作用，只是程度可能没那么恶劣。

这个问题涉及面很广，而且得到了广泛的研究。本文不适合详细探讨这一问题，但"盈余管理"显然会影响市场市盈率的分母，从而成为影响这些指标解读的另一个不稳定因子。

## 盈余管理2：回购和每股收益增加

1982年，美国证券交易委员会（SEC）修改了规则，允许公司在公开市场上购买自己的股票。此后，这种"回购"已经成为金融市场的主导力量。

2018年第一季度，标准普尔500指数成分股公司的回购规模达到1 890亿美元，同比增长41%。回购支出率升至占利润的48%。[3] 如今（2019年）全年的回购支出率接近1万亿美元，远超股息。[4] 回购产生的股票需求是交易所交易基金（ETF）增长产生的需求的两倍多。[5]

回购至少有三个重要影响：

（1）股息已经失去了重要性。如上所述，回购已经取代了股息，成为"向股东返还现金"的首选方式。这显然降低了股息作为价值信号的信息质

---

[1] Justin Fox, "Learn to Play the Earnings Game," *Fortune*, March 31, 1997.

[2] Rebecca Buckman, "Microsoft, SEC Settle Probe Into Earnings Misstatements," *The Wall Street Journal*, June 4, 2002. 还有一些细节：" 美国证券交易委员会指控微软在20世纪90年代的某些时段虚报利润，非法为营销和过时库存等费用设立了不同的'准备金'账户。对此，美国证券交易委员会表示同意和解……人们认为这种情况有些不寻常，因为这家现金充裕的公司动用了准备金，在某些情况下，准备金低估了季度收入，而不是夸大季度收入。这样的技术可以起到平滑季度业绩的效果，并为华尔街提供更好的可预测性。美国证券交易委员会……表示，在没有充分分析的情况下，'微软的高级财务人员'频繁增加储备账户，实际上是在增加开支。"

[3] "Six Muddles About Buybacks," *The Economist*, June 2, 2018.

[4] Lawrence Strauss, "Stock Dividends Aren't What They Used to Be," *Barron's*, April 29, 2019.

[5] Matt Phillips, "Buybacks Dip Could factor Into Sell-Off," *The New York Times*, October 12, 2018.

量(或学术文献经常描述的"价值相关性")。自20世纪80年代以来,股息收益率下降了一半。股息收益率指标似乎已丧失了大部分预测能力。

(2)回购增加了每股收益。一家公司可以通过两种方式增加每股收益:①在分子上增加实际的经营收益,或者②在分母上减少股票数量。回购会产生第二种效应。

公司已经发现如何利用回购来提高每股收益。在2018年第二季度,西南航空的营运收入下降了2.1%,但该公司回购了2 800万股,推动每股收益上升了2.4%。[1] 2015年前三季度,微软回购了3%的流通股,将营运收入下降1.3%转化为了3.1%的增长。[2]

微软玩这个游戏已经有很长时间了。从2004年到2013年,该公司回购了价值1 100亿美元的自有股份,减少了22%的股份数量(见图6-4)。

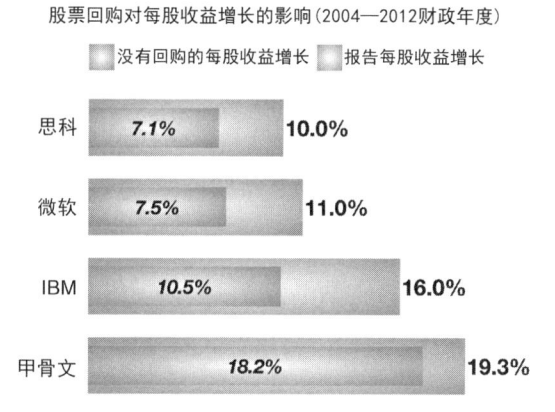

股票回购对每股收益增长的影响(2004—2012财政年度)

没有回购的每股收益增长　报告每股收益增长

思科　7.1%　10.0%
微软　7.5%　11.0%
IBM　10.5%　16.0%
甲骨文　18.2%　19.3%

资料来源:改编自Winkler(2013)。

**图6-4　回购对每股收益(EPS)的影响**[3]

由于进行了这样的回购,该公司的年平均利润增长率比在股份数不变的情况下高出46%。[4]

---

[1] Michael Rapoport and Theo Francis,"Buybacks Dress Up Profits," *The Wall Street Journal*, September 24, 2018.
[2] E. S. Browning, "Surge in Buybacks Stirs Up Worries," *The Wall Street Journal*, November 23, 2015.
[3] 摘自 Rolfe Winkler, "Microsoft Buys Back Earnings Growth," *The Wall Street Journal*, September 18, 2013。
[4] Rolfe Winkler, "Microsoft Buys Back Earnings Growth," *The Wall Street Journal*, September 18, 2013.

与此前和其他数十家公司一样,微软也发现了一种比以往更为有效的会计手段。《华尔街日报》在 2015 年报告称,在此前的 12 个月里,"超过 20% 的标准普尔 500 指数成分股公司将股份数量减少了至少 4%"。[1]

这种做法对"真实价值"有什么影响?市场是否区分通过增加分子增长的每股收益和通过缩小分母增长的每股收益?市盈率对这两种 EPS 增长的反应是否相同?目前还不清楚。[2]

(3) 即便不考虑每股收益的增长,回购也会推高"股价"。回购增加了对公司股票的需求,除了每股收益效应,这也给股价带来了上行压力。高盛估计,回购将使 S&P 500 的远期市盈率提高 1 个百分点,意味着估值将提高 5% 左右——这完全归因于额外的买方交易量。[3] 其他分析师计算出来的影响要大得多:《华尔街日报》引用的一份报告估计,如果公司没有回购任何股票,2019 年 S&P 在第一季度的股价会下跌 19%。[4] 这个数字可能综合了每股收益的增长和额外购买压力的影响。

在收益公告前后的"静默期"可以看到对这种影响的某种证实,这迫使公司暂时停止回购。[5] 在某些情况下,股票市场似乎也随着这些封锁期而下跌,尽管对这种影响的研究并不多。[6] 市场的波动性似乎也在增加。[7]

简而言之,回购已经成为金融市场上一股强大的力量,它让财务报告中的"收益"发生了巨大变化,另外让"价格"的变化幅度更加温和了一些,关于两者对估值指标的影响,尚没有仔细深入的研究。

---

[1] E. S. Browning, "Surge in Buybacks Stirs Up Worries," *The Wall Street Journal*, November 23, 2015.

[2] 对我来说,这是最耐人寻味、尚未得到解答的问题之一,它关系到整体估值,尤其是市盈率的重要性。我并不知道有任何研究真正集中在这个问题上。

[3] Allison Nathan and David Groman, "Buyback Realities," *Goldman Sachs Global Macro Research*, Issue 77, April 11, 2019.

[4] Jessica Menton, "Volatility Unlikely to Derail Buybacks," *The Wall Street Journal*, May 17, 2019;本文中引用的报告来自 Ed Clissold, *Ned Davis Research*, May 2019。

[5] Corrie Driebusch, "Volatility Sets Up a Boom in Buybacks," *The Wall Street Journal*, October 24, 2018; Matt Phillips, "Buybacks Dip Could factor Into Sell-Off," *The New York Times*, October 12, 2018.

[6] Matt Phillips, "Buybacks Dip Could factor Into Sell-Off," *The New York Times*, October 12, 2018; Corrie Driebusch, "Volatility Sets Up a Boom in Buybacks," *The Wall Street Journal*, October 24, 2018.

[7] Allison Nathan and David Groman, "Buyback Realities," *Goldman Sachs Global Macro Research*, Issue 77, April 11, 2019.

## 现金稀释("非经营性金融资产")

如何调整估值指标以计入大量现金积累的影响(认识到现金是一种回报非常低的资产)的问题已在第三章通过"经现金调整后的市盈率"概念($CAPE_2$)进行了讨论。但问题可能不仅仅是像 $CAPE_2$ 那样将现金价值从市场价值中剥离出来那么简单。过多的现金余额实际上可能会损害估值,对市盈率和其他估值乘数的影响甚至超过了 $CAPE_2$ 所允许的水平。

此问题的典型代表是苹果公司。

当你购买苹果公司的股票,你不只是买进一个价值 1 万亿美元的科技公司。投资者还可以购买全球最大的投资公司之一——苹果全资子公司布雷伯恩资本(Braeburn Capital)的股票。布雷伯恩管理着 2 440 亿美元的金融投资组合,占苹果账面资产的 70%。苹果的行为就像一只对冲基金,它用 1 150 亿美元的债务来支持这个投资组合。[1]

这些现金的 76% 都持有高风险证券(即美国国债和同等工具以外的证券),包括公司股票和债券以及抵押贷款支持证券。[2] 作者计算,这些高风险资产的折价率为 12%~22%,这意味着苹果的账面价值减少了 7%~12%,而市净率增加了(高估?)同等规模。[3] 这是在 $CAPE_2$ 提出的调整基础上发生的,研究的副标题是"当现金不是现金时"——这似乎很恰当。

大量持有风险资产会损害价值,市场对风险较大的 1 美元金融资

---

[1] Thomas Gilbert and Christopher Hrdlicka, "The Hedge Fund That Makes iPhones," *The Wall Street Journal*, August 27, 2018.

[2] 吉尔伯特(Gilbert)和赫尔德利奇卡(Hrdlicka)等在他们的研究中应用了几个流动性测试,依赖于 FASB 157(公允价值计量)下的报告。他们将 74% 的非财政部政府债务、90% 的公司债务以及 97% 的资产和抵押支持证券归类为缺乏流动性。Ran Duchin, Thomas Gilbert, Jarrad Harford, and Christopher Hrdlicka, "Precautionary Savings with Risk Assets: When Cash is Not Cash," *The Journal of Finance*, Vol. 72, No. 2 (April 2017), pp. 793-852。

[3] 在论文的早期版本中,折现率的估计更高:"风险准备金的价值比安全准备金的价值低 23.2%~29.7%。"Ran Duchin, Thomas Gilbert, Jarrad Harford, and Christopher Hrdlicka, "Precautionary Savings with Risky Assets: When Cash Is Not Cash," July 2014。

产的估价大大低于1美元。[1]

关于折价的规模,我们在第三章中注意到,据报道信用评级公司穆迪对某些公司的现金储备实行30%的折扣[2],这种现象很普遍。

影子对冲基金在标准普尔500指数工业公司中比比皆是……2012年,这些公司管理着**1.6万亿美元**的非经营性金融资产的组合。[3](黑体字已经强调)

现金作为一种资产的假定状态,从表面上看,具有无可挑剔的价值("现金为王"等),却可能会使我们忽视过度持有现金的负面后果,这反过来又会混淆对市盈率的解释。过多的现金或过多的自由现金流可能意味着投资不足,或者缺乏增长机会,或者管理层保守或者存在税收问题。所有这些都将削弱对估值指标的直观解读。

## 税　　务

对许多公司而言,在许多财务报告期间,税款是最大的单一开支。税项责任通常受与业务在指定期间的经营表现无关的因子所影响(这就是为何税项责任不计入经营收入)。因此,税法的变化可能对分母中使用"净收益"的市场比率产生重大影响。

2018年税法的变化产生了重大影响。道琼斯工业平均指数包含的30家公司中,有28家报告了非公认会计原则的收益数字(当然,除了必需的公认会计原则数字之外)。非公认会计原则的数字与公认会计原则的数字平均相差110%——是"正常"水平的8~10倍(见图6-5)。

造成这种差异的原因是税法。

---

[1] Thomas Gilbert and Christopher Hrdlicka, "The Hedge Fund That Makes iPhones," *The Wall Street Journal*, August 27, 2018.

[2] John Jannarone and Sara Silver, "Cash (Kept at Home) is King," *The Wall Street Journal*, January 14, 2009.

[3] Thomas Gilbert and Christopher Hrdlicka, "The Hedge Fund That Makes iPhones," *The Wall Street Journal*, August 27, 2018.

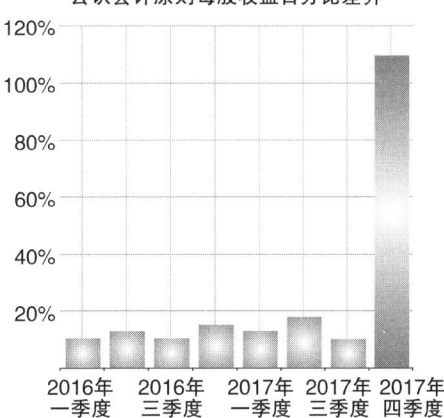

非公认会计原则每股收益与
公认会计原则每股收益百分比差异

资料来源：改编自Racanelli(2018)。

图 6-5 税法对每股收益(EPS)的影响[1]

19家道琼斯工业平均指数公司报告说,由于税法的原因,出现了净支出(即亏损),9家公司报告说出现了净收益,而这通常是最大的单一项目[2],造成这些公司本季度按公认会计原则计算的每股收益与非按公认会计原则计算的每股收益之间的差异异常大。

如前一节所述,税收似乎也在刺激超额现金储备的积累方面发挥着作用。[3] 与保持"海外"现金相关的税收优势——以及避免美国企业所得税——可能会鼓励现金积累,从而进入"风险资产"。

> 外国收入较多的公司持有的风险资产占账面总资产的比例较高。
> 
> 外国收入与流动和非流动储备占账面总资产的比例都成正比。[4]

---

[1] 摘自 Vito Racanelli, "Should Investors Still Mind the GAAP when it Comes to Earnings," *Barron's*, February 26, 2018.

[2] Vito Racanelli, "Should Investors Still Mind the GAAP when it Comes to Earnings," *Barron's*, February 26, 2018.

[3] C. Fritz Foley, Jay C. Hartzell, Sheridan Titman, and Garry Twite, "Why do firms hold so much cash? A tax-based explanation," *Journal of Financial Economics*, Vol. 86 (2007), pp. 579-607.

[4] Ran Duchin, Thomas Gilbert, Jarrad Harford, and Christopher Hrdlicka, "Precautionary Savings with Risky Assets: When Cash Is Not Cash," *The Journal of Finance*, Vol. 72, No. 2 (April 2017) pp. 793-852.

如果这些风险资产被打折,就会提高市盈率,并同时可能扭曲其他比率,这可能成为税收影响削弱市场指标可靠性的另一个渠道。

## 轻资产业务模式的影响

近几十年来,企业营业利润率一直在上升,从20世纪90年代中期的平均5%～6%上升到2018年的11%～12%(见图6-6)。[1]

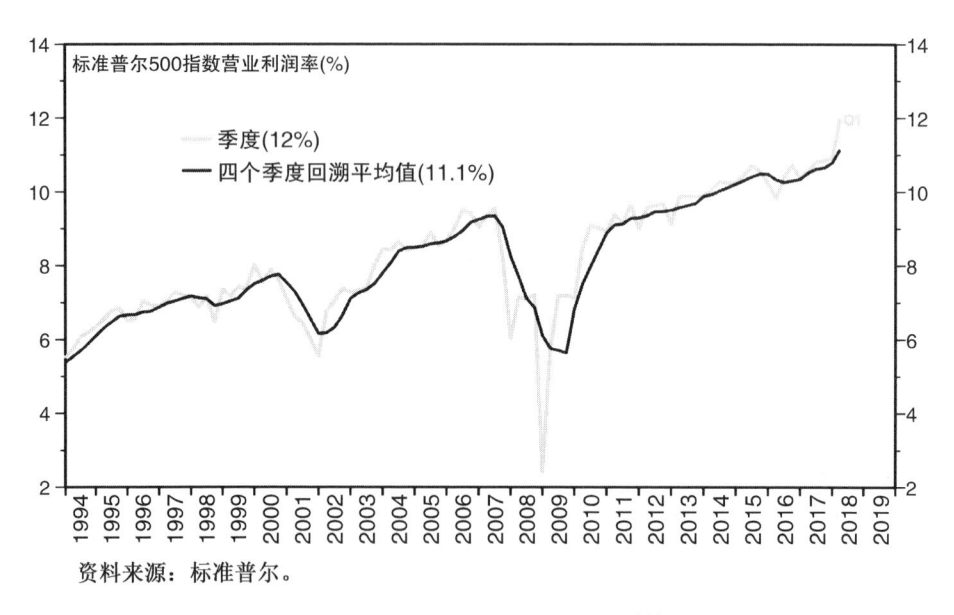

**图6-6 盈利能力上升的趋势(1)** [2]

资料来源:标准普尔。

根据美联储圣路易斯分行的统计,企业净利润占美国国内生产总值的百分比从20世纪70年代的1.5%上升到2016年的4%以上[3],在过去25年中,企业利润占美国国内生产总值的百分比从3%上升到9%[4](见图6-7)。

---

[1] Edward Yardeni and Joe Abbott, *Stock Market Briefing: S&P 500 Sectors & Industries*, May 22, 2018.
[2] Edward Yardeni and Joe Abbott, *Stock Market Briefing: S&P 500 Sectors & Industries*, May 22, 2018.
[3] FRED, Federal Reserve Economic Data, *Federal Reserve Bank of St. Louis*, https://fred.stlouisfed.org/series/A449RE1A156NBEA.
[4] FRED, Federal Reserve Economic Data, *Federal Reserve Bank of St. Louis*, https://fred.stlouisfed.org/graph/?g=cSh.

企业利润占GDP的比重

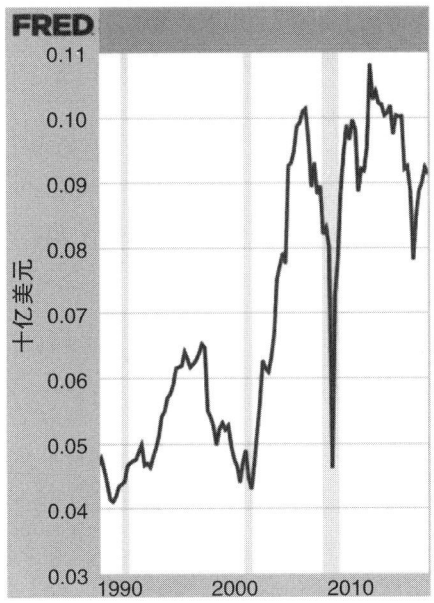

资料来源：美联储。

图 6-7　盈利能力的上升趋势(2) [1]

研究人员开始关注许多公司的无形资产的增长，以及无形资产在盈利能力扩张中可能发挥的作用。品牌等无形资产不需要符合传统"资本支出"类别的投资，最近的一项研究得出结论：

> 无形资产使用的增加使公司能够在不相应增加投资的情况下获得高利润。[2]

这对市盈率等估值指标的完整性有什么影响？随着"无形资产"成为许多（也许是大多数）美国公司的核心业务，传统"工业时代"的会计处理能力越来越不足。资产负债表上就能明显看到这种情况，品牌、技术和数据等无形资产完全消失，账面价值（作为企业价值衡量标准）严重受损。不过，轻资

---

[1] 数据来自圣路易斯美联储银行。
[2] Ozgur Orhangazi, "The role of intangible assets in explaining the investment - profit puzzle," *Cambridge Journal of Economics* (Nov 2018), https://doi.org/10.1093/cje/bey046.

产业务模式的趋势也影响了计算"收益"的费用。折旧等概念可能适用于对机器或存货等实物资产进行估值,但不适用于对无形资产进行估值。以下内容(摘自他2015年写给伯克希尔·哈撒韦公司股东的信)解释了沃伦·巴菲特为什么觉得有必要背离公认会计原则:

> 以上经营费用数字按非公认会计原则计算,因为不包括一些采购会计项目(主要是某些无形资产的摊销)。我们以这种方式呈现数据,因为我们相信,与GAAP数据相比,调整后的数字更准确地**反映了表中汇总的企业的真实经济支出和利润**。
>
> 我不会解释所有的调整,有些调整微不足道而且晦涩难懂,但认真的投资者**应该理解无形资产的本质完全不同**。有些确实会随着时间的推移耗尽价值,而另一些则绝不会失去价值。对于软件来说,作为一个大的例子,摊销费用是非常真实的开支。相反,将费用计入其他无形资产(如客户关系)的概念源于采购会计规则,显然没有反映经济现实。GAAP会计没有区分这两种费用。也就是说,在计算收益时,两者都作为费用入账,尽管从投资者的角度来看,两者之间的差异再大不过了。
>
> (黑体字由作者标明)[1]

《经济学人》杂志指出,基本面估值的异象——比如"价值"——可以被视为与有形资产和无形资产的区别有关。

拥有有形资产的公司的利润会在经济衰退时受损,因为昂贵的厂房和建筑无法重新安置。因此,价值溢价是对承担商业周期风险的回报。[2]

受影响的不仅仅是财务报告的收益,预测的盈利(远期市盈率的分母)

---

[1] Luke Kawa, "Warren Buffett's [2015] Shareholder Letter, Annotated," *Bloomberg Online*, February 27, 2016.

[2] "Striking Out: The Agony of the Value Investor," *The Economist*, October 27, 2018.

也受到新业务模式带来的更大不确定性的影响。2005年的一项研究探讨了无形资产和分析师盈利预测准确性之间的关系：

> 过去20年，无形资产的规模和对公司增长的贡献不断上升，这让分析师陷入了一个有趣的两难境地。大多数无形资产未在财务报表中得到确认……无形资产的重要性日益增加，而且缺乏关于无形资产对收益的贡献的明确信息，这意味着市场强烈鼓励分析师为高无形资产公司提供增值信息（例如准确的收益预测）。[1]

事实上

> 我们发现，分析师的预测误差与公司的无形资产（基于技术的无形资产、品牌名称和公认的无形资产）数量之间存在显著的正相关。

显然，企业商业模式朝着更加依赖无形资产的方向发生的变化可能会改变历史和预测盈利数字的价值。

## 替代增长策略的效应：收购还是内生发展

另一个可能扭曲利润和市盈率信号的因子是这家公司实施的增长策略。考虑两家表面上相似却追求不同增长策略的公司。一家公司选择主要通过收购其他公司实现增长。此类公司将在资产负债表上确认全额购买价，作为与目标公司一起收购的硬资产和"商誉"的组合。商誉的定义是收购公司支付的价格与目标公司原始账面价值之间的差额。商誉的会计处理既复杂又有问题。这里的相关性在于，随着时间的推移，所收购的硬资产将被折旧，而商誉"资产"将潜在地遭受"减值"。这两个过程都导致在未来期间的收益中扣除非现金费用。第二家公司通过内部投资和发展实现增长，

---

[1] Feng Gu and Weimin Wang, "Intangible Assets, Information Complexity, and Analysts' Earnings Forecasts," *Journal of Business Finance & Accounting*, Vol. 32, No. 9 and 10, (November/December 2005), pp. 1675-1702.

这样一家公司将在投资过程中花费大部分成本,例如 R&D 费用。在第一家公司进行战略收购(作为资产负债表资产入账)而第二家公司仅为实现类似结果而进行内部支出(在损益表中支出)的报告期内,后者可能会显示较低的公认会计原则收益从而具有较高的市盈率。在未来期间,这种关系可能会发生逆转,原因是第一家公司所收购的资产逐渐减记,而第二家公司没有此类费用。这种影响还会延伸到许多其他重要的比率和指标:

> 以两家运营、现金流、战略和价值完全相同的公司为例。这家过去通过收购建立起来的公司可能会有一个臃肿的资产基础,因此,它的债务与资产比率看起来会更健康。与账面价值相比,其股价看起来会被人为地压低,而且它的股本回报率会更低。[1]

因此,一家公司和另一家非常相似的公司的市盈率信号可能会有所不同,甚至可能差异很大,而且估值水平可能会随着时间的推移而变化,而实际情况并非如此。(对于这个论点,假设两家公司的绝对债务水平也相同。也就是说,第一家公司的收购是由手头现金而不是通过发债获得资金。换句话说,任何差异都不是杠杆的作用。)这让所有跨行业、跨时间的比较都变得更加复杂起来。据我所知,还没有哪项研究能揭示出以收购为驱动力的公司和依靠内部发展的公司之间存在着如此大的差异,但美国电话电报公司(1 430 亿美元)、英博安海斯-布希公司(1 370 亿美元)和通用电气(820 亿美元)等所谓"交易狂热者"所拥有的巨额"商誉"表明,这种影响可能是重大的。[2]

这一部分略微提到了一些与估值指标关键组成部分的定义有关的重要问题,尤其是"收益"。出于所述的目的,上述顾虑不会导致这些指标在第五章里所描述的应用失效,但它们应该提醒了我们,这些工具并不像机械仪表(如温度计或浴室的体重计)那么简单。我们对它们的解读往往需要一定程度的判断,以便做出正确的解读,尤其是要警惕偏见的可能来源——简言之,就是需要批判性的思维定式。

---

[1] Schumpeter, "As Good As It Gets," *The Economist*, September 1, 2018.
[2] Ibid.

## 市净率的问题

说到这里,一个额外的评论是必要的。正如《巴伦周刊》所言:

> 市净率指标在当今的经济条件下存在问题。市净率或许是最传统的价值衡量方法,它根据公司的账面价值(即所有有形资产的价值,但不包括无形资产)来评估股价。市净率价值以及类似的基于会计的指标在以工业为基础的经济中效果更好,此时公司拥有有价值的有形资产,如制造工厂和设备。[1] 如今的服务经济充斥着各种公司,它们最大的资产就是品牌、知识产权或客户忠诚度,而这些资产并没有出现在资产负债表上。

金融经济学中的"保守学术派别"普遍认为,账面价值是企业价值的准确衡量标准,市净率的分母是可靠的。市净率[2]是学者们用来确定"价值因子"的首选过滤器——价值因子是在有效市场假设框架内被确定为异常的三个因子(或四个、五个或六个)之一。正统观点的代表肯尼斯·弗伦奇最近认为,市净率是完美合理的:

> 弗伦奇[教授]……他和[尤金]法玛的合作,让市净率成为经典的价值衡量指标,他们认为市净率仍然是最好的价值衡量指标。他说,我们已经对这一假设进行了多次检验,但仍未能说服自己采用另一种方法——包括多种方法的组合——会更好。[3]

然而,账面价值确实存在一些根本问题。

首先,资产负债表上的许多资产价值已经过时。在大多数情况下,会计

---

[1] Reshma Kapadia, "Are Value Stocks About to Grow?" *Barron's*, April 30, 2018.

[2] 或者,就像有些学术文献固执坚称的那样,是账面市值比,或者说 BE/ME——"账面权益与市场权益之比",以及类似的倒数形式。

[3] 引自 Reshma Kapadia, "Are Value Stocks About to Grow?" *Barron's*, April 30, 2018。

准则要求资产以成本价(即最初购买时支付的价格)入账,这被认为是"保守"的,但这意味着资产负债表价值中存在固有的结构性偏差。该等价值其后可能会进一步扣减折旧(就有形资产而言)或做减值评估(就已确认无形资产而言)。但总的来说,资产的价值是永远不会"涨价"的。因此,对于某些类别的资产(如所获得的技术、品牌、数据库,甚至是房地产),如果它们在较长一段时间内显然出现了一定程度的价值增值,所报告的资产负债表数字将是不准确的。

其次,资产负债表"资产"的这一半是不完整的。实际上,推动收入增长和盈利能力的关键无形资产项目未被确认或入账。在许多情况下,这些资产是通过多年的内部投资开发出来的,而不是从外部获得的——因此会计人员无法记录其明确的成本,这对于所谓的"品牌资产"来说是正确的,这种资产是由像可口可乐这样的公司长期以来自行形成的,显然构成了公司真正价值的一个非常重要的部分。[1]

今天,整个标准普尔500指数的市净率已经超过3倍[2],这意味着美国经济的大部分企业价值对于会计行业来说是不可见的(见图6-8)。这种

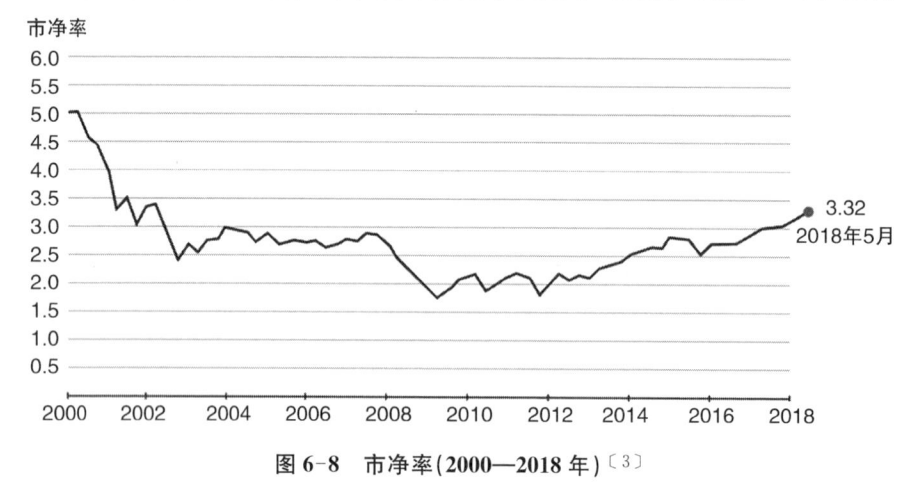

图6-8 市净率(2000—2018年)[3]

---

[1] 这种未能在标准会计框架内将品牌资产入账的情况导致出现了一些专门对品牌进行估值的公司,它们为此制定了详细的量化方法。Interbrand(http://interbrand.com)、Brandz、米尔沃德·布朗公司(Millward Brown, www.millwardbrown.com/brandz/brandz)及品牌与财务(Brand Finance, http://brandfinance.com)是三家领先的品牌资产估值服务提供商。

[2] 2018年5月。

[3] 数据来自标准普尔(www.multpl.com/s-p-500-price-to-book)。

差异随着时间的推移、市场状况以及行业的不同而有着很大差异。[1]能源公司的市净率通常不到2,而软饮料公司的市净率几乎是10(见图6-9)。[2]很难理解一个在所有经济领域都如此不稳定和不一致的比率。

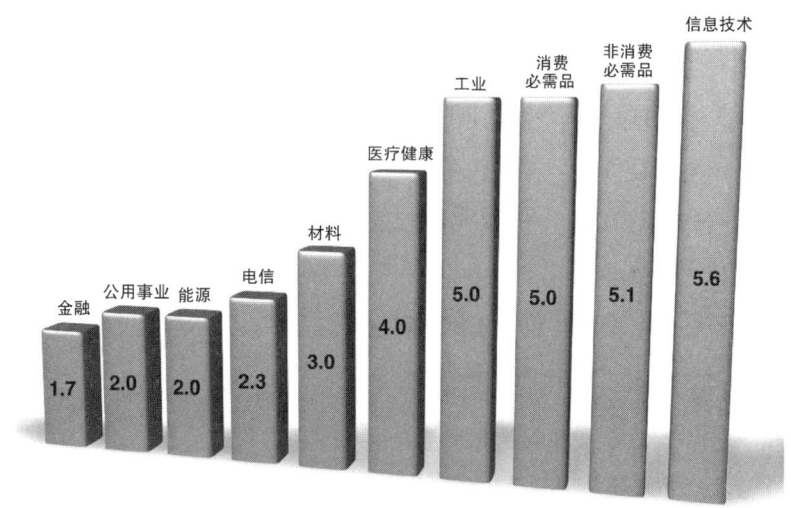

行业市净率(截至2017年12月31日)

| 金融 | 公用事业 | 能源 | 电信 | 材料 | 医疗健康 | 工业 | 消费必需品 | 非消费必需品 | 信息技术 |
|---|---|---|---|---|---|---|---|---|---|
| 1.7 | 2.0 | 2.0 | 2.3 | 3.0 | 4.0 | 5.0 | 5.0 | 5.1 | 5.6 |

图6-9 按行业列出的市净率

最后,正如我们在前面几章中所看到的那样,会计师们确实认可并记录在资产负债表上的许多"资产"实际上最好被看作负债,也就是说,它们减少甚至破坏企业价值,而不是增加企业价值。我们考虑了市盈率的现金调整版本,该版本基本上确认了资产负债表上持有过多现金的价值破坏性(或至少是稀释性)特征,并从市盈率的计算中剔除了现金。众所周知,大量存货("会计师眼中的资产")几乎总是企业陷入困境的迹象,类似分析可用于显示应收账款及物业、厂房及设备(资本支出)等过度投资的情况下的价值减值潜力。

简言之,市净率的"账面价值"分母部分不完整、陈旧,而且含有破坏价值的成分。这些差异在整个市场上并不一致,所以这不是一个应用简单"修正因子"的问题。"市净率"已经不再适合作为企业价值的衡量标准,应退出

[1] 资料来源:标准普尔(www.multpl.com/s-p-500-price-to-book)。
[2] 数据来自 NYU Stern（http://pages.stern.nyu.edu/~adamodar/New_Home_Page/datafile/pbvdata.html）。

大多数用途。

## 资产回报率(ROA)：一幅不完整的画面

资产回报率作为估值指标也是存在问题的,原因有几个。

原则上,ROA应该是一个非常强大的价值指标,能够高效使用其资产的公司应该更有价值。ROA与运营利润率和净利润率高度相关(理应如此),但所有这些衡量指标都可能以同样的方式偏离对企业价值的准确反映。由于缺乏金融市场估值的校正参考点,资产收益率在会计计算中面临双重不确定性——分子和分母都是如此。它基本上与市盈率(或市净率)不相关,也就是说,它无法预测市场价值。[1]

首先,ROA应该让我们能够了解企业的盈利能力,然而德勤会计师事务所最近的一项研究认为ROA正在经历某种长期恶化的趋势(见图6-10)。

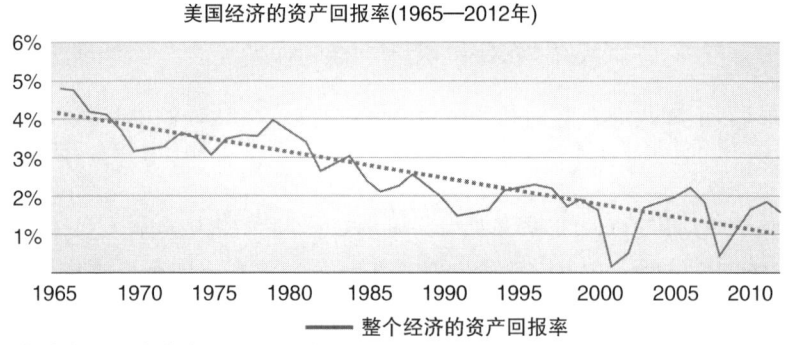

美国经济的资产回报率(1965—2012年)

—— 整个经济的资产回报率

资料来源：改编自Deloitte(2013)。

图6-10 ROA的趋势[2]

作者评论道：

(在过去的47年里)整个经济的ROA出现了长期下降,这种下降

---

[1] 我对不同类型的公司进行了一些简单的回归；有些样本组是为追求多样性,另一些则是基于相似性选取。市盈率和ROA之间的相关性总是很低,通常基本为零。

[2] 改编自John Hagel, John Seely Brown, Tamara Samoylova, and Michael Lui, "Success or Struggle: ROA as a True Measure of Business Performance," *Deloitte Insights*, October 30, 2013。

表明公司相对于其所拥有的资产发现和捕获有吸引力的机会的能力在减少,公司缺乏明确的愿景或执行长期战略的能力和承诺。[1]

但这一论断显然有悖于大多数其他关于业务健康和业绩指标的趋势,比如本章前面提到的企业利润率大幅上升——德勤报告的作者实际上已经承认了这一点:

> 公司财务报告的利润水平创了历史纪录。过去三年,美国经济以1.8%～2.4%的稳定速度复苏,股市反弹使主要指数恢复到之前的水平,甚至更高。住房价格已经稳定下来,并开始在全国范围内上涨。制造业活动显示出扩张的迹象。所有的综合迹象都指向积极的结果。

与1965年相比,目前美国公司的资产回报率只能达到当时的四分之一,这是真的吗?企业界是否普遍萎靡不振?公司管理层是否真的"缺乏远见或执行长期战略的能力"?或者,这可能是指标的问题?

一个可能起作用的因子是,正在学习调整资本结构以提高股本回报率(股东回报)的公司越来越多地使用债务——杠杆率正在上升。对企业杠杆趋势的主要回顾提到"过去一个世纪,企业部门发生了从基于股权的融资向基于债务融资的重大转变"——自20世纪60年代以来,美国大公司的债务额占企业资本的百分比大约增长了两倍,公司资产负债表上的负债与资产比率至少翻了一番。[2]

可以认为,这种趋势可能会通过降低分母的值来提高ROA(特别是如果借入的现金用于为无形资产投资提供资金),但这似乎并没有发生。

对于这个指标,我们能得出什么结论呢?它的行为令人费解。不过,如果阳光明媚,而你的手表告诉你现在是午夜(而且你不在阿拉斯加),也许你

---

[1] John Hagel, John Seely Brown, Tamara Samoylova, Michael Lui, "Success or Struggle: ROA as a True Measure of Business Performance," *Deloitte Insights*, October 30, 2013.

[2] John R. Graham, Mark T. Leary, and Michael Roberts, "A Century of Capital Structure: The Leveraging of Corporate America," *Journal of Financial Economics*, Vol. 118 (2015), pp. 658-663.

需要一只新手表。ROA 指标的计算方法存在问题,就估值目的而言,该指标并不可靠。

# 结语:金融中的不确定性原则

先回顾一下之前提到的一些较为特殊的问题,对于金融学的学科性质,我有四点一般性的看法,它们涉及企业估值和使用市盈率等市场指标所面临的挑战。

## 学术混乱的因素

一本关于投资分析的标准教科书向我们宣称:"分析市盈率是一个非常简单的程序。"[1]

金融学科最负盛名的学术期刊证实,市盈率和其他市场乘数将解决我们所有的问题:

> 现在人们普遍接受这样一种观点,即超额收益可以通过各种变量来预测,如股息—价格比、收益—价格比、股息率以及各种其他财务指标。[2]

这个问题通常被描述为"既定的科学"。事实并非如此。正如我们在这本书中所看到的,几乎每一个假设都找到了支持和矛盾的证据。我们所有的结论似乎都是试探性的。最新的研究经常推翻几年前达成的共识。曾经"有效"的指标突然停止工作。作为一个整体,这些文献充满了方法上的不一致。公认的观点——庄严地被称为"程式化的事实"[3]——在它们实际

---

[1] Zvi Bodie, Alex Kane, and Alan Marcus, *Investments* (McGraw-Hill, various editions).
[2] Martin Lettau and Sydney Ludvigson, "Consumption, Aggregate Wealth, and Expected Stock Returns," *The Journal of Finance*, Vol. 56, No. 3 (June 2001), pp. 815-84.
[3] 对于那些不熟悉这个术语的人来说,程式化的事实并不是真实的事实,而是"概括数据的广泛概括,尽管它本质上是真实的,但在细节上可能有不准确之处"(维基百科的定义)。换句话说,经济学家可以把这些说法看作事实,而不用担心它们是真是假。

上在被质疑很久之后仍然流行。[1]

以上观点都是些程式化的事实,并不完全正确,只是表达时带有一点随意的自信。这些市场估值指标,即苹果和橘子的比率,本质上千变万化,用途广泛,易变,意义重大,而且不稳定,它们很难被解读和应用。

诚实的分析师会承认这造成了思维上的混乱。2008年一篇题为《全面审视股票溢价预测的实证表现》的文章,坦率地回顾了当时令人沮丧的大环境:

> 这些文献很难理解,不同的文章使用不同的技术、变量和时间段。在使用更新的数据时,多年前撰写的文章的结果可能会发生变化,有些文章与其他文章的发现相矛盾。不过,大多数读者留下的印象是"预测起作用了"——尽管目前还不清楚到底是什么起作用了……
>
> 大多数模型都是不稳定的,甚至是虚假的。即使在样本数据范围内,大多数模型的检验也是不显著的,少数显著的模型通常也无法通过简单的回归诊断。绝大多数模型30多年来的表现都很糟糕……
>
> [它们在样本外的表现]极差……而且即使它们(模型)在样本范围内的预测能力也较差……
>
> ……尽管偶尔会瞎猫碰见死耗子发现一些看似重要的模型,而且看似可能具有一些统计显著性……但我们持怀疑主义还是恰当的……因为绝大多数模型都失去了统计的显著性……
>
> 我们的证据表明,这些模型对投资者毫无用处。[2]

遗憾的是,这似乎仍然是少数人的意见,因为作者也承认:

---

[1] 有效市场假说就是一个很好的例子。

[2] Ivo Welch and Amit Goyal, "A Comprehensive Look at the Empirical Performance of Equity Premium Prediction," *The Review of Financial Studies*, Vol. 21, No. 4 (July 2008), pp. 1455-1508. 这是一个非常彻底的处理,向可能需要统计细节的人提出了建议。"在样本之外,大多数模型不仅无法在统计或经济意义上击败无条件基准(当前均值),而且表现完全不佳。如果我们关注最近的几十年,也就是1975年以后的时期,我们发现没有一个模型在样本外有卓越的表现,在样本内有可接受的表现的也很少。经历了30年的糟糕表现后,要想相信如今的某个模型,就必须有明确的前提,即该模型得到了很好的说明,而且底层模型没有改变。"

我们在文章中探讨的变量能够预测股票回报和/或股票溢价的观点不仅得到了广泛认可,而且成为两篇完整文献的基础:一篇是关于这些变量如何预测股票溢价的文献(即或多或少属于我们第四章讨论的),另一篇是关于聪明的投资者应该如何在更好的投资组合分配中使用这些变量(或多或少属于第五章讨论的)。

## 反身性与"人的不确定性原则"

问题在于,市场并不类似于一个具有不变行为模式的物理系统,其中的行为模式可以被发现并设定为因果"定律"。市场是一个复杂的社会技术系统,一个学习系统——思维/推理/情绪化的市场参与者(投资者、交易者、公司经理、监管者),他们的行为总和创造了市场价格——这些活跃的市场参与者对经验做出反应并从中学习,改变他们的策略和行为,以响应业务结果,实际上也响应市场信号本身。市场发生了变化,它用自己的价格信号与自己互动——有人把这种现象称为"反身性":

> 反身性与均衡理论不一致,后者规定市场向均衡方向发展,非均衡波动只是随机噪声,很快就会被纠正。在均衡理论中,处于均衡状态的长期价格反映了基本面要素,而基本面要素不受价格的影响。反身性则断言,价格实际上影响基本面,这些受到新影响的基本面然后着手改变预期,从而影响价格;这一进程继续以自我强化的模式进行,由于这种格局是自我强化的,市场往往会走向不平衡。[1]

金融市场中的反身性开始吸引更广泛人群的兴趣。

这个理论超出了我们在这里所能涉及的范围。[2] 但它应用于金融市场行为的实质是,"市场价格总是会扭曲潜在的基本面"。[3] 对此的一个简

---

[1] 这是维基百科相当标准的定义。
[2] 一些人将这些观点与哲学和科学哲学中的一些大问题联系起来,这些大问题是对有关市场处于和脱离平衡状态的经济思维的批判。
[3] George Soros, "Financial Markets," *Financial Times*, October 27, 2009.

单解释是,由于市场价格是向前看的,它们总是跑在现实或实际表现的前面,超过或低于假定的平衡点。这意味着,市盈率在高估和低估之间循环,这与我们在本书通篇呈现的证据中所看到的一致(见图6-11)。

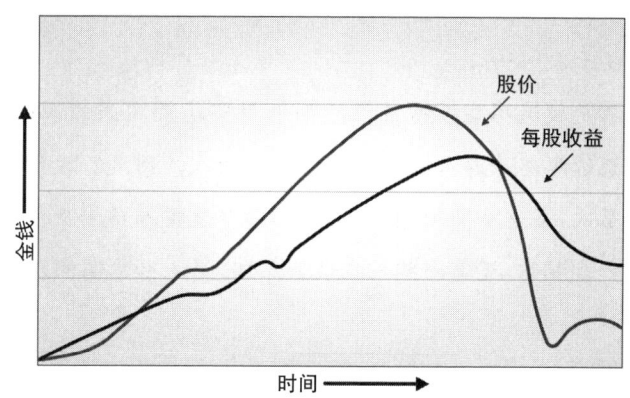

资料来源:改编自Soros(2009,2013)。

图6-11 反身性[1]

在这种观点下,市盈率作为一种价值衡量标准,几乎从来都不是准确的,但矛盾的是,它的用处就在于此。我们通常可以得出一个合理的结论:市盈率过高或过低,即使我们不能确切地说出偏离"真实值"的程度有多大。这些错误的估值预示着投资机会(如果我们正确解读的话),矛盾就在于正是市盈率的"误差"赋予了其预测能力。

对此,我们可以再加上一个之前没有明确提到的因素:技术变革。今天的金融行业正在经历一个加速和颠覆性的技术变革时期。不断演进的技术常常带来新的机会,减少旧的机会,并常常放大"顺周期"或积极的反馈过程,其创建出超调/欠调(调整不到位)模式。

无论如何,形成这一切的机制仍然是投机性的,但如今很明显,金融市场包含了一连串的预期、预测和想象中的情景,深入多层,而我们称之为"价格"的看似简单、单一的指标就是这些虚构幻境的总和。约翰·梅纳德·凯恩斯在他著名的"选美理论"比喻中用他一贯的优雅来描述这种复杂性。这里值得再次引述:

---

[1] 摘自 George Soros,"Financial Markets," *Financial Times*,October 27,2009。

专业投资可以比作那些报纸上的竞赛,竞争选手必须从一百张照片中挑出六张最漂亮的面孔,奖金授予其选择最接近于竞争对手作为一个整体的平均喜好的竞争对手;所以每个竞争对手必须挑选的,不是他认为最漂亮的那些面孔,而是他认为最有可能引起其他竞争对手注意的那些面孔……

这不是挑选那些根据自己的判断确实是最漂亮的人的问题,甚至也不是挑选那些普通人真正认为最漂亮的人的问题。我们已经达到了第三个层次,在这个阶段,我们将我们的智慧投入预测期望平均意见是什么上。我相信,还有一些人在实践第四、第五和更高的层次。[1]

## 费希尔·布莱克定理

回到我们在第一章开始的谜团……

我们真的回答了福特美元的价值问题吗?一美元的企业收益难道不应该值……一美元吗?不管它来自福特汽车公司(市盈率为5.5)还是亚马逊(市盈率为120)?[2]

一个答案——可能也是我们大多数人认同的答案——要求我们增强对"价格"含义的理解。我们不仅将股价视为持续盈利流中债权的价值,还包括在未来某个时间点出售该债权的期权(股票)的预期价值,换句话说,

价格=价值(对收益1.00美元的债权,从$t_0$到$t_F$)+预期价值(卖出期权,按$t_F$)

这可以转化为熟悉的股息贴现模型或贴现现金流公式:

价格=收益或股息折现现金流($t_0$至$t_F$)+终值($t_F$)

或者类似的东西。如果是这样,由于1美元债权(或股息)的价值无论来自

---

[1] John Maynard Keynes, *The General Theory of Employment, Interest, and Money*, (1936) p. 156. 凯恩斯作为成功的投资者给他的理论带来了丰富的经验。
[2] 2018年四季度的市盈率为94倍。

何处都应相同("1美元就是1美元……"),因此福特的市盈率与亚马逊的市盈率之间的差异将完全归因于未来出售股票的期权的预期价值(即预期未来股价)之间的差异。由于亚马逊的股价在过去十年中攀升了24倍,而福特的股价却没有变化(这一比较接近于亚马逊当前市盈率与福特市盈率之比),这种解释或许有些道理。[1]

但如果一家公司到另一家公司的"收益"数字并不稳定,而且含义也不确定,情况会怎样呢? 如果创建"收益"的会计准则不一致或不完整怎么办?

已故的费希尔·布莱克——金融史上最有创见的思想家之一——曾提出过的正是这一点。[2] 他认为:"一套理想的会计准则是使市盈率尽可能保持不变。"[3]

> 一套用于估计收益或正常收益的准则的目标是给出一个数字,该数字可以乘以一个常数(例如10),以给出对公司股票价值的估计。当市盈率与这个常数不同时,通常的原因是盈利数字被扭曲了。

他的推理源于他对完全有效市场的信念:

> 非常罕见的是,不寻常的市盈率意味着股票定价过低或过高,因为这意味着明显的盈利机会被投资者忽视了。当市盈率不一致时,**人们通常应该假设价格是正确的,收益数字是不正确的**(作为价值指南)。(黑体字由作者标明)

布莱克在1980年写下了这些话。从那时起,我们在理解金融市场如何实际上是低效的方面已经取得了很大进展,而且一直如此。已经发现的"异象"确实会在相当长的一段时间内创造"明显的利润机会"。市场确实给不同的美元设定了不同的价值,这取决于公司的特点和创造它们的市场。

不过从这个意义上说,布莱克是对的:市场提供了比官方会计数据更

---

[1] 当然,因为价格是向前看的,所以过去的趋势只是指示性的。

[2] 关于优秀的知识分子传记,请参阅 Perry Mehrling, *Fischer Black and the Revolutionary Idea of Finance*, Wiley (2011)。

[3] Fischer Black, "The Magic in Earnings: Economic Earnings versus Accounting Earnings," *Financial Analysts Journal*, November/December 1980, pp. 19-24.

好的价值衡量标准。按照这种思路，亚马逊公布的"收益"被严重低估了。这种说法似乎很有道理，因为亚马逊一直在为自身的增长和基础设施投入大量资金，更重要的一点可能是，它通过激进的定价，实际上是在用现有的盈利能力来换取可靠的客户（这是另一种"无形"资产）。如果将获得客户的成本从收益表中剔除，作为资产资本化，亚马逊的"收益"将显著上升，其市盈率将下降。[1] 基于同样的理由，谷歌向其客户提供免费搜索可以被解释为一项投资，其价值相当于假设的用户费用（未收取），以获得支持其广告业务的忠诚客户。谷歌的忠实用户群是一项关键的未入账资产，它利用这一资产来产生广告收入。如果放弃的用户费用得到认可并"加回"到收入中，谷歌的"利润"就会上升，市盈率也会下降。

进行这些调整是一项超出公认会计原则会计框架的工作，而且充满不确定性。通过改变会计规则来稳定市盈率，这一目标或许更大程度上是一个理性命题，而非实际命题，是一种思维实验。但考虑到"收益"的几种会计处理方法已被证明存在问题，分母的性质可能和分子的性质一样不确定。

## 价格不敏感型的市场

被动型指数投资已经成为金融市场的一股主要力量。目前，被动型基金在总投资额中所占的比例接近一半。这包括基础广泛的指数基金、交易所交易基金、聪明贝塔基金和所谓的"密室指数基金"（显然遵循旨在密切跟踪其基准策略的主动型基金）。[2]

---

[1] 将"客户"资本化为资产的想法并不牵强。在一些行业中，收入的订阅模式是规则，例如电信行业，计算客户终身价值（CLV）的想法已经占据了上风，成为了解企业整体价值的有用方式。CLV 的计算方法与任何折现现金流非常类似：订阅收入一直推算到平均"搅动"点，在该点，客户平均会终止订阅，减去客户获得成本和其他费用，净现金流折现回现值。麦肯锡 2003 年的一项研究计算了几家无线运营商的 CLV 成本，得出每个新增客户的价值在 900～1 800 美元。Adam Braff, William J. Passmore, and Michael Simpson, "Going the Distance with Telecom Customers," *The McKinsey Quarterly*, 2003, No. 4.

[2] 真正的指数通常很容易识别；他们公开宣传指数跟踪策略。秘密指数更难识别，分类也不那么确定。2009 年的一项研究估计，"秘密指数化者的比例增长得更为显著[比真正的指数化者更为显著]。2003 年，低活跃份额基金（20%～60%）约占所有资产的 30%，而 20 世纪 80 年代几乎为零。"K. J. Martijn Cremers and Antti Petajisto, "How Active Is Your Fund Manager? A New Measure That Predicts Performance," *The Review of Financial Studies*, Vol. 22, No. 9 (September 2009), pp. 3329-3365; Antti Petajisto, "Active Share and Mutual Fund Performance," *Financial Analysts Journal*, Vol. 69, No. 4 (July/August 2013), pp. 73-93.

被动投资与指数中各个组成部分的价格或基本面表现无关。如果投资者基于标准普尔500指数购买了指数基金或ETF的股票,那么此时该投资就会蔓延到指数中的所有500家公司。如果我们假设一个等权重指数,这意味着0.2%的资金转化为对每家公司股票的需求。这并不是说这500家公司的表现都一样好,也不是说它们的估值水平都一样。相对于它们的"真实价值",其中一些无疑定价过低,另一些则定价过高。但被动型投资者并不关心传统意义上的价格或价值。他或她只是想"匹配市场"并保持低成本(这是指数投资拥趸的口头禅)。

还有其他形式的市场活动所产生的交易也可以说对价格不敏感。这些因子包括高频交易者、做市商和公司回购,以及过去10年异常宽松的货币政策造成的价格/价值关系总体衰减。这种现象在股市是否普遍存在很难说,但肯定意义重大。2017年,一位分析师估计:

> 可自由选择、以研究为基础的股票选择现在只占平均交易量的10%。公司业绩中对冲性的偏离一度是大胆分散投资组合的标志,但现在却被市场上汹涌的买入或卖出订单淹没了。[1]

如果市场上的大部分买卖不再关注价格或基本面(收益)或二者之间的关系……那么我们就进入了一种新的市场环境。显然,在传统市场上充当有用标杆的市盈率和其他比率必须受到这一趋势的影响。有迹象表明,这种转变正在发生。股息回报率不再具有昔日的预测能力。市净率对大多数美国公司也不再有意义。CAPE(周期调整市盈率)一直处于"危险"状态——预示着严重的过高估值——尽管过去十年(2009—2019年)市场上涨了四倍。就连基于低市盈率筛选出来的经典"价值"信号,近年来似乎也停止发挥作用了。也许十年后我们会把这些指标视为20世纪的遗迹,不再适合于估值。

更有可能的是,也是我们所希望的,我们最终能够认真制定更严格的解

---

[1] Jason Thomas, "Where Have All the Public Companies Gone?" *The Wall Street Journal*, November 17, 2017.

释程序。我认为,核心问题是被假设简单的指标必须携带简单、固定的信息。但书中涉及的文献却非常粗略,支持的观点恰恰相反——市盈率和其他市场比率反映了各种各样的影响,"驱动因子"的组合也在不断变化。信息内容丰富、密集而且有些不透明。我们可以借用生物学上的比喻——脉搏率或体温等"简单"指标有许多不同的"原因",对于不同背景、既往状况、年龄和脾气的人来说,也有许多不同的含义。当复杂性显而易见时,我们不应否认它。显然,金融市场是一门很难掌握的学科;为什么要简单地理解或预测?我们需要更严格的知识自律,在处理数据时更为精准,在结果上更为诚实,首先更加注重那些激励和指导我们的研究项目的潜在直觉的质量——而且可能不那么依赖纯粹的统计技术。

# 附录　对折现现金流(DCF)估值方法的批判性检验

本书并非不加批判地论证了市场指标作为一个丰富的、基于现实的商业企业估值相关信息来源的有用性，以及这些指标相对于其他方法的优越性。在第二章中，我们简要考虑并摒弃了公认会计原则账面价值和折现现金流模型，将其视为用于估值目的的低劣技术。在本附录中，我们将进一步阐述这一立场。

## 账面价值的终结

反对账面价值的理由或许更为明确。以前大多数商业模型都建立在有形资产的基础上，估值都以历史成本为基础。在大多数情况下，这些资产短期或中期的寿命有限[1]，而重置周期意味着资产负债表上的历史成本通常与当前重置成本（即市场价格）合理一致。这种情况随着新型价值创造资产的出现而发生了改变，这些资产包括品牌、设计、技术创新、基于订阅的客户

---

[1] 除了房地产（土地）和某些类型的结构，大多数有形资产都会折旧，并在几个月或几年内被替换。

以及可盈利数据,它们通常被视为"无形"资产,在两个重要方面不同于传统的有形资产。首先,它们都是长期的,通常通过累计投资实现价值增长——尽管按照美国公认会计原则(GAAP)的会计处理方法,相关"投资"通常被视为期间费用并予以核销。其次,在大多数情况下,公司的无形资产不会计入资产负债表,因此不会被视为对账面价值的贡献,尽管投资者已经清楚地意识到它们对真正的企业价值有很大的推动作用,而且股票价格也反映了这一点。

会计数据能提供公司"真实价值"甚至"市场价值"的完整图景,这一直是会计传统主义者最为自负的观点——例如:

> 一家公司的当前收益、账面价值和(净)股息足以用来推断市场价值。[1]

但这种情况已经不复存在,至少就账面价值而言是这样。正如第二章和第六章所详述的那样,当前美国整体经济的市净率大约是 3∶1 或 4∶1,对许多公司来说要高得多。这意味着会计视角只抓住了现代商业企业创造价值物质的一小部分。此外,至于"当前收益"的准确性——95%的标准普尔 500 指数公司觉得有必要向投资者提供其他非公认会计原则的收益衡量指标——就连账面价值的坚定支持者也会得出结论,认为公认会计原则并没有发挥作用。[2] 多年来,沃伦·巴菲特一直是账面价值的坚定拥护者,但最近他修正了自己的观点:

> 近 30 年来,(年度股东信)开头一段一直提到伯克希尔每股账面价值的百分比变化。现在是时候放弃这种做法了。

---

[1] James A. Ohlson and Xiao-Jun Zhang, "Accrual Accounting and Equity Valuation," *Journal of Accounting Research*, Vol. 36, Studies on Enhancing the Financial Reporting Model (1998), pp. 85-111.

[2] Tatyana Shumsky and Theo Francis, "Accounting Blurs Profit Picture," *The Wall Street Journal*, June 28. 2019 年 9 月在纽约举行的一次会议上,美国证券交易委员会首席经济学家、麻省理工著名会计学教授 S.P. 科塔里(S. P. Kothari)明确承认了这一点。(我认为,鉴于听众)有点令人惊讶。S. P. Kothari, Karthik Ramanna, and Douglas J. Skinner, "Implications for GAAP from an Analysis of Positive Research in Accounting," *Journal of Accounting and Economics*, Vol. 50 (2010), pp. 246-286.

> 事实是……账面价值是一个指标,它已经失去了昔日的相关性……会计准则要求将我们收集的营运公司按远低于其当前价值的金额计入账面价值,这种错误标记近年来有所增加……
>
> 账面价值的记分卡变得越来越与经济现实脱节。在未来的财务成果表格中,我们预计将重点关注伯克希尔股票的市场价格。[1]

从历史上看,会计方法的发展并不是为了给公司估值,甚至也不是为了给资产估值。没错,他们会建立以美元计值的分录,逐项列示在资产负债表上,并贴上"价值"标签。但会计师赋予资产的"价值",通常只不过是按照简单的折旧规则,减去购入价格的记录。资产负债表上列示的价值,既无意反映,在方法设计上也并非用于要反映当前资产的价值,也就是这些资产基于今日出售可能获得的价格或者重置它们所需的成本。

80年前,本杰明·格雷厄姆就已经观察到"账面价值……在大多数情况下……是人为的"。[2]尽管如此,账面价值通常被认为代表企业的实际价值,多年来这一假设似乎站得住脚。但随着GAAP价值和市场价值之间的脱节变得越来越大,这一点就变得站不住脚了。[3]

会计行业本身已经开始认识到这一点。美国注册会计师协会(AICPA)正在推动一种转变,从历史成本转向拥抱市场指标——正是本书前面讨论的这些指标,如市盈率和EV/EBITDA——作为企业估值的新锚。在最近提出的企业估值规则中,他们明确赞同使用"公允市场价值"[4],并指出"历

---

[1] Warren Buffett,"Berkshire Hathaway Shareholders Letters," 2018.
[2] Benjamin Graham, *The Interpretation of Financial Statements*, Chapter XX (1937).
[3] 会计行业做出了零星的让步,比如引入减值的概念。参考在市场上交易的类似资产(注意:市场价格的作用),并按(折旧的)成本记账的资产显然不再应该该金额时,则触发减值。举例来说,如果有关资产为债券,且作为若干负债的抵押品,而债券的真实(市场)价值已明显大幅下跌,则会计原则可能要求确认所述资产负债表价值的减值。但减值远非真正的估值程序。这是一次阶段性调整,受类似资产的市场价格与实际价格存在较大差异这一现实或业务结构的重大变化所推动,而且总是受到"过度谨慎"的驱使,往往为时已晚。
[4] 定义如下:"公允价值是一种基于市场的计量……即市场参与者之间在当前市场条件下发生的出售资产或转让负债的有序交易的价格。"[AICPA Task Force, Valuation of Portfolio Company Investments of Venture Capital and Private Equity Funds and Other Investment Companies, Draft (May 15, 2018), paragraphs 2.09.]本文件最终版本于2019年8月19日发布。

史报告基准,如成本,不能提供有意义的投资的可比性"。[1] 实际上,"在评估企业价值的三种方法中……(账面价值)从概念上看被认为是最薄弱的"。[2] 相反,AICPA对市场乘数的选择和使用提供了广泛的指导。[3]

当然,账面价值的终结,或者至少作为企业价值衡量标准的账面价值的终结,并不是会计的终结。人们总是说会计要履行两种职能:一种是估值职能(这一职能现在受到质疑),另一种是所谓的管理职能,其基础是为股东、管理层和其他人的利益提供经审计的财务报表。如果能保持适度的谦逊,会计师或许就能把注意力重新集中在这个首要角色上,而把企业估值这一艰巨工作留给市场去做。

计算整个公司市场价值的高端游戏是由股市来完成的。会计的目标较为温和:衡量过去的业绩,并向投资者提供有用信息。

——《经济学人》(2018年)[4]

## 折现现金流建模:批判性评估

资产价格应等于预期折现现金流。

——芝加哥大学约翰·科克伦(John Cochrane,2010年美国金融协会主席演讲的开场白)[5]

价格可以假设等于预期未来股息的现值。

——斯蒂芬·彭曼(Stephen Penman),哥伦比亚大学会计卓越中心教授兼主任[6]

---

[1] AICPA Task Force, Valuation of Portfolio Company Investments of Venture Capital and Private Equity Funds and Other Investment Companies, Draft (May 15, 2018), paragraphs 2.07.

[2] AICPA Task Force, Valuation of Portfolio Company Investments of Venture Capital and Private Equity Funds and Other Investment Companies, Draft (May 15, 2018), paragraphs 5.95.

[3] AICPA Task Force, Valuation of Portfolio Company Investments of Venture Capital and Private Equity Funds and Other Investment Companies, Draft (May 15, 2018), paragraphs 5.19-5.55.

[4] Schumpeter, "As Good as it Gets", The Economist, September 1, 2018.

[5] John Cochrane, "Discount Rates," The Journal of Finance, Vol. 66, No. 4 (August 2011), pp. 1047-1108.

[6] Stephen H. Penman, "The Articulation of Price-Earnings Ratios and Market-to-Book Ratios and the Evaluation of Growth," Journal of Accounting Research, Vol. 34, No. 2 (Autumn, 1996), pp. 235-259.

> 一旦你估算现金流并对其折现后，你就已经完成了估值。
>
> ——麦肯锡公司[1]
>
> 你只要估算一家公司一段时间内的现金流，然后将其贴现，以低于其价格买入。
>
> ——沃伦·巴菲特[2]
>
> 正如你在金融百科中所学到的，一项资产的价值是基于其未来的现金流。为了得到现值，你必须对该现金流贴现。
>
> ——随机投资咨询博客[3]

诸如此类的"真理"往往并不完全正确，它们反复出现的频率如此之高，出现的位置如此之显眼，表达时又如此平淡无奇，似乎真的没有必要进一步讨论。它们和所谓的"程式化事实"——其实并不完全是事实——一起构成了这个领域惯用的修辞手法，这个领域往往过于简单化，而且似乎经常（也许是无意识地）试图回避一些尴尬的现实。

但与公认会计原则的账面价值不同，折现现金流估值的支持者仍准备为他们自己的方法辩护。事实上，有数十本教科书在促进这一主题和数以千计的大学课程在操练成千上万的学生每年学习 DCF 的方法。如果不掌握 DCF，你不可能获得 MBA 学位。在金融行业，DCF 是重大投资或收购兼并决策过程中的"商业案例"的必修课。

但这种狂热是否值得？

## DCF 的最佳案例

以下是在企业估值中使用 DCF 的"最佳案例"概要——来自瑞士瑞信银行的一份报告：

---

[1] Tim Koller, Marc Goedhart, and David Wessels, *Valuation*, 4th Edition, Wiley (2005), p. 56 — "Over 350,000 Copies Sold!"

[2] 引自 Peter J. Wallison, "Give Us Disclosure, Not Audits", *The Wall Street Journal*, June 2, 2003.

[3] www.private-investment.at/posts/view/692.

以苹果公司(Apple,Inc.，AAPL)和爱迪生国际公司(EIX)这两家公司为例,根据2013年年底的价格和2014年的一致预计收益,这两家公司具有相同的市盈率12.8。抛开所有已知的定价错误不谈,当前的市盈率也必然意味着这两家公司的前景截然不同。它们分属不同的行业(信息技术和公用事业),资本的经济回报差异很大(AAPL的CFROI为25%,EIX为5%),收益增长前景差异也很大(AAPL和EIX的5年期每股收益增长率分别为接近50%和7%),资本结构也大相径庭(AAPL有净现金,而EIX的债务水平相当高)。

如此大相径庭的两家公司怎么会拥有相同的市盈率?思考这两只股票是如何从非常不同的路径达到相同的乘数,可以为仔细考虑构成市盈率的过程做好心理准备,如果不正确认识决定市场乘数的因素,就无法明智地进行相对或绝对估值。

金融资产的价值是未来现金流的现值,几乎没有严肃的市场从业者会不同意。但许多投资者都避免使用预测和折现未来现金流的模型,因为他们认为这些模型过于复杂或对假设过于敏感。然而,还是这些人似乎无忧无虑地满足于依赖各种市场乘数。

挑战来了。对于折现现金流模型,价值对输入的数据敏感,但这些数据背后的假设是显而易见的,你可以把它们与基准利率比较,讨论它们,并对它们进行辩论。而对于各种市场乘数,这些假设就不复存在了,分配指定的乘数变成了一个说服点,而并不是基于价值的经济驱动因素深思熟虑后的案例。[1]

这听起来像是一个强有力的论据:是的,未来是不确定的,但更好的办法是明确阐述所有的假设和不确定性,而不是把它们埋在一个像原子似的数据点(股价)里,此外,这个点非常不稳定,以至于我们无法确定在一个小时或一天内我们将在哪里找到它——当然,股价是一种比任何企业真实价

---

[1] Michael J. Mauboussin and Dan Callahan, "What Does a Price-Earnings Multiple Mean? An Analytical Bridge between P/Es and Solid Economics," *Global Financial Strategies*，Credit Suisse，January 29，2014.

值的潜在观点都更容易解释的"高频"现象。

但问题不在于 DCF 在梳理隐藏的假设或提出有趣的问题方面是否有用,问题在于它能否作为一种准确的衡量企业价值的方法。

## 到底什么是 DCF?

DCF 起源于一种债券定价方法。债券的公允价格为其预期产生的现金流的现值。债券提供了高度可预测的现金流(它们毕竟是"固定收益"工具),还提供了将它们折现回现值(基于当前利率)的简单过程。如果我们用给其债券估值的方法对福特的一股股票或者整个公司的经营业务进行估价是否合理?股票和债券、股权和债务之间有区别吗?我们评估美国国债的方法是否也适用于评估迪士尼的全部业务?

但更重要的一点是,我们应该认识到,DCF 方法实际上并不衡量任何东西。DCF 不是一个衡量工具;而是一个预测过程,预测与衡量完全是两回事,正如下周二的天气预报实际上不能衡量周二的天气。测量今天的温度既简单又非常准确,这个温度计读数是高质量的信息。但预测从现在开始的两周内气温是如此困难,以至于可能需要一台超级计算机,但最终仍然会偏离实际,此类预测包含的质量信息要低得多。

除此之外,DCF 还存在一些问题,这些问题在第二章中我们已经做了总结。其中,足够谨慎地构建一个 DCF 模型是非常耗时的,这将它的适用性限制在我们可能提出的许多有趣问题的小区间里,况且它也没有锚定有可操作性的交易价格。DCF 模型可能会给你一个"答案",但与实际的交易价格(购买股票或收购一家公司)相比可能大相径庭。

但更严重的问题其实在于缺乏方法论上的严谨性,因而对结果缺乏控制。也就是说,DCF 的方法足够松散,以至于不同的用户可以非常容易地生成截然不同的答案,无论是有意还是无意,它很容易被误用、误解或歪曲。

## 不确定性,重叠

DCF 方法组合或重叠了两个估计过程。前向远期处理(Forward Process,我们可以这样称呼它)包括预测未来某个截止点(5 年、10 年、15 年后)的现金流——再加上一个终值(TV),代表该截止点之后所有未来期间到"无穷大"现金流的总和。后向折现处理(Backward Process)指的是通过对未来金额进行折现,将这些未来现金流估计值以及终值转换为当前的美元。折现率是关键变量:它可能以不同的方式构建,但最常见的公式是基于对公司"资本成本"的估计:

> 在均衡的金融市场中,资本成本将与公司用于资本投资的金融资产混合物的市场回报率相同。

这通常被称为加权平均资本成本(WACC),既反映公司资本结构的债务,也反映其权益部分。权益成本就是其中一个组成部分,它也可以用不同的方法计算,但几乎总是以某种方式从市场价值中推断出来。一个标准答案是基于资本资产定价模型(CAPM)[1],这当然是一个基于市场的指标。

CAPM表明,权益资本的成本仅由贝塔[市场风险]决定。尽管CAPM未能通过大量的实证检验,且存在更为现代的方法,但由于其简单性和在各种情况下的实用性,它仍然很受欢迎。

现今一些人推荐其他方法:

> 权益资本的隐含成本是一种越来越流行的替代因子模型,如CAPM。有几种密切相关的替代方法。在这些模型中,**权益成本是从当前股价中推导出来的**……[2]

(请注意,这些定义参考的是市场价值。我们将在下文中回到这一点。)远期和折现估计过程都引入了几种不确定性,这里存在巨大的不确定

---

[1] Steven N. Kaplan and Richard S. Ruback, "The Valuation of Cash Flow Forecasts: An Empirical Analysis," *The Journal of Finance*, Vol. 50, No. 4 (September 1995), pp. 1059-1093.

[2] Murray Z. Frank and Tao Shen, "Investment and the Weighted Average Cost of Capital," *Journal of Financial Economics*, Vol. 119, No. 2 (February 2016), pp. 300-315.

性，也就是说，未来五年的现金流预测是否准确。此外，还存在结构上的不确定性，特别是在选择用于计算终值和加权平均资本成本的折现率的假设方面。

金融理论和金融模型在许多情况下都要面临处理不确定性和错误的环境。假设不确定性或错误以一种相互抵消的方式分布，通常是合理的（尽管不一定正确）。这种观点认为，有些人利用了股价中较小的"摩擦"和波动，即错误或多或少地围绕平均值（即"正确的"价格）正态分布。[1] 但在 DCF 程序中，由于在估计未来现金流的远期过程中的任何错误都将被反馈到后向折现过程中，我们把这些不确定性称为重叠，而不是自我抵消。

这些不确定性有多严重？

关于前向远期处理过程中所引入的错误，显而易见是相当大的。我们所要做的，就是看由最有经验的专业预测人士（华尔街股票分析师）为最短期限（一个季度）所预备的收益预测，然后就会明白"精准"并非这个过程的特点。在比较 2019 年三季度的业绩时，分析师在 11 月 1 日之前仅仅正确预测了 342 家标准普尔 500 成分股中 6% 的公司盈利，其中 75% 分析师的预测偏低，18% 分析师的预测偏高。[2] 本书通篇都在引用其他有关盈利预测不确定性的案例，错误的规模并不可小觑，每年高达数百个基点。一项研究发现，分析师的平均偏差约为 30%，而且通常是向上的（即过于乐观）。[3]

但前向远期处理过程中更严重的问题与终值有关，终值通常占未来总现金流预测的一半以上。在大多数情况下，它是通过将简单的固定年增长率应用于截止前的最后一个现金流数字，即所谓的"永久增长率"来产生的。最常用的方法是用 GDP 的年增长率来计算——当然，年增长率本身就是一个预测值，而且众所周知，它的变化幅度会很大。

施泰格（Steiger）研究 DCF 方法敏感性时（在第二章中引用）发现，现金

---

[1] 文献通常把这称为"噪声"。
[2] Gunjan Banerji, "Better Than Expected Earnings Ease Growth Fears — for Now," *The Wall Street Journal*, November 1, 2019.
[3] Marc Goedhart, Rishi Raj, and Abhishek Saxena, "Equity Analysts: Still Too Bullish," *The McKinsey Quarterly*, 2010, No. 3.

流的预测本质上"非常复杂",但选择永久增长率会产生非常大的影响。

由于终值通常占公司总价值的一半以上,因此必须特别注意其计算过程和输入系数。非常小的变化,即使是从经济学家的角度来看可能不是很大的变化,也会导致公司价值的巨大变化(失之毫厘,谬以千里)。因此,我们可以非常轻松地将终值修改到所需的数值(造假),而不必大幅更改任何潜在的业务预测。

斯泰格总结道,在这一点上,终值连同其潜在的假设是整个折现现金流分析中最重要和最有影响的部分。[1]

前面提到的 AICPA(企业估值程序草案)也指出,终值是 DCF 估值的"单一最大组成部分"这一事实引起了关注。[2]

终值比重过大之所以是一个问题,是因为终值可能是大多数投资者最不关心的因子。尽管沃伦·巴菲特曾妙语连珠地说"他最喜欢的股票持有期是永远",但很少有投资者会把目光投向 10~15 年,更不用说一直延伸到"永远"——终值的数字代表了"永远"的价值。很可能我们大多数人的投资期限都是 5 年或更短,这意味着在大多数投资者的计算中,DCF 模型给予公司未来最不重要的部分以最大的权重。

关于后向折现处理程序,施泰格发现,加权平均资本成本的选择——这是一个不可观察的变量——也有非常大的影响。正如第二章所述,他的案例研究表明,加权平均资本成本假设的 50 个基点变化会导致估值出现 1 000 个基点的变化。

所应用的各种各样的价值概念再次加剧了这一问题。

一项对 150 本公司财务和估值教科书的调查发现,他们推荐的股权风险溢价范围在 3%~10%,其中三分之一的教科书在自己的章节中就使用了不同的溢价。金融学教授布拉德福德·康奈尔(Bradford Cornell)研究了股票风险溢价随时间的变化情况,得出的结论是"它可能是非平稳的"。他

---

[1] Florian Steiger, "The Validity of Company Valuation Using Discounted Cash Flow Methods," European Business School, 2008.

[2] American Institute of Certified Public Accountants, Valuation of Portfolio Company Investments of Venture Capital and Private Equity Funds and Other Investment Companies, Draft (2018), paragraph 5.85.

补充道:"意识到风险溢价可能是非平稳的,这对用过去的平均值预测未来提供了一个警示信号。"[1]

## DCF 的操纵

*折现现金流——这是一个臭名昭著的灵活指标……*[2]

*(对假设)缺乏约束会让任何交易变得"公平"。*[3]

DCF 计算对输入值(所有这些都是基于不可观察变量的假设)中非常小的、在经济上无关紧要的变化的极端敏感性,增加了模型过于容易被操纵的风险。

用数学公式表示的估值模型看起来很精确,但可能被滥用于传递虚假的精确度。

IPO、收购和其他公司交易中的尽职调查团队,以及估值案件中的专家证人,都了解如何通过选择增长率,使用公式来证明任何期望的价值。[4]

施泰格总结道:

通过调整输入,可以非常容易地操纵 DCF 的分析,以得到您希望得到的值,这甚至是可能的,却不需要进行从经济学家的观点来看是重大的改变,例如改变永久增长率或者仅仅改变加权平均资本成本几个基点。分析师或专家没有工具那么准确地估计输入因素。

这一评论使这些模型过于敏感的说法具有了可操作的意义。如果我们

---

[1] Michael J. Mauboussin and Dan Callahan, "What Does a Price-Earnings Multiple Mean?" *Global Financial Strategies*, *Credit Suisse*, January 29, 2014.

[2] Jon Sindreu, "Defense Deal's Valuation Puzzle," *The Wall Street Journal*, June 21, 2019.

[3] Matthew Shaffer, "Truth and Bias in M&A Target Fairness Valuations: Appraising the Appraisals," Harvard Business School, October 2018. https://matthewshaffer.online/job-market-paper.

[4] Stephen Penman, "Handling Valuation Models," *Journal of Applied Corporate Finance*, Vol. 18, No. 2 (Winter 2006), p. 48.

认为分析师估算输入变量的灵敏度是有限制的,那么如果变化小到低于这个阈值,仍然能够在结果(即估值)上造成非常大的经济上的显著差异,则该过程在方法上必须被视为不稳定。

出于这种担忧,施泰格敦促在验证"基本假设的有效性"时要"特别小心"。[1] 美国注册会计师协会也敦促"计算中嵌入的假设应该受到更严格的审查"。[2] 财务会计准则委员会在其关于公允价值计量的里程碑式声明中再一次敦促加强与使用不可观察变量进行估值有关的披露要求。他们指出:

> 国际财务报告准则[世界其他地区会计准则]要求对按公允价值计量并归类于公允价值层级第三级的金融工具进行量化敏感度分析。[FASB——美国会计准则]将分析把有关不可观察输入数据之间相互关系的信息纳入量化计量不确定性分析披露的可行性。[3]

我们应该从字里行间看出:DCF方法从内在本质上而言是脆弱和不可靠的,我们应该非常小心地处理这一问题,而且与其他任何危险工具一样,应该充分披露其使用情况。失之毫厘,谬以千里。一般而言,用户应该警惕被操纵的风险。在许多情况下,仅仅依靠DCF建模来进行业务估值实际上构成了一种财务渎职行为。

## 市场业内人士是否实际使用DCF?

首先,学术界不算在内,"估值专家"也不能算,他们的业务就是向外行宣传DCF的奥秘。这里的问题是,市场专业人士——股票分析师和投资者——是否真的在使用DCF方法为上市公司进行投资估值。

---

[1] Florian Steiger, "The Validity of Company Valuation Using Discounted Cash Flow Methods," European Business School, 2008.

[2] American Institute of Certified Public Accountants, Valuation of Portfolio Company Investments of Venture Capital and Private Equity Funds and Other Investment Companies, Draft (2018), paragraph 5.85.

[3] The Financial Accounting Standards Board, Fair Value Measurement (Topic 820) Amendments to Achieve Common Fair Value Measurement and Disclosure Requirements in U.S. GAAP and IFRSs No. 2011-04 (May 2011), pp. 7-8.

答案是否定的，或者不多，或者不是真的。

根据调查数据，分析师对 DCF 模型的使用有限。几项研究表明，专业人士非常喜欢基于比率的市场指标[1]，DCF 模型扮演了次要角色，但即便如此，这些调查也可能夸大了 DCF 的流行程度。很可能，许多分析师说他们使用 DCF 方法是因为他们觉得自己应该使用（毕竟，他们在商学院花了几个学期的时间来钻研 WACC 和 DCF 等课程——后者获得了学术可信度的镀金色）。也有可能，DCF 有时会被用作平行对比练习，以增强对应用市场指标得出的估值结果的信心，或者被用作穿着正装的（假正经）估值报告的修饰方式（尤其是在要提交给付款客户的时候）。

但是——说来也怪，从多年的经验和与行业专业人士的谈话来看——投资决定并不是基于对未来现金流量的预测。[2] 它们是基于对未来股价的预测做出的。换句话说，市场指标占据主导地位。

## DCF：评估

早在"现代金融理论"兴起之前，本杰明·格雷厄姆就确认了关于未实现未来结果假设的估值方法的问题：

> 未来前景的概念，特别是未来持续增长的概念，要求应用高等数学中的公式来确定所关注问题的现值。但将精确的公式与极不精确的假设结合起来，就可以用来确立，或者说证明，实际上人们希望的任何价值都是正确的。[3]

70 年后，《金融时报》也以同样的思路发表了一系列重要社论，探讨公共会计的"重大缺陷"，即其估值方法：

---

[1] Efthimios G. Demirakos, Norman C. Strong, and Martin Walker, "What Valuation Models Do Analysts Use？" *Accounting Horizons*, Vol. 18, No. 4 (2004) pp. 221-240.
[2] 有史以来最成功的对冲基金复兴科技（Renaissance Technologies）创始人吉姆·西蒙斯（Jim Simons）最近的一份个人简介显示，尽管他很成功，但西蒙斯"一点也不知道如何估计现金流"。（Gregory Zuckerman, "The Making of the World's Greatest Investor," *The Wall Street Journal*, November 2, 2019.）
[3] Benjamin Graham, *The Intelligent Investor* (1949).

> 公众的信任[受到]一个首要问题的驱动[出现了]危险的下降：使用模型、估计和预测的自由度。[1]
>
> 这样的估值波动很大，充其量只能算是虚构。
>
> 公司可以使用基于"模型"的存疑估算，在没有可核实的市场价格的情况下对非流动性资产进行估值。
>
> 直接的市场估值是一回事，但当模型和估计被用作代理时……（则存在很大问题）。[2]

从奥林匹亚竞赛观点来看，伟大的约翰·梅纳德·凯恩斯也同意：

> 突出的事实是，我们估计预期收益率所依据的知识基础极为不稳定。我们对若干年后决定投资收益的各种因素所知甚少，而且往往可以忽略不计。如果我们坦率地说，我们不得不承认，我们的知识储备在估计一条铁路，一个铜矿，一家纺织厂，一味专利药的商誉，一条大西洋班轮，在伦敦市的一栋建筑十年后或甚至五年之后的收益方面可以说很少，有时几乎是零。[3]

麦肯锡也提供了一份措辞温和的总结：

> 并非所有估值方法都是生来平等的。根据我们的经验，致力于让股东价值最大化的经理人会倾向于将折现现金流（DCF）分析作为最准确、最灵活的项目、行业和公司估值方法。然而，任何分析都只取决于它所依赖的预测是否准确。在估计公司价值的关键成分——比如公司的投资资本回报率（ROIC）增长率和加权平均资本成本等成分时如果出现错误，可能导致估值错误，最终导致战略错误。

---

[1] "A Shake-up of Audit's Oligopoly is Long Overdue," *The Financial Times*, September 3, 2018.
[2] "Reform Accounting Rulers to Restore Trust in Audit," *The Financial Times*, August 3, 2018.
[3] John Maynard Keynes, *The General Theory of Employment, Interest and Money* (Harcourt, Brace, 1935), pp. 149–150.

> 我们相信,将一家公司的各种市场乘数与其他公司仔细分析比较,有助于做出这样的预测,而且它们所体现的现金流估值会更准确。如果运用得当,这样的分析可以帮助一家公司对其现金流预测进行压力测试,理解其业绩与竞争对手业绩之间的不匹配,并就其是否具有比其他行业参与者创造更多价值的战略定位进行有益的讨论。当一家公司的高管试图理解其市场乘数高于或低于竞争对手的原因时,乘数分析还可以让他们深入了解**为行业创造价值的关键因素**。(黑体字由作者标明)[1]

美国注册会计师协会将"不可观察输入数据"定义为"没有市场数据的输入数据"。[2] 这当然包括计算 DCF 所用的每一项投入:未来现金流量、终值、股权成本等,所有这些都是"不可观察的"。美国注册会计师协会随后对其"公允价值层级"的定义如下:

> 公允价值等级给予相同资产或负债于活跃市场之报价(未经调整)最高优先权及不可观察输入数据最低优先权。估值技术[应]尽量利用相关可观察输入数据,尽量减少使用不可观察输入数据。因此,即使在特定资产的市场被视为并不活跃的情况下,于厘定公允值时仍须考虑该市场的相关价格或输入数据。**默认仅基于不可观察输入数据的模型价值并不合适。**(黑体字由作者标明)[3]

---

[1] Marc Goedhart, Timothy Koller, and David Wessels, "The Right Role for Multiples in Valuation," McKinsey & Co., March 2005.

[2] American Institute of Certified Public Accountants, Valuation of Portfolio Company Investments of Venture Capital and Private Equity Funds and Other Investment Companies, Draft (2018), paragraph 2.23.

[3] American Institute of Certified Public Accountants, Valuation of Portfolio Company Investments of Venture Capital and Private Equity Funds and Other Investment Companies, Draft (2018), paragraph 2.21.

# 编 后 记

## 公平价格，真实价值

价格和价值是两个不协调的概念，它们似乎属于人类条件的不同维度。价格是交易性的、商业性的，是日常实践经验的一部分，以转手的现金来衡量。价格是可观察的、可证实的，但不知何故，它只是表面的、暂时的。它是一个信号，代表着更重要的东西，但它的具体性值得我们关注。价格很容易改变，它们活跃在市场中，在利益对称但方向相反的个人之间起着中介作用。

价值是存在主义的，尽管也是空灵的。它是"内在的"（价格是"外在的"）。它与它所依附的东西的基本性质有关，而不仅仅是与某一特定交易有关。它的变化只是缓慢的、有机的。我们倾向于认为它不能被真正衡量，当我们试图把一件东西的价值转换成美元和美分时往往会遭到抵制。我们承认"真实价值"从根本上说是不可观察的——但仍然是"真实的"。当价值观念延伸到道德领域时，我们谈论的是人的价值或友谊或信任的价值。

估值过程将这些不一致之处融合在一起，但并不总是成功。无论选择哪种方法，只要我们转动摇把，就会发现自己盯着一个数字，不能确定看到的是价格,还是价值,抑或是相反。这种不确定性从一开始就让金融理论家、会计师和投资实践者感到困惑。

有关各方的团体往往将自己分成两个阵营。有些人必然认为,价格=价值,至少或多或少是这样。也有人认为,价格≠价值,或者至少从不这样。

认为"价格=价值"($P=V$)的人士提出了"有效市场假说"(EMH)来解释他们的立场。他们援引的理念是,市场准确地处理新信息,迅速找到供需之间的平衡,在这个价格点上就存在……真正的价值。他们用同义词来修饰这个领域的词汇:一价定律、"无套利"原则、市场的随机游走、"你无法击败市场"。

"价格≠价值"($P\neq V$)阵营则反对,因为 EMH 有太多明显的例外("价格=价值"阵营徒劳地试图将这些例外孤立为"异象",以便保留他们理论的主体)。风险投资者的群体各不相同,既有在 EMH 虚无主义面前顽固坚持赚钱的纯朴投资者,也有研究导致这些异常现象的人类决策中的系统性偏差和缺陷的心理学家和统计学家,还有将"异象"重新定义为"因子"并以此为基础销售模型和指数谋生的投资大师。不过"价格≠价值"阵营都认同这样一个基本观点,即市场往往会在很长一段时间内失衡。也就是说,只要有人足够聪明,能够发现定价错误和盈利机会,就能抓住机会。

在这本书中,我们不必选择一个理论上的立场:$P=V$ 或 $P\neq V$——这不是问题。我们调查了一系列与使用市场估值指标相关的实证结果,基本上无需或试图解释。不过,文章的精神实质一般都指向 $P\neq V$ 一边,原因很简单,从逻辑上讲,市场似乎总是在错误定价的基础上运行。否则,是什么在推动交易活动? 正如一位精明的学者所观察到的那样,

> 为了吸引买家和卖家,价格必须远离价值。[1]

确实如此。但即便如此,二者之间的关系仍不明朗。即使我们接受 $P\neq V$,对这种不平等的动态观点是什么? 是不是 $P$ 不完全地、缓慢地、偏

---

[1] Perry Mehrling, *Fischer Black and the Revolutionary Idea of Finance*, Wiley (2012), p. xxiii.

离地、然后收敛地追踪 $V$,而 $\neq$ 符号所反映的无非是"摩擦"或"噪声"? 这可以让我们保持某种均衡的观点,比如 $P=V+N$(噪声)。还是说,价格 $P$ 本质上是一个不稳定、不确定的信号,与市盈率之间存在复杂且可能非平稳的关系?乔治·索罗斯和其他人在第六章中引用的"反身性"就是这样一个观点的例子。在这种情况下,我们把均衡抛诸脑后,接受一个市场的非均衡模型。

在 $P=V+N$ 方法中,我们可以对价格信号的含义做出直接的解释。我们所要做的就是"平均化"噪声项。按照强硬的 $P \neq V$ 的观点,解读价格信号的挑战也许更大,但这是有回报的:不均衡中包含的是真实有用的信息,可以作为有趣的交易或投资策略的基础,而不是毫无意义的"噪声"。

但同样,这种评估不在本书的范围之内。市场行为的事实就是事实,不管你的理论观点如何。本系列的下一卷将转向这个问题,即事实与理论的联系,以理解是否、如何以及为什么 $P \neq V$。

# 译 后 记

本书是上海财经大学出版社推出《融合分析》后的又一部力作，但好事多磨了三年才面世。还好其间我参与完成了上海财经大学校长刘元春教授、上海财经大学出版社董事长黄磊总编辑合作翻译的《资产负债表衰退》，并且入选2024"上海好书"榜和"21世纪年度好书（2024）·终极书单"，也不算虚渡光阴。

真正推动我临门一脚完成整个翻译的是奠定了6125ing理论制度与资金基础的2024年中央"9·24股市楼市新政"，其中反复强调了狂热的股民容易忽视的投资者保护问题，如果没有脱胎换骨的投资者保护措施落地，再多的股市奇技淫巧也将归于尘土。趁着证监会主席吴清2025年2月1日《求是》发文"加快完善退市过程中有效保护投资者合法权益的制度机制"的春风，以及在近20年的老友资深编辑李成军先生的催促下，全部译校于万家团聚辞旧迎新的寒假中从容完成。

"我初学诗日，但欲工藻绘，中年始少悟，渐若窥宏大。诗为六艺一，岂用资狡狯？汝果欲学诗，工夫在诗外。"陆游84岁总结认为，一个作家所写作品的好坏高下，是其经历、阅历、见解与识悟所决定的，唯其诗外功夫扎实而又充分，所以陆放翁的诗词在文学史上得以不朽。股票投资同理，关于股市的基本知识其实很容易掌握，特别是有了 DeepSeek 之类的人工智能辅助，从原来查尔斯·道自己画 K 线图到电脑自动生成各种技术分析指标再到 AI 根据基本面、技术面指令融合分析选股，研究效率极大提高。就我国资本市场目前的状况，投资者最需要的不是各种估值分析方法，而是一个安心安全的"三公"投资生态。

2025 年 2 月 13 日，最高人民检察院经济犯罪检察厅厅长杜学毅指出检察机关将坚持零容忍原则，依法加大对证券期货违法犯罪惩处力度。依法从严从快从重查处财务造假、侵占上市公司资产、内幕交易、操纵市场等违法犯罪案件；重点压实上市公司控股股东、实际控制人、董监高的关键责任和中介组织、金融机构的"看门人"责任，以高质效办案，维护市场秩序。同时以高质效办案保障投资者合法权益。面对内外勾结、上下游勾结式财务造假，利用 FOF、私募基金操纵市场、内幕交易等复杂、新兴犯罪手段，坚持深刻领悟法治精神，以穿透式审查的思维准确把握实质法律关系，依法从严追诉犯罪；以资金为导向，加大追诉关联犯罪、追缴犯罪所得力度，督促引导涉案人员主动退赃退赔，尽最大限度挽回投资人损失。这些表态与股票投资技巧密切相关，"皮之不存，毛将焉附"。实际上只有这些投资者保护措施到位，非 ST 退市投资者足额赔偿典型案例出现，正常的估值分析、投资策略乃至资产配置才是有意义的。

2025 年我用《融合分析》作为教材给本科生开课，希望 2026 年开始有这部《价格与价值》加入。感谢世界赐予我们的各种精彩瞬间，翻译本书的过程中我们看到了特朗普的总统逆袭、马斯克执掌美国政府效率部，等到了 DeepSeek 有望复制 2014 年中国股市的"阿里 IPO 时刻"带动中国"新质生产力"板块崛起，吸引全球长期资本流入。本书的面世凝结了大量人士的心血：我的博士研究生朱丹青，硕士研究生何粒菠、王枭等同学在初期准备及后期图表制作方面做了大量工作，我的邻居清华大学经济管理学院本科生王鑫宇在国泰君安证券公司实习时也参与了部分校阅，就专业问题提出了宝贵建议。翻译、校译过程虽然艰辛，但团队合作使我们既学到了知识，也增进了友谊。当然，如果书中出现不妥之处，笔者应负所有责任。

感谢上海财经大学出版社董事长黄磊先生的一贯倾力相助，感谢责任编辑李成军先生不辞辛劳，在许多细节上与我所做的无数次沟通，没有他们的支持与鼓励，即使进入 AI 时代，本书与大家见面也是不可能的。

益智　于浙江财经大学学术中心<br>2025 年 2 月 20 日